**Ich habe Köln doch so geliebt**

Veröffentlichung des NS-Dokumentationszentrums der Stadt Köln
in Verbindung mit dem Verein EL-DE-Haus

# Ich habe Köln doch so geliebt

Lebensgeschichten jüdischer Kölnerinnen und Kölner

bearbeitet und herausgegeben von
Barbara Becker-Jákli

Emons Verlag

© Hermann-Josef Emons Verlag
aktualisierte Neuausgabe, 3. Auflage 2002
Herausgegeben von Barbara Becker-Jákli
Covergestaltung: Hans Schlimbach AGD, Köln
Druck: Clausen & Bosse, Leck

# Inhaltsverzeichnis

# Leihgeber

Anni Adler, Frankreich

David Alster-Yardeni, Israel

Sara Ballin, Israel

Heinrich Becker, Köln

Herbert W. Berndt, USA

Bibliothek Germania Judaica, Köln

Herbert Bluhm, Israel

Dina Breslauer, Israel

Margot Buck, Israel

Fred Dreyer, USA

Simon Enfield, Australien

Bergit Forchhammer, Dänemark

Gerd Friedt, München

Aharon Getzow, Israel

Günther B. Ginzel, Köln

Helmut Goldschmidt, Köln

Henry Gruen, Ratingen

Leo Grunewald, Israel

Historisches Archiv der Stadt Köln

Henry O.Isaac, USA

Arnold H. Katz, Großbritannien

Kölnisches Stadtmuseum

Esther Künstlicher, Schweden

Hannah Levy, Israel

Else Lieber-Levy, Israel

Lore M., Köln

Herbert Nathan, Israel

Rudolf Nathan, Dänemark

Heinrich Nezer, Israel

Inge und Shimon Peles, Israel

Erna Preminger, Israel

Rheinisches Bildarchiv, Köln

Carl Selby, USA

Otto Spier, Israel

Shaul Willi Treidel, Israel

Universitäts- und Stadtbibliothek Köln

Margot Weiss, Belgien

Hermann Wingens, USA

Karl D. Ziegellaub, Israel

# Vorwort

Der Vergangenheit sich zu nähern, sich auf Geschichte einzulassen, ist auf vielfältige Weise möglich. Dem einen ist es wichtig, präzise zu wissen, was wann und wo geschehen ist, wieviele beteiligt und betroffen waren; andere suchen nach Gründen für das, was geschehen ist; wiederum andere sind mehr an der Wirkung von einzelnen Ereignissen auf die Folgezeit interessiert.

Dieses Buch geht einen anderen Weg. Es zeichnet die Erinnerungen noch lebender Menschen auf, wie sie ihnen – vielfach unauslöschlich – im Gedächtnis haften geblieben sind. Es ist eine Personengruppe, deren »Überleben« freilich nicht selbstverständlich ist: Jüdische Kölnerinnen und Kölner, die ihre Kindheit und Jugend in dieser Stadt verbracht haben, die aus der Normalität eines ganz gewöhnlichen Lebens herausgerissen wurden und die sich, unfaßbar für sie alle, als angeblich »rassisch minderwertig« aus der »Volksgemeinschaft« ausgestoßen, verfolgt, vertrieben, ausgeplündert und vom Tode bedroht sahen.

Das Schicksal der Juden unter dem Nationalsozialismus ist Gegenstand zahlreicher Bücher und Filme, die die verschiedenen Phasen der Verfolgung vom Boykott im Frühjahr 1933 bis hin zu Deportation und millionenfachem Mord nachzuzeichnen versuchen. In diesem Buch indessen wird keine umfassende Darstellung der Judenverfolgung im Nationalsozialismus oder im nationalsozialistischen Köln angestrebt, statt dessen treten uns einzelne Menschen entgegen, die über ihr Erleben dieser Verfolgung berichten: Menschen, die unter uns in Köln gelebt haben oder noch leben und die, wenn nicht uns, so doch vielleicht unseren Eltern und Großeltern bekannt gewesen sind.

Die Erinnerungen der Zeitzeugen und Zeitzeuginnen beschwören ein Stück des alten, im Kriege untergegangenen Köln herauf. Sie lassen zudem deutlich werden, wie sehr das religiös, sozial, kulturell in sich vielgestaltige Judentum Teil dieses alten Köln gewesen ist. Aus den Berichten aber wird auch deutlich, wie tief die nationalsozialistische Verfolgung in das Leben aller dieser Menschen eingegriffen hat: Diskriminierung und Verfolgung, Verlust von Freunden und Verwandten. Sie lassen damit die Ungeheuerlichkeit des nationalsozialistischen Systems am Beispiel der einzelnen Person sichtbar werden. Aus ihnen wird aber auch deutlich, daß es ein Kölner Judentum im alten Sinne heute in dieser Stadt nicht mehr gibt und nicht mehr geben kann.

7

Ein anderes jedoch wird aus diesen Berichten noch spürbar: Der Selbstbehauptungswille von Menschen, die man auf jede nur mögliche Weise zu brechen versuchte und die unter diesem Druck der Verfolgung menschliche und moralische Stärke bewiesen haben.

Daß von der nationalsozialistischen Verfolgung betroffene Menschen ihre Erinnerungen einem Forschungsprojekt der Stadt überlassen haben, die für sie zwar auch mit positiven, immer aber mit schrecklichen Erfahrungen verbunden ist, stellt keine Selbstverständlichkeit dar und sollte auch nicht als solche genommen werden. Es zeigt die Bereitschaft und die Fähigkeit dieser Menschen, den Blick über die eigenen leidvollen Erfahrungen hinaus in die Zukunft zu richten. Für die meisten von ihnen rührte dieser Entschluß, sich dem Erinnerungsprozeß auszusetzen und über sich und das eigene Leben zu berichten, aus dem Motiv, gerade die jüngere Generation eindringlich vor den Gefahren von Rassismus, Nationalismus und Fremdenhaß zu warnen. In dieser Hinsicht ist dieses Buch für uns alle Mahnung und Verpflichtung.

*Horst Matzerath*
*Leiter des*
*NS-Dokumentationszentrums Köln*

# Einführung

*Jüdische Kölnerinnen und Kölner berichten*

In den 20er Jahren lebten etwa 16 000 Juden in Köln. Fast niemand weiß heute noch Näheres von ihrem Leben in der Stadt, der Vielfalt ihrer Einrichtungen und Organisationen. Kaum einer kennt die Namen der vielen jüdischen Kölnerinnen und Kölner, die vor 1933 für Köln, seine Wirtschaft, Kultur, Politik, Wissenschaft von Bedeutung gewesen sind. Noch weniger weiß man vom Alltag der Tausenden von jüdischen »kleinen Leute«, die zum Leben und Bild der Stadt gehörten und ihre Wirtschaft und Kultur auf unspektakuläre, alltägliche Weise mitprägten.

Wie war nun dieser Alltag? Was war jüdisches Leben in Köln? Unterschied sich das Leben, der Alltag der Kölner jüdischen Familien wirklich grundsätzlich von dem ihrer katholischen oder evangelischen Umgebung? War das Selbstverständnis der Kölner Juden ein anderes als das ihrer christlichen Nachbarn? Und wenn ja, in welcher Weise war es anders?

Was weiß man auch von dem, wie die jüdischen Kölner die Jahre nach 1933 erlebten? Sicher, man weiß von Verfolgung, Emigration, Flucht und Deportation, man kennt das Stichwort »Kristallnacht«. Aber wer ist sich bewußt, was das für die einzelnen bedeutete – dieser gewaltsame Einbruch in scheinbar gesicherte Lebensplanungen und soziale Beziehungen, die Vernichtung der Ergebnisse lebenslanger Arbeit, die Zerstörung von Zukunftsperspektiven? Und wer kann sich ein Leben auf der Flucht, ein Überleben im Untergrund oder ein Überleben in einem der Konzentrationslager vorstellen?

Es ist eine Möglichkeit, Geschichte in Form wissenschaftlicher Analyse und sachlich-distanzierter Sprache darzustellen, es ist eine andere Möglichkeit, diejenigen berichten zu lassen – vom Standpunkt persönlicher Erfahrung aus und in subjektiver Sichtweise –, die diese Geschichte erlebt haben.

Grundlage der in diesem Buch veröffentlichten Lebensgeschichten jüdischer Kölnerinnen und Kölner bilden Interviews, die ich als Mitarbeiterin des NS-Dokumentationszentrums Köln seit 1988 geführt habe. Das NS-Dokumentationszentrum bemüht sich seit seiner Gründung 1988 darum, mit jüdischen Frauen und Männern, die zumindest einen Teil ihres Lebens vor 1945 in Köln verbrachten, in Kontakt zu treten und sie um Unterstützung in der Dokumentation Kölner jüdischer Geschichte zu bitten. Diese Kontakte gehen in viele Länder der Welt, wo immer Kölner Überlebende der nationalsozialistischen Verfolgung ihren Wohnsitz gefunden haben. Gespräche, Interviews konnten fast ausschließlich mit Personen geführt werden, die entweder in Köln und Umgebung leben – eine sehr geringe Zahl – oder sich während der letzten Jahre zu einem Besuch in Köln aufhielten. Bisher wurden mit etwa 70 jüdischen Zeitzeuginnen und Zeitzeugen Interviews geführt, in deren Mittelpunkt Fragen nach den Erlebnissen und Erfahrungen insbesondere vor und während der Zeit des Nationalsozialismus standen. Die Interviews folgen einem lebensgeschichtlichen Ansatz, sind also auf die Erlebnisse der einzelnen und ihre subjektive Sicht konzentriert, versuchen aber auch, spezielle Kenntnisse der Zeitzeugen über bestimmte Ereignisse und besonders über Kölner jüdische Institutionen und Organisationen zu ermitteln und festzuhalten.

Die meisten der Befragten wurden in der Zeit zwischen 1910 und 1928 geboren, die Interviewpartner gehören also vorwiegend zur Gruppe der heute Sechzig- bis Achtzigjährigen.

Die Gespräche werden als offene Interviews geführt, das heißt, es wird angestrebt, das Gespräch anhand eines groben Leitfadens von Fragestellungen zu strukturieren, die Erzählungen der Gesprächspartner dabei aber nicht einzuengen, sondern freien Raum zur Darstellung zu geben. Das Gespräch versucht, den Lebenslauf chronologisch nachzuzeichnen, beginnt mit Fragen nach mütterlichen und väterlichen Vorfahren sowie nach der Herkunft der Familie und schließt entweder mit der Befreiung 1945 oder mit der gegenwärtigen Lebenssituation.

Bei den vorliegenden Texten handelt es sich nicht um präzise Übertragungen der geführten Interviews. Es sind Nacherzählungen, die dem Inhalt und dem Erzählduktus der Gespräche folgen und sie in einer verdichteten Form wiedergeben. Wörtliche Übertragung von 60seitigen Interviews wurden so zu Texten von 15 oder 20 Seiten. Meine Fragen als Interviewerin entfielen. Antworten und freie Erzählung wurden häufig gekürzt, gestrichen oder umgestellt, um eine chronologische, komprimierte Darstellung zu ermöglichen. Die so entstandenen Texte lagen den Zeitzeugen mehrfach zur Überprüfung vor und sind nach ihren Wünschen korrigiert und überarbeitet.

Für das vorliegende Buch wurde aus diesen 70 Interviews eine Auswahl von 14 Lebensgeschichten getroffen. Die Geburtsjahrgänge der hier berichtenden sieben Frauen und sieben Männer liegen zwischen 1912 und 1926, so daß die Zeitzeugen die Jahre der Weimarer Republik und des Nationalsozialismus als Kinder, Jugendliche und junge Erwachsene erlebten. Trotz des Altersunterschieds innerhalb der Gruppe, der zwischen ältester und jüngster Zeitzeugin 14 Jahre beträgt, umfaßt die Gruppe eine Generation – die Generation der damaligen Jugend.

Die Lebensgeschichten wurden chronologisch nach den Geburtsdaten der Erzählenden geordnet.

Fast alle Berichtenden stammen aus bürgerlichen Familien. Insgesamt reicht die Bandbreite der Herkunftsfamilien von proletarischem, kleinbürgerlichem bis zu gutbürgerlichem Milieu und umfaßt ganz vorwiegend das Milieu der »kleinen Leute«. Die Väter der Zeitzeugen waren meist kleine bis mittlere Kaufleute oder Angestellte, die Mütter führten den Haushalt, arbeiteten zum Teil im Familiengeschäft mit oder waren etwa als Schneiderin oder Hausiererin tätig. In den dargestellten Lebensgeschichten spiegelt sich somit – ohne daß strenge Repräsentativität beabsichtigt ist – insgesamt der soziale Hintergrund der meisten jüdischen Einwohner Kölns wider.

Jüdisches Leben in Köln wird in den ausgewählten Berichten von sehr verschiedenen Perspektiven aus geschildert, so daß die Vielfalt der religiösen Orientierungen im Kölner Judentum, die Verschiedenheit der Herkunft der Kölner Juden und die unterschiedlichen Grade der Assimilation an die Gesellschaft der Mehrheit deutlich werden: Männer und Frauen sowohl aus völlig assimilierten, liberalen Kreisen wie aus streng religiösen und orthodoxen Familien, Kölnerinnen und Kölner westjüdischer wie ostjüdischer Herkunft berichten ausführlich von ihren damaligen Lebenswelten. Auch die Berichte zweier Männer, die nur einen jüdischen Elternteil hatten, wurden aufgenommen. An ihren Erzählungen zeigt sich die Normalität der konfessionellen, christlich-jüdischen Mischehen vor 1933 wie auch die besondere Situation dieser Ehen und der aus ihnen stammenden Kinder unter dem Druck nationalsozialistischer Verfolgung.

Jüdisches Leben in Köln war vielfältig und komplex. Die jeweilige Ausprägung des Jüdischseins war sehr unterschiedlich, und jüdisch zu sein, hatte auch für den einzelnen ganz unterschiedliche Bedeutung. Erst nach 1933 wurde Judesein zu etwas scheinbar Einheitlichem: Die systematisch von außen aufgepreßten Stereotypen, die Sondergesetze, unter die Menschen jüdischer Herkunft, unabhängig von ihrer eigenen Einschätzung und eigenem Selbstverständnis, gestellt wurden, schufen das Bild einer Einheitlichkeit, die es in der Realität nicht gab. »Der Jude« war das bösartige Klischee des Antisemitismus, das mit der Wirklichkeit der Tausenden von jüdischen Menschen nichts zu tun hatte.

An den Erzählungen der befragten Zeitzeuginnen und Zeitzeugen zeigt sich die Vielfalt dieser Wirklichkeit. Es war von großer Bedeutung für den Lebensalltag der einzelnen, ob sie einer alteingesessenen assimilierten »westjüdischen« Familie angehörten oder ob Vater oder Mutter –

vielleicht beide – »Ostjuden« waren, das heißt möglicherweise erst vor kurzem aus osteuropäischen Ländern nach Deutschland eingewandert waren und sich erst langsam an die hier herrschenden Lebensumstände gewöhnen mußten. Es war auch von entscheidender Bedeutung, ob die Familie im religiösen Sinn liberal orientiert oder ob sie fromm, vielleicht orthodox war, vielleicht chassidischer Tradition folgte. Die Bandbreite der möglichen Orientierung war überraschend groß, und das Kölner Judentum der Weimarer Republik zeigt sich als differenziert und nuancenreich. Diese Vielfältigkeit und dieser Reichtum an Facetten sollen den Lesern aus den vorliegenden Lebensgeschichten ersichtlich werden.

Darüber hinaus zeigen die ausgewählten Berichte, wie unterschiedlich das Schicksal jüdischer Menschen unter dem sie alle betreffenden Druck und Terror des nationalsozialistischen Regimes verlaufen konnte: Die Berichte erzählen von früher Auswanderung in ein sicheres Zufluchtsland oder von zu später Flucht in ein Land, in dem bald gleichfalls die Verfolgung einsetzte und so erneute Flucht notwendig machte. Schilderungen über mühevolles, gefahrvolles aber gelungenes Untertauchen im Ausland stehen neben dem Bericht über eine Deportation nach Auschwitz von der erhofften Zuflucht im Ausland aus und neben dem Bericht über eine Odyssee mitten im Krieg durch den Balkan nach Palästina. Menschen erzählen von ihrer Deportation aus Köln in die Lager des Ostens, von ihrem Kampf und ihrem Glück zu überleben und von der Angst, die sie ihr Leben lang nicht mehr verlassen hat.

Sie erzählen von ihrem Entkommen und vom Verlust ihrer Angehörigen. Und sie machen den Mut und die Kraft deutlich, mit denen sie überlebt und mit denen sie ihr Leben weitergeführt haben.

Die Zeitzeugenberichte sind für die Leser im wesentlichen ohne Vorkenntnisse zur jüdischen Geschichte Kölns nachzuvollziehen und zu verstehen. Die Berichte sollten die Leser jedoch über ein bloßes Konsumieren der Schilderung von Einzelschicksalen hinausführen und weiteres Interesse an dieser Geschichte wecken, zu Fragen und vielleicht zu neuen Sichtweisen anregen. Eine Zusammenfassung der Geschichte der Juden in Köln seit dem 19. Jahrhundert bis 1945, die sich an die Lebensgeschichten anschließt, gibt eine erste Einführung in Zusammenhänge und Entwicklungen. Durch ein ausführliches Glossar wird darüber hinaus ein rasches Nachschlagen zu speziellen Begriffen oder Ereignissen, die die Berichtenden erwähnen, möglich, so daß die Leser sich vor allem zu jüdischen Bräuchen und zu jüdischen Einrichtungen und Organisationen in Köln kurz informieren können.

In Hinblick auf das detaillierte Glossar wurde auf Anmerkungen zu den einzelnen Lebensgeschichten weitgehend verzichtet; allerdings wurde versucht, vor allem in bezug auf die in den Lebensgeschichten genannten Personen, die Amtsträger einer Institution oder Organisation waren, Erläuterungen – Angaben zu Lebensdaten und Tätigkeit – anzufügen.

Ein besonderer Stellenwert kommt den im Buch enthaltenen Fotografien und Dokumenten zu. Der Großteil von ihnen stammt aus dem Besitz der Berichtenden selbst oder von anderen jüdischen Zeitzeugen und wird zum erstenmal veröffentlicht. Es handelt sich dabei meist um Bild- und Schriftdokumente, die bei geplanter Emigration oder plötzlicher Flucht zusammen mit nur wenigen anderen Dingen mitgenommen wurden; sie sind oft das einzige Materielle, was den Eigentümern von ihrem Leben in Köln und Deutschland geblieben ist.

Den Lesern sollen die Fotografien von Einzelpersonen, Gruppen oder Gebäuden, die Briefe und anderen schriftlichen Dokumente etwas von der Lebenswirklichkeit der Erzählenden vermitteln. Sie geben den Menschen, über die berichtet wird, »ein Gesicht« und erinnern im Bild an die jüdischen Einrichtungen und Organisationen, die es bis in die Zeit des Nationalsozialismus hinein in Köln gegeben hat.

In der Auswahl der Bilder und Dokumente wurde der Schwerpunkt auf Materialien gelegt, die die Zeit bis 1945 betreffen und einen unmittelbaren Bezug zu Köln aufweisen.

Ich bin allen meinen Interviewpartnerinnen und -partnern für ihre Bereitschaft, mir ihre Lebensgeschichte zu erzählen, meine Fragen zu beantworten und mir Fotografien und Dokumente aus ihrem Besitz zur Verfügung zu stellen, zu großem Dank verpflichtet. Ohne ihre Geduld, ihre Mühe und ihr Verständnis wäre meine Arbeit nicht möglich gewesen. Ich habe auch vielen anderen zu danken: für Hinweise und Anregungen in erster Linie meinen Kolleginnen und Kollegen im NS-Dokumentationszentrum Köln, insbesondere Herrn Prof. Dr. Horst Matzerath; sodann Frau Dr. Monika Richarz und den Mitarbeiterinnen der Germania Judaica für ihre geduldigen Bemühungen sowie allen Privatpersonen und Institutionen, die meine Arbeit mit Informationen und Material unterstützten. Ich danke ebenso Frau Hildegard Wrobel-Sachs für viele Gespräche. In ganz besonderem Maße aber danke ich meinem Mann.

*Barbara Becker-Jákli*

# Erna Preminger

*geb. Abisch[1]*
*geb.: 28.4.1912*
*Eltern: Dr. Oskar (Osias) Abisch (1886-1948)*
*Toni (Taube) geb. Tannenzapf (1889-1969)*
*Bruder: Heinz Abisch (1916-1959)*

**M**ein Vater stammte, wie auch meine Mutter, aus Galizien, damals Österreich, eigentlich aber Polen. Beide kamen aus Kuty, einer kleinen Stadt an der Grenze zum heutigen Rumänien. Mein Papa war aus einer sehr frommen und guten Familie, meine Mutti kam aus reichem Haus. Was der Vater meines Vaters beruflich machte, weiß ich nicht, er ist sehr früh gestorben; der Großvater mütterlicherseits war Bankier. Sie wissen sicher, wie es damals war – die Ehen wurden vermittelt, und auf diese Weise kam auch die Ehe meiner Eltern zustande. Die Familien sprachen sich ab und beschlossen, daß die Eltern meiner Mutter die Kosten für das Studium des Bräutigams bezahlen würden. Die Schwiegereltern ließen also meinen Papa studieren. Nach der Verlobung – Mutti war 16, 17 Jahre alt – wurde sie in ein Pensionat nach Berlin geschickt, und mein Vater, der 20 Jahre alt war, ging auch nach Berlin, um an der Technischen Hochschule zu studieren. Nach einigen Jahren feierten sie Hochzeit in ihrer Heimatstadt Kuty und lebten danach zusammen weiter in Berlin.

Ich wurde dort 1912, mein Bruder 1916 geboren. Kurz nach der Geburt meines Bruders beendete mein Vater sein Studium in Berlin und zog mit uns nach Aachen, wo er einen Posten bekommen hatte. Gleichzeitig machte er an der Technischen Hochschule seinen Doktor. 1922 bekam mein Papa eine Anstellung bei einer Firma in Köln. Wir zogen nach Köln und wohnten zuerst in Deutz, in einer Straße, die parallel zum Rhein liegt; ich weiß nicht mehr, wie sie hieß.

Nach kurzer Zeit machte sich mein Papa selbständig und gründete ein eigenes Ingenieurbüro. Er hat in den nächsten Jahren sehr, sehr viel in Köln und für Köln gebaut. Zum Beispiel baute er das UFA-Haus auf dem Hohenzollernring zusammen mit dem Architekten Riphahn.[2] Die Fassade steht, so habe ich gehört, heute unter Denkmalschutz. Er baute Teile der Fordfabrik, auch einige Gebäudekomplexe für Krupp; er verstärkte die Eisenbahnbrücken in Köln, die Südbrücke und die Hohenzollernbrücke; in Essen baute er das Polizeihaus.

*Abb.1* Oskar Abisch, 1934

Sein erstes, kleines Büro war am Rudolfplatz direkt gegenüber der alten Oper. Von dort konnten wir immer den Rosenmontagszug sehen. Nachdem er das UFA-Haus gebaut hatte, nahm er in diesem Haus ein größeres Büro. Das gab er dann in den 30er Jahren auf, weil man ihm Schwierigkeiten gemacht hatte: Bei irgendeinem Umzug der Nazis verbot man meinem Vater, das Büro zu benutzen; er sollte niemanden empfangen, er durfte nicht ans Fenster gehen – man hat ihm eigentlich das Büro gesperrt. Das hat ihn so aufgebracht, daß er umzog. Er nahm dann ein Büro in einem Haus am Dom, dort wo das Café Reichardt ist.

Mein Vater hatte in den 20er Jahren bis weit in die Nazizeit, eigentlich bis 1938, viele Aufträge und beschäftigte in seinem Büro sieben, acht Ingenieure.

Ich besuchte das Deutzer Gymnasium, weil es von unserer ersten Wohnung aus die nächste Schule war. Auf einer jüdischen Schule bin ich nicht gewesen. Später verzogen wir in die Aachener Str. 675, nicht weit vom Stadion, aber ich blieb bis zum Abitur auf derselben Schule. Ich wollte nicht wechseln, ich hatte dort meine Freundinnen.

16

*Abb.2* UFA-Haus, Hohenzol-
lernring; erbaut 1932;
Architekt W. Riphahn,
Ingenieur Oskar Abisch, 1932

Die Eltern meines Vaters und meiner Mutter waren wohl sehr fromm gewesen, aber meine Eltern waren assimiliert. Mein Papa war in einer Jeschiwa gewesen, also richtig jüdisch erzogen worden, hatte aber, als er aus Polen wegging, die ganze Tradition zurückgelassen. Er legte das alles ab. Ich will nicht sagen, daß er nicht mehr daran glaubte, aber wahrscheinlich hielt er es nicht mehr für so wichtig. Und bei meiner Mutter war es dasselbe. Ich habe noch Briefe, die er an meine Mutti während der Zeit des Studiums in Berlin schrieb. Sie waren noch in Hebräisch geschrieben, es war also damals für ihn noch natürlich, in Hebräisch zu schreiben. Aber später war in unserem Haus sehr wenig Jüdischkeit. Wir sind, wie man so sagt, Feiertagsjuden gewesen. An den Feiertagen gingen wir immer in die Synagoge, und zwar in die Glocken-gasse.

---

# Gottesdienste an den Festtagen

## Rauschhaschonoh

Freitag, den 14. September, Vorabend, 6.30 Uhr (Ansprache).

Sonnabend, den 15. September, morgens, Glockengasse und Deutz 7.15 Uhr; Roonstraße, Ehrenfeld, Rheinlandloge 7.30 Uhr; Predigt 9.30 Uhr; Mincha: 3 Uhr, abends 7.25 Uhr.

Sonntag, den 16. September, morgens, Glockengasse und Deutz 7.15 Uhr; Roonstraße, Ehrenfeld, Rheinlandloge 7.30 Uhr; Mincha: 3 Uhr; Festesausgang 7.25 Uhr.

### An den Wochentagen

Morgens 6.30 Uhr; abends Glockengasse 6.15 Uhr, Roonstraße und Ehrenfeld 7.30 Uhr.

## Jaumkippur

Sonntag, den 23. September, abends 6.15 Uhr (Predigt 6.30 Uhr).

Montag, den 24. September, morgens 7.30 Uhr; Seelenfeier 11.30 Uhr; nachmittags 5.15 Uhr, Predigt zu Neiloh; Festausgang 7.06 Uhr.

## Sukkaus

Freitag, den 28. September, abends 6 Uhr.

Sonnabend, den 29. September, morgens 8.30 Uhr; Predigt 10 Uhr, abends 6.50 Uhr.

Sonntag, den 30. September, morgens 8.30 Uhr; Mincha: 3 Uhr an beiden Tagen; Festausgang 6.53 Uhr.

### An den Wochentagen:

Morgens 6.45 Uhr; abends Glockengasse 5.30 Uhr, Roonstraße und Ehrenfeld 7.30 Uhr.

## Schemini Azeres

Freitag, den 5. Oktober, abends 5.45 Uhr.

Sonnabend, den 6. Oktober, morgens 8.30 Uhr, Predigt: 10 Uhr; abends 5.30 Uhr Fest- und Jugendgottesdienst Roonstraße, 5.45 Uhr Glockengasse.

Sonntag, den 7. Oktober, morgens 8.30 Uhr; Glockengasse 8.15 Uhr; Mincha: an beiden Tagen 3 Uhr; Festausgang 6.38 Uhr.

*Abb.3* Kölner Jüdisch-Liberale Zeitung, 14.9.1928

Unsere Familie hatte sehr wenige jüdische Bekannte. Die meisten Bekannten waren Christen, und da ich keine jüdische Schule besuchte, waren auch alle meine Freundinnen und Freunde christlich. Bei meinem Bruder war es genauso.

Wir hatten ein sehr schönes Haus, eine Villa, in Braunsfeld und viel Gesellschaft. Mein Papa mochte immer gerne junge Leute um sich. Sein Motto war: »Ihr könnt mir jeden bringen, den ihr wollt, aber bringt ihn mit nach Hause.« Und wir, mein Bruder und ich, brachten unsere Freunde auch alle nach Hause. Sie kamen gern und verehrten meinen Vater sehr. Mein Papa war sehr gescheit, charmant und verhältnismäßig jung. Wir genossen die Geselligkeit immer, und er genoß sie auch. Es war ein schönes Familienleben mit viel Gastlichkeit. Meine Mutti war sehr lustig, eine gute Hausfrau und sehr, sehr hübsch, so ein bißchen mollig und gemütlich.

Außerdem hatten wir unsere Verwandten in Köln, mit denen wir viel zusammen waren. Das waren vor allem die jüngsten Geschwister meiner Mutti, ein Zwillingspaar. Sie waren im Ersten Weltkrieg aus ihrer Heimat vertrieben worden, wohnten erst bei uns in Aachen und zogen dann mit

18

uns nach Köln. Meine Tante Edith Tannenzapf war Bankbeamtin, arbeitete bei der Dresdner Bank und hatte eine eigene kleine Wohnung

*Abb.4* Synagoge Glockengasse, 30er Jahre

*Abb.5* Das Ehepaar Oskar und Toni Abisch (1.u.4.v.l.) mit Tochter Erna (2.v.l.) und den Geschwistern der Ehefrau Leo, Theo und Edith Tannenzapf vor ihrem Haus in Köln-Braunsfeld, 1930

gemietet. Ihr Bruder, mein Onkel, ging bald nach Berlin, kam aber an allen Feiertagen, den christlichen und den jüdischen, oft zu uns. Meine Tante Edith wie auch ein älterer Bruder wurden später in der sogenannten »Polenaktion« 1938 nach Polen abgeschoben. Sie waren beide staatenlos, während der Zwillingsbruder wohl schon die deutsche Staatsangehörigkeit hatte. Meine Eltern waren beide Deutsche und besaßen einen deutschen Paß. Wir waren sehr assimiliert, und ich selbst habe als Kind nie erlebt, daß ich irgendwie negativ angesprochen wurde, weil ich jüdisch war. Nicht bis Hitler gekommen ist. Und auch meine Eltern haben unter ihren Bekannten vor dieser Zeit nichts dergleichen empfunden, obwohl die meisten später richtige Nazis wurden.

1931 machte ich Abitur auf dem Deutzer Gymnasium und wollte dann Nationalökonomie studieren. Ich war zwei Jahre auf der Kölner Universität, die damals am Rheinufer lag; dann mußte man für die erste Prüfung ein halbes Jahr praktische Arbeit leisten. Ich wollte das nicht in Köln machen, sondern irgendwo anders. Mein Papa schickte mich deshalb nach Wien, wo er einen Cousin hatte – ich sollte nicht verloren gehen. Damals war es ja nicht so wie heute, da hat man noch Angst um die Töchter gehabt. Ich fuhr also nach Wien und arbeitete dort im Büro einer Möbelfabrik.

In Wien lernte ich meinen Mann, Joachim Preminger, kennen. Er war Pole, und seine Familie lebte in Kolomea in Polen. 1935 heirateten wir in Krakau, denn die Verwandten meines Mannes, die in Polen oder in

*Abb.6* Hochzeit von
Erna Abisch und Joachim
Preminger in Krakau, 1934

Wien lebten, und die Verwandten meiner Eltern, die in Rumänien lebten, wollten alle nicht nach Deutschland kommen. So haben wir zur Hochzeit einen neutralen Ort sozusagen im Mittelpunkt gewählt, und das war Krakau.

In der nächsten Zeit wohnten mein Mann und ich erst in der Nähe von Krakau, wo mein Mann eine Fabrik hatte; dann übernahm er eine Fabrik in Bielitz in Oberschlesien direkt an der deutschen Grenze. Dort lebten wir die nächsten Jahre.

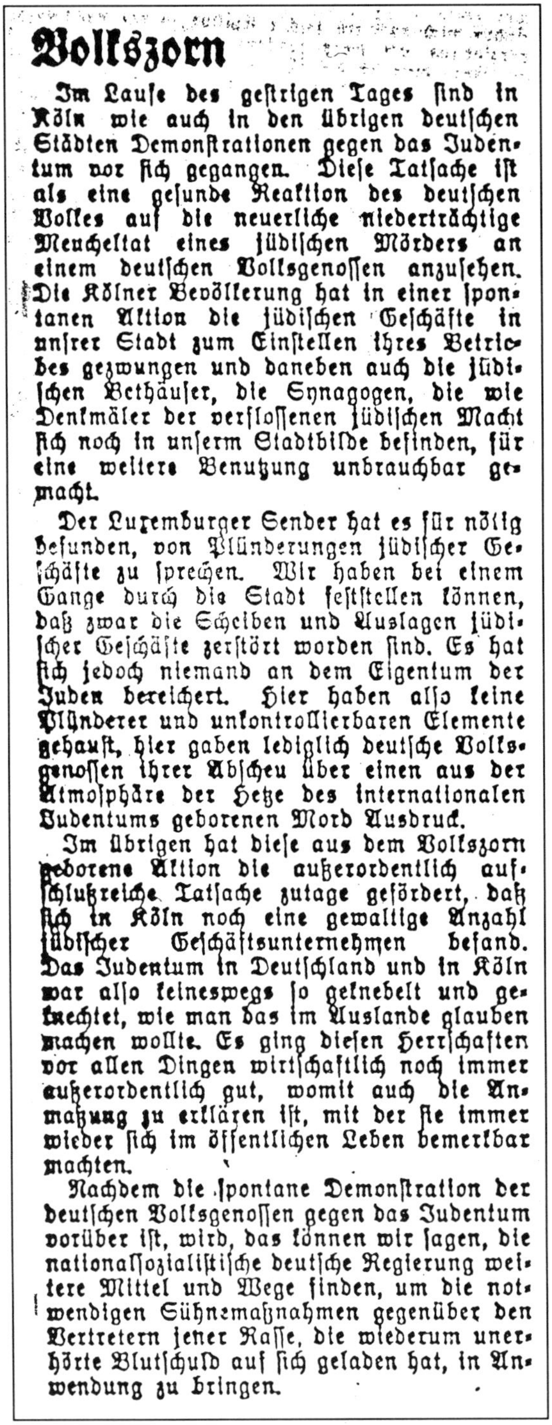

## Volkszorn

Im Laufe des gestrigen Tages sind in Köln wie auch in den übrigen deutschen Städten Demonstrationen gegen das Judentum vor sich gegangen. Diese Tatsache ist als eine gesunde Reaktion des deutschen Volkes auf die neuerliche niederträchtige Meucheltat eines jüdischen Mörders an einem deutschen Volksgenossen anzusehen. Die Kölner Bevölkerung hat in einer spontanen Aktion die jüdischen Geschäfte in unsrer Stadt zum Einstellen ihres Betriebes gezwungen und daneben auch die jüdischen Bethäuser, die Synagogen, die wie Denkmäler der verflossenen jüdischen Macht sich noch in unserm Stadtbilde befinden, für eine weitere Benutzung unbrauchbar gemacht.

Der Luxemburger Sender hat es für nötig befunden, von Plünderungen jüdischer Geschäfte zu sprechen. Wir haben bei einem Gange durch die Stadt feststellen können, daß zwar die Scheiben und Auslagen jüdischer Geschäfte zerstört worden sind. Es hat sich jedoch niemand an dem Eigentum der Juden bereichert. Hier haben also keine Plünderer und unkontrollierbaren Elemente gehaust, hier gaben lediglich deutsche Volksgenossen ihrer Abscheu über einen aus der Atmosphäre der Hetze des internationalen Judentums geborenen Mord Ausdruck.

Im übrigen hat diese aus dem Volkszorn geborene Aktion die außerordentlich aufschlußreiche Tatsache zutage gefördert, daß sich in Köln noch eine gewaltige Anzahl jüdischer Geschäftsunternehmen befand. Das Judentum in Deutschland und in Köln war also keineswegs so geknebelt und geknechtet, wie man das im Auslande glauben machen wollte. Es ging diesen Herrschaften vor allen Dingen wirtschaftlich noch immer außerordentlich gut, womit auch die Anmaßung zu erklären ist, mit der sie immer wieder sich im öffentlichen Leben bemerkbar machten.

Nachdem die spontane Demonstration der deutschen Volksgenossen gegen das Judentum vorüber ist, wird, das können wir sagen, die nationalsozialistische deutsche Regierung weitere Mittel und Wege finden, um die notwendigen Sühnemaßnahmen gegenüber den Vertretern jener Rasse, die wiederum unerhörte Blutschuld auf sich geladen hat, in Anwendung zu bringen.

*Abb.7* Westdeutscher Beobachter, 11.11.1938

Um die Zeit der »Kristallnacht« in Deutschland hielt sich mein Vater in London auf, weil er sich dort um ein Arbeitspermit für sich und meinen Bruder bemühen wollte. Er saß im Zug, las die Zeitung und las: »Die deutschen Synagogen brennen!« Er war in England, und meine Mutter und mein Bruder und alles, was er hatte, war in Deutschland. Er wußte nicht, sollte er bleiben oder zurückkommen. Er dachte, wenn er nach Deutschland zurückginge, würde man ihn sofort verhaften. Aber er entschloß sich trotzdem zurückzufahren. Am zweiten Tag in Deutschland wurde er dann tatsächlich verhaftet und eingesperrt. Ich glaube, er war zehn Tage im Kölner Gefängnis. Er hat uns nachher erzählt, daß die Gefangenen sich jeden Tag aufstellen mußten, dann bedrohte man sie mit dem Gewehr und sagte, jeder zweite sollte vortreten, der würde erschossen. Aber es wurde keiner erschossen.

Nachdem mein Vater schließlich ein Permit für England bekommen hatte, ließ man ihn frei. Er mußte unterschreiben, daß er bis zum 31. Dezember des Jahres Deutschland verlassen würde. Und das haben meine Eltern auch getan.

Mein Bruder wurde in diesen Wochen von den Nazibehörden gesucht. Um ihn zu schützen, versteckte ihn ein Geschäftsfreund meines Vaters fast 14 Tage in seinem Haus – bis der Sohn dieser Leute das herausfand und seinem Vater drohte, wenn er meinen Bruder nicht sofort wegschickte, würde er ihn bei der Gestapo anzeigen.

Ich lebte in dieser Zeit völlig im Ungewissen über die Situation meiner Familie. Immer wieder rief ich von Bielitz aus in Köln an, erreichte aber niemanden, der mir Auskunft geben konnte, denn auch meine Mutter hatte unser Haus verlassen und irgendwo ein Versteck gefunden. Ich war natürlich furchtbar aufgeregt, bis ich eines Tages einen Anruf von meinem Papa bekam und er mir sagte, er sei »auf Erholung« gewesen. Ich habe mir dann zusammengereimt, was passiert war.

Innerhalb kurzer Zeit mußte nun alles, was meine Eltern besaßen, aufgelöst werden. In dieser Situation schlug ein Bekannter meinem Papa vor: »Wenn du mir Geld gibst« – es ging um eine größere Summe –, »dann erledige ich alles, beschaffe alle Papiere, und du wirst schnell wegkönnen.« Mein Papa wußte nicht, ob das nicht vielleicht eine Falle war, in die er gelockt werden sollte. Er dachte, daß man ihm Bestechung vorwerfen könnte und man ihn dann nicht gehen ließe. Meine Mutti erzählte mir später, daß sich Papa das Leben nehmen wollte, weil er nicht wußte, was er tun sollte; weil er nicht wußte, was das Richtige war. Im letzten Moment entschloß er sich aber dazu, dem Mann das Geld zu geben. Und der hielt tatsächlich auch, was er versprochen hatte. Es ging nun ganz schnell: Das Haus wurde zwangsweise verkauft, die Möbel konnten die Eltern mitnehmen. Ihr Geld wurde gesperrt, und nur eine kleine Summe durften sie ins Ausland bringen.

Am 1. Januar 1939 kamen meine Eltern nach London.

Mein Bruder hatte Deutschland schon etwas früher verlassen. Während man ihn suchte und er versteckt lebte, bekam er das Permit für England, und sobald er das hatte, verließ er Deutschland. Vorher heiratete er aber noch in Köln und konnte so zusammen mit seiner Frau Ruth nach London emigrieren. Die beiden waren also bereits dort, als meine Eltern ankamen, hatten auch schon eine Wohnung. Meine Eltern zogen in eine Pension, und mein Vater hoffte darauf, Arbeit zu bekommen. Bevor er von Deutschland fortgegangen war, hatte er den Direktor von Krupp, für den er viel gearbeitet hatte, gefragt, ob er ihm nicht irgendeine Empfehlung, irgendeinen Brief mitgeben könnte, der ihm in England weiterhelfen würde. Der Direktor hat geantwortet: »Wenn sie dich an der Grenze durchsuchen, und sie finden diesen Brief, dann bin ich erledigt. Aber hab keine Angst, ich werde schon irgend etwas tun.« Eines Tages bekam mein Vater in der Pension, in der er wohnte, einen Anruf vom Direktor von Blueband, das war damals die größte Margarinefirma in England. Man schlug ihm vor, die Pläne für eine neue Fabrik zu entwerfen. Als mein Vater fragte, wieso man auf ihn gekommen sei, sagte man, man habe auf einem Treffen in Brüssel Kontakt mit dem Direktor von Krupp gehabt, und der habe ihn empfohlen. So hat er meinem Papa also wirklich geholfen.

Es war der erste Auftrag, den mein Vater in England bekam, aber es wurden dann mehr. Er nahm im Ingenieurviertel von London ein Büro und arbeitete an verschiedenen Aufträgen. Aber nur bis zum Ausbruch des Krieges, dann war Schluß. Die Engländer hatten Angst, bei einem vielleicht feindlichen Ausländer arbeiten zu lassen, und Deutsche mied man jetzt überhaupt. Mein Papa mußte das Büro wieder aufgeben und machte dann nur noch kleinere Arbeiten von seiner Wohnung aus.

Ich selbst besuchte im Juli 1939 meine Eltern in England. Als kurz darauf der Krieg ausbrach, mußte ich in England bleiben, ich konnte nicht mehr zurück – Gott sei Dank, denn sonst hätte ich nicht überlebt. Alle meine Bekannten, die in Bielitz gelebt hatten, flohen bei Ausbruch des Krieges nach Warschau, weil sie glaubten, das sei sicherer – Bielitz war ja direkt an der deutschen Grenze. Aber von Warschau kam man kaum mehr weg.

Auch mein Mann verließ Bielitz sofort bei Kriegsbeginn. Morgens hörte er, daß der Krieg ausgebrochen sei. Wir wohnten nicht weit von der Fabrik, und er war im Arbeitsanzug, hatte nichts in der Tasche, kein Geld. Er kam aus der Wohnung, als ihm der Portier sagte: »Es ist Krieg.« Er sprach mit einem Nachbarn, und sie versuchten, mit zwei Wagen voller Leute in Richtung Warschau zu fliehen. Aber so weit sind sie gar nicht gekommen. Sie fuhren statt dessen nach Kattowitz, nach Krakau und auf diesem Weg langsam zur rumänischen Grenze. Das hat einen ganzen Monat gedauert. Es gab immer wieder Bombenangriffe, sie mußten ständig aus dem Wagen heraus. Ich selbst habe das alles erst viel später gehört, ich habe es nicht miterlebt, denn ich war ja in London.

Als der Krieg ausbrach, wollte ich sofort zurück zu meinem Mann, aber das war natürlich unmöglich. Man konnte nicht heraus. Und das war mein Glück. Einen Monat hörte ich nichts von meinem Mann und war sicher, daß ihm etwas passiert war, daß er umgekommen war. Im Oktober 1939, an Jom Kippur, bekam ich plötzlich ein Telegramm, in dem er mir mitteilte, daß er gerade die rumänische Grenze passierte hatte. Er war also in Rumänien und blieb dort bis 1941, bis die Russen kamen. Er hielt sich zunächst in der Bukowina auf, gehörte zur polnischen Armee und bekam von der Armee auch eine kleine Unterstützung, denn er hatte ja nichts. Er versuchte von dort nach England zu kommen, aber es gelang nicht – obwohl mein Mann und sein Partner vor dem Krieg Beziehungen zu England aufgebaut hatten und in England eine Fabrik für Pelzveredelung gründen wollten. Sie hatten dafür auch die Genehmigung erhalten, aber durch den Beginn des Krieges wurde alles anders. Ich hatte mich sofort wegen dieser Genehmigung in England erkundigt, doch mir wurde gesagt, es sei alles gestrichen, sie sei nicht mehr gültig. Mein Mann wußte das noch nicht und versuchte, aufgrund der früheren Entscheidung nach England zu kommen – es war unmöglich. Er ging dann nach Bukarest, aber die Situation wurde immer schlimmer, weil nun die Deutschen auch dorthin kamen und außerdem ein großes Erdbeben vieles zerstörte. Der Zufall hat ihm dann geholfen. Mein Mann hatte einen Cousin, der genauso hieß wie er: Joachim Preminger, und dieser Cousin hatte eine richtige Einwanderungsgenehmigung für Palästina, ein Kapitalistenzertifikat für 1.000 Pfund, bekommen, mit dem er vor dem

Krieg regulär in Palästina eingewandert war. Es gelang ihm, meinem Mann dieses Zertifikat auf seinen Namen zukommen zulassen, so daß mein Mann jetzt eine »reguläre« Einwanderungsgenehmigung hatte. 1941 erhielt mein Mann dann auch noch ein weiteres Papier von den Engländern, mit dem er durch die Türkei fahren konnte. Aber die Türken ließen Juden nicht ins Land. Um hineinzukommen, mußte er sich taufen lassen, damit er offiziell kein Jude mehr war. So gelang es ihm schließlich zusammen mit seinem Bruder und seiner Schwägerin, die bei ihm waren, in und durch die Türkei zu reisen. Aber die Reise dauerte sehr lange. In Istanbul, wo sie einige Zeit bleiben mußten, stand die ganze Zeit Polizei vor ihrer Türe, damit sie ja nicht verschwinden und untertauchen würden. Mit Erleichterung ließen sie die Türkei hinter sich, fuhren mit dem Zug durch den Libanon und kamen endlich in Palästina an. Im Februar 1941 befanden sich mein Mann und ich schon auf dem gleichen Gebiet, denn auch er war jetzt im Britischen Empire. Erst jetzt konnten wir miteinander korrespondieren. Ich habe heute noch einen ganzen Stoß dieser kleinen Briefe, die damals als Soldatenpost verschickt wurden.

Ich selbst war immer noch in London und hatte seit einiger Zeit auch Arbeit. Zuerst half ich bei meinem Papa im Büro; er lernte mich an, zu zeichnen und Berechnungen zu machen. Auch mein Bruder arbeitete mit meinem Papa. Aber 1940 beschlossen wir beide, daß wir unserem Vater nicht mehr auf der Tasche liegen könnten, und sahen uns nach anderer Arbeit um. Für meinen Bruder war das kein Problem, er bekam sofort einen Posten.

Übrigens wurden weder mein Vater noch mein Bruder nach Kriegsausbruch von den Engländern interniert, wahrscheinlich weil sie mit englischen Firmen arbeiteten, aber wir hatten trotzdem immer ein gepacktes Köfferchen in der Wohnung stehen, denn wir wußten ja nicht, ob sie nicht doch geholt würden.

Ich suchte nun Arbeit, aber ich hatte ja keine richtige Vorbildung. Ich fragte meinen Papa, was ich machen sollte, und er sagte: »Was ein Mensch will, das kann er auch. Was du anfängst, wirst du schon machen können.« Ich ging schließlich zum Arbeitsamt, und dort schickte man mich zur Londoner Hauptstelle der größten pharmazeutischen Firma Englands. Man hat mich genommen, und ich habe bis Ende 1944 dort gearbeitet.

Schon seit 1941 bemühte ich mich darum, zu meinem Mann nach Palästina zu kommen. Aber meine Anträge wurden immer abgelehnt. 1943 oder 1944 bekam ich eine Mitteilung von der Jewish Agency, daß eine Möglichkeit bestände zu fahren. Meine Eltern waren ganz dagegen, weil die Reise sehr gefährlich war. Aber ich wäre sofort gefahren, nur wurde es dann doch von der englischen Regierung – wegen der Gefährlichkeit – abgesagt. Endlich, Ende 1944, erhielt ich morgens in der Firma einen Anruf von meiner Mutter. Sie weinte und sagte, ich hätte die Erlaubnis bekommen, in zehn Tagen zu fahren. Meine Mutter war todunglücklich, aber ich ließ alles stehen und liegen und ging zur Jewish Agency. So schnell ich konnte, bereitete ich alles für eine Abfahrt vor. Als ich einige Tage später zum Amt kam, um die letzten Papiere zu holen, saß der Angestellte dort mit einem langen Gesicht da und sagte zu mir: »Lord Moyne ist in Kairo ermordet worden«.[3] Damit war wieder alles vorbei, denn wir hatten mit dem Schiff über Ägypten nach Palästina gewollt, und nun wurde die Durchfahrt nicht mehr gestattet. Meine Reise war also ins Wasser gefallen – es war eine Riesenenttäuschung für mich.

Einer unserer Nachbarn in London war ein Abgeordneter des Parlaments, der mich oft mit dem Auto in die Stadt zur Arbeit mitnahm. Er sah mich, nachdem ich mich schon verabschiedet hatte, eines Tages wieder am Autobus stehen und fragte: »Was machen Sie denn noch hier?« Ich erzählte ihm die Geschichte, und er meinte: »Mal sehen, was sich machen läßt.« Bei der nächsten Sitzung im Parlament im Dezember brachte er diesen Fall vor, und tatsächlich erhielten sieben Frauen ein Visum für Palästina. Und ich war eine von diesen sieben.

Ich fuhr am 1. Januar 1945 von England fort, und zwar als eine der ersten Privatpersonen auf einem Kriegsschiff über den Atlantik. Das war noch sehr gefährlich, denn es gab noch U-Boot-Angriffe. Am 16. Januar 1945 kam ich in Palästina an. Meinen Mann hatte ich seit 1939, also seit fünfeinhalb Jahren, nicht mehr gesehen.

Wir sind in Palästina, später Israel, geblieben. Mein Vater starb schon 1948 in England, meine Mutter 1969 bei einem Besuch in Israel. Sie ist auch in Israel begraben.

*Anmerkungen*

1 Das Interview wurde am 21.5.1990 in Köln geführt.
2 Wilhelm Riphahn (1889-1963) errichtete ab 1914 Industrie-, Geschäfts- und Privatbauten in Köln. Zwischen 1933 und 1945 unterlag er zeitweise einem Berufsverbot. Nach 1945 war er entscheidend am Wiederaufbau und der Neuplanung Kölns beteiligt.
3 Lord Francis Moyne, britischer Diplomat in Kairo, wurde am 6.11.1944 von jüdischen Extremisten ermordet.

# Herbert Bluhm[1]

*geb.: 27.10.1912*
*Eltern:*
*Julius Bluhm (1870-1958)*
*Anna geb. Mayer (1884-1979)*
*Brüder: Leo (* 1910); Hans (1917-1990)*

Ich wurde 1912 in der Blumenthalstraße in Köln-Nippes geboren. Aufgewachsen aber bin ich in der Bismarckstr. 48, wo wir von 1914 bis 1930 wohnten, meine Brüder und ich also den größten Teil unserer Kindheit und Jugend verbrachten.

Mein Vater stammte aus Westpreußen, aus sehr kleinen Verhältnissen. Sein Vater war früh gestorben, so daß die Mutter mit zehn Kindern allein blieb und aus Not die Kinder unter den Onkeln, Tanten und anderen

*Abb.1* Vorfahren von Herbert Bluhm: Ururgroßeltern Wolfert und Urgroßmutter Louise Isenberg (rechts stehend), Minden um 1840

27

*Abb.*2 Karl Mayer und Clara geb. Isenberg als Brautpaar, Großeltern mütterlicherseits von Herbert Bluhm, 1879

Verwandten verteilen mußte. Mein Vater wurde deshalb bei seinem älteren Bruder groß, durch den er auch eine kaufmännische Ausbildung erhielt.

1905 zog mein Vater nach Köln, 1908 lernte er meine Mutter in Aachen kennen. Meine Mutter Anna Mayer stammte aus einer alteingesessenen Aachener Familie, war mütterlicherseits mit dem Hause Isenberg und mit der Japhet-Familie, den Besitzern der bekannten Londoner Japhet-Bank, verwandt.

In der ersten Zeit nach seiner Ankunft in Köln führte mein Vater gemeinsam mit seinem Bruder Eduard in Nippes auf der Neusser Straße ein großes Warenhaus, Gebr. Bluhm. 1909 machte er sich selbständig und eröffnete ein eigenes großes Textilkaufhaus auf der Venloer Str. 301 in Ehrenfeld. Es gab um diese Zeit auch noch ein drittes Geschäft der Familie Bluhm in Köln, ein kleineres Textilgeschäft in Köln-Mülheim, das einem weiteren Bruder meines Vaters, Norbert, gehörte und auch Gebr. Bluhm hieß.

Meine Eltern heirateten Anfang 1910, und in den folgenden Jahren wurden drei Söhne geboren: Leo, Herbert und Hans.

Cöln-Nippes                                   Das neue Geschäftshaus von Gebrüder Bluhm

*Abb.3* Warenhaus Gebr. Bluhm, Köln-Nippes, Neußer Straße; Postkarte

1927 gründete mein Vater in der Venloer Str. 287, zwei Häuser neben dem bisherigen Kaufhaus, ein zweites Geschäft, das auf Damenkleidung spezialisiert war. Schon 1930 mußte er aber das große Geschäft, das ca. 60 Angestellte hatte, wegen der Wirtschaftskrise verkaufen. Es herrschte damals gerade in Ehrenfeld mit seiner Arbeiterbevölkerung, die den größten Teil der Laufkundschaft unseres Geschäftes ausmachte, eine riesige Arbeitslosigkeit. Die Kaufkraft der Bevölkerung und der Umsatz unseres Geschäftes nahmen so stark ab, daß mein Vater das Kaufhaus nicht mehr halten konnte und sich innerhalb kurzer Zeit gezwungen sah, es aufzugeben. Er behielt nur das zweite Geschäft, das er in ein Kurz-, Weiß- und Wollwarengeschäft umwandelte. Dieses Kaufhaus mit acht Angestellten bestand dann bis 1939.

Die politische Einstellung meines Elternhauses war sehr bürgerlich, an der politischen Mitte orientiert. Die Eltern waren Demokraten, später, glaube ich, auch Wähler des Zentrums, aber keine Mitglieder einer Partei.

*Abb.4* Beschäftigte des Kaufhauses Bluhm, Venloerstr. 301 bei einem Ausflug zum Rolandsdenkmal; oben l.: Julius Bluhm mit Zylinder, 1909

Religiös waren wir an die Synagoge in der Roonstraße angeschlossen. Wir waren sehr liberal, hielten die Feiertage, aber nichts weiter. Wir waren, wie man heute sagt, Reformjuden. Unser Bekannten- und Freundeskreis war hauptsächlich jüdisch. Wir verkehrten zwar auch gesellschaftlich mit den christlichen Nachbarn im Haus, aber sonst kann ich mich nicht erinnern, daß wir mit christlichen Kölnern näheren Umgang gehabt hätten. Wohl war mein Vater durch das Kaufhaus mit vielen Leuten der Kölner Gesellschaft bekannt. Er hatte viele Bekannte, die ihn im Geschäft aufsuchten oder mit denen er sich auch manchmal im Kaffeehaus traf, aber private Kontakte – daran erinnere ich mich kaum.

Wir haben uns absolut integriert gefühlt. Wir haben uns deutscher gefühlt, als man sich deutsch denken kann. Uns ist niemals die Idee gekommen, daß wir nicht vollwertige Deutsche seien. Das zeigte sich unter anderem darin, daß meine Familie an allem Anteil nahm, was zum Beispiel patriotische Feiern, ob noch im Kaiserreich oder in der Republik, betraf. Wir nahmen an allen Ereignissen der deutschen Politik teil und beteiligten uns als Kölner selbstverständlich an Karnevalssitzungen und Karnevalsfeiern verschiedenster Art. Wir fühlten uns als absolut vollwertige Deutsche. In jeder Beziehung.

Im Frühjahr 1919 wurde ich in die katholische Volksschule am Klingelpütz aufgenommen, besuchte also nicht die jüdische Schule. Daß ich Jude war, merkte ich dort wie auch später im Gymnasium sehr wohl. Wenn die Klasse gemeinsam die christlichen Gebete sprach, war man als

*Abb.*5 Hochzeitsfoto von
Anna und Julius Bluhm, 1910

Jude vom Gebet befreit, mußte aber mit aufstehen. Wir spürten es, daß
wir Juden waren, wir wußten es. Man stellte uns natürlich auch häufig
genug als Juden heraus – in der Volksschule wie im Gymnasium. Es gab
auch ständig antisemitische Bemerkungen von Mitschülern – lange vor
1933 –, unter denen wir selbstverständlich litten. Das war während der
ganzen Schuljahre so. Es kam immer wieder mal heraus, dieses: »Jüd,
Jüd, Jüd ...«, irgendwo auf der Straße, im Schulhof oder auf dem
Schulweg. Und es gab auch Lehrer, die hie und da eine abfällige
Bemerkung über Juden machten. Ja, das gab es auch. Diese Situation
verschärfte sich dann später und kristallisierte sich deutlicher heraus,
aber schon in den Jahren 1929, 1930 waren die antisemitischen Tendenzen sehr stark zu fühlen. Es gab auch schon regelrechte antisemitische
Strömungen in der Klasse, und es kamen bereits 1930 Schulkameraden
in Naziuniform zur Schule. 1930 machte ich Abitur, und ich weiß noch

sehr genau, wie einer der Mitschüler in Naziuniform erschien. Wir waren drei Juden in der Klasse und waren zu dem Zeitpunkt schon sehr, sehr exponiert.

Auch mein Vater hat diese Stimmung schon um 1930 zu spüren bekommen; so wurden zum Beispiel manchmal provokative Zettel an die Scheiben unseres Geschäftes geklebt.

Der Boykottag nach der Machtergreifung am 1. April 1933 war dann für uns alle ganz einschneidend:

*Abb.*7 Kaufhaus Julius Bluhm, Venloer Str. 287, 1928

Wir wohnten damals in der Gutenbergstr. 21 in Ehrenfeld. In der Nacht vor dem Boykottbeginn, gegen zwei Uhr, kamen Polizei und irgendein Nazi, ein SS-Mann wohl, in unsere Wohnung und forderten meinen Vater auf mitzukommen. Sie behaupteten, er hätte ein beschmiertes Bild von Hitler in einer Vitrine seines Geschäftes aufgestellt. Es war eine große Aufregung. Mein Vater mußte die Männer zu unserem Geschäft begleiten, das fünf Minuten entfernt lag. Ich ging auch mit. Dort sahen wir tatsächlich ein beschmiertes Hitlerbild in einem unserer Schaufenster. Mein Vater nahm den Schlüssel der Vitrine, holte das Bild heraus und erklärte natürlich, daß es keiner von uns hineingestellt habe. Allerdings war klar, daß es jemand dort aufgestellt haben mußte, der einen Schlüssel hatte. Aber es ist nie herausgekommen, wer das war. Da der Polizist meinen Vater gut kannte – mein Vater war ja ein sehr bekannter Ehrenfelder Kaufmann – konnte er den Nazi, diesen SS-Mann, beruhigen und ihm klarmachen, daß der Vorfall als Provokation gegen uns gedacht war.

Das war der Anfang des Boykotts gewesen. Am nächsten Tag ging der Boykott selbst los. Wir waren spät von der Polizei nach Hause gekommen und sehr aufgeregt. Am Morgen sahen wir, daß alle jüdischen Geschäfte geschlossen hatten und überall vor den Geschäften Wachen

# Deutsche Männer und Frauen, Schaffende aller Stände und Schichten!

Die Nationalsozialistische Deutsche Freiheitsbewegung ruft Euch auf

## zum Boykott aller jüdischen Geschäfte!

Der Boykott dieser jüdischen Geschäfte, der jüdischen Ärzte, der jüdischen Rechtsanwälte ist die Antwort

# auf die niederträchtige gemeine Greuel-propaganda der Juden im Ausland.

Nachdem in Deutschland die Nationalsozialistische Freiheitsbewegung mit eisernem Besen ausgefegt hat, nachdem endlich die Geschlossenheit des deutschen Volkes von innen heraus erreicht ist und nun sich anschickt, in ehrlicher, friedlicher Arbeit wieder zu Freiheit und Brot zu gelangen, versucht das Judentum außerhalb der deutschen Grenzen das junge Deutschland zu treffen. In allen Ländern haben sie einen allgemeinen Boykott deutscher Waren angezettelt. Wir schlagen diese Feinde Deutschlands mit ihren eigenen Waffen. Keine deutsche Hausfrau, kein deutscher Volksgenosse kauft mehr für einen Pfennig in jüdischen Geschäften. **Der am Samstagmorgen punkt 10 Uhr einsetzende Boykott** wird in ganz Deutschland in allen Städten und Dörfern durchgeführt. Vor allen jüdischen Geschäften stehen nationalsozialistische Wachtposten, die sich diejenigen merken werden, ja sie sogar fotographisch festhalten, die in jüdischen Geschäften noch weiterhin zu kaufen wagen.

# Wer in jüdischen Geschäften kauft, ist ein Volksverräter und Volksverräter werden der öffentlichen Verachtung preisgegeben.

Darum deutsche Männer und Frauen, erkennt die Größe des gewaltigen Ringens unserer Tage, macht Euch frei von Judenknechtschaft und Judentyrannei, tretet ein in die große Freiheitsbewegung Adolf Hitlers, die nach 14jährigem zähen und opferschweren Ringen die politische Macht im Staate erobert hat und sie einsetzen wird zur Rettung unseres deutschen Volkes aus Not und Knechtschaft und unser deutsches Volk wieder führen wird

# zu Arbeit, Freiheit und Brot!

*Abb.8* Aufruf zum Boykott jüdischer Geschäfte am 1. April 1933, Flugblatt

standen, die große Schilder: »Kauft nicht bei Juden« trugen. Der Boykott dauerte dann, glaube ich, mehrere Tage. Viele Fensterscheiben, zum Beispiel bei Nachbarn in der Venloer Straße, wurden eingeschlagen, und auch bei uns zerstörte man einige Vitrinen. Der Schaden war nicht so groß, obwohl man aus den Vitrinen auch Ware gestohlen hatte. Die Bevölkerung sammelte sich vor den Schaufenstern an und wußte nicht, was eigentlich los war. Viele schüttelten den Kopf, und viele fluchten auf die Juden. Für meine Eltern war das alles sehr aufregend, denn sie haben gemerkt, daß es jetzt zum erstenmal an ihre Existenz ging, eine Existenz, die sie sich innerhalb von fast 30 Jahren aufgebaut hatten. Sie konnten es gar nicht glauben und nahmen es als eine vorübergehende Welle des Antisemitismus, wie man es aus der jüdischen Geschichte leider nur zu gut kennt.

In der folgenden Zeit ging es zunächst auf und ab, je nachdem ob die Welle des Antisemitismus sich gerade größer oder kleiner zeigte. Zeitweise blieb die Kundschaft weg, dann kam sie aber immer wieder. Eigentlich muß ich sagen, daß es mein Vater trotz allem noch weiter verstand, das Geschäft bis 1938 mit einigem Erfolg zu führen. Er war ein sehr geschickter und sehr beliebter Mensch mit viel Humor, der mit der einfachen Kundschaft, mit dem einfachen Kölner Bürger und vor allem mit dem Arbeiter reden konnte. Er hatte auch sehr viel Kundschaft aus der Umgebung von Köln, aus den ganzen Vororten, aus Frechen und anderen umliegenden Ortschaften, und viele kannten ihn noch von seinem früheren großen Kaufhaus. Weil er immer ein reeller und fairer Kaufmann war, blieben ihm sehr viele treu. Es gab bei ihm nur feste Preise, es wurde nicht gehandelt, und er war der Kundschaft gegenüber sehr kulant. Seine ganze Art war beliebt, so daß er das Geschäft die ganzen Jahre zwischen 1933 und 1938 relativ gut weiterhalten konnte – mit Hilfe meiner Mutter, die im Geschäft mitarbeitete. Denn nachdem die Eltern das große Geschäft verkauft hatten, war sie aufgrund der schwierigen Wirtschaftslage mit ins Geschäft gegangen. Vorher hatte meine Mutter nur den Haushalt geführt.

In der Bevölkerung von Ehrenfeld waren sehr viele Kommunisten, die aber dann doch übergingen zum Nationalsozialismus. Ich erinnere mich an den Sohn eines Nachbarn, der bei uns im Haus wohnte und mit dem wir uns immer sehr gut standen, bei dem wir sogar Boxunterricht genommen hatten. Er war damals ein Kommunist durch und durch. Als ich Deutschland verließ und er mir »Auf Wiedersehen« sagte, hat er die Naziuniform getragen wie jeder andere auch. Die Roten sind alle braun geworden im Lauf der Jahre.

Meine Onkel gaben ihre Geschäfte schon früher als mein Vater auf. Norbert Bluhm verkaufte sein Geschäft in Mülheim, teils auch wegen einer Krankheit, schon 1935 oder 1936. Eduard Bluhm in Köln-Nippes mußte sein Geschäft, soweit ich mich erinnere, dann im Jahr 1937 verkaufen. Ich glaube, es wurde sogar zwangsverkauft. Das Geschäft meines Vaters wurde 1939 zwangsverkauft. Mein Vater hatte sich schließlich einfach nicht mehr halten können. Einer seiner Angestellten, der ein Nazi geworden war, bekam das Geschäft für einen Appel und ein Ei.

Nachdem ich 1930 das Abitur gemacht hatte, ging ich als kaufmännischer Lehrling zu der Firma Lissauer Metall en gros und blieb dort ein halbes Jahr. Ursprünglich wollte ich studieren, aber im Jahr 1930 war es für die jüdische Jugend schon sehr schwer, wenn nicht unmöglich, überhaupt noch auf die Universität zu gehen. Außerdem war das für uns eine schwierige Situation damals. Es wäre meinem Vater wahrscheinlich kaum möglich gewesen, mir die Ausbildung zu bezahlen. Also ging ich ins Kaufmännische, und nachdem ich ein halbes Jahr bei Lissauer gearbeitet hatte, wechselte ich zur EHP(Einheitspreis)-Zentrale von Leonard Tietz über, der Zentrale für das gesamte deutsche EHP-Netz von achtzig Filialen. Dort war ich bis zum Ende meiner Lehre 1933 angestellt und wurde dann mit den anderen jüdischen Mitgliedern des Betriebes nach der »Arisierung« im selben Jahr entlassen. Damit war meine kaufmännische Ausbildung beendet.

1933 gab es für mich nur noch die Möglichkeit auszuwandern – entweder nach Palästina oder in ein anderes Land.

Wir jüdischen Jugendlichen standen plötzlich vor einer Situation, die wir uns vorher nie erträumt hätten. 1933 war ich 21 Jahre alt und hatte bis dahin nie gedacht, daß ich Deutschland je verlassen müßte. Aber wir sahen zu deutlich, daß für uns keine Bleibe mehr in Deutschland war. Die Zukunft war uns verschlossen.

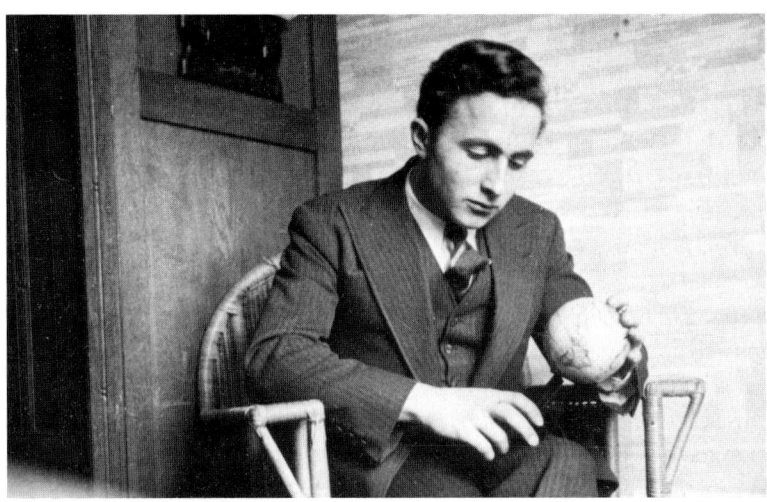

*Abb.9* Herbert Bluhm, 1933

Ich orientierte mich dann zionistisch mit dem Ziel, nach Palästina auszuwandern. 1933 trat ich in den Kölner Hechaluz ein. Diese Jugendorganisation versuchte zunächst, theoretisch über die Ideale des Zionismus aufzuklären und zu unterrichten und dann auch praktische Voraussetzungen für die Realisierung zu schaffen. Man leistete »Keilarbeit«, machte Propaganda unter der jüdischen Jugend, um die Menschen davon zu überzeugen, zum Zionismus zu kommen. Das habe ich dann auch getan. Ich übernahm als Führer im Hechaluz eine Jugendgruppe und führte Gespräche mit vielen Eltern, um sie zu überzeugen, daß es für die Kinder jüdischer Eltern in Deutschland keine Zukunft mehr gab. Ich hatte natürlich nur mehr oder weniger Erfolg, denn die ältere Generation sträubte sich mit aller Kraft gegen diese Ideen und konnte es nicht verkraften, daß plötzlich die Welt von gestern nicht mehr galt, daß ihre Kindern nach Osten, nach Palästina ziehen sollten – ans Ende der Welt.

*Abb.10* Emblem des Hashomer Hazair Köln

Immerhin gab es in Köln doch um 1933/34 schon sechs, sieben Gruppen des Hechaluz mit jeweils 20, 30 Jugendlichen. Das wären also 150, 200 Mitglieder nur in dieser einen zionistischen Organisation gewesen. Daneben existierten noch die anderen zionistischen Jugendbünde: die Werkleute, der Habonim (Die Bauleute), der Hashomer Hazair (Der Junge Wächter). Das waren alles sozialistische, jüdisch-sozialistische Bünde – nicht kommunistische, sondern jüdisch-sozialistische Organisationen. Der Hashomer Hazair war der am weitesten links stehende Verein, der schon mehr zum Kommunismus neigte, auch beeinflußt wurde vom Kommunismus; die Werkleute standen dagegen mehr im Zentrum. In welchen Bund man ging, hing von der eigenen Initiative ab, aber jeder Bund versuchte zu »keilen«, das heißt, neue Mitglieder zum Beitritt zu bewegen. Untereinander gab es zwar Austausch von Informationen, und man traf sich auch hin und wieder miteinander, aber eigentlich arbeitete jeder Bund für sich. Allerdings bekamen alle Gruppen ihre Einwanderungszertifikate durch den Hechaluz, der sie an die Bünde verteilte. Denn der Hechaluz war die stärkste Organisation. Seine Zentrale war in Berlin in der Meineke-Straße, und die war zu dieser Zeit bei allen Juden in ganz Deutschland, in allen Städten bekannt.

Generell wurde in den Bünden kein Unterschied zwischen Ost- und Westjuden gemacht, trotzdem waren die einzelnen Organisationen in dieser Hinsicht unterschiedlich geprägt. Unter den Werkleuten waren zum Beispiel kaum Ostjuden, die Werkleute waren sehr stark westjüdisch bestimmt. Dagegen gab es im Habonim und im Hashomer Hazair sehr viel mehr ostjüdische Mitglieder.

Außerdem existierten auch noch zionistische Gruppen in Köln, die religiös ausgerichtet waren, das war zum Beispiel der Misrachi. Diese Gruppen waren aber viel kleiner, und wir hatten auch keinen Kontakt zu ihnen. Überhaupt hatten wir mit orthodoxen Jugendgruppen, so weit ich mich erinnere, gar keine Berührung. Und zum Schwarzen Fähnlein, ursprünglich eine jüdische deutsch-nationale Organisation, gab es auch keine Verbindung.

Seit den Jahren vor 1933 gehörte ich zwei Sportvereinen an: einem Paddelverein und einem Segelflugklub, beides gemischte Vereine ohne konfessionelle Vorzeichen. Im Paddelverein war ich bis zu dessen »Arisierung«, das muß um 1935 gewesen sein. Ich bekam plötzlich eine Notiz mit der Mitteilung, daß sie Juden nicht mehr als Mitglieder betrachteten. Im Segelverein hatte ich mit an einem Segelflugzeug gebaut, das wir in den Maschinenbauhallen in Deutz herstellten. Als es 1934 zum ersten Mal auf dem Butzweiler Hof gestartet werden sollte, hieß es: Juden nicht zugelassen.

Außerdem war ich noch im jüdischen Tennisverein Blau-Weiß, der zuerst noch mit einem anderen, nichtjüdischen Verein spielte. Dann hörte das aber auch auf.

Ich wurde also 1933 Zionist. Mein Bruder Leo, der zu dieser Zeit in Berlin war und dort kaufmännisch ausgebildet wurde, kam gleichzeitig mit mir zum Zionismus. Mein jüngerer Bruder Hans dagegen ging 1934 nach Argentinien, wo er einen guten Freund hatte, der ihn aufforderte zu kommen und ihm so ein Visum für Argentinien ermöglichte. Für Leo und mich war es schwieriger. Ein Zertifikat für Palästina bekam man nur, wenn man eine handwerkliche oder landwirtschaftliche Ausbildung gemacht hatte. Und es gab wenig Zertifikate, denn die englische Regierung stellte nur tausend Zertifikate im Monat aus, und die jüdische Vertretung, die Jewish Agency, mußte dann sehr stark auswählen, wer diese Zertifikate erhalten sollte. Ich entschloß mich daher zu einer Tischlerausbildung. Man konnte 1933 aber schon kaum mehr bei einem christlichen Handwerksmeister unterkommen, und die wenigen jüdi-

*Abb.11* Hans Bluhm als Landwirt in Argentinien, 1935

schen Meister, die es in Köln gab, hatten schon jüdische Lehrlinge angenommen. Glücklicherweise sagte aber der Tischlermeister Johann Risch in der Plankgasse, der das gesamte Kaufhaus meines Vaters eingerichtet und auch für unsere Wohnung alle Möbel gebaut hatte, zu meinem Vater: »Herr Bluhm, Ihren Jungen nehme ich. Den Kerl nehme ich, der wird bei mir lernen – weil Sie es sind.« Der nahm mich also meinem Vater zuliebe auf, und so lernte ich dort Bau- und Möbelschreinerei. Er hatte drei Söhne, von denen zwei auch Meister waren, so daß ich unter drei Meistern gelernt habe. Das war nicht leicht. Aber es war eine gute Lehre. Und ich habe das Handwerk von der Pike auf gelernt. Ich wurde erst behandelt wie ein 14jähriger Lehrling, aber sehr bald merkten die Meister doch, daß sie mir bereits einige selbständige Arbeiten übergeben konnten.

Ich bin in dieser Zeit mit dem Schubkarren durch Köln gefahren – der Sohn vom Kaufmann Julius Bluhm mit der Schubkarre und der blauen Schürze! Das war für unseren Gesellschaftsstand eine Sensation. Ich habe überall in Köln gearbeitet: am Altermarkt, am Buttermarkt, am Neumarkt, in ganz Altköln. Wir haben in alten Häusern die Fußböden herausgerissen, wo dann die Kakerlaken zu Tausenden nur so rausliefen; ich habe den Karren mit morschen Brettern, alten Fenstern und Türen

*Abb.12* Herbert Bluhm (links) als Schreinerlehrling auf dem Bau, 1935

beladen und bin zurückgefahren in die Tischlerei, wo alles repariert wurde. Ich habe auch von der Pike auf Kölsch gelernt. Ich rede Kölsch wie 'ne richtige Kölsche. Ich bin wirklich dort an die Quelle der Kölner Bevölkerung gekommen, zu der wir eigentlich früher gesellschaftlich und privat doch nicht den Zugang hatten.

*Abb.13* Herbert Bluhm auf Hachschara in Italien, 1936

Nach der Ausbildung in der Schreinerei bekam ich ein Lehrzeugnis mit sehr guten Empfehlungen; das schickte ich ein, um zur Auswanderung zugelassen zu werden, aber es genügte nicht. Statt dessen riet man mir, zusätzlich noch eine landwirtschaftliche Ausbildung zu machen, und so ging ich für ein Jahr in einen Hachschara-Kibbuz der Werkleute bei Como in Oberitalien. Zur Hachscharagruppe dieser Jugendorganisation war ich zugeteilt worden, weil ich seit 1933/34 auch dem Bund der Werkleute angehörte.

Wir arbeiteten dort auf dem Landgut schwer, von früh um fünf bis nachmittags, abends. Ohne Verdienst, aber bei voller Verpflegung und mit Unterkunft. Später wurden wir auf einem anderen Gut in den Reisfeldern von Turin beschäftigt. Zunächst arbeitete ich sehr viel und sehr gerne in der Landwirtschaft, aber nach einiger Zeit wurde ich aufgrund meiner Ausbildung meist zum Tischlern eingesetzt. Diese Güter, auf denen wir zur Umschulung waren, gehörten Italienern, zum Teil Adeligen, an die sich der Hechaluz gewandt hatte mit der Bitte, eine Gruppe

41

Arbeiter gegen Verpflegung und Unterkunft aufzunehmen. Die Vermittlung in die Hachscharagruppen wurde von der Zentrale des Hechaluz übernommen. Wir hatten Vertreter des Hechaluz in mehreren italienischen Städten, und es gab ein Zentrum in Mailand, das für die italienischen Hachscharas zuständig war, auch eine Vertretung in Ferrara, in Turin und am Gardasee. Man konnte sich den Platz für die Hachschara nicht aussuchen, man wurde geschickt: Der Hechaluz stellte in Deutschland eine Gruppe zusammen, die dann auf gemeinsame Hachschara ging.

Für meine Eltern war es schwer zu akzeptieren, daß ihre Söhne auswandern wollten. Sie selbst standen einer Auswanderung und vor allem dem Zionismus ganz fremd gegenüber. Aber sie legten uns keinen Stein in den Weg, sie waren loyal und wußten, daß sie uns nichts anderes bieten konnten. Sie sahen, daß wir nicht aufzuhalten waren, unseren eigenen Weg zu gehen, und mit schweren Herzen nahmen sie die Dinge, wie sie waren.

1936, nach meiner Ausbildung in Italien, fuhr ich noch einmal nach Deutschland zurück. Bei der Reise trug ich die beiden Bände von Lion Feuchtwangers[2] »Der Erfolg« in meinem Koffer. Der Einband war außen Schwarz-Rot-Gold. An der Grenze von der Schweiz nach Deutschland, als eine Kontrolle kam, mußten wir alles aufmachen, und die beiden SS-Leute fanden meine Bücher. Schwarz-Rot-Gold; Feuchtwanger. Das war natürlich verbotene Lektüre. Sie requirierten die Bücher und nahmen meine Adresse auf, und ich kam mit schlotternden Beinen in Köln an. Das erste, was ich zu Hause tat, bevor ich überhaupt »Guten Tag« sagte, war, an den Bücherschrank zu gehen und alle Bücher, die aus der Weimarer Republik stammten, verschwinden zu lassen, denn ich rechnete damit, daß am nächsten Tag das Haus durchsucht würde. Wir Juden waren ja ständig in Angst vor einer plötzlichen Kontrolle und Hausdurchsuchung. Wenn nachts irgendwelche Schritte zu hören waren, stampfende Schritte im Treppenhaus, fuhren wir alle vor Schreck zusammen. Wenn sie mit diesen marschierenden Schritten die Treppe heraufkamen ... Dieses Geräusch saß einem so im Genick. Wir waren damals schon alle Nervenbündel. Wegen meiner Bücher passierte aber nichts. Nach einem Monat kam ein Paket an, und als wir es aufmachten, sahen wir die beiden beschlagnahmten Bücher darin. Völlig zerlesen, so wie ich noch keine Bücher gesehen habe. Die beiden SS-Leute und ihre Kollegen haben sich wohl über die Bücher hergemacht und die Aufklärungsliteratur genossen, diese Geschichte über den Aufstieg Hitlers. Diese Lektüre gab es doch offiziell nicht mehr. Und sie haben sie zurückgeschickt – kurios.

1937 bekam ich schließlich mein Zertifikat für Palästina und wanderte aus. Und auch meinem Bruder Leo gelang es, nach Palästina zu emigrieren. Vor meiner Abreise heiratete ich. Es war eine nur standesamtlich geschlossene Scheinehe, denn meine Frau war mir bis dahin ganz unbekannt. Ich heiratete, damit noch jemand auf mein Zertifikat mit auswandern konnte – so wie das damals viele taten.

In Palästina angekommen, hätte ich in den Kibbuz der Werkleute nach Hasorea gehen können. Wir bildeten aber eine zweite Gruppe, die einen eigenen Kibbuz aufbauen wollte, und so gingen wir nach Süden nach Gan-Jarneh bei Gedera.

Es waren zu dieser Zeit überall Unruhen im Land. In der ersten Nacht, nachdem ich angekommen war, hat man mir ein Gewehr in die Hand gedrückt, mir eine Matratze gegeben und gesagt: »Geh in den Schützengraben draußen. Da wirst du heute übernachten.« So sah mein Anfang aus im Land, und es hat sich bis heute nicht viel geändert. Die Jugend ist ständig, wie wir sagen, auf Wache. So war es für mich seit der ersten Nacht, als die Orangenplantagen brannten, als ich die Telegrafenstangen brennen sah wie Fackeln, wie übers ganze Land verteilte Kerzen von Chanukka-Leuchtern. Jede Nacht brannte damals irgend etwas, denn die arabischen Horden und Banden zogen durch das ganze Land, steckten Plantagen in Brand und stifteten Unruhen an. Es gab Schießereien, und auch Leute von unserem Kibbuz wurden erschossen, unterwegs im Autobus. Es war eine furchtbare Situation. Alle Einwanderer sind hier gleich mit allen Wassern gewaschen worden, mit Feuer und Wasser.

Im Frühjahr 1938 kam mein Vater zu einem Besuch nach Palästina. Er war nicht zu überzeugen, ganz überzusiedeln, bis ihn dann die »Kristallnacht« im November 1938 eines anderen belehrte. Wir besorgten den Eltern noch Ende 1938 ein Zertifikat, aber sie konnten es nicht antreten, weil sie einfach keine Mittel zum Reisen hatten. Sie waren gebunden an das Geschäft, und das Geschäft konnten sie nicht verkaufen, weil man ihnen noch nicht einmal einen minimalen Preis bot. Nach der »Kristallnacht« mußten sie dann zwangsverkaufen, sie saßen dann praktisch auf der Straße und konnten mit den letzten Mitteln gerade noch reisen und ein paar Möbel mitnehmen. Wir hatten das erste Zertifikat für die Eltern schon zurückgegeben und mußten 1939 ein neues beantragen, und mit großem Glück bekamen wir es, da der Vater schon über 70 Jahre alt war. Die Eltern sind im April 1939 mit dem letzten offiziellen Schiff ins Land gekommen.

Als meine Eltern kamen, verließen mein Bruder und ich den Kibbuz, um meine Eltern ernähren zu können. Der Kibbuz hatte nicht das Geld, ältere Menschen, die nicht arbeiten konnten, zu unterhalten. Und so siedelten wir uns bei Pardess Channah im Zentrum des Landes an. Wir bauten für die Eltern ein Haus; meist aus eigenen Kräften, denn ich war ja Schreiner, mein Bruder Installateur. 1940 verließ ich den Ort und zog

*Abb.14* Julius Bluhm als reisender Kaufmann in Palästina, 50er Jahre

nach Jerusalem. Dort lernte ich schon in den ersten Wochen meine Frau kennen, und 1941 heirateten wir. Vom ersten Tag an arbeitete ich hier als Tischler. Die ersten vier Wochen war ich angestellt, dann machte ich mich selbständig. Ich leimte meinen ersten Stuhl, arbeitete meine ersten kleinen Regale und bin bis zum heutigen Tag selbständig geblieben. Als Tischler arbeitete ich von 1940 bis 1975. Ich hatte eine große Tischlerei mit acht Angestellten, nach 1967 auch Araber darunter. 1975 lösten wir die Tischlerei auf und eröffneten ein Kunststudio. Ich hatte schon Ende der 50er Jahre angefangen zu malen, besuchte auf der Kunstschule verschiedene Kurse und malte abends nach der Arbeit. Das Studio wurde ein Erfolg. Ich mache Ausstellungen und bin Mitglied des hiesigen Künstlerverbandes.

In Köln oder Deutschland bin ich bisher nicht mehr gewesen.[3]

*Anmerkungen*

1   Das Interview wurde am 12.12.1988 in Israel geführt.
2   Lion Feuchtwanger (1884-1958), jüdischer Schriftsteller, dessen Roman »Der Erfolg« (erster Teil der Trilogie »Der Wartesaal«) den Aufstieg Hitlers thematisiert.
3   Herbert Bluhm kam nach diesem Interview als Gast der Stadt 1990 zum ersten Mal wieder nach Köln.

# Heinrich Nezer

*geb. Münzer[1]*
*geb.: 1.7.1916*
*Eltern: Siegfried Münzer (1877-1948)*
*Selma geb. Ucko (1880-1953)*
*Schwester: Lilli (* 1913)*

Mein Name ist heute Heinrich Nezer, aber mein Geburtsname war Münzer. Ich habe meinen Namen im Jahr 1948 im jüdisch-arabischen Krieg hebraisiert.

Ich wurde 1916 in Worms geboren. Mein Vater war Siegfried Münzer, meine Mutter Selma geb. Ucko. Mein Vater, 1877 geboren, stammte aus Tschernowitz, einem Ort, der vor dem Ersten Weltkrieg zu Österreich-Ungarn und zwischen den Weltkriegen zu Rumänien gehörte; heute liegt er auf dem Gebiet der Sowjetunion. Die Eltern meines Vaters waren bürgerliche Leute, die in Tschernowitz eine Eisenhandlung hatten. Es war eine sehr religiöse, chassidische Familie, und als mein Vater mit der Tradition brach und 1902 nach Wien ging, brach er auch mehr oder weniger mit seinem Elternhaus, so daß er auch später kaum Kontakt zu seinen Verwandten hatte. Ich kannte seine Familie daher gar nicht.

Von Wien zog mein Vater nach Dresden und heiratete 1910 meine Mutter in Dortmund. Bis 1920 war mein Vater österreichischer Staatsbürger, dann wurde er als Deutscher in das Land Rheinhessen eingebürgert – die Einbürgerungsurkunde habe ich heute noch.

Meine Mutter stammte aus dem Saarland, aus einem Dorf, das Saarwellingen heißt und bei Saarlouis liegt. Die ersten Juden in Saarwellingen waren die Brüder Levi, die zu unseren Vorfahren gehören. Sie kamen um 1680 aus Golzheim in der Pfalz und waren von dort vor den Soldaten Ludwigs XIV. geflohen. Andere Vorfahren wanderten irgendwann später aus Lothringen ins Saarland ein und blieben dort für lange Zeit ansässig.

Die Mutter meiner Mutter, eine geborene Hirsch, war aus Saarwellingen, mein Großvater Ucko kam aus Breslau. Er war Lehrer und Kantor in einer jüdischen Gemeinde in Osam an der Mosel gewesen, und als seine erste Frau starb, blieb er als Witwer mit zwei kleinen Kindern zurück. Er heiratete 1875 in zweiter Ehe meine Großmutter. Drei Jahre später kehrten sie zusammen in den Heimatort meiner Großmutter zurück, wo meine Mutter als ältestes Kind 1880 geboren wurde.

Die Eltern meiner Mutter waren sehr religiös und lebten so, wie jüdische Familien damals auf den Dörfern lebten. Es war alles sehr, sehr

*Abb.1* Großmutter Münzer
geb. Schreyer, Tschernowitz
um 1900

traditionell. Am Schabbat wurde zum Beispiel nicht gefahren, und ich erinnere mich, daß zu meiner Großmutter am Freitagabend eine alte christliche Frau kam, die den Ofen ausgemacht und am Schabbatmorgen wieder angemacht hat. Man lebte traditionell, deutsch-jüdisch, wie man das genannt hat.

Als ich ein Kind war, fuhren wir oft zur Großmutter – übrigens bin ich vor einem Monat dort in Saarwellingen gewesen und habe in dem Haus meiner Großmutter Spaghetti gegessen. In diesem Haus ist heute nämlich eine Pizzeria.

Meine Eltern lernten sich in Dortmund kennen, und zwar durch eine Schwester meiner Mutter aus der ersten Ehe ihres Vaters, die in Dortmund verheiratet war. Vorher hatte meine Mutter als junges Mädchen acht Jahre in Paris gelebt und dort als Köchin gearbeitet. Sie war nach Paris gegangen, weil viele ihrer Verwandten – zwei Schwestern ihrer Mutter mit ihren Familien – dort lebten.

Nachdem meine Eltern 1910 geheiratet hatten, zogen sie nach Worms. In Worms bekam mein Vater zunächst in der Möbelfirma eines wohlhabenden Verwandten eine Stelle als Buchhalter. Später arbeitete er dann im Versorgungsamt von Worms, verließ aber diese Stelle 1923 aufgrund antisemitischer Angriffe.

*Abb.2* Großvater Schlomo
Münzer, Tschernowitz
um 1900

Neben seinem Beruf interessierte sich mein Vater immer auch für Jugendarbeit und Jugendführung. Schon seit Beginn der 20er Jahre war er zionistisch orientiert und engagierte sich in der Jugendbewegung, aus der er auch die Vorbilder für sein Leben und seine pädagogische Arbeit schöpfte. Ich erinnere mich, daß wir einmal noch in Worms, als ich fünf, sechs Jahre alt war, einen Film über Palästina sahen und mein Vater davon ganz begeistert war. Er wollte damals nach Palästina gehen. Meine Mutter hatte aber in dem Film gesehen, daß die Kinder in den Kibbuzim in Kinderhäusern erzogen wurden und sagte, sie gäbe ihre Kinder nicht weg.

Mein Vater war aktiver Sozialdemokrat und verkehrte in Gewerkschaftskreisen, in Arbeiterkreisen. Er hatte auch einen Freund, der Mitglied des Wormser Stadtrats war. Die Gesellschaft meiner Familie war also ganz gemischt: teils Juden, teils Nichtjuden, teils Zionisten, teils Nichtzionisten, Bürgerliche und Arbeiter. Wir hatten viele christliche Bekannte und wurden jedes Jahr zu Weihnachten, abends zur Bescherung, bei Nachbarn eingeladen.

Ich habe mich als Kind in Worms wohl gefühlt, völlig akzeptiert. Aber ein Vorfall dort wurde für mich dann doch zu einem Schlüsselerlebnis,

49

*Abb.3* Hochzeitsfoto von Selma und Siegfried Münzer, Worms 1910

denn ich machte zum erstenmal persönlich Bekanntschaft mit dem Hakenkreuz.

Es war Ende 1923. Ich war damals sieben Jahre alt und ging das erste Jahr auf die Wormser Karmeliterschule. Wir hatten einen Klassenlehrer, der sich besonders forsch gab, meistens Breecheshosen mit schwarzen Ledergamaschen dazu trug und im Geruch stand, er sei ein Deutschvölkischer. Eines Tages kam in der Pause ein anderer Lehrer ins Klassenzimmer, malte hastig ein Hakenkreuz an die Tafel, sagte zu uns: »Malt das alle ab«, und ging wieder. So jung ich war, hatte ich doch damals schon eine vage Vorstellung, daß das Zeichen an der Tafel für Juden bedrohlich war, und bedeutete den wenigen jüdischen Kindern in der Klasse, es nicht abzuzeichnen. Als unser Klassenlehrer kurz darauf

50

eintrat und das Hakenkreuz sah, wurde er ganz rot im Gesicht und fragte: »Was ist das?« Ein Junge antwortete im Wormser Dialekt: »Das is ein Juddezeiche.« Ich meldete mich und sagte: »Nein, das ist ein Hakenkreuz.« Zu Hause erzählte ich von diesem Erlebnis. Mein Vater wandte sich daraufhin an den Schulrat und bat um eine Erklärung. Nach einigem Nachforschen stellte sich heraus, daß es sich offenbar um einen schlechten Scherz unter den Lehrern gehandelt hatte. Es war kurz nach dem mißlungenen Putsch Hitlers in München, und einer der Lehrer hatte seinen deutschvölkischen Kollegen mit dem Hakenkreuz provozieren wollen. Immerhin hatte mich dieser doch eigentlich recht »harmlose« Vorfall so beeindruckt, daß ich ihn nicht mehr vergaß.

Wir blieben nicht mehr lange in Worms. 1924 las mein Vater in einem Rundschreiben an die jüdischen Gemeinden eine Anzeige, in der ein neuer Leiter für das Israelitische Lehrlingsheim in Köln gesucht wurde. Er bewarb sich um die Stelle, und Anfang 1925, als ich acht Jahre alt war, zogen wir nach Köln.

*Abb.4* Heinrich und Lilli, Worms 1922

Vorgänger meines Vaters als Leiter des Lehrlingsheims war Leopold Grünebaum[2] gewesen, der auch als Lehrer in der jüdischen Volksschule Lützowstraße unterrichtete. Dort gab es zwei Lehrer Grünebaum: Grünebaum I, der kleine Grünebaum, und Grünebaum II, der große Grünebaum. Für Herrn Grünebaum, den kleinen Grünebaum, war die doppelte Belastung als Volksschullehrer und Leiter des Heims zu groß geworden, und man hatte deshalb nach einem speziellen Leiter für das Heim gesucht. Mein Vater übernahm diese Stellung und führte das Heim bis zur Schließung Ende 1933 oder Anfang 1934.

Das Israelitische Lehrlingsheim in der Utrechter Straße 6 war die Einrichtung eines eingetragenen Vereins. Es war nicht der jüdischen Gemeinde als solcher angeschlossen, sondern war eine private Institution. Es wurde Ende vorigen oder Anfang dieses Jahrhunderts gegründet und diente als ein Heim für Handwerkerlehrlinge. Es wurden nur jüdische Lehrlinge aus Handwerksberufen aufgenommen, keine Lehrlinge aus kaufmännischen Berufen. Die Gründer waren wohlhabende Juden, vor allem Kaufleute, die mit der Errichtung des Heims die Ausbildung von Juden in handwerklichen statt kaufmännischen oder akademischen Berufen fördern wollten. Ein Mäzen des Heims war zum Beispiel der Kaufhausbesitzer Alfred Tietz, der zusammen mit anderen wohlhabenden Kaufleuten und Akademikern den Hausbau finanzierte.

Das Haus, ein roter Backsteinbau, war das letzte Haus vor dem Bahndamm in der Utrechter Straße. Im Souterrain waren die Küche, die Wäscherei, das Dienstmädchenzimmer und zwei, drei Nebenräume. Auf dem Hochparterre lagen die Wohnung des Leiters, das heißt meiner Eltern, eine Fünf-Zimmer-Wohnung, und der Speisesaal. Auf der ersten Etage waren zwei große Räume, die durch eine Jalousie aufgeteilt waren: Der eine Teil bildete den Festsaal, der andere war der sogenannte Lehrsaal, der Raum für den Unterricht. Auf der zweiten Etage gab es dann noch etwa vier Schlafräume und die Duschen und Spinde für die Jungens. Zentralheizung hatte das Haus nicht, aber dafür große Öfen.

Im Haus war Platz für ungefähr 30-40 Jungens, wobei meistens so um die 35 Jungens aufgenommen wurden, denn für mehr wurde der Platz knapp. Die Jungens – ausschließlich jüdische Jungens – kamen nach Beendigung der Volksschule, also im Alter ab 14, 15 Jahren ins Heim. Ich glaube, etwa die Hälfte der Jungens kam aus Waisenhäusern und Kinderheimen von Köln und anderen Orten, die andere Hälfte waren meist Jungens aus Dörfern an der Mosel, im Westerwald oder in der Eifel, wo es kaum Möglichkeiten der handwerklichen Ausbildung gab.

Vom heutigen Standpunkt aus gesehen war das Leben im Lehrlingsheim sehr spartanisch. In den Schlafsälen standen acht bis zehn Betten, und jeder Junge hatte nur einen schmalen Spind für seine Sachen. Es war

*Abb.5* Israelitisches Lehrlingsheim, Utrechter Str. 6

alles ein bißchen kasernenmäßig. Die Duschen hatten kein warmes Wasser, und nur einmal die Woche wurde für das Warmwasser geheizt.

Meine Mutter war quasi die Hausmutter im Heim. Unten im Haus war die Küche, in der für alle gekocht wurde. Wenn die Jungens morgens um sieben Uhr zur Arbeit gingen, nahmen sie sich einen Kessel mit Essen mit, das sie dann an der Arbeitsstelle warm machen konnten. Die anderen, die keine Gelegenheit zum Aufwärmen von Essen hatten, bekamen Stullen mit, belegte Brote. Es gab nur wenige, die so in der Nähe arbeiteten, daß sie mittags hätten ins Heim kommen können, die meisten kamen erst abends wieder zurück.

Die Aufgabe meines Vaters war es auch, die Lehrstellen für die Jungens zu besorgen, zum Beispiel bei Humboldt in Deutz oder bei der Sachsen-werft als Schlosser oder bei Handwerkern wie zum Beispiel Installateu-ren, Elektrikern, Schneidern, Kürschnern usw. Dann wurden die Lehr-verträge mit den Meistern geschlossen, meistens auf drei, dreieinhalb Jahre. Die Jungens lernten im allgemeinen bei nichtjüdischen Meistern. Als jüdische Handwerksbetriebe, bei denen Lehrlinge aus dem Heim arbeiteten, sind mir eine jüdische Installationsfirma auf der Pfeilstraße und die jüdische Bäckerei Salomon Im Weichser Hof erinnerlich.

*Abb.6* Bewohner des Israelitischen Lehrlings-heims mit Siegfried Münzer (ganz links), 20er Jahre

Mein Vater mußte von Zeit zu Zeit die Runde bei den Meistern machen und sehen, wie die Jungens vorankamen oder ob es Klagen gab. Zweimal in der Woche unterrichtete er im Heim Deutsch und jüdische Geschichte.

Die Jungens arbeiteten durchweg sechs Tage die Woche. Samstags war der Arbeitstag meistens um ein oder zwei Uhr beendet. Wenigstens zwei- oder dreimal im Monat wurde am Sonntag gemeinsam gewandert. Wir fuhren zum Beispiel mit der Straßenbahn bis zum Königsforst und blieben dort den Tag über. Einmal in der Woche, meist am Samstagnachmittag, war Schwimmen im öffentlichen Schwimmbad in der Fleischmengergasse, und in einer Turnhalle hinten im Garten des Heims, wo das Grundstück an das Grundstück der Michaeliskirche grenzte, wurde zweimal die Woche bei dem Turnlehrer Kramp geturnt. Die Jungen haben es allerdings nach ihrem schweren Arbeitstag nicht mit Begeisterung getan.

Zu Chanukka, dem Äquivalent zu Weihnachten, fand im Heim eine Feier statt, zu der die Mäzene des Hauses eingeladen wurden. Die Jungens führten dann entweder ein Theaterstück auf, trugen Gedichte vor oder bildeten einen Pyramidenturm, wie man das damals eben so gemacht hat – frisch, fromm, fröhlich, frei. Anschließend gab es dann eine Bescherung mit Dingen, die von den Mäzenen oder Geschäftsleuten gestiftet worden waren: Anzug, Krawatte, Hemden, einem Teller mit Süßigkeiten.

Während alle Jungens, die aufgenommen wurden, jüdisch sein mußten, war das Personal, außer meinen Eltern, nicht jüdisch: die beiden Dienstmädchen, die im Haus und der Küche arbeiteten, die Waschfrau, die einmal die Woche kam, und der Turnlehrer waren keine Juden.

Man kann sagen, daß das Haus in liberal jüdischem Geist geführt wurde. Die Jungens arbeiteten fast alle samstags, und nur für einen oder zwei, die aus frommem Haus kamen, suchte mein Vater Stellen bei religiösen jüdischen Handwerkern, so daß sie am Samstag nicht arbeiten mußten. Wenn man in die Synagoge ging, dann in die Synagoge Roonstraße, die liberale Synagoge Kölns. Das Heim wurde allerdings koscher geführt – meine Mutter hat immer koscher gekocht –, und die jüdischen Feiertage wurden gehalten. Generell war die religiöse Haltung im Heim aber, wie gesagt, liberal.

Das Heim förderte unter den Lehrlingen auch nicht die Mitgliedschaft in bestimmten jüdischen Organisationen. Die Jungens konnten in ihrer freien Zeit in diejenigen Jugendbünde gehen, die ihrer Gesinnung und ihren Neigungen entsprachen. Sie gingen in zionistische oder nichtzionistische Vereine, in religiöse oder andere Organisationen – das stand ihnen frei, und das Heim verhielt sich dazu vollkommen neutral.

Wenn die Jungens ihre Gesellenprüfung gemacht hatten, mußten sie das Haus verlassen. Ein einziger, Heinrich Bähr hieß er, blieb als Erwachsener im Heim, denn er war noch vor Ende der Lehrzeit in den Ersten Weltkrieg gezogen und kam aus dem Krieg als Invalide mit nur einem Bein zurück. Daraufhin hat man ihm die Möglichkeit gegeben, weiter dort zu wohnen, bis er heiratete.

Zum Teil wurde die Arbeit des Heims von den Mäzenen finanziert, aber Eltern, die es sich leisten konnten, mußten etwas für die Unterbringung der Söhne zahlen. Der Wochenlohn, den die Jungens damals bekamen, betrug zwischen 2,50 und 5 Mark die Woche. Das Geld mußten sie im Heim abgeben und bekamen als Taschengeld 30, 40 oder 50 Pfennig. Ende der 20er Jahre ist ein Junge aus dem Heim beim Baden im Rhein ertrunken, und als die Jungen sagten, sie hätten nicht genug Geld, um in ein bewachtes Bad zu gehen, hat man das Taschengeld etwas erhöht.

Geleitet wurde das Haus von einem Kuratorium, dessen Vorsitzender Dr. Auerbach[3] aus der Mohrenstraße war. Dr. Auerbach war Arzt und Direktor des Jüdischen Asyls in Ehrenfeld. Andere Mitglieder des Kuratoriums, an die ich mich erinnern kann, waren: Sanitätsrat Pinkus, ein Augenarzt vom Hohenzollernring, eine Frau Berg, eine Frau Wallach, eine Frau Brünell. Ein Herr Wolf, der in der Brüsseler Straße wohnte, prüfte die Bücher des Heims.

Mein Vater war auch in Köln weiter politisch engagiert. Er war Mitglied der SPD. Außerdem war er ehrenamtlicher Wohlfahrtspfleger, das heißt, er arbeitete unentgeltlich als Sozialhelfer und betreute zum Beispiel Anfang der 30er Jahre ehemalige Soldaten und Offiziere, die in Not waren. Er stellte für sie Anträge auf Wohlfahrtsunterstützung usw. Ich erinnere mich, daß sich mein Vater 1933, ich glaube, es war im Februar, morgens seinen guten Anzug anzog, und als ich fragte: »Was ist los?«, antwortete, er sei bei Konrad Adenauer, dem Oberbürgermeister, bestellt. Adenauer sagte dann zu ihm: »Herr Münzer, es tut mir leid, aber Sie können das Amt nicht weiter ausüben. Aber machen Sie sich nichts draus: Jetzt gehen Sie, und bald gehe ich auch.« Was kurze Zeit später auch geschah.

Der Freundes- und Bekanntenkreis meiner Eltern war auch in Köln sehr gemischt. Mein Vater war literarisch sehr interessiert und hatte sogar ein Stammcafé, das Café Curtius in der Aachener Straße, fast Ecke Moltkestraße. Da gab es einen Stammtisch, an dem auch Irmgard Keun[4] teilnahm. Sie hatte damals ihr erstes Buch »Das kunstseidene Mädchen« geschrieben. Mein Vater war übrigens der einzige Jude an diesem Stammtisch. Er war in der deutschen Literatur sehr belesen und wäre sicher ein sehr guter Literat geworden, denn er war ein hundertprozentiger Intellektueller. Leider hatte er nicht die notwendige Ausbildung bekommen können. Er war in seinem Geburtsort Tschernowitz im Cheder gewesen und hatte dort schon im Alter von drei, vier Jahren zu lernen begonnen. In einem Cheder hat man schon als ganz kleines Kind Pauken gelernt. Der Inhalt ist zwar nicht bei allen auf fruchtbaren Boden gefallen – aber lernen hat man dort gelernt. Mein Vater hatte tatsächlich eine Lernkapazität, eine Lesekapazität, die unsereiner mit der hiesigen Schulbildung nicht besitzt. Er konnte zum Beispiel den Faust auswendig. Er hat wirklich den Faust auswendig gewußt!

Als wir 1925 nach Köln zogen, kam ich erst in die Volksschule Lützowstraße und ging dann von 1927 an in das Gymnasium Kreuzgasse. Dort blieb ich bis zur Untersekunda. Es war damals die Zeit des wachsenden Nationalsozialismus, der sich besonders seit Anfang der 30er Jahre bemerkbar machte. Wir waren vier, fünf Juden in der Klasse. Ich selbst habe mich nie wirklich persönlich angegriffen gefühlt in dieser Zeit, niemand hat zum Beispiel zu mir »Dreckjud« gesagt, trotzdem war die Atmosphäre verändert.

Ich stand damals sehr links, war zwar auch zionistisch orientiert, aber nicht ausschließlich und radikal. Ich habe damals noch meine Zukunft nicht in Palästina, sondern in Deutschland gesehen – im Gegensatz zu meiner Schwester, die sich von Anfang an der zionistischen Jugendbewegung angeschlossen hatte.

Meine Schwester Lilli war drei Jahre älter als ich und gehörte schon länger dem zionistischen Sportverein Bar Kochba an. Der Bar Kochba

*Abb.7* Siegreiche Mädchenstaffel des Bar Kochba Köln bei den West.dt. Makkabi-Leichtathletik-Meisterschaften in Bochum, 1928; 1. v. l.: Lilli Münzer

war ein jüdischer Verein, der – vor 1933 – dem Arbeitersportverband, einem linken, SPD-nahen Verband, angeschlossen war. Dagegen hatte der ITV, der Jüdische Turnverein, der Deutschen Turnerschaft angehört. Meine Schwester war eine ausgezeichnete Sportlerin und westdeutsche Meisterin im 100-Meter-Lauf. Während meine Schwester überhaupt sehr aktiv in der zionistischen Jugendbewegung in Köln war, fühlte ich mich vor allem als Deutscher und dachte zu der Zeit noch nicht daran, von Deutschland wegzugehen. Aber ich war politisch aktiv. Ich fing an, in der Schule politische Zirkel zu organisieren, in denen man sich etwa einmal die Woche irgendwo in einem Schrebergarten traf. Dort diskutierten wir über die Nazis, zum Beispiel über das Programm der NSDAP, über die 24 Programmpunkte, die von Gottfried Feder[5] geschrieben worden waren. Auch über Artikel im »Roten Aufbau«, einer Zeitung, die von Willi Münzenberg[6] herausgegeben wurde, sprachen wir. Ich erinnere mich auch, daß wir in der Schule einen sehr, sehr guten Geschichtslehrer hatten, der als begeisterter Völkerbundanhänger natürlich in den rechten Schülerkreisen sehr verpönt war.

Von den Schulkollegen sind viele plötzlich nach der sogenannten Machtergreifung in der Uniform der Hitlerjugend oder der SA in die Schule gekommen, trotzdem aber hatte ich auch zu diesen Schülern meist weiter Kontakt. Es gab einen Schulkollegen, dessen ganze Familie war in der SS. Er war ein schlechter Schüler, und weil ich ein besserer Schüler war, kam er jeden zweiten Tag zu mir ins Israelitische Lehrlingsheim, um dort die Schulaufgaben mit mir zu machen!

Dann kam der Boykottag, April 1933. Als ich durch die Ehrenstraße ging, sah ich, daß SA-Posten vor der Metzgerei Katz-Rosenthal standen und auch gegenüber vor der Metzgerei Spiegel. Kurz darauf warnten mich einige Schulkollegen, die mir wohlgesonnen waren und auch links standen. Einer sagte zu mir: »Du hast dich an der Schule zu sehr politisch betätigt. Der Boden unter deinen Füßen kann jetzt sehr heiß werden.« Tatsächlich bestellte der Direktor der Schule, Dr. Niederländer, meinen Vater kurz vor dem Schulende zu Ostern 1933 zu sich und sagte ihm: »Hier auf der Schule sind 700 Schüler, davon sind 70 Juden. In Bälde wird der Numerus Clausus für Juden eingeführt werden, und das heißt, daß nur ein paar Juden werden bleiben können. Ihr Sohn ist wahrscheinlich einer, der bleiben kann. Ob ich Ihnen dazu raten soll, weiß ich nicht. Ich überlasse es Ihrer Entscheidung.« Aufgrund der Warnung, die ich bekommen hatte, entschloß ich mich dann, die Schule zu verlassen. Auf das Schulzeugnis wurde geschrieben: »Heinrich Münzer verläßt die Schule, um sich einem praktischen Beruf zuzuwenden.« Tatsächlich hatte ich das Abitur machen und Jura studieren wollen, aber dieser Traum war nun für immer vorbei.

Auf der Abschlußfeier 1933 in der Aula wurde nach dem Deutschland-lied auch das Horst-Wessel-Lied[7] gespielt. Zwei Schüler verließen dabei den Saal: der eine war ich, der andere der protestantische Junge, der mich gewarnt hat. Ich bin als erster raus und er nach mir. Also ich muß sagen, er hat das größere Risiko getragen. Zum Abschluß wurde dann noch eine private Feier, ein Kommers, organisiert, bei der einer der Schulkollegen auch ein Gedicht vortrug, an das ich mich noch erinnern kann: »Wir haben auch einen Kommunist – und wenn er es auch nur mit dem Munde ist« – damit war ich gemeint. Ostern 1933 wurde das also sogar noch als Scherz gebracht, obwohl ein großer Teil der Schüler schon in HJ- oder SA-Uniform erschien.

Kurz danach, im Mai 1933, habe ich Köln verlassen und bin nach Frankreich gegangen.

## Horst Wessel-Lied

Die Fahne hoch! Die Reihen dicht geschlossen!
SA. marschiert mit ruhig festem Schritt.
Kameraden, die Rotfront und Reaktion erschossen,
marschiern im Geist in unsern Reihen mit.

Die Straße frei den braunen Bataillonen!
Die Straße frei dem Sturmabteilungsmann!
Es schaun aufs Hakenkreuz voll Hoffnung schon
                                        Millionen.
Der Tag für Freiheit und für Brot bricht an.

Zum letztenmal wird nun Appell geblasen!
Zum Kampfe stehn wir alle schon bereit.
Bald flattern Hitlerfahnen über allen Straßen.
Die Knechtschaft dauert nur noch kurze Zeit!

Die Fahne hoch! Die Reihen dicht geschlossen!
SA. marschiert mit ruhig festem Schritt.
Kameraden, die Rotfront und Reaktion erschossen,
marschiern im Geist in unsern Reihen mit.

*Abb.8* Horst-Wessel-Lied

Für Frankreich hatte ich mich vor allem auch aufgrund der Freund-schaft mit Efraim Reinhardt entschieden. Sein Vater war Lehrer in der

Schule Lützowstraße und gleichzeitig Rabbiner an der Synagoge in Ehrenfeld. Efraims Bruder lebte schon seit längerem in Paris und hatte dort mit anderen begonnen, den Hechaluz aufzubauen, eine Organisation, die Jugendliche auf die Einwanderung nach Palästina vorbereitete. Ich ging also nach Paris und arbeitete dort zunächst, um meinen Unterhalt zu verdienen, ohne Arbeitserlaubnis in einer Garage. Es gab in Paris die verschiedensten Emigrantenkreise, viele Literaten und Künstler aus Deutschland. Ich schloß mich entsprechend meiner Einstellung linken Kreisen der Emigration an. Im übrigen hatte ich auch viele Verwandte in Paris, mit denen ich in gutem Kontakt stand. Diese Verwandten stammten von der Seite meiner Mutter, deren Mutter – meine Großmutter – mit einigen Geschwistern um 1870 eine Zeitlang in Frankreich gelebt hatte. Zwei ihrer Schwestern waren dort geblieben und hatten sich mit französischen Christen verheiratet. Ich hatte also Verwandte in Paris, die richtige Franzosen waren.

1934 kam es in Frankreich zur sogenannten Stavinsky-Affäre[8], in deren Verlauf sich die faschistische Meute auch dort deutlich bemerkbar machte. Stavinsky war ein Jude, ein Betrüger, ein Millionär, der die halbe französische Regierung bestochen hatte. Das trat bei irgendeinem Skandal ans Tageslicht und wurde von den faschistischen Rechtsradikalen in Frankreich zu einer antisemitisch gefärbten Massendemonstration gegen die Regierung ausgenutzt. Ich sah eines Abends im Februar 1934 auf den Boulevards diese Riesendemonstration der Rechten mit ihren Parolen, und das klang mir so in den Ohren, daß ich am nächsten Tag zu meiner Verwandtschaft, wohlsituierten Franzosen mit einem Modesalon im Faubourg St. Honoré, sagte: »Hier in Frankreich wird sich genau dasselbe ereignen wie in Deutschland. Ich verlasse Frankreich und gehe nach Palästina.« Die Verwandten riefen: »Bist du verrückt? Bleib hier in Frankreich. Du machst hier dein Militär, du wirst Franzose und lebst hier.« Aber ich hatte mich entschieden und schloß mich kurz darauf dem Hechaluz an, mit dem Ziel, sobald wie möglich eine Einreisegenehmigung nach Palästina zu erhalten. Der Hechaluz schickte mich zur landwirtschaftlichen Umschulung zuerst auf einen Bauernhof in den Elsaß in der Nähe von Straßburg. Dort flog ich aber schon nach zwei Monaten hinaus, weil bei einer Polizeikontrolle festgestellt wurde, daß ich keine Arbeitspapiere hatte. Anschließend war ich sechs Monate bei einem Bauern in Luxemburg, dann in Mittelfrankreich. Die Situation wurde insgesamt aber immer schwieriger, denn auch in Frankreich wuchs der Radikalismus. Diese Entwicklung kam, möchte ich sagen, halb aus Angst, Angst vor der deutschen Aufrüstung, und halb aus einer eigenen faschistischen und antisemitischen Bewegung.

Eines Tages machte ich mit Freunden einen Spaziergang, bei dem wir ein Foto von uns aufnahmen. Im Hintergrund des Bildes befand sich ein Tunnel der Bahnlinie Toulouse-Bordeaux oder irgend etwas ähnliches. Der Fotograf, bei dem wir den Film entwickeln ließen, vermutete Spionage und meldete uns beim französischen Geheimdienst. Wir wurden alle ausgewiesen und mußten den Ort innerhalb von drei Tagen verlassen. Ich kehrte wieder nach Luxemburg zurück und wartete dort, bis ich ein reguläres Einwanderungszertifikat für Palästina bekam.

1934, ein Jahr bevor ich schließlich nach Palästina auswanderte, war ich noch einmal zu Ostern eine Woche in Köln bei meinen Eltern.

Das Lehrlingsheim war Ende 1933 oder Anfang 1934 als solches aufgelöst und dem Hechaluz angeschlossen worden. Da schon viele jüdische Lehrlinge nicht mehr bei Meistern untergebracht werden konnten, richtete man Werkstätten im Haus ein und funktionierte das Heim zu einem Hachschara-Zentrum um. Ja, das war die Zeit, in der noch viele sagten: Wartet noch ein, zwei Jahre, dann hat sich der Hitler abgewirtschaftet.

Nachdem der Hechaluz das Heim übernommen hatte, bekam mein Vater eine kleine Abfindung und lebte im weiteren eigentlich von Gelegenheitsarbeiten als Buchhalter und anderen Neben- oder Aushilfstätig-

*Abb.9* Schreinerwerkstatt im ehem. Lehrlingsheim, Utrechterstr. 6

keiten. Meine Mutter ging kochen; sie war bei jüdischen Familien, die ja bald keine christlichen Personen mehr im Haushalt beschäftigen durften, als Köchin tätig.

Als ich 1934 zu Besuch bei ihnen war, lebten meine Eltern in der Lütticher Straße in einer großen Fünf- oder Sechs-Zimmer-Wohnung, von denen sie einige Zimmer vermietet hatten. Später durften sie aber auch keine Zimmer mehr an Christen vermieten, und zuletzt wohnten sie schließlich in einer Ein-Zimmer-Wohnung, ich glaube, Brüsseler Straße 10.

Meine Schwester Lilli verließ Köln 1934. Sie hatte die Königin-Luise-Schule besucht und anschließend einige Monate im jüdischen Kinderheim in der Lützowstraße praktiziert. Danach zog sie mit ihrem Verlobten Ludwig Rosenthal, einem Freiburger, der in Köln studierte, nach Freiburg. Auf einem Dorf in der Nähe von Freiburg arbeitete sie einige Zeit bei einem Bauern, bis man ihn anzeigte, weil er ein »Judenmädchen« beschäftigte. 1935 wanderte sie mit ihrem Mann nach Palästina aus.

Ich fuhr Anfang 1935 von Genua nach Haifa – auf Kosten der HICEM, einer jüdischen Hilfsorganisation. Als ich in Haifa ankam, wußte ich nicht, wohin ich gehen, was ich machen sollte. Angehörige der Kibbuzbewegung rieten mir, mich einem Kibbuz anzuschließen, und da ich einige Leute in einem Kibbuz im Jordantal kannte, ging ich dorthin.

Ich war dreieinhalb Jahre im Kibbuz. Ich arbeitete während dieser Zeit im Steinbruch in Menachemiah im Jordantal und in Tiberias. Keine Arbeit war mir zu schwer für den Aufbau des Landes – ich war 18 Jahre alt und sehr motiviert. Kurz nach meinem Eintritt in den Kibbuz schloß ich mich der Untergrundorganisation Haganah an. Sie war der militärische Arm der jüdischen Bevölkerung und hatte damals vor allem die Aufgabe, jüdische Siedlungen und Siedler vor arabischen Terrorangriffen zu schützen. Aus ihr ging dann nach der Staatsgrundung im Jahre 1948 das israelische Militär hervor. Ich erlebte die Unruhen in den Jahren 1936/37 und war in dieser Zeit verschiedene Male in Lebensgefahr. Eine Zeitlang gehörte ich zu einer Gruppe, die ein Terrain auf dem Carmel bei Haifa für eine jüdische Siedlung vorbereitete. Wir bauten Straßen in einem Gebiet, in dem damals weit und breit keine jüdische Ortschaft war. Zu dieser Arbeit mußte jeder Kibbuz in der Umgebung drei, vier Leute schicken, die sich der Gefahr dort aussetzten. Die Kibbuzim schickten meist die einfachen Arbeiter, die Junggesellen und Jungs, denn Fachleute wollte man nicht gefährden, und bei der Auswahl von verheirateten Männern rebellierten die Frauen. Mein Kibbuz schickte unter anderen mich.

*Abb.10* Steinbrucharbeiter in Menachemiah; 2.v.l. Heinrich Nezer, 1937

Meine Schwester und ich bemühten uns während dieser ganzen Zeit, auch meine Eltern nach Palästina zu holen. Aber es gelang uns zunächst nicht, so daß meine Eltern noch die »Kristallnacht« in Köln erleben mußten. Sie verließen Köln schließlich Ende November 1938 und trafen einige Wochen später in Palästina ein. Auf dem Weg zu ihrem Schiff in Triest hatten sie in Freiburg haltgemacht, um die letzten acht Tage in Deutschland bei den Schwiegereltern meiner Schwester zu verbringen. Der Schwiegervater meiner Schwester, ein begüterter Mann, zeigte meinem Vater ein Haus, das er drei, vier Jahre zuvor gekauft hatte. Mein Vater fragte: »Wie konntest du in dieser Zeit noch ein Haus in Deutschland kaufen?« Er bekam die Antwort: »Wenn es keine Juden mehr in Freiburg geben wird, dann ziehe ich mir die Uniform aus dem letzten Krieg an, stelle mich auf den Münsterplatz und sage: Hier steht der letzte Jude von Freiburg.« Diese Einstellung gab es also auch. Die Schwiegereltern meiner Schwester wurden wie alle badischen Juden im Oktober 1940 in das Lager Gurs[9] in Frankreich deportiert und von dort nach Auschwitz. Sie kehrten nicht zurück.

Ich lebte bis Anfang 1939 im Kibbuz, arbeitete dann zuerst als Gelegenheitsarbeiter in Haifa, später für ein Jahr als Hilfspolizist, schließlich als Lastwagenchauffeur. Kurz darauf trat ich als Freiwilliger ins englische Militär ein und war während des ganzen Zweiten Weltkrieges Soldat in der jüdischen Brigade der britischen Armee. Unser letzter Standort nach dem Krieg war 1946 in Belgien, von wo aus wir im Frühjahr desselben Jahres nach Palästina zur Demobilisierung zurücktransportiert wurden. Eigentlich war vorgesehen, daß ich noch einige Zeit in Europa bleiben sollte, um bei der illegalen Einwanderung nach Palästina zu helfen. Da die Engländer eine stärkere Einwanderung von Juden nach Palästina zu verhindern versuchten, mußten wir von jüdischer Seite aus Strategien entwickeln, um diese Einreise doch möglichst vielen zu ermöglichen. Einer unserer Wege, die Vorschriften zu umgehen, war, jüdischen Männern, die in den Lagern für sogenannte displaced persons auf eine Einwanderungsmöglichkeit warteten, die Papiere und die Uniform von Soldaten der jüdischen Brigade auszuhändigen und sie damit an Stelle der Soldaten nach Palästina einreisen zu lassen. Ich hatte mich auch zu einem solchen Tausch bereit erklärt und war schon in Zivil, als mir ein Telegramm mitteilte, daß der Mann meiner Schwester in Palästina plötzlich gestorben war und sie mit ihrem kleinen Kind und mit unseren Eltern unversorgt allein dastand. Ich kehrte daraufhin sofort nach Haifa zurück.

In den nächsten Jahren war das Leben dort sehr schwierig und unsicher. Unter anderem erlebten wie eine zweimonatige Belagerung durch die Araber.

Während dieser Zeit arbeitete ich in einer Sandgrube. Die Engländer hatten jüdischen Offizieren, die Angehörige ihrer Truppen gewesen waren, Lizenzen für den Sandgrubenbau ausgestellt mit der Auflage, ehemalige Soldaten zu beschäftigen. Dadurch wurden ehemalige Soldaten Arbeiter in einem Unternehmen von ehemaligen Offizieren. Kurz darauf begann der Krieg 1948/49, an dem ich wieder teilnahm. Als ich 1949 zurückkam, sagte ich zu meinen Kollegen bei der Grube: »Jetzt haben wir unseren eigenen Staat, jetzt ist die Gelegenheit, uns selbständig zu machen.« Es ist uns tatsächlich gelungen, von der neuen Regierung für uns Arbeiter und ehemalige Soldaten eine eigene Lizenz zu bekommen, und so wurden wir selbständig.

1950 heiratete ich. Meine Frau, die aus Straßburg stammt, lebte während der deutschen Besatzung Frankreichs mit falschen Papieren und unter falschem Namen im Untergrund und organisierte die Unterbringung von jüdischen Kindern in Klöstern und Bauernfamilien. Sie hat damit vielen Kindern das Leben gerettet.

1956 besuchte mich der Jugendfreund, der mich damals – am Ende meiner Schulzeit in Köln – gewarnt hatte. Vielleicht aus einer Art Midlife-Krise heraus ließ ich mich von ihm überreden, nach Köln zurückzukehren. 1957 zog ich mit meiner Frau und unseren zwei Töchtern nach Köln. In Köln arbeitete ich zunächst kurz in der Firma meines

Freundes und wurde dann Taxifahrer. 1959 eröffnete ich zusammen mit einem Bekannten aus Israel, der inzwischen in Düsseldorf ein Schuhgeschäft besaß, das Capri auf dem Hohenzollernring, ein Geschäft für die damals gerade in Mode gekommenen italienische Schuhe. Bis das Geschäft sich trug, fuhr ich auch noch einige Zeit in den Abendstunden und an Sonntagen weiter Taxi.

Als ich 1957 zurückgekommen war, hatte ich gedacht, in Deutschland wieder Fuß fassen und mich integrieren zu können. Ich nahm am politischen Leben teil und gehörte sogar eine Zeitlang einer Partei an. Es hat jedoch nicht lange gedauert, bis ich feststellen mußte, daß ich hier keine Wurzeln mehr schlagen würde. Das Deutschland von 1957 war zwar nicht dasselbe wie das von 1933, aber die Menschen – besonders die älteren und die Angehörigen meiner Generation – hatten sich nicht so sehr verändert. Dies trifft vor allem für das sogenannte »einfache Volk« zu. Der große Fehler Hitlers war, so die vox populi, daß er den Krieg verloren, nicht daß er ihn begonnen hatte!

Es war meiner Frau und mir klar, daß wir unser Lebensende nicht in Deutschland verbringen wollten, und wir erzogen auch unsere Töchter dazu, ihre Zukunft anderswo zu suchen. Eine unserer Töchter kehrte schon mit 17 Jahren nach Israel zurück, während die andere so lange mit uns im Geschäft arbeitete, bis wir es 1982 verkauften. Sie lebt heute mit ihrer Familie in Frankreich.

Meine Frau und ich nahmen mit dem Eintritt in den Ruhestand unseren Wohnsitz wieder in Israel. Dort haben wir unsere Freunde, und dort fühlen wir uns zu Hause.

*Anmerkungen*

1   Das Interview wurde am 2.11.1989 in Köln geführt.
2   Leopold Grünebaum (geb. 5.5.1885; umgekommen). Vgl. zu Leopold Grünebaum den Bericht seines Sohnes Henry Gruen, S. 245 ff.
3   Dr. Benjamin Auerbach (geb. 24.9.1855 in Wald bei Solingen; gest. 18.11.1940 in New York) war 30 Jahre lang Chefarzt des Israelitischen Asyls in der Ottostraße. Auerbach gründete den Kölner Verein für jüdische Krankenpflegerinnen, war Mitbegründer des Israelitischen Lehrlingsheims, der Kölner Ortsgruppe des Central-Vereins und der Rheinlandloge. 1939 emigrierte er nach England und von dort in die USA (Asaria, Juden, S. 148-154; Jüdisches Schicksal, S. 54).
4   Irmgard Keun (1905-1982); Kölner Schriftstellerin, die Anfang der 30er Jahre mit gesellschaftskritischen Romanen (Gilgi – eine von uns, 1931; Das kunstseidene Mädchen, 1932) bekannt wurde. I. Keun emigrierte 1935, kehrte 1940 illegal wieder nach Deutschland zurück.
5   Gottfried Feder (1883-1941); führender NS-Ideologe der Frühzeit der Bewegung. Verfaßte u. a.: Das Programm der NSDAP und seine weltanschaulichen Grundlagen (1927); Die Juden (1933).

6    Willi Münzenberg (1889-1940); Politiker und Publizist, seit 1927 Mitglied
     des Zentralkomitees der KPD. Münzenberg emigrierte 1933 nach Frankreich
     und kam auf der Flucht vor den deutschen Truppen 1940 ums Leben. Der
     »Rote Aufbau« war die Zeitschrift der Internationalen Arbeiterhilfe, die von
     Münzenberg herausgegeben wurde.

7    Horst Wessel (1907-1930); seit 1926 Mitglied der NSDAP und SA, kam 1930
     in Berlin während einer Schlägerei ums Leben. Wessel wurde zu einem der
     gefeiertsten »Märtyrer« des Nationalsozialismus. Das von ihm verfaßte Lied
     »Die Fahne hoch ...« (Horst-Wessel-Lied) erklärte man – neben dem
     Deutschlandlied – zur »zweiten Nationalhymne«.

8    Die nach S.A. Stavinsky, einem jüdischen Geschäftsmann russischer Her-
     kunft, benannte Betrugsaffäre, in die bekannte Politiker verwickelt waren,
     spielte sich 1933/34 in Frankreich ab und gab den rechten Gruppierungen
     Anlaß zu massiver antiparlamentarischer und antisemitischer Agitation (vgl.
     Michael R. Marrus/Robert O. Paxton, Vichy France and the Jews, New York
     1981, S. 41).

9    Im Oktober 1940, nicht lange nach der Besetzung Frankreichs, wurden alle
     badischen Juden nach Südfrankreich in das Lager Gurs deportiert. Von dort
     aus wurden sie später in die Vernichtungslager des Ostens verschleppt.

# Karl David Ziegellaub[1]

*geb.: 20.9.1918*
*gest.: 17.7.1992*
*Eltern: Jehuda Moses (Moritz) Ziegellaub (\*1888; umgekommen)*
*Rachel geb. Landesberg (1884-1939)*
*Geschwister: Amalia (Malli) (\* 1908; umgekommen);*
*Esther (Ernestine) (\* 1910; umgekommen);*
*Hermann (\* 1912; umgekommen); Paula (1914-1964);*
*Sophie (\* 1922; umgekommen); Max (\* 1924; umgekommen)*

Mein Name ist Karl beziehungsweise David Chaim Ziegellaub. Der jüdische, rituelle Name wird den Jungen kurz nach der Geburt bei der Beschneidungszeremonie gegeben, und ich erhielt dabei die Namen der zwei Großväter meines Vaters, David und Chaim. Mit dem Namen Karl wurde ich im Geburtsregister am Standesamt eingetragen.

Ich bin am 20.9.1918 in der Thieboldsgasse 102 geboren, mit der Assistenz von Frau Mies, der Hebamme aus der Sternengasse, die damals die werdenden Mütter der ganzen Gegend betreute und bei der Geburt der meisten Kinder half.

Mein Vater war Jehuda Moses Ziegellaub, genannt Moritz, geboren 1888 in Kolomea in Ostgalizien, im heutigen Polen. Damals war Kolomea eine östliche Garnisonsstadt Österreichs. Der Vater meines Vaters hieß Schlomo Zwi Horodenka, seine Mutter Sara Golda Ziegellaub. Horodenka war ein kleines Städtchen dort in der Gegend, aus dem mein Großvater oder seine Vorfahren offenbar stammten. Die Ehe meiner Großeltern wurde vor dem Rabbiner geschlossen und nicht beim Standesamt, so daß sie staatlich nicht anerkannt war, die Kinder als unehelich betrachtet wurden und den Namen der Mutter erhielten. Sara Golda Ziegellaub, meine Großmutter, war die Tochter des Chaim Ziegellaub, der in Kolomea eine ziemlich große Familie hatte. Einige Schwestern und Brüder meiner Großmutter wanderten früh nach Amerika aus, und ihre Nachkommen leben heute noch dort. Über den Beruf meines Großvaters weiß ich nichts. Soweit ich mich erinnere, wurde in der Familie nichts darüber erzählt. Ich erinnere mich nur, daß manchmal über Kolomea gesprochen wurde und ich mir aus diesen Gesprächen das Bild einer kleinen Handelsstadt mit Gerstenmühlen und anderen kleinen Betrieben machte.

Nachdem mein Großvater früh gestorben war, verließ mein Vater, ungefähr sechzehnjährig, zusammen mit seinem Bruder Familie und Heimatstadt und kam nach Deutschland. Soviel ich gehört habe, war er ursprünglich nur auf der Durchreise, weil er eigentlich nach Amerika auswandern wollte. Da er aber Deutschland schön fand und auch eine Möglichkeit sah, seinen Lebensunterhalt zu verdienen, blieb er hier, zunächst in Essen, danach in Köln. Die Mutter meines Vater starb Jahre später, etwa um 1917, in Polen, so daß ich also weder Großvater noch Großmutter väterlicherseits gekannt habe. Ich hatte nur persönliche Beziehungen zur Familie meiner Mutter.

Meine Mutter Rachel wurde 1888 auch in Ostgalizien geboren, in dem Städtchen Struzow, das nicht weit von Tarnopol liegt. Etwa um die Jahrhundertwende, als zehn-, zwölfjähriges Mädchen, kam sie zusammen mit ihrem Vater Mendel Landesberg und ihren Geschwistern nach Köln. Ihre Mutter war, soweit ich weiß, bereits in Polen gestorben, aber ihr Vater heiratete wieder und lebte in Köln mit seiner zweiten Frau. Sie war allerdings wohl mehr seine Pflegerin als seine Ehefrau, und wir hatten kaum Beziehungen zu ihr.

Mein Großvater Landesberg war Kaufmann und wohnte, als ich ein Kind war, in der Schemmergasse 12, in einem Haus, das ihm gehörte. Ich hatte zu ihm ein sehr gutes Verhältnis – er war für mich wirklich ein richtiger Großvater. Er mochte mich sehr gern, wir waren viel zusammen und beteten auch in derselben Synagoge.

Meine Großeltern waren fromme, fromme Juden, die dem Gesetz bis zum äußersten folgten. Aber nicht fanatisch, sondern auf eine Weise, die man so beschreiben könnte: Jeden leben lassen, wie er will, aber selbst die Gesetze streng befolgen. Auch meine Eltern – Vater wie Mutter – waren in diesem Sinn religiös, orthodox.

Mein Großvater und mein Vater gingen in den Betsaal in der Bayardsgasse 26, einem Haus, in dem eigentlich zwei Synagogen waren: Einmal die Synagoge der Chewrat Machsike Thora, das heißt »derjenigen, die

**Verein Machsike Thora E.V., Köln**

**Bekanntmachung.**

Die diesjährige

# General-Versammlung

findet am Sonntag, den 8. Januar 1928, 15 Uhr im Vereinslokal Bayardsgasse 26 statt. Die Mitglieder werden hiermit eingeladen.

**Der Vorstand.**

*Abb.1* Kölner Jüdisches Wochenblatt, 1928

68

*Abb.2* Familie Ziegellaub, um 1918

an der Thora festhalten«, eine Synagoge, die unten einen Raum für die Männer und oben einen Raum für die Frauen hatte; und zum anderen die Synagoge der Hapoel Hamisrachi, eines orthodoxen Jugendbundes.

Bayardsgasse 26 war ein normales Mietshaus, wie damals die Kölner Häuser waren, nicht breit und zwei Stockwerke hoch. Ich glaube, daß es unserer Gebetsgemeinschaft gehörte. Es wurde auf beiden Seiten von anderen, ganz ähnlich gebauten Häusern flankiert. Im Haus auf der linken Seite wohnte die jüdische Familie Neuwirth, auf der rechten Seite war ein Puff. Als Neuwirths auszogen, sollte auch aus diesem Haus eine entsprechende Einrichtung gemacht werden, aber nachdem man von der Synagoge aus Einspruch dagegen erhoben hatte, wurde keine Genehmigung dafür erteilt, und so blieb es bei dem Puff auf der einen Seite.

Im unteren Stock des Hauses, links vom Flur ab, war das Kolonialwarengeschäft der Familie Appermann untergebracht, die auch Mitglied unserer Synagoge war. Wenn man den Flur weiter entlang ging, kam man in die Synagoge, einen großen Saal, der im Hinterhaus lag. Der Raum hatte auf jeder Seite etwa zehn Bankreihen mit je Platz für sechs, sieben Männer, bot also Sitzplätze für ungefähr 140 Männer. Für die Frauen gab es eine eigene Empore, eine richtige Galerie, mit einer viereckigen Öffnung nach dem unteren Betraum der Männer. Um zur Galerie zu gelangen, ging man in die erste Etage und dort vom Flur rechts ab. Auf der Galerie saßen die Frauen, konnten nach unten sehen, den Vorbeter hören und bei den Bar-Mizwa-Feiern, wie es so üblich war, die Bonbons hinunterwerfen. Ich erinnere mich an einen Vorfall, bei dem es auf der

*Abb.3* Kölner Jüdisches Wochenblatt, 1928

Empore Aufregung gab: Mein Großvater durfte seit langer Zeit immer an einem der Feiertage während des Gottesdienstes ein Stück aus der Thora vorlesen – das war eine Ehre. Eines Tages rief man ihn aus irgendwelchen Gründen nicht zum Vorlesen auf, woraufhin seine Tochter, meine Tante, von der Galerie oben empört herunter rief: »Was soll das heißen? Das ist ein Skandal!« Das ist so ein Ereignis, das einem Kind im Gedächtnis bleibt.

70

Links vom Zugang zur Frauengalerie lag im ersten Stock des Hauses noch eine normale Wohnung, in der die Familie Reich wohnte, und im zweiten Stock befand sich die Synagoge für die Jugendorganisation. Auf der zweiten Etage gab es also keine Wohnung, statt dessen hatte man die Räume zu einem Saal, einem relativ großen Betraum, ausgebaut, in dem etwa achtzig bis hundert Personen Platz hatten.

Die Gemeinschaft, die in der Bayardsgasse zusammenkam, hatte gewählte Vorsteher. Der älteste und tonangebende der Gemeinde – auf Hebräisch Dajan, das heißt, Richter genannt – war damals Herr Nürnberg, ein älterer Herr, der auch Hebräisch konnte. Ich erinnere mich, daß sich mein Vater an diesen Dajan Nürnberg wandte, als er mit dem zukünftigen Mann meiner Schwester in Antwerpen und seiner Familie auf ganz traditionelle Weise Verbindung aufnehmen wollte. Der Brief mußte auf Hebräisch in bestimmten altertümlichen Formulierungen geschrieben sein, und Herr Nürnberg, der diese Formulierungen und Traditionen beherrschte, entwarf den Text für ihn. Neben Herrn Nürnberg gab es noch andere Mitglieder des Vorstandes. Ich erinnere mich noch an Mosche Leib Fass, dessen Sohn später eine große Jeschiwa, eine Talmudschule, im Osten besuchte. Es gab damals in Köln eine Jeschiwa in der Quirinstraße, die von Rabbiner Gerstein geführt wurde, und ihre besten Schüler – unter ihnen eben auch der Sohn von Mosche Leib Fass, Juda – wurden ausgewählt und zum weiteren Studium auf eine der berühmten Talmudschulen in Polen geschickt.

An eine Familie aus unserer Gemeinschaft erinnere ich mich besonders deutlich, das war die Familie Rumstein. Rumsteins hatten eine große Bäckerei in der Agrippastraße und der Schwiegersohn Ostro eine Bäckerei in der Alexianerstraße. Die Rumsteins machten vorzügliche Brote, Kümmelbrote und andere traditionelle Backwaren.

Die ungefähr 200 Familien, die zur Synagoge in der Bayardsgasse gehörten, waren ausnahmslos ostjüdischen Ursprungs, insbesondere kamen sie aus Ostgalizien. Es handelte sich aber nicht nur um den Zusammenschluß von Leuten aus einer begrenzten Region, sondern in dieser Gruppe hatte sich auch eine spezielle religiöse Richtung zusammengeschlossen. Die Mitglieder der Synagoge Bayardsgasse waren chassidische Juden, die der Sadagerer Richtung des chassidischen Judentums folgten, der Richtung des Rabbi Friedmann[2]. Unter den Ostjuden gab es ja viele verschiedene Richtungen und unter den Chassiden zum Beispiel die Richtung der Wischnitzer und der Sadagerer[3]. Und so gab es in Köln außer den großen Synagogen viele kleine Synagogen und Betstuben: Betsäle in der Bachemstraße, in der Thieboldsgasse, in der Arndtstraße und so weiter. Mein Vater folgte der Sadagerer Richtung, deren Kölner Zentrum die Synagoge in der Bayardsgasse war. Eine direkte Verbindung aber zu der entsprechenden Bewegung oder Institution in Polen gab es wohl nicht mehr. Man pflegte die Tradition, ohne von Polen aus religiös irgendwie betreut zu werden. Und so hielt man fest zusammen, weil man sich zusammengehörig fühlte. Meinem Großvater und Vater wäre es nie eingefallen, in die Betstube in der Thieboldsgasse zu gehen oder in die in der Bachemstraße oder Poststraße – nein, dort waren nicht ihre Leute. Sie gehörten zu ihrer eigenen Gruppe, die auch einen eigenen Gebetsgesang hatten. Diese Leute gehörten zusammen, und bis heute kenne ich noch jeden Ton, jeden Klang ihres – unseres – Gebetes.

Mein Vater ging jeden Tag bis zu dreimal zum Beten in die Synagoge. Morgens immer, und nachmittags und abends, wenn er Zeit hatte. Ich würde sagen, daß für meinen Vater und seinen Freundeskreis die Synagoge die Wirtschaft, den Klub und andere Männertreffen ersetzte. Die Synagoge war das Zentrum ihres Lebens, des jüdischen Lebens, zu dem ich – nolens volens – als Kind auch gehörte. Mein soziales Leben außerhalb der Schule und später der Jugendbewegung war dementsprechend zunächst ganz von der Synagoge und ihrer Umgebung bestimmt. Wir beteten dort, wir spielten dort im Hof, wir feierten dort den Schabbat – Freitagabend und Samstag – und die Feiertage. Die Synagoge war für uns der Mittelpunkt des Lebens. Meine Mutter allerdings war meist zu Hause, sie besuchte die Synagoge nur an den hohen Feiertagen.

Die Mitglieder der Gemeinschaft pflegten auch die Tradition der Gastfreundschaft. Flüchtlinge aus dem Osten oder Durchziehende wurden als Gast einer Familie aufgenommen und betreut. Das war manchmal für mich als Kind schwierig zu verstehen, daß ein Fremder, ein Gast immer das Beste vorgesetzt bekam, ich aber das nehmen mußte, was gerade da war. Doch das war Tradition – Fremde wurden aufgenommen und geehrt. Es kam deshalb auch niemals vor, daß jemand, der bei uns um eine Spende bat, ohne Hilfe weggeschickt worden wäre.

Der Haushalt meiner Eltern war natürlich streng koscher geführt, aber trotzdem wurden gewisse Kompromisse gemacht. Für die Feiertage kauften wir zwar immer in den jüdischen Geschäften, bei Appermanns oder bei Vogelfang in der Poststraße ein. Und Fleisch wurde – solange das noch möglich war – in einer koscheren Metzgerei in der Glockengasse oder anderswo gekauft. Außerdem ging mein Vater fast jede Woche zum Markt und brachte von dort frische Hühner mit, die dann vom Schächter, einem Herrn Neugeboren in der Agrippastraße, rituell geschlachtet wurden. Der Kompromiß meiner Mutter mit den Verhältnissen aber war, daß sie Käse, Eier und Milch in dem nichtjüdischen Geschäft Marx auf der Thieboldsgasse kaufte – einfach weil es in der Nähe lag. Die Ultrafrommen kauften auch diese Lebensmittel nicht bei Nichtjuden, denn die Rinde des Käses zum Beispiel hätte ja mit nicht

koscherem Fett, vielleicht sogar mit Schweinefett, bestrichen sein können. Trotz dieser Gefahr kaufte meine Mutter den Käse bei Marx. Auch
Kaffee, Gerste oder ähnliches holten wir in nichtjüdischen Geschäften,
Früchte an Ständen oder Wagen auf der Straße. Damals standen die
Händler mit Handwagen auf der Straße, und man konnte jederzeit bei
ihnen Obst und Gemüse kaufen. Wir holten also unsere Lebensmittel aus
den Angeboten unserer engeren Umgebung – wir lebten in dieser Umgebung, wir waren ein Teil von ihr, und meine Eltern paßten sich bis zu
einem gewissen Grad an sie an. Meine Mutter trug auch keinen »Scheitel«, kein Kopftuch, und mein Vater hatte keinen Bart – also auch im
Äußeren war eine Anpassung vorhanden.

Im Geschäftlichen mußte man sich ebenso anpassen. Ich erinnere mich
an ein Problem, das damals in unserer Familie auftauchte: Mein Bruder
war sehr, sehr fromm. Nachdem er die Handelsschule besucht hatte, trat
er ins Geschäft ein und wollte es ein bißchen vergrößern. Er suchte neue
Kunden, und damals wie heute waren die besten Kundinnen diejenigen,
die den ältesten Beruf ausübten. Sie konnten für Schuhe doppelt soviel
ausgeben wie andere Leute. Mein Bruder ging zu ihnen, um zu kassieren.
Man fragte, wie er als religiöser Jude das machen konnte. Aber er ging
weiter dorthin. Das ist eine Sache, und das ist eine andere. Um leben zu
können, hat man eben so gelebt, das Leben hat seinen Modus vivendi.
So wurde es auch in einem anderen Punkt gehalten: Wir haben am

Abb.4
Kölner Jüdisches
Wochenblatt,
1928

73

Schabbat kein Geld angenommen, aber ich weiß, daß manchmal Kunden am Schabbat kamen, die an keinem anderen Tag kommen konnten. Sie haben das Geld auf die Theke oder auf die Kasse gelegt – fertig. Mein Vater hat es nicht angenommen, aber es wurde gegeben. Wenn er ultrafromm gewesen wäre, hätte er auch das nicht gewollt. Aber er hat eben einen Modus vivendi gefunden für alles. Doch es gab Grenzen, denn als später kein koscheres Fleisch mehr zu kaufen war, haben wir kein Fleisch mehr gegessen, überhaupt kein Fleisch mehr. Nur wenn wir koscheres Fleisch irgendwie schwarz kaufen konnten – und das war sehr gefährlich –, haben wir Fleisch gegessen. Man hat auch in der Hitlerzeit irgendwie gelebt.

Die Thieboldsgasse und ihre Umgebung Alexianerstraße, Bobstraße, Kleiner und Großer Griechenmarkt, Fleischmengergasse, Lungengasse waren, fast möchte ich sagen, eine rein jüdische Gegend, in der sich die ostjüdischen Einwanderer konzentrierten. Ich will nicht sagen, daß es ein Ghetto war, denn ein Ghetto war es nicht. Aber da die Wohnungen dort verhältnismäßig billig waren, zogen die armen Einwanderer aus dem Osten dorthin. Außerdem waren die christlichen Bewohner des Viertels, meist Arbeiter, sehr tolerant. Sie nahmen die Leute, wie sie waren. Es gab damals sogar einen Neger in der Gegend dort. Er war ein früherer Boxer, der irgendwie mit den englischen Besatzungstruppen nach dem Ersten Weltkrieg gekommen und geblieben war. Er wurde auch tolerant aufgenommen. Die Leute waren tolerant, dieses Kompliment muß ich ihnen machen. Die Nazis hatten da keinen Fuß drin. Es waren Arbeiter, die sozialistisch oder kommunistisch eingestellt und in ihrer Beziehung zu Juden tolerant waren. Unbedingt. Da kann ich überhaupt nicht von Antisemitismus sprechen – außer einem »eingeborenen«, von der Kirche geförderten Antisemitismus.

Meine Eltern hatten 1906 oder 1907 geheiratet. Ich weiß nicht, ob es ein Schiduch war, eine vermittelte Ehe, oder ob sie sich zufällig getroffen hatten. Wahrscheinlich gehörten sie in jedem Fall demselben gesellschaftlichen Kreis in Köln an – und meine Mutter und ihre Schwester waren schöne Mädels. Ich erinnere mich nur, daß meine Mutter immer erzählte, mein Vater sei als Verlobter zu ihr gekommen und habe ihr Lieder vorgesungen, Lieder, die er dann später auch uns vorsang. Mein Vater hatte eine schöne Stimme und sang für uns gerne die jüdischen Volkslieder. Bald nach der Heirat kamen die Kinder. Als erste wurde 1908 meine Schwester Malli geboren, genannt nach der Mutter meiner Mutter, dann kamen meine Schwester Esther, mein Bruder Hermann, danach Paula, ich, Sophie und zuletzt Max, der kleine Bruder. Wir waren schließlich sieben Geschwister, also wirklich eine große Familie.

*Abb.5* Jüdische Geschäfte im
Viertel um Thieboldsgasse
und Griechenmarkt (Jüdischer
Beobachter, 1921/22; Kölner
Jüdisches Wochenblatt, 1928,
1932)

Mein Vater war Kaufmann. Als er noch in Essen lebte, hatte er ein
Wäscheversandgeschäft betrieben. Danach, kurze Zeit vor dem Ersten
Weltkrieg, handelte er mit Industriebedarf. Dann wurde er eingezogen.
Mein Vater war lange, fünf Jahre, Soldat in der österreichischen Armee,
ich glaube, im 98sten Regiment, und wurde 1917 in der berühmten
Schlacht zwischen Österreichern und Italienern am Isonzo verwundet.
Zusätzlich bekam er Typhus und lag einige Zeit in einem Lazarett in
Wien. Dort hat ihn meine Mutter besucht, und aus dieser Zeit stamme
ich – ich wurde im September 1918 geboren. Als mein Vater später zwei

Tage über seinen Urlaub hinaus vom Militär wegblieb, um bei meiner Beschneidung dabei zu sein, wurde er sogar noch verhaftet.

Diese Soldatenzeit hat ihn wohl auch wirtschaftlich zurückgeworfen. Als er zurückkam aus dem Krieg, begann er, bis zur Inflation nochmals mit Industriewaren zu handeln. Da aber war es dann aus mit der Industrie, und er mußte sich eine neue Verdienstmöglichkeit suchen. Ich nehme an, es war um 1923 oder 1924, als er sich umstellte und in der Thieboldsgasse ein Schuhgeschäft aufmachte. Das Geschäft war im gleichen Haus, in dem wir wohnten. In der ersten Etage war unsere Wohnung, und unten nach der Straße hinaus hatte Vater seinen Geschäftsraum. Ich habe mir gestern noch das Kölner Adreßbuch von 1938 angesehen, und da steht: »Moritz Ziegellaub, Schuhwaren«. Alle seine Kundschaft war christlich, und es war alles Stammkundschaft. Mein Vater hatte sich auf Abzahlungsgeschäfte spezialisiert. Die Kunden, einfache Leute, Beamte, Arbeiter, kamen, kauften Schuhe, zahlten sie an und bezahlten dann jede Woche eine bestimmte Summe zurück. Da sie zufrieden waren, kauften sie später wieder bei uns. Wir verkauften schließlich fast nur noch auf Empfehlung und hatten eine richtige Stammkundschaft mit einem sehr guten Verhältnis zu meinem Vater. Jüdische Kunden hatten wir nicht, wir pflegten die Kontakte zu möglicher jüdischer Kundschaft nicht. Auch die jüdischen Leute der Umgebung waren keine Kunden von uns. Wir waren ja auch teurer als andere Geschäfte, denn wir verkauften auf Abzahlung und mußten damit rechnen, daß 25 bis 30 Prozent der Schulden nicht bezahlt wurden, wir also große Verluste einzukalkulieren hatten. Jede Woche ging mein Vater bei seinen Kunden kassieren: in Bickendorf, Ossendorf, Sülz – in der ganzen Stadt und den Vororten. In der unmittelbaren Umgebung des Geschäftes allerdings haben wir kaum verkauft.

Insgesamt gingen die Geschäfte meines Vaters gut, so daß wir zur Mittelklasse gehörten – zur mittleren Mittelklasse, nicht zur unteren. Herr Ziegellaub war bekannt, wir hatten Einkommen, wir hatten ein Geschäft. Trotzdem fiel es meinem Vater schwer genug, Schulgeld für uns Kinder zu zahlen. Anfangs hatte er schwer zu kämpfen, um sieben Kinder ernähren zu können, und als erst meine ältere Schwester und dann die zweite Schwester heiratete, mußte die Mitgift gezahlt werden. Das waren Belastungen, die irgendwie getragen wurden. Es hat bei uns nie etwas gefehlt, aber wir haben uns auch nie herausgehoben, wir hatten keinen Luxus.

Ziegel Erwin, o. G., Blumenthalstr. 26
Ziegelbauer Heinr., Fabrikdirektor, Brücken-
    straße 12
Ziegellaub Mor. (E) Schuhw., Rubensstr. 1.[I]
    ☎ 212598.
Ziegelmaier Heinr., Buchbinder, Poll, Im
    Gartenhof 7.[II]
Ziegelmayer Ant., Bahnarb., Achterstr. 34.
– Bertr.Oberfeuerwehrm.,Buchh.,Johanniterstr.21[u]
– Ferd., Packer, Alteburger Str. 87.[II]
– Karl, Stuckat., Raderb., Raderberger Str. 108.[II]
– Karl, Wagenführer, Luxemburger Str. 62.[III]
Ziegelmüller Therese, Jugendleiterin, Georg-
    straße 5A.[II]
Ziegenbein Alb., Prokurist, Klettenb., Sieben-

*Abb.7* Kölner Adreßbuch, 1938

Besser gestellt waren unter unseren Verwandten in Köln zum Beispiel die Landesbergs. Philipp Landesberg war der Bruder meiner Mutter. Er hatte ein Bettengeschäft und war wohlhabender als wir. Seine zwei Töchter Klara und Martha bekamen Musikunterricht. Klara spielte Klavier und Martha Geige. Das war der Unterschied zu uns. Bei uns wäre das nicht in Frage gekommen. Wir hatten kein Geld dazu, das wäre überhaupt nicht möglich gewesen.

Schon lange vor 1933 sympathisierte mein Vater mit der zionistischen Bewegung, und zwar mit dem Misrachi, der orthodoxen Strömung. Er war nicht direkt tätig im Zionismus, hatte aber immer für ihn Sympathie. Politisch war er in keiner Weise aktiv. Ihn interessierte die Familie, die Religion und sein Geschäft.

Eigentlich waren meine Eltern Österreicher, wurden dann aber gezwungenermaßen polnisch, als das Gebiet, in dem sie geboren worden waren, nach 1918 polnisch wurde. Sie wurden automatisch Polen, und wir Kinder wurden auch polnisch. Meine Eltern sind später nie offiziell Deutsche geworden. Mein Vater hatte zwar vorgehabt, die deutsche Staatsbürgerschaft zu beantragen, und reichte deshalb auch beim Reichsbund jüdischer Frontsoldaten 1932 um die Bestätigung ein, daß er als Frontsoldat auf deutsch-österreichischer Seite im Ersten Weltkrieg teilgenommen hatte. Die Bestätigung war schon erteilt – aber dann kam die Machtergreifung, und alles war aus.

Mein Vater hat sich in Deutschland heimisch gefühlt und sich wohl als Deutscher empfunden, aber dieses Gefühl war nicht übermäßig. Sein jüdisches Bewußtsein überwog alles andere. Und für meine Mutter galt dasselbe. Sie hatte überhaupt kein politisches Interesse. Sie war die Mutter der Familie, das war ihre Aufgabe. Meine Mutter war die »mater«. Sie hat alles im Haushalt und in der Familie geleitet. Sie hat eingekauft, gekocht, gebacken, so wie die jüdische Mame eben kocht und backt und für alles sorgt und alles richtet. Die Mutter war immer die Mutter und immer zu Hause. Anscheinend war ich zufällig das Lieblingskind meiner Mutter, vielleicht weil ich ein Urlaubskind war oder weil ich in der Mitte der Geschwister lag – jedenfalls war ich das Lieblingskind meiner Mutter. Ich war verständig, ein bißchen vorlaut und wußte immer alles. Mein Vater befaßte sich wenig mit uns Kindern. Er war mit anderem beschäftigt, er mußte für die Familie Brot beibringen und führte sein eigenes Leben. Wir Kinder haben uns eigentlich gegenseitig erzogen. Ich habe mehr von meinem

*Abb.8* Jüdischer Beobachter, 1921/22

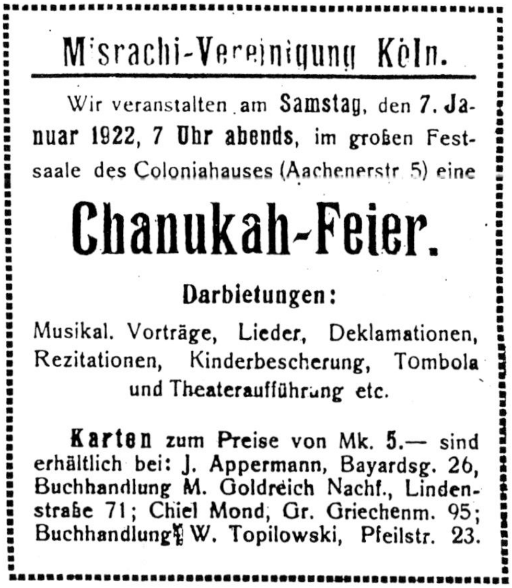

Misrachi-Vereinigung Köln.

Wir veranstalten am **Samstag**, den **7. Januar 1922, 7 Uhr abends**, im großen Festsaale des Coloniahauses (Aachenerstr. 5) eine

**Chanukah-Feier.**

**Darbietungen:**

Musikal. Vorträge, Lieder, Deklamationen, Rezitationen, Kinderbescherung, Tombola und Theateraufführung etc.

**Karten** zum Preise von Mk. 5.— sind erhältlich bei: J. Appermann, Bayardsg. 26, Buchhandlung M. Goldreich Nachf., Lindenstraße 71; Chiel Mond, Gr. Griechenm. 95; Buchhandlung W. Topilowski, Pfeilstr. 23.

großen Bruder gelernt und von meinen Schwestern, die mich versorgt haben, als von meinem Vater und meiner Mutter. Sie waren da, aber gelernt hat ein Kind vom anderen.

Im übrigen waren für mich der Jugendbund und die Freundschaften, die ich dort hatte, prägend. Christliche Freunde hatte ich nicht, ich kannte die Nachbarskinder, aber Freunde waren die Kinder aus der Schule und dem Bund.

Als ich viereinhalb Jahre alt war, wurde ich zu einem Privatlehrer, einem Herrn Beller, in die Quirinstraße geschickt. Bei Herrn Beller lernte ich zusammen mit einigen anderen Jungen das hebräische Alphabet und das Lesen hebräischer Gebete. Die Religionsschule in der Quirinstraße 9 hatte Klassen für kleine Kinder, Jungens ab vier, fünf Jahren, gab aber auch Unterricht für ältere Kinder. Später wurde hier, aufbauend auf die bisherigen Unterrichtsstufen, eine Jeschiwa eröffnet, eine religiöse Schule für Jugendliche und Erwachsene. Im Grunde war die Einrichtung in der Quirinstraße ähnlich aufgebaut wie die Talmud-Thora von Dr. Benedikt Wolf[4] am Hohenstaufenring, nur gehörte die Schule in der Quirinstraße wieder deutlich mehr unserer chassidischen Richtung, der Richtung meiner Familie an als die Schule Dr. Wolfs. Die Anhängerschaft von Dr. Wolf wurde doch schon mehr durch deutsche Juden geprägt, während die Schule in der Quirinstraße ostjüdisch war. Beides waren aber natürlich orthodoxe Einrichtungen.

*Abb.9* Dr. Benedikt Wolf, 30er Jahre

Ich habe also sehr früh angefangen zu lernen, ich habe meine Kindheit über immer gelesen und gelernt und bin dann mein Leben lang ein »Lerner« geblieben. Ich habe immer gelernt und ungeheuer gern gelernt.

Mit fünfeinhalb Jahren kam ich in die Moriah, die orthodoxe Elementarschule in der St. Apernstraße. Die Moriah war eine schöne, eine herrliche Schule. Wir waren dort fast nur Kinder aus dem Osten. Die einzigen deutsch-jüdischen Schüler waren die Kinder der Lehrer. Mein Lehrer war Oskar Simons[5], meine Lehrerin im ersten Schuljahr Grete Winter[6]. Sie heiratete später den berühmten Philosophen Yeshayahu Leibowitz[7]. Er war, als ich etwas älter war, mein Lehrer in der Jugendorganisation, der ich inzwischen beigetreten war. Heute ist er 85 Jahre alt und der große Mahner und Rufer in Israel.

*Abb.10* Klasse der Moriah mit Lehrer Oskar Simons, 1928/29

Wir haben viel gelernt auf der Moriah, mehr als man in der Volksschule Lützowstraße lernte. Das lag zum Teil daran, daß die Klassen klein waren und nur 18-20 Kinder umfaßten. Außerdem hatten die Kinder »offene Köpfe«, lernten gern, und die Lehrer waren gut. Jeder Lehrer war eine Kanone, viele der Lehrer waren Doktoren – nicht nur in der Jawne, sondern schon in der Moriah. Es unterrichteten uns auch die Seminaristen des Jüdischen Lehrerseminars, und das waren ebenfalls gute Lehrer. Nach vier Jahren Volksschule wechselte ich in die Jawne. Und dort gab es nur ausgezeichnete Lehrer: Dr. Harth[8], Elias Gut[9], Dr. Stein[10], Dr. Samuel[11], Frau Dr. Lüthgen[12], Frl. Dr. Esther Frank[13], Dr. Klibansky[14] – alles Menschen mit Gewicht.

Parallel zum Schulunterricht erhielt ich kontinuierlich privaten religiösen Unterricht. Zunächst ging ich weiter jeden Tag in die Religionsschule in der Quirinstraße, später in die dortige Talmud-Thoraschule. Einer meiner Lehrer in der Quirinstraße war Chaim Hersch Wind. Er war für mich ein wichtiger Lehrer, denn er war ein großer Lerner. Bei uns im damaligen Judentum fragte man nicht nach Geld, um einen Menschen zu beurteilen. Aber es gab zwei andere entscheidende Maßstäbe: das Ansehen der Familie und den Grad des Gelehrtseins, was heißen soll, des religiös Gebildetseins. Und für meine Familie war dieses religiös Gebildetsein sehr wichtig.

Ich besuchte deshalb neben der Religionsschule in der Quirinstraße, die meinem Vater allein nicht ausreichend schien, auch noch zusätzlich zwei- oder dreimal in der Woche die Talmudschule von Dr. Benedikt Wolf. Ich erhielt also religiöse Unterweisung bei verschiedenen jüdischen orthodoxen Einrichtungen in Köln, die sich alle voneinander in der Ausrichtung abhoben. So gab es auch durchaus Unterschiede zwischen Benedikt Wolf und den Rabbinern der orthodoxen Gemeinde Adass Jeschurun, Dr. Emanuel Carlebach[15] und seinem Sohn David[16].

Der gesellschaftliche Umgang meiner Eltern beschränkte sich im Grunde auf die Mitglieder der Familie und der religiösen Gemeinschaft. Man traf sich, wie ich schon sagte, in der Synagoge wie in einem Klub und unterhielt sich dort. Man konnte dort sogar am Abend Bier trinken. Der Gebetsdiener hatte einen kleinen Vorrat an Nüs-

**Uebungsschule des jüdischen Lehrerseminars in Köln.**

Anmeldungen zur Aufnahme von Schülern und Schülerinnen nimmt Montags bis Donnerstags von 4½ bis 5½ entgegen

Der Seminardirektor
Dr. Carlebach.

*Abb.11* Jüdischer Beobachter, 1921/22

*Abb.12* Gebäude St. Apernstr. 29-31 mit Jüd. Lehrerseminar, Jawne und Moriah, 1937

## Vereinigter Lehrplan
### der Chewras-Talmud Taureh und der Chewras Limmud Taureh.

### A. Für Herren:

| | | | |
|---|---|---|---|
| Schabbos-Vorm. *) | 10¾-12¾ | Leo Munk | גמרא כתובות |
| ,, ,, | 12-1 | Rabb. Dr. Wolf | חומש mit Erläuterungen |
| ,, Nachm. | 4-5 | Leo Munk | חומש mit רש״י |
| ,, ,, | 4½-5½ | Willy Wolf | חומש |
| ,, ,, | 5-6½ | Leo Munk | גמרא שבת |
| ,, ,, | 5-6 | Rabb. Jakobowitz | פרקי אבות |
| Sonntag - Abend | 6½-8 | ,, ,, | גמרא בבא מציעא |
| ,, ,, | 9-10 | Rabb. Dr. Wolf | ישעיה |
| Montag - Abend | 9-10 | ,, ,, ,, | גמרא חולין VII |
| Dienstag ,, | 9-10 | Rabb. Dr. Auerbach | שלחן ערוך |
| Mittwoch ,, | 9-10 | Rabb. Jakobowitz | משניות I |
| ,, ,, | 9-10 | Eugen Neuberger | תפלה für Anfänger |
| Donnerstag ,, | 9-10 | Rabb. Dr. Wolf | גמרא חולין VII |

*) Dieser Vortrag findet Händelstr. 19 statt.

### B. Für Damen:

| | | | |
|---|---|---|---|
| Schabbos-Vorm. | 12¾-1⁰⁵ | Oskar Simons | חומש |
| ,, Nachm. | 5-6 | Dr. Weger | דינים |
| Dienstag-Abend | 9-10 | Rabb. Dr. Wolf | נביאים |

Beginn des Sommersemesters: שבת פרשת קדשים ben 14. Mai.

Von Zeit zu Zeit sollen Vorträge über talmudische Themata (סוגיות) gehalten werden Die Vorträge werden sämtlich in unserem Vereinslokal Hohenstaufenring 14 abgehalten und wir bitten, unsere Bemühungen um einen möglichst reichhaltigen Stundenplan durch regelmäßiges und pünktliches Erscheinen unterstützen zu wollen. — Außerdem werden Schüler und Schülerinnen in 16 Klassen und 190 Wochenstunden unterrichtet. Genaue Prospekte sind jederzeit bei der Leitung erhältlich.

**Die Vorstände.**

*Abb.13* Jüdischer Beobachter 1921/22

sen und Bier, den er an die Männer verkaufte. Mein Vater ging nicht in Kaffeehäuser, aber man traf sich viel mit der Familie – jeden Feiertag und bei jedem Familienereignis. Der Bruder meiner Mutter, Philipp Landesberg, mit seiner Familie lebte in Köln, und auch die Schwester meiner Mutter, Rosa Protter, war in Köln verheiratet. Sie hatten auch große Familien, und unser Kontakt untereinander war eng. Man traf sich, bevor man gemeinsam zur Synagoge ging, trank an den freien Tagen nachmittags zusammen Kaffee oder besuchte gemeinsam jüdische Veranstaltungen in der Wolkenburg oder in der Rheinlandloge in der Cäcilienstraße oder das Kölner jüdische Theater. Es gab auch Freundschaften zu einzelnen jüdischen Familien, mit denen man sich traf, die zu uns nach Hause kamen. Mit anderen war man zwar näher bekannt, aber man besuchte sich nicht. Das waren dann eher geschäftliche Freundschaften, man lieh sich Geld, wenn man etwas brauchte. Der engere Kreis meiner

Eltern war wirklich die Familie. Wir blieben »entre nous«, und unser Leben war ganz davon geprägt, daß wir eine große Familie waren.

Mit nichtjüdischen Leuten waren meine Eltern nicht befreundet; man kannte die Nachbarn und grüßte sie, mehr nicht. Wie ich schon sagte, lebte mein Vater in seinem eigenen Kreis, er ging nicht in die Wirtschaften im Viertel, dabei gab es allein in der direkten Umgegend unserer Wohnung sieben Wirtschaften. Wenn er Bier trinken wollte, schickte er uns, dann nahmen wir einen Krug und brachten zwei Liter Bier nach Hause. Bei uns zu Hause gab es also wohl Alkohol, aber man betrank sich nicht. Wir tranken jeden Freitagabend Wein zum Kiddusch, alle Kinder von zwei Jahren an, aber Alkohol hatte keine Bedeutung. Einmal in seinem Leben war mein Vater betrunken, an einem Simchat Thora, am Freudenfest der Thora, als wir beim Metzger Alter am Griechenmarkt

ברית העולים קלן

sonntag, 10. juli, 20 uhr, rheinlandloge cäcilienstr.

a h a s v e r

(von jüdischer not)

szenische revue aus dichtungen von bernson, peretz und lamdau für sprech- bewegungs- und singchor (künstl. leitung julius goldberg, köln, isi reiss, friedrichstheater dessau

karten in vorverkauf zu haben bei unseren chawerim und an der abendkasse

**Klub jüdisch. Theaterfreunde, Köln**

Am Sonntag, den 10. März, abends punkt 8 Uhr findet im großen Saale der Wolkenburg (Eingang Cäcilienstr.) die Aufführung von

**„Schma Jsroel"** statt.

**Drama in 3 Akten von O. Dymow**

Karten zum Preise von Mk. 2.50, 2.— und 1,20 sind bei den Mitgliedern sowie am Tage der Aufführung ab 6 Uhr abends an der Kasse zu haben.

**Ochsenmetzgerei und Wurstwarenfabrik**

unter Aufsicht der Synagogengemeinde Adass Jeschurun

**A. Alter, Köln, Gr. Griechenmarkt 80-82** Telefon 213971

**Empfehle für die Feiertage:**

כשר על פסח

| | |
|---|---|
| Ia Rindfleisch | Spez. Kochwürstchen |
| Ia Kalbfleisch z. Tagespreis | Kochwurst |
| Mast-Suppenhühner | Krakauerwurst |
| Junge Hähnchen | Salami |
| Beste Leberwurst | Wienerwürstchen |
| Fleischwurst | f. f. Aufschnitt |

Nur von bester Qualität.
Telefonische Bestellungen werden sofort prompt frei Haus ausgeführt.

*Abb.14* Kölner Jüdisches Wochenblatt, 1929 u.1932

*Abb.15* Kölner Jüdisches Wochenblatt, 1932

**Chewras Limmud Tauroh**

Agudas Jisroel Jugendgruppe, Köln

## Einladung

zu der am Sonntag, den 25. Dezember 1921
24. Kislew    5682

im großen Coloniasaal, Aachenerstr. 5
abends pünktlich 7¹/₂ Uhr s. G. w.
stattfindenden

# Chanukah-Feier.

Der Vorstand.

Karten zu Mk. 10.— sind zu haben bei:
Cassel, Benesisstr.; Cohen, Maurituswall
106; Bauer, Schaafenstr.; Hirsch, Gürzenich-
straße 24; Weiß, Sternengasse, sowie an
der Abendkasse.

*Abb.16* Jüdischer Beobachter,
1921/22

eingeladen waren. Dort hatte mein Vater zuviel getrunken, und ich brachte ihn nach Hause. Davon sprach man in der Familie das ganze Leben – Vater war einmal betrunken!

Insgesamt haben wir uns in den zwanziger Jahren sehr gut gefühlt in unserer Nachbarschaft. Wir lebten bis 1932 in der Thieboldsgasse 102. Das Haus, in dem außer christlichen auch einige jüdische Familien wohnten, gehörte einem nicht-jüdischen Eigentümer. Meine Eltern besaßen selbst ein Haus in der Aachener Straße, das vermietet war. Es muß irgendwann während der Inflationszeit gekauft worden sein, als es leichter war, Häuser zu kaufen, wenn man etwas Geld beiseitegelegt hatte. Es war wohl als eine Kapitalanlage gedacht, wir wohnten jedenfalls selbst nie darin. 1932 zogen wir in die Rubensstraße 1, wieder in eine Wohnung auf der ersten Etage. Mein Vater hatte hier innerhalb der Wohnung sein Geschäft, unterhielt also kein Ladenlokal mehr.

Mit sieben Jahren war ich einem Jugendbund, dem Esra, beigetreten. Esra war der Bund der Orthodoxen für die kleineren Jungens und Mädchen. Wir trafen uns in diesen Jahren im Haus der Familie van Cleef, einer sehr reichen Familie, die eine Fabrik besaß. Sie stellte dem Esra Räume in ihrem Kellergeschoß zur Verfügung, wo wir dann unsere Heimabende mit Singen und Vorträgen abhielten. Im Esra blieb ich ungefähr zwei, drei Jahre und trat dann in den Makkabi Hazair ein. Der Makkabi Hazair war eigentlich von der Ausrichtung nicht so sehr religiös, er war nicht so streng, aber ich traf dort die gleiche Gruppe von Kindern an, es herrschte dort also eine mir bekannte Atmosphäre. Wenn ich in einen ganz frommen Bund hätte gehen wollen, dann hätte ich Mitglied in der Jugendgruppe der Agudas Jisroel werden müssen, die es in Köln auch gab. Aber dieser Bund war mir wohl zu streng. Ich ging jedenfalls in den Makkabi Hazair, der auch schon zionistisch ausgerichtet war, in dem man vor allem viel Sport trieb. Meine Führer dort waren Sally Ast und Jakob Moneta, der sich später ganz links orientierte. Der Makkabi Hazair löste sich einige Jahre danach auf und teilte sich: Manche seiner Mitglieder schlossen sich dem Hashomer Hazair an, einem sehr links eingestellten Bund. Mir war er zu links, zu unreligiös. Ich trat dem Brith Chaluzim Datii, abgekürzt Bachad genannt, bei, der sich auch um diese Zeit neubildete. Es war ein religiöser Bund mit verschiedenen, nach dem Alter gestuften Gruppen. Wir – Mädel und

Jungens gemeinsam – waren eine sehr gute, aktive Gruppe. Immer machten wir Pläne, hatten Heimabende, Ausflüge, Sommer- und Winterlager. Wir waren natürlich recht religiös ausgerichtet und standen innerhalb der jüdischen Jugendvereine in Köln deshalb auch ziemlich alleine da. Die Vereine haben sich zwar gegenseitig geachtet, aber man lebte doch voneinander getrennt. Vielleicht kann ich unsere Haltung an einem Beispiel illustrieren: Die Mitglieder der älteren und mittleren Gruppe unseres Bundes gingen einige Zeit Freitagsabends, am Schabbat, öfters in ein Kaffeehaus am Ring, um Eis zu essen. Wir beschlossen nun eines Tages, nicht mehr hinzugehen, weil wir den Eindruck hätten machen können, als ob wir an einem Freitag zahlten. Es gibt im jüdischen Gesetz aber die Regel, daß man auch keinen falschen Eindruck machen soll, und aufgrund dieser Regel entschied sich also meine Gruppe, Freitagabend nicht mehr Eis essen zu gehen. Die anderen Jugendvereine hätten sich nie so entschieden. Wir gingen auch nicht wie die anderen Jugendlichen in Tanzschulen und Tanzcafés. Wir machten nur Volkstänze und sangen Lieder aus der Jugendbewegung. Wir waren mehr auf Wanderbund und Wandervogel eingestellt, und deren Lieder sangen wir.

In das religiöse Leben hatte mich mein Vater, und zwar sehr früh, eingeführt. Ich erinnere mich, wie mein Vater mich als Kind von acht, zehn Jahren vor den hohen Feiertagen morgens früh um vier Uhr weckte, um mich zu den Bittgebeten, den sogenannten Selichot, mitzunehmen,

*Abb.17* Jüdische Tanz- und Unterhaltungs-Gaststätte Jakoby, Mauritiuswall 8, um 1938

die am Morgen vor den Feiertagen gesprochen werden. Im September ist es in Köln manchmal morgens früh schon sehr kalt, aber er rief mich trotzdem: »Karl, steh auf zu sliches!«, und ich ging mit ihm. So lebte ich mich in die religiösen Dinge ein.

Meine Bar Mizwa war eine große Sache für mich. Es war ein wichtiger Tag. Ich habe drei ganze Tage an den Festtagen vor der Bar Mizwa gefastet, mehr als man eigentlich soll. Mein Geburtstag lag so, daß er gerade vor den hohen Feiertagen war, und so konnte ich schon kurz vor meiner Bar Mizwa an den Fasttagen wie ein Erwachsener fasten. Ich fühlte mich als Mann und hielt mich streng an die religiösen Vorschriften. Ich legte auch, solange ich noch in Köln war, immer die Gebetsriemen an, so wie mein Vater jeden Tag zum Gebet die Gebetsriemen anlegte.

Antisemitismus in der Zeit vor 1933 habe ich weniger erlebt als gewußt. »Jüd, Jüd, Jüd, hepp hepp hepp« habe ich gehört, »dreckiger Jüd« habe ich gehört. Aber das war mehr so, wie man zum Beispiel auch die Leute aus Aachen, die »Öschener«, verlachte. Es war ein Teil des Lebens. Man darf nicht vergessen, daß wir Fremde waren, Menschen mit fremden Gebräuchen. Und ich erinnere mich noch heute daran, wie meine Mutter an den Feiertagen ihren Pelzmantel anzog und die anderen Damen ihren Schmuck anlegten. Wenn wir so zur Synagoge gingen, dann hat das in dem Arbeiterviertel, in dem wir lebten, ohne Zweifel Stunk gemacht. Auch daß mein Vater nie in eine Wirtschaft ging, bedeutete, daß er nicht dazu gehörte. Wenn Kirmes war, habe ich mich als Kind immer mitgefreut, aber es war nicht meine Kirmes. Alle Leute hingen Altardecken oder Kruzifixe aus dem Fenster – wir machten das nicht. Also gehörten wir nicht dazu. Oder gegenüber in der Wirtschaft hing ein Schild: »Hämchen mit Sauerkraut«. Wir gingen nicht zum Essen dorthin. Deshalb haben wir nicht dazu gehört. Das war mein Gefühl als Kind. Trotzdem habe ich mich zuhause gefühlt in Köln, mehr als zuhause, ich habe mich wohlgefühlt.

Ich habe mich aber immer jüdisch gefühlt: jüdisch, jüdisch, mit drei Unterstreichungen. Ich war voller Jude, bewußter Jude, auch ein gestärkter Jude, weil ich die Religion so intensiv gelernt hatte.

Gegenüber den Christen gab es eine Abgrenzung. Man sah nicht auf sie herunter, überhaupt nicht. Sie waren neben uns, aber man hatte Angst davor, daß sie auf uns herunterschauten.

Im übrigen gab es nicht nur die Abgrenzung gegenüber den nichtjüdischen Leuten, den Deutschen. Es gab auch eine Abgrenzung von seiten der deutschen Juden uns gegenüber. Wir waren auch für sie damals Fremde, und sie suchten keinen Kontakt zu uns. Dabei fällt mir ein kurioser Vorfall ein, an den ich mich noch gut erinnere.

Einer unserer Lehrer an der Jawne, er war unser Klassenlehrer, nahm am Anfang eines Schuljahres einmal das Klassenbuch, sah sich die Eintragungen an und sagte: »Ist es nicht unerhört in einer deutschen Schule, in einer deutschen Stadt, im deutschen Land, daß hier 20 Ausländer sind und nur zwei Deutsche?« Das hat ihn richtig gestört. Die deutschen Juden kamen ja nicht auf das jüdische Gymnasium, sie gingen ins Humboldtgymnasium, ins Gymnasium in der Kreuzgasse, die Mädchen in die Königin-Luise-Schule oder ins Oberlyzeum nach Lindenthal. Wie zum Beispiel auch meine Cousinen, deren Familie schon etwas avanciert war. Wir ostjüdischen Kinder besuchten die jüdischen frommen Schulen, wir blieben zunächst in unserem Kreis. Später, nach einiger Zeit der Anpassung, hätte sich das natürlich geändert – wenn es ein »später« gegeben hätte.

Meine Eltern wollten – vor 1933 – in Deutschland bleiben, es war kein Gedanke daran, einmal nach Polen zurückgehen zu wollen oder auch weiterzuwandern nach Amerika oder nach Palästina. Natürlich gab es im religiösen Bereich diesen Traum, in das Land Israel zurückzukehren in Erfüllung des messianischen Gedankens. Dreimal am Tag betet man schließlich »Und führe uns zurück in dein Land und laß uns den Tempel wieder aufbauen«. Das waren messianische Ideen, aber in der Wirklichkeit waren die Vorstellungen von der Zukunft anders. Nein, meine Familie hatte ursprünglich in Deutschland bleiben wollen.

1933 änderte sich das dann. Ich war am 30. Januar 1933 vierzehneinhalb Jahre alt. Ich habe die Zeit damals sehr bewußt erlebt und erinnere mich sehr gut an die Eindrücke. Ich erinnere mich auch an die Jahre davor, an die Wirtschaftskrise, an die Not ab 1929, an die Eckensteher, die versuchten, Zigaretten auf der Straße zu verkaufen. Ich las, als ich vierzehn war, schon sehr viel, hatte schon angefangen, Englisch und Französisch zu lernen, und las ausländische Zeitungen, die Times und die Temps. Ich übersetzte sogar aus den Zeitungen für die Mitglieder der Synagoge. Ich wußte genau, was sich tat. Ich erinnere mich an die Verhandlungen mit Hindenburg, an den 30. Januar, als Hitler Kanzler wurde, und die Reichstagswahl am 5. März. Ich erinnere mich daran, daß viele sagten: »Laß ihn doch an die Macht kommen. Es dauert ein paar Wochen, und er ist weg!«

Dann kam der 1. April und der Boykott. Wir selbst hatten es gut. Wir waren in unserer Wohnung in der Rubensstraße, und uns passierte nichts. Man kam nicht herein, aber am Haus, an den Mauerstreifen des Kölner Stuckos, wurden Zettel mit der Aufschrift »Jude« aufgeklebt. Am nächsten Tag bin ich hinunter und habe die Sachen abgekratzt. Die Leute haben zugeguckt mit »zaghaften« Augen, möchte ich sagen. Sie haben sich geschämt. Die Kölner, die Nachbarn haben sich geschämt. Überhaupt kann ich von den Nachbarn nichts Negatives sagen, im Gegenteil.

In meiner Familie war nun Unsicherheit. Man wußte ja nicht, ob das so weitergehen würde. Aber man hoffte. Und man nahm nicht an, daß das das Ende für unser Leben sei.

Das Geschäft meines Vaters ging in der Hitlerzeit sogar besser als vorher, denn die Leute hatten wieder etwas mehr Geld. Und wir verkauften auch SA-Stiefel! Wir hatten viele Nazis als Kunden, sehr viele. Es waren Stammkunden, die eben dann Nazis wurden. So war das.

Ich erinnere mich noch: Als ich im Januar, Februar 1933 über die Straßen in unserer Umgebung ging, da hingen rote Flaggen draußen: Auf der einen Seite war schon das Hakenkreuz aufgenäht, auf der anderen Seite war es noch einfach rot. Der Stoff hatte wohl für zwei Hakenkreuze nicht gereicht. Ich erinnere mich genau daran.

Meine Familie hat gemeint, das wird vorübergehen. Es gab keine Panik. Vor allem aber wollte man nicht Flüchtling werden. Unsere Familie hatte sich inzwischen vergrößert. Wir waren nicht mehr nur wir sieben, denn meine zwei ältesten Schwestern hatten geheiratet, und Esther hatte damals zwei, später vier Kinder. Wie sollte für so viele eine Auswanderung, ein neues Leben möglich sein?

Nach 1934, als ich das Einjährige beendet hatte und meine Klasse auf der Jawne aufgrund der Umstände nicht weitergeführt wurde, sah sich die Familie schließlich gezwungen, eine Entscheidung für mich zu treffen. Man begann, eine Auswanderung in Betracht zu ziehen, und das Land, an das man dachte, war Palästina, denn zu Verwandten, die in Amerika lebten, hatten wir keine nähere Verbindung. Amerika kam deshalb kaum in Frage für uns. Für mich wurde nun die Teilnahme an einer Hachschara organisiert, das hieß, ich sollte nach Palästina. Die Hachscharagruppe, der ich zugeteilt wurde, war in der Nesselrodestraße, wo die jüdische Gemeinde auf einem Fabrikgelände, das einem Juden gehörte, eine Gartenbauschule eingerichtet hatte. Zwei, drei Monate lang fuhr ich mit dem Fahrrad jeden Tag dorthin, um Gartenbau zu lernen. Zur selben Zeit fand mein Vater einen Installateur, der mich als Volontär in seine Werkstatt in der Thieboldsgasse aufnahm. Es war damals schon eine Gefahr, einen Juden in einem Betrieb zu beschäftigen. Ungefähr von Juni 1934 bis März 1935 arbeitete ich dort, und ich glaube, mein Vater mußte dafür noch bezahlen. Ich habe dort gelernt, wie man einen Schubkarren fährt und wie man Sachen trägt. Mehr nicht.

Im Frühjahr 1935 bekam ich durch meine Jugendorganisation, den Bachad, die Möglichkeit, mich einer Gruppe der Jugendaliya anzuschließen. Vorbedingungen waren: Man mußte zwischen 15 und 17 Jahre alt, Schüler einer höheren Schule und Mitglied des Bundes sein. Ich war

לשנה טובה

*Abb.18* Eingewanderte Jugendliche im Kibbuz Rodges, um 1935

einer der glücklichen zwei Kölner Jugendlichen, die zum Vorbereitungslager nach Blankenese auf das Gut der Hamburger jüdischen Familie Warburg geschickt wurden. Das zweite Mitglied des Bundes aus Köln war Recha Totfeld, deren Vater in Köln Mohel war. Wir blieben einen Monat in diesem Vorbereitungslager, damit man entscheiden konnte, ob wir geeignet für eine Auswanderung waren. Wir hatten dort eine Schulung und lernten intensiv Hebräisch. Nach einem Monat kam ich nach Köln zurück. Und am 17. Juli 1935, einem Mittwochabend, fuhr ich von Köln ab, reiste mit dem berühmten Palästinaexpress nach Triest, dann mit dem Schiff, der Galiläa, nach Palästina. Dort kam ich am 22. Juli an. Ich schloß mich sofort dem Kibbuz Rodges an, einem religiösen Kibbuz, der dem Bachad angehörte. Er trug übrigens den Namen eines Dorfes bei Fulda. In diesem Kibbuz blieb ich die nächsten zwei Jahre.

1935 kam auch meine Schwester Paula nach Palästina – wie ich als Pionierin, als Chawera. Sie zog zunächst in meinen Kibbuz, blieb aber nicht lange dort, sondern ging bald nach Haifa.

Alle anderen Geschwister, Malli mit ihrem Mann Baruch Mersel, Esther mit ihrem Mann Simon Schmulewitz und ihren Kindern, Hermann, Sophie und Max blieben vorläufig in Deutschland. Malli und ihr Mann zogen allerdings bald darauf nach Brüssel.

Meine Schwester Sophie besuchte inzwischen weiter die Jawne. Nachdem Dr. Klibansky es ermöglicht hatte, daß die Schüler der Jawne das Cambridge Certificate machen konnten, legte auch meine Schwester die Prüfung ab und schrieb mir in einem ihrer Briefe darüber. Ich führte mit meiner Familie in diesen Jahren eine rege Korrespondenz und habe alle Briefe heute noch.

Ich hatte in der Zwischenzeit den Kibbuz verlassen und entschloß mich, nach Köln zurückzukehren, um wie meine Schwester auf der Jawne die Prüfung für das Cambridge Certificate abzulegen.

Meine Eltern schickten mir eine Schiffskarte, und im Mai 1938 kam ich tatsächlich über Paris nach Köln zurück. Ich war zu diesem Zeitpunkt bereits palästinensischer Staatsbürger mit einem palästinensischen, das heißt britischen Paß. Für meinen Aufenthalt in Köln hatte ich zwar vom Polizeipräsidium eine Erlaubnis bekommen, aber ich brauchte, so sagte man mir, auch eine Genehmigung der Gestapo. Doch diese Genehmigung erhielt ich nicht. Während ich noch auf die Entscheidung wartete, besuchte ich zweimal meine älteste Schwester Malli in Belgien. Das zweite Mal, als ich von Belgien nach Köln zurückfuhr, war Ende September 1938. Kaum war ich zu Hause, kam die Gestapo zu uns und erklärte, wenn ich nicht das Land bis zur Nacht verlassen hätte, würden sie meine Eltern verhaften. Ich wußte erst nicht, was ich tun sollte. Freunde rieten mir, nach Luxemburg und von dort weiter zu flüchten. Das habe ich dann auch gemacht. In der Nacht des 30. September 1938 floh ich aus Deutschland. Ich habe mich einfach in den Zug gesetzt und bei der Kontrolle meinen britischen Paß gezeigt. Und so klappte es. Von Luxemburg ging ich weiter nach Belgien und von dort zurück nach Palästina.

Als ich die Familie am 30. September verließ, waren alle meine Geschwister bis auf Paula und Malli noch in Köln. Einen Monat später, am 28. Oktober, wurden mein Vater und mein Bruder Hermann nach Neubentschen an die polnische Grenze verschickt. Wir hatten ja alle die polnische Staatsangehörigkeit gehabt, und daher deportierte man in der »Polenaktion«, die männlichen Erwachsenen meiner Familie: meinen Vater und Hermann, der damals schon 26 Jahre alt war. Mein Bruder Max war noch ein Kind, er war 1924 geboren. Außerdem wurden noch andere Angehörige von uns, Mitglieder der Familien Protter und Landesberg, verschickt. Sie kamen zusammen in einen Transport, blieben in Neubentschen zusammen, konnten gemeinsam eine Wohnung nehmen und sich gegenseitig helfen.

Dann kam die »Kristallnacht«. In der Wohnung meiner Mutter wurde das ganze Mobiliar, der ganze Hausrat aus dem Fenster geworfen. Danach bezahlte sie einen Schmuggler, der sie, Max und Sophie, die

*Abb.19* Karl Ziegellaub als
Polizist in Haifa, 1939

zwei Kinder, die noch bei ihr waren, sowie Esther und ihre Familie über die Grenze nach Belgien brachte. Dort gingen sie nach Brüssel, um auf meinen Vater und Bruder zu warten, die aus Neubentschen nach Belgien nachkommen sollten. Vater und Bruder hatten in der Zwischenzeit – vielleicht durch Hilfe meiner Mutter – für sehr viel Geld kolumbianische Visa gekauft und kamen tatsächlich mit diesen Visa nach Brüssel. Ende 1938 oder Anfang 1939 war die Familie wieder zusammen.

Die Familie blieb in Brüssel, und mein Vater versuchte in der folgenden Zeit, einen Betrieb aufzumachen und Geld zu verdienen. Aber der Neuanfang gelang ihm nicht. Er wurde betrogen und verlor sein Geld. Danach ging es der Familie sehr schlecht.

Da ich damals schon verdiente – ich hatte eine Anstellung bei der Polizei in Haifa gefunden – war ich in der Lage, ihnen Geld zu schicken, damit sie wenigstens die Miete bezahlen konnten. Sie versuchten mit aller Kraft, eine Möglichkeit zu finden, um nach Amerika oder Palästina auswandern zu können. Sie haben quasi alles versucht. Und meine Schwester Paula und ich versuchten von Palästina aus alle Möglichkeiten. Aber es gelang nicht.

Im August 1939 starb meine Mutter. Sie ist in Brüssel begraben. Später starb auch meine Schwester Malli dort. Sie soll auf der Flucht vor den Deutschen aus dem Fenster gesprungen sein.

Bis 1942 hatte ich dann noch über Rote-Kreuz-Briefe Kontakt mit meinem Vater. 1942 wurde mein Bruder Hermann deportiert. Unmittelbar vor dem Transport schrieb er mir einen letzten Brief. Man hatte ihnen gesagt, sie sollten in ein Arbeitslager kommen. Mein Vater lebte in dieser Zeit versteckt in Brüssel. 1957 bin ich zu dem Haus gegangen, in dem er gewohnt hatte. Dort kalkte gerade ein Mann eine Wohnung, und ich fragte: »Entschuldigen Sie, hat hier einmal jemand mit Namen Ziegellaub gewohnt?« »Ja«, sagte der Mann. »Wo denn?« Er sagte: »Hier in dieser Wohnung. Aber ich habe nichts genommen, das hat alles die deutsche Regierung weggenommen.« Er hatte wohl nur Angst, daß ich die Möbel und alles zurückverlangen würde. Das war wirklich interessant.

Mein Vater wurde am 15. April 1944 mit dem letzten Transport nach Mecheln und von dort nach Auschwitz verschickt. Ich habe später die Deportationslisten einsehen können, und dort war mein Vater verzeichnet. Meine Schwester Sophie wurde nach Auschwitz gebracht. Mein Bruder Max, der in einer Talmud-Thoraschule in Heide bei Antwerpen

*Abb.20* Panzerwagen der Polizei in Palästina; 4.v.l: Karl Ziegellaub, 1939

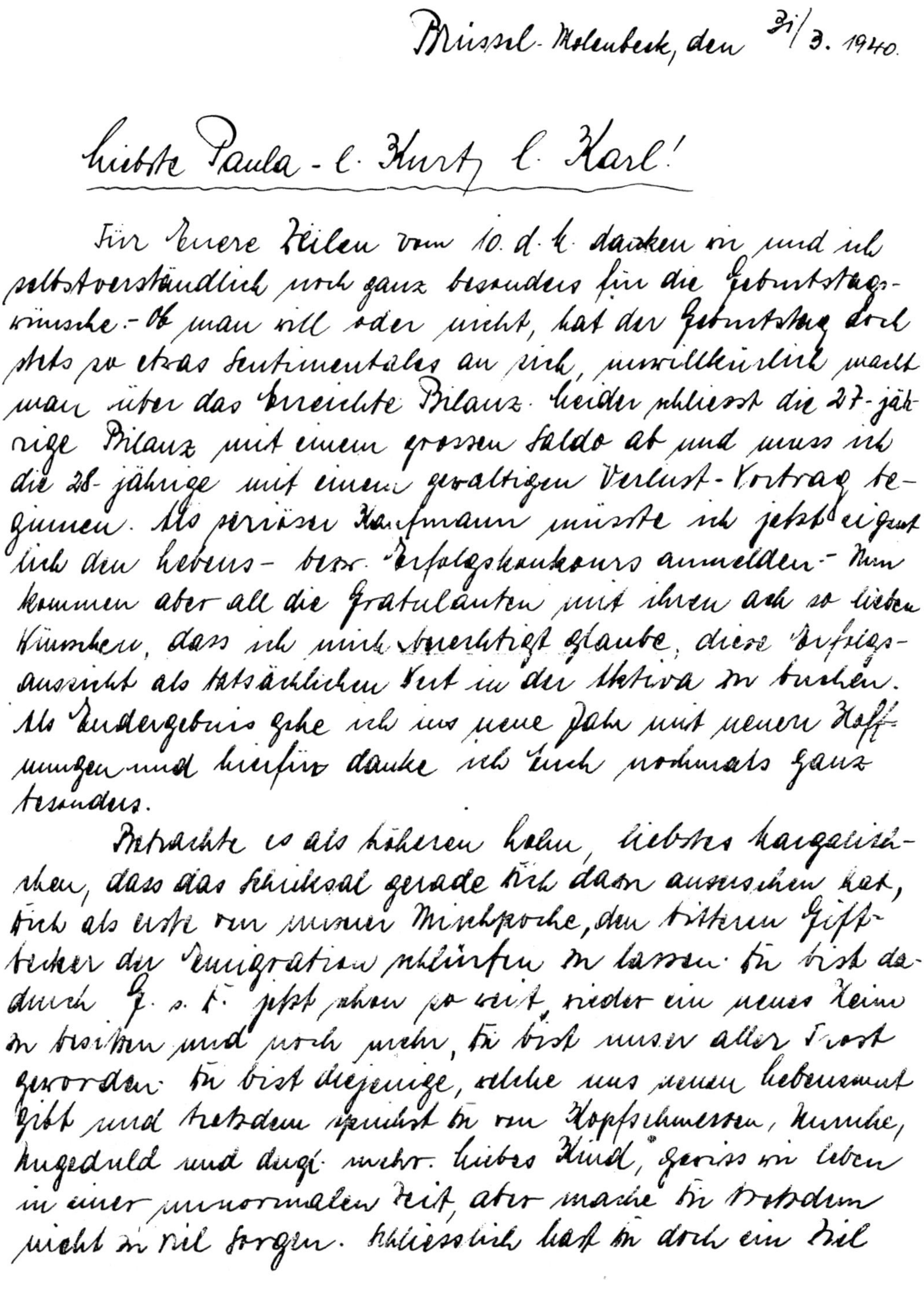

Brüssel-Molenbeck, den 31/3. 1940.

Liebste Paula – l. Kurt l. Karl!

*[handschriftlicher Brief in deutscher Kurrentschrift]*

Abb.21 Letzter Brief von Hermann Ziegellaub an Schwester, Bruder und Schwager in Palästina, 31.3.1940

gewesen war, wurde auch deportiert. Ebenso wurden meine Schwester Esther mit ihrer Familie und der Mann meiner Schwester Malli verschleppt. Meine ganze Familie außer meiner Schwester Paula und mir ist deportiert und ermordet worden. Ich habe von niemandem mehr etwas gehört, ich habe von ihnen keine Spur mehr gefunden.

Ich selbst bekam, als ich 1938 von Köln nach Palästina zurückkehrt war, Arbeit bei der Polizei in Haifa. Ich war erst Hilfspolizist, dann regulärer Polizist – obwohl ich keine Polizeischule besucht hatte. Aber ich sprach Englisch, und solche Leute wurden gebraucht. Bei der Polizei lernte ich Auto fahren und arbeitete dann einige Zeit tagsüber bei der Polizei und fuhr nachts Taxi. 1944 trat ich aus der Polizei aus und wurde Taxichauffeur. 1945 lernte ich meine Frau kennen, wir heirateten und bekamen zwei Töchter. Als Taxichauffeur fing ich allmählich an, auch Fremde zu führen, bildete mich weiter und wurde schließlich lizensierter Fremdenführer.

Die strenge religiöse Tradition meiner Kindheit habe ich nicht beibehalten. Ich habe mir meine eigene Tradition gemacht. Meine Frau hält das Haus koscher, aber nicht streng koscher. Ich gehe wohl an den hohen Feiertagen in die Synagoge, aber ich bin nicht religiös. Ich glaube, der Bruch mit der strengen Tradition kam, als ich den religiösen Kibbuz verließ. Ich hatte irgendwie das Vertrauen in die Religion verloren. Es kam wahrscheinlich auch dadurch, daß ich mit 18 Jahren allein war und für mich selbst sorgen mußte. Da wurde ich eben in jeder Beziehung härter.

1957 war ich zum ersten Mal wieder in Deutschland, in Köln. In der letzten Zeit komme ich fast jedes Jahr hierher. Ich werfe den Deutschen vor, was geschehen ist, aber ich liebe die Landschaft, die Umgebung, das Essen. Dumm gesagt: Ich liebe Köln. Es sind die Kindheitserinnerungen, die mich hierher ziehen, denn ich habe Köln als Kind sehr geliebt.

*Anmerkungen*

1 Das Interview wurde am 14.8.1991 in Köln geführt.
2 Rabbi Israel Friedmann (1797-1850), chassidischer Führer.
3 Sadagera (Sadagara), heute Stadt in der Ukraine, bis nach dem Ersten Weltkrieg Stadt in Österreich, war ein wichtiges Zentrum des chassidischen Judentums. Die meisten jüdischen Einwohner gehörten zu den ruschinischen Chassiden, die sich an dem religiösen Führer Rabbi Israel Friedmann orientierten.
4 Dr. Benedikt Wolf (geb. 1.3.1875 in Köln; gest. 27.8.1968 in Petach Tikwa) führte – ganz in der Tradition des orthodoxen Judentums stehend – seit 1900 die von seinem Vater Rabbiner Joseph Wolf 1861 mitbegründete Talmud-Thora-Religionsschule weiter. Dr. Wolf war Mitbegründer der Jawne, außer-

dem Gründer des Vereins für die jüdischen Interessen des Rheinlandes, der für die religiöse Betreuung der kleinen jüdischen Gemeinden sorgte. Benedikt Wolf emigrierte 1936 nach Palästina (vgl. Alexander Carlebach, Die Orthodoxie in der jüdischen Gemeinde der Neuzeit in Köln und dem rheinischen Judentum, in: Köln und das rheinische Judentum. Festschrift der Germania Judaica 1959-1984, hrsg. v. Jutta Bohnke-Kollwitz u.a., Köln 1984, S. 341-358, hier S. 345 u. 348; Jüdisches Schicksal, S. 32; Corbach, Jawne, S. 261).

5  Oskar Simons, Lehrer an der Moriah, wurde deportiert und ermordet (Asaria, Juden, S. 276).

6  Grete Winter, Lehrerin an der Moriah, konnte nach Palästina emigrieren. Sie ist verheiratet mit Yeshayahu Leibowitz (vgl. Yeshayahu Leibowitz, Gespräche über Gott und die Welt, Frankfurt/M. 1990).

7  Yeshayahu Leibowitz (geb. 1903), Professor für Biochemie an der Universität in Jerusalem; setzte sich nach der Gründung des Staates Israel für eine vollständige Trennung von Staat und Religion ein. Leibowitz spricht sich gegen eine Annexion der besetzten Gebiete aus (vgl. etwa Yeshayahu Leibowitz, Gespräche über Gott und die Welt, Frankfurt/M. 1990).

8  Dr. Josef Harth (geb. 21.7.1877 in Homburg v. d. Höhe; gest. 24.4.1943 in Lodz) leitete die private Elementarschule Moriah seit 1907. Er wurde zusammen mit seiner Frau deportiert und kam im Konzentrationslager Lodz um (Asaria, Juden, S. 255, 268, 276; Corbach, Jawne, S. 250).

9  Elias Gut (geb. 21.2.1869 in Gailingen; gest. 6.10.1945 in Basel) lehrte seit 1901 am Jüdischen Lehrerseminar in Köln und unterrichtete bis zu seiner Pensionierung 1934 auch an der Jawne (Asaria, Juden, S. 267 f., 271 f.; Corbach, Jawne, S. 250).

10  Dr. Siegmund Stein (geb. 24.7.1897 in Kalisch, Polen; umgekommen) studierte am Rabbinerseminar in Berlin und promovierte an der Universität Würzburg. Von 1924 an war Dr. Stein an der Jawne tätig, übernahm 1936 auch die Leitung der Talmud-Thora-Schule. 1942 wurden er und seine Familie nach Minsk deportiert und dort ermordet (Asaria, Juden, S. 255; Corbach, Jawne, S.259).

11  Dr. Moritz Samuel (geb. 1.7.1894 in Karbach; gest. ?) promovierte 1923 in Neueren Sprachen an der Universität Würzburg. Er war von 1926 bis 1939 an der Jawne tätig und begleitete im Mai 1939 eine Gruppe Schüler, die nach England auswandern konnte (Asaria, Juden, S. 279; Corbach, Jawne, S. 257).

12  Karola Lüthgen-Steiner (geb. 6.2.1880 in Köln; gest. 29.3.1968 in Würzburg) unterrichtete an der Jawne von 1928 bis Herbst 1939 Englisch und Französisch (Asaria, Juden, S. 280; Corbach, Jawne, S. 254).

13  Dr. Esther Frank (geb. 28.6.1895 in Mettmann; gest. 11.12.1982 in Denver, USA) hatte Deutsch, Geschichte und Propädeutik studiert. Sie war von 1923 bis Dezember 1938 an der Jawne tätig, emigrierte Anfang 1939 nach England und von dort 1951 in die USA (Corbach, Jawne, S. 248).

14  Dr. Erich Klibansky (geb. 28.10. 1900 in Frankfurt/M.; gest. 25.7.1942 bei Minsk) hatte Französisch, Deutsch und Geschichte studiert. Seit April 1929 war er Studiendirektor und Leiter der Jawne in Köln. Nach dem Novemberpogrom versuchte Klibansky, die Umsiedlung der Jawne nach England zu organisieren. Es gelang ihm, einige Klassen – insgesamt etwa 100 Kinder – nach England zu bringen. Er selbst wurde mit seiner Familie am 20. Juli 1942 nach Minsk deportiert und dort ermordet (vgl. Corbach, Jawne, bes. S. 40-42, 53-55, 62-65, 157-169, 209-213; Jüdisches Schicksal, S. 211 ff. ).

15  Dr. Emanuel Carlebach (geb. 18.1.1874 in Lübeck; gest. 3.12.1927 in Köln)
    war seit 1904 Direktor des Jüdischen Lehrerseminars in Köln, gründete 1907
    die Moriah und war Mitinitiator der Jawne 1919 und ihr erster Direktor,
    außerdem Rabbiner der Adass Jeschurun (Carlebach, Adass Yeshurun, S. 22-
    110; Asaria, Juden, 207 f., 240, 268-270, 277-279; Carlebach, Die Orthodo-
    xie in der Kölner jüdischen Gemeinde, S. 347-353; Corbach, Jawne, S. 247).

16  Dr. David Carlebach (geb. 3.7.1899 in Memel; gest. 2.7.1952 in Jerusalem)
    wurde 1929 als Nachfolger seines Vaters Dr. Emanuel Carlebach Rabbiner
    der orthodoxen Gemeinde Adass Jeschurun. Er unterrichtete an der Jawne
    und der Moriah. 1937 wanderte er nach Palästina aus (Asaria, Juden,
    S. 253 f., 275, 280; Carlebach, Adass Yeshurun, S. 120-155; Carlebach, Die
    Orthodoxie in der Kölner jüdischen Gemeinde, 354 f.; Corbach, Jawne,
    S. 247).

# Lore M.

*geb. Schottländer[1]*
*geb: 2.6.1917*
*Eltern: Hans Schottländer (1882-1938)*
*Else geb. Capell (1882-1953)*
*Schwester: Gertrud (1920-1986)*

**M**ein Vater Hans Schottländer war kein Kölner; er wurde 1882 in Bayreuth geboren, stammte also aus Bayern. Sein Vater, mein Großvater, starb schon sehr früh, und meine Großmutter,

*Abb.1* Henriette Dülken geb. Bahr, Urgroßmutter von Lore M., Deutz um 1880

die Erzieherin war, lebte, als ich sie kannte, in Nürnberg. In den Schulferien mußten meine Schwester und ich immer zu ihr nach Nürnberg fahren, aber wir freuten uns nie so sehr darauf, weil sie – eben als Erzieherin – sehr streng war. Mit der Familie meiner Mutter, der Familie Capell, war ich viel enger verbunden. Meine Mutter Else Capell wurde 1882 in Köln geboren, und ihre ganze Familie lebte hier. Es war eine in dieser Gegend alteingesessene Familie – man hat mir gesagt, daß sie seit 600 Jahren hier lebte. Mutters Mutter war eine geborene Dülken; sie heiratete Hermann Capell, meinen Großvater, der Schuhmacher war, aber nicht einfacher Schuhmacher, sondern er fertigte gute Maßschuhe an. In der Ludwigstraße hatte er ein Maßschuhgeschäft.

*Abb.2* Joseph Dülken, Urgroßvater von Lore M., Deutz um 1880

Wann mein Vater nach Köln kam, weiß ich nicht, jedenfalls haben meine Eltern um 1915 geheiratet und sich dann in Köln niedergelassen. Mein Vater war zuerst Vertreter, aber er hatte auch Schneidern gelernt. Als ich ein Kind war, hatte er eine Spielwarenvertretung, und das hat uns

Kindern natürlich sehr viel Spaß gemacht. Ende der 20er Jahre machte er dann in der Lindenstraße eine Schneiderei und Reinigung auf.

Wir wohnten in der Dasselstraße und, wie das früher so üblich war, lebten die Großeltern, die Eltern meiner Mutter, bei uns. Wir hatten damals eine ziemlich große Wohnung mit sechs Zimmern, und meine Großeltern bewohnten davon zwei oder drei Zimmer: Man ging von der Vordertür einen langen Flur entlang und kam im hinteren Wohnungsteil in die Zimmer der Großeltern. Meine Großeltern waren noch sehr religiös, meine Eltern jedoch nicht mehr. Wir aßen zwar kein Schweinefleisch, aber die jüdischen Speisevorschriften, die Trennung zwischen Milchigem und Fleischigem, wurden nicht beachtet. Die Feiertage wurden vor allem von den Großeltern gefeiert, und wir feierten dann bei ihnen. An den Feiertagen gingen wir aber auch in die Synagoge, und zwar in die Synagoge in der Roonstraße.

*Abb.3* Die Familien Dülken und Capell bei einer Hochzeitsfeier; unterste Reihe 3.u.4.v.l.: Joseph und Henriette Dülken; oberste Reihe 2.v.l: Helene Capell (später Lützeler), 6.v.r.: Else Capell (später Schottländer), um 1890

Auf dem Platz, wo ich als Kind mit meiner Großmutter stand, stehe ich auch noch heute. Ich stehe auf dem Platz, wo ich als Kind gestanden habe.

Mein Vater empfand sich als Deutscher. Er war Mitglied im Reichsbund jüdischer Frontsoldaten, denn er hatte im Ersten Weltkrieg gedient und das Eiserne Kreuz bekommen. Er war sehr stolz darauf, und für ihn war es das herrlichste Gefühl, wenn er zu irgendeiner Gelegenheit sein Eisernes Kreuz anstecken konnte. Ja, mein Vater war sehr deutsch eingestellt. Und deshalb hat er das alles später einfach nicht verkraften und überleben können. Auch meine Mutter fühlte sich als Deutsche: Sie war in Köln geboren, sie war Deutsche. Zionistisch dachten meine Eltern überhaupt nicht, und mit dem Gedanken, nach Palästina auszuwandern, haben sie nie gespielt. Dieser Gedanke war für sie ganz unmöglich.

Wir haben sehr in Familie gelebt. Es war eine große Familie, denn meine Großmutter mütterlicherseits hatte vier oder sogar fünf Geschwister, mit jeweils Kindern und Enkelkindern.

*Abb.4* Hermann und Eva Capell mit ihren Kindern; v.l.: Alex, Helene, Albert, ganz rechts Else, um 1900

Mit den nichtjüdischen Nachbarn in der Straße hatten wir immer einen sehr guten Kontakt. Wir Kinder spielten zusammen, und dadurch lernten sich die Mütter kennen; die Väter weniger, weil sie ja tagsüber nicht da waren. Es war immer ein sehr, sehr guter Kontakt. Ich habe auch während meiner Kindheit in unserer Nachbarschaft in der Dasselstraße nie irgend etwas gemerkt von Antisemitismus. Wir waren zum Beispiel mit dem christlichen Hauseigentümer sehr gut befreundet. Wir wurden als Kinder Weihnachten immer hinunter in ihre Wohnung gerufen, um Weihnachten mit ihnen zu feiern – allerdings nur wir Kinder, meine Eltern nicht. Und eines Tages kündigte uns dieser gleiche Hausinhaber, weil wir Juden waren. Er war plötzlich, von heute auf morgen, gegen Juden. Das war vor 1933. Das begann ja auch schon alles vor '33. Diese Familie war nachher sehr nationalsozialistisch, auch die Kinder. Und vorher haben wir uns wunderbar mit ihr verstanden. Das änderte sich ganz plötzlich.

*Abb.5* Hans Schottländer als Soldat mit seiner Frau Else geb. Capell, um 1915.

In der Dasselstraße wohnten noch andere jüdische Familien, zum Beispiel der Lehrer Reinhardt, die Familie Simons, ein orthodoxer Rabbiner – ja, in der Dasselstraße wohnten einige. Aber wir hatten zu den jüdischen Nachbarn an und für sich nicht mehr Kontakt als zu den nichtjüdischen. Insgesamt blieb das nähere Umfeld unserer Familie eigentlich der größere Familienkreis selbst.

Zur Familie gehörte zum Beispiel der Bruder meiner Mutter, Albert Capell. Er war Fotograf und hatte in der Mittelstraße ein Atelier. Das Haus steht heute noch, Mittelstraße/Ecke Friesenwall. Heute ist dort ein Textilgeschäft. Er hatte sein Atelier, wie das damals so war, wegen des notwendigen Lichtes unter dem Dach. Mein Onkel war ein sehr bekannter Fotograf und hatte außerdem ein Antiquitätengeschäft auf dem Ring. Er verkehrte im Künstlermilieu und war selbst künstlerisch sehr begabt. Er spielte oft als Statist am Theater mit und war auch mit der Schauspielerin Friedl Münzer[2] befreundet. Ihm ging es gut; er fuhr jedes Jahr nach St. Moritz zum Schlittschuhlaufen, und als mein Großvater nicht mehr lebte, nahm er meine Großmutter im Sommer mit an die See nach Holland oder Belgien. Er war nicht verheiratet und hatte eine christliche Freundin. Er emigrierte dann gleich 1933 nach Amsterdam und eröffnete dort wieder ein Atelier. Ich habe ihn noch 1937 besucht. Später kam er ins Lager, und wir haben nichts mehr von ihm gehört.

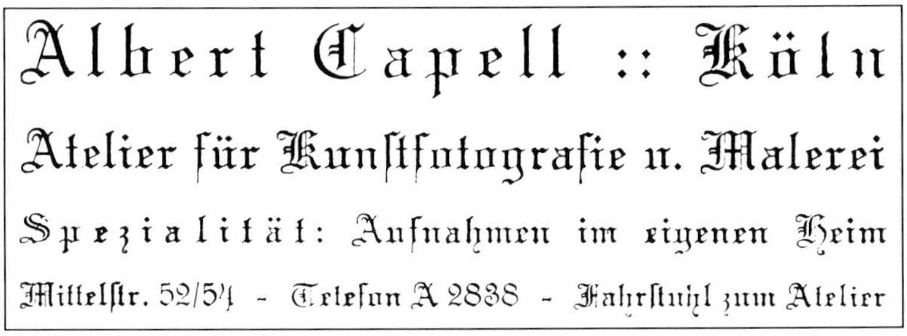
Albert Capell :: Köln
Atelier für Kunstfotografie u. Malerei
Spezialität: Aufnahmen im eigenen Heim
Mittelstr. 52/54 - Telefon A 2838 - Fahrstuhl zum Atelier

*Abb.6*
Firmenkarte Albert Capells

Die jüngere Schwester meiner Mutter, Helene, war mit einem Christen verheiratet, Hermann Lützeler, der Konzertmeister im Gürzenichorchester war. Sie hatten keine Kinder, und als ihr Mann starb, blieb sie als Witwe allein zurück.

Außer diesen Geschwistern meiner Mutter hatten wir noch die weitere Verwandtschaft mütterlicherseits in Deutz und Mülheim: Vettern und Cousinen meiner Mutter mit ihren Familien.

Als ich schulpflichtig wurde, kam ich in die jüdische Volksschule in der Lützowstraße, später in ein privates Lyzeum im Weyerthal. Es war ein strenges Lyzeum, das viele Töchter aus sogenannten guten Kölner Familien besuchten. Nach drei oder vier Jahren mußte ich diese Schule wegen meines Jüdischseins verlassen.

Bis dahin hatte ich nichts von Antisemitismus gespürt. Sicher, es hat Antisemitismus gegeben, aber das war der »gute, alte Antisemitismus«, das war ruhig, das war still. Daß es das gab, wußte man. Aber man hat

nichts davon gespürt. Es gab immer Antisemitismus, immer. Ich persönlich habe das nie gespürt. Ja, »Jüd, Jüd, Jüd, hepp, hepp, hepp, steck die
Nas in de Wasserschepp,« das wurde uns schon nachgerufen, aber das
haben wir nicht tragisch genommen. Ich konnte ja auch gut Kölsch
sprechen, und meine Mutter konnte es noch besser; ich bin also gar nicht
aufgefallen. Die vielen polnischen Juden, die es hier gab und von denen
viele in der Thieboldsgasse, der Fleischmengergasse, am Griechenmarkt
wohnten, die hatten es sicher viel schwerer. Aber wir Kinder oder meine
Eltern? Nicht, daß ich wüßte.

*Abb.7* Lore M. mit ihrer
Großmutter Eva Capell,
um 1920

Erst in diesem Lyzeum wurde das anders. 1928 kam ich dort hin und 1932 ging ich von dort weg. Viele der Klassenkameradinnen trugen plötzlich Hakenkreuzfähnchen, und überhaupt wurde einfach alles anders. Ich fühlte mich von vielem persönlich getroffen und wollte oder mußte schließlich dort weg. Ich bin wahrscheinlich empfindlich und sensibel und spüre oft Dinge, die gar nicht so an die Oberfläche kommen, aber doch irgendwie da sind.

Um die gleiche Zeit mußten wir aus dem Haus in der Dasselstraße ausziehen. Wir zogen in die Moselstraße 30, in ein ganz heruntergekom-

*Abb.8* Karneval: Lore M. (Mitte) mit ihrer Schwester Gertrud (rechts) und ihrer Cousine Marlis (links), um 1928

menes Haus, aber es war damals sehr schwer, eine Wohnung zu bekommen. Mein Vater, der magenleidend war, konnte dann auch nicht mehr arbeiten und gab das Geschäft Anfang 1932/33 auf. Er richtete schließlich in der Wohnung einen kleinen Raum mit einer Bügelmaschine ein und arbeitete im wesentlichen nur noch für Bekannte, besonders für jüdische Bekannte. Es ging uns damals sehr schlecht. Wir haben davon gelebt, daß meine Mutter genäht hat. Und auch von der Familie, der es zum Teil zu diesem Zeitpunkt noch gut ging, bekamen wir etwas Hilfe. Vielleicht gab es auch Wohlfahrtsunterstützung, aber das weiß ich nicht. Darüber wurde bei uns nicht gesprochen.

Als ich das Lyzeum verlassen hatte, besuchte ich noch ein Jahr lang die jüdische Volksschule und ging dann als Lehrling in das jüdische Textilkaufhaus Michel & Co. auf der Schildergasse. Ich bekam eine Lehrstelle als Verkäuferin in der Herrenartikelabteilung. Mein Chef war Herr H., der später die ganzen Kaufhäuser besaß. Er war damals ein junger Mann und bei Michel & Co. Einkäufer. 1932 fing ich dort an zu arbeiten, mit einem Lehrvertrag, der drei Jahre lief. 1933 oder 1934 wurde das Geschäft »arisiert«, und zwar von Herrn Jacobi und noch einem andern. Ja, und dann fing eine ganz, ganz schlimme Zeit dort an.

*Abb.9* Handbuch der Synagogen-Gemeinde Köln, 1934

In unserer Abteilung waren außer mir noch vier jüdische Kollegen. Insgesamt gab es eine ganze Reihe jüdischer Angestellter in der Firma, von denen viele keinen längerfristigen Vertrag hatten. Ihnen wurde gekündigt. Ich hatte aber einen Vertrag bis 1935 und konnte meine Lehre beenden. Ich muß es Herrn H. hoch anrechnen, wie gut er zu uns gewesen ist. Wenn irgend etwas brenzlig wurde, zum Beispiel eine Besichtigung angekündigt war, dann schickte er uns jüdische Angestellte immer hinunter ins Lager. Das war, wie soll ich sagen, eigentlich beschämend, denn es hieß ja: »Verdrückt euch«, aber auf der anderen Seite meinte er es sehr gut mit uns. Wir brauchten dadurch nicht alles zu sehen und uns nicht allem auszusetzen.

Ich habe also tatsächlich noch meinen Abschluß machen und auch die Berufsschule, die zum Hause gehörte, besuchen können. Ich war damals die beste Schülerin dort. Die drei besten bekamen für das Zeugnis irgendeine Belohnung von der Firma, und jedesmal, wenn es soweit war, nahm mich die Lehrerin, Frl. F. zur Seite und sagte: »Eigentlich hätten Sie ja auch darunter sein müssen, aber ich kann es nicht, darf es nicht machen.« Das sind nur so kleine Sachen, die mir zu diesen Jahre so einfallen.

Ja, nach der Lehre ging ich dann von dort weg und fing 1935 oder 1936 in einem jüdischen Geschäft an. Es bestanden ja noch jüdische Geschäfte bis zur »Kristallnacht«. Es war das Geschäft Gebr. Sommer, ein kleines Herren- und Damenkonfektionsgeschäft am Waidmarkt, Ecke Mühlenbach. Dort habe ich mit jüdischen und noch zwei, drei christlichen Angestellten bis zur »Kristallnacht« gearbeitet.

*Abb.10* Lore M., 1935

*Abb.11* Synagoge Roonstraße, Innenaufnahme, um 1920

Früh an diesem Morgen ging ich wie immer ins Geschäft und sah von weitem in den Drähten der Straßenbahnlinie vor dem Laden Kleider und Anzüge, Blusen und Röcke hängen. Ich hatte schon unterwegs ein Geschäft an der Weyerstraße gesehen, das zertrümmert war – das Geschäft Gebr. Sommer, sah ich jetzt, hatten sie total demoliert. Ich bin dann zur Synagoge in der Roonstraße gelaufen und habe sie brennen sehen.

Es waren viele Leute auf der Straße. Die Leute haben sich ganz gut amüsiert. Ich meine, es gab sicher auch welche, die das, was passierte, nicht wollten. Es gab überhaupt sehr viele Christen, die das nicht wollten. Auch zu uns ist man ja gekommen und hat gesagt: »Also, gegen Euch haben wir ja gar nichts. Gegen Euch haben wir wirklich nichts, aber wir können nicht anders. Wir müssen da mit.«

Unsere Wohnung in der Moselstraße – das war damals eine Arbeitergegend – wurde nicht zerstört. Wir waren die einzigen Juden im Haus und wohnten Parterre. Uns hatte man aus irgendeinem Grund nicht behelligt.

Das Geschäft Gebr. Sommer wurde nicht wieder aufgemacht, und die Besitzer, Siegfried Sommer, sein Schwager Iwan Berger und der Schwiegervater, ein Herr Scheuer aus Ehrenfeld, wanderten dann gleich in die USA aus.

Im August 1938 nahm sich mein Vater das Leben. Der zunehmende Druck wie auch persönliche Schwierigkeiten hatten ihn keinen Ausweg mehr sehen lassen.

Im Dezember 1938, als ich 21 Jahre alt war, habe ich geheiratet. Mein Mann war 16 Jahre älter als ich. Es war keine Liebesheirat, sondern sie ist aus der Not der Zeit entstanden. Meine Familie hatte Verwandte in den USA, von denen wir gehofft hatten, daß sie uns helfen würden, hinüber zu kommen. Um in die USA auswandern zu können, mußte man ja eine Bürgschaft vorweisen, in der Verwandte oder Bekannte sich verpflichteten, die Emigranten zu unterstützen, damit sie nicht dem Staat zur Last fielen. Aber es hat für uns nicht geklappt; vielleicht ging es unseren Verwandten nicht so gut, jedenfalls bekamen wir keine Papiere. Dann lernte ich meinen Mann Hans Schlesinger kennen. Er hatte Verwandte in den USA, die versprachen, ihn und mich hinüber zu holen. Wir glaubten also, daß wir durch unsere Heirat zusammen auswandern könnten.

Nach meiner Heirat lebten mein Mann und ich mit den Schwiegereltern auf dem Salierring; meine Schwiegermutter war krank, herzleidend, und so führte ich den Haushalt. Meine Mutter war nach dem Tod meines Vaters aus der Moselstraße in ein möbliertes Zimmer in die Pfälzer Straße, nicht weit von meiner Wohnung, gezogen.

Bei all den Auswanderungsplänen mit meinem Mann war ich immer davon überzeugt gewesen, daß auch meine Mutter mit uns kommen könnte. Ich hatte nie daran gedacht, meine Mutter allein in Deutschland zurückzulassen. Es stellte sich aber heraus, daß wir für meine Mutter keine Einreisegenehmigung bekommen hätten. Eines Tages sagte deshalb mein Mann zu mir: »Also entscheide dich, entweder ich oder deine Mutter. Deine Mutter mitnehmen, das geht nicht.« Was soll ich lange erzählen – ich konnte mich nicht gegen meine Mutter entscheiden. Ich wäre nie nach den USA gegangen und hätte meine Mutter hier gelassen. Und so habe ich mich schließlich 1941 scheiden lassen. Das ging damals sehr kurz und formlos. Man war ja nicht daran interessiert, ob Juden verheiratet waren oder nicht.

Letztlich kam mein Mann auch nicht mehr in die USA. Irgendwie hat es auch für ihn nicht mehr geklappt. Er heiratete wieder, und seine Frau bekam sogar noch ein Kind. Man hat ihn dann nach Auschwitz verschleppt, und dort ist er umgekommen.

Wovon meine Mutter in der Zeit nach 1938 gelebt hat, weiß ich nicht. Vielleicht hat ihr die jüdische Gemeinde geholfen. Ich kann es aber nicht sagen. Wahrscheinlich hat meine Mutter noch hie und da geschneidert, denn sie konnte gut nähen. Einmal hat sie zum Beispiel ein Brautkleid genäht: Meine Tante wohnte in einem Haus an der Hahnenstraße; der Hausinhaber, ein Herr D., war Blockwart. Meine Tante war eine nette, sympathische Frau, und er hat sie wirklich wie ein Stückchen Watte behandelt. Immer, wenn irgend etwas Unangenehmes war, kam er zu ihr hinauf, um sie zu warnen, und sagte: »Besser Sie gehen heute nicht weg« oder »Machen Sie, wenn es klingelt, nicht auf« und so weiter. Er meinte es wirklich sehr gut mit ihr. Seine Tochter heiratete 1939 einen Mann, der in der Partei war. Trotzdem sollte das Brautkleid meine Mutter nähen – und sie hat ein herrliches Brautkleid genäht. Als die Nazis das herausbekamen, stand dann im Westdeutschen Beobachter, daß die Braut in einem Kleid geheiratet hat, das von einer Jüdin genäht worden war.

Ich war in dieser Zeit und auch danach noch immer Optimist. Später mußten wir den Stern tragen, und meine Mutter hat immer gesagt: »So gerade und so gut gehalten wie in der Zeit, als du den Stern tragen mußtest, hast du dich nie mehr wieder, nie vorher, nie nachher.« Ich bin sehr stolz mit meinem Stern gegangen. Ich bin eine bewußte Jüdin, und wenn man mir damals oder im KZ gesagt hätte: »Laß dich taufen, dann bist du von allem verschont« – ich hätte es nicht gemacht. Ich bin, obwohl ich nicht fromm bin, eine sehr, sehr bewußte Jüdin und auch stolz darauf. Und je schlimmer der Druck von außen wurde, desto stolzer wurde ich. Ich habe den Stern noch, ich habe ihn verwahrt. Ich weiß noch, ich trug ein schwarzes Kostüm, und da hob sich der Stern deutlich ab. Viele haben den Stern ja verdeckt, das habe ich niemals gemacht, nie.

Manche Leute auf der Straße sahen uns in dieser Zeit wohl auch mitleidig an, und ich persönlich habe auch weiterhin in Köln einen krassen, offenen Antisemitismus mir gegenüber nicht erlebt. Ich habe nicht erlebt, daß man mich bespuckt oder beschimpft hätte oder daß ein Straßenbahnschaffner gesagt hätte: »Raus mit dir!« Das habe ich nie erlebt. Nun war ich damals jung, und ich glaube, ich war ein ganz nettes

KÖLN, September 1939.

## An alle Gemeindemitglieder!

### Betr. Lebensmittelversorgung.

Behördlicherseits ist angeordnet worden, daß Juden **n u r** in den nachfolgend genannten Lebensmittelgeschäften kaufen dürfen und zwar **n u r** morgens in der Zeit von 8—9½ Uhr.

Soweit für einzelne Vororte keine Verkaufsstellen bestimmt sind, bemühen wir uns dieserhalb. Vorerst ist jedoch eine der nächstgelegenen, nachstehend aufgeführten Verkaufsstellen zu wählen.

Die Regelung betrifft alle in diesen Geschäften erhältlichen Lebensmittel.

#### Der Vorstand
#### der Synagogengemeinde Köln.

| | |
|---|---|
| Aachenerstr. 31 | Joh. Effertz Inh. H. Seresse |
| Alteburgerstr. 16 | Friedrich Kaiser |
| Andernacherstr. 2 | Herbert Weber |
| Balthasarstr. 83 | Peter Görgen |
| Bayardsgasse 11 | Stüßgen A. G. |
| Beethovenstr. 16 | M. Pfeuffer |
| Bismarckstr. 20 | Josef Schmidgen |
| Brabanterstr. 10 | K. Lehmacher |
| Brüsselerplatz 1 | Stüßgen A. G. |
| Brüsselerstr. 35 | L. Blum |
| Dasselstr. 70 | Sybilla Repgen |
| Duffesbach 20 | Stüßgen A. G. |
| Erftstr. 5 | C. F. Beck |
| Euskirchenerstr. 52 | Winterscheidt |
| Ewaldistr. 30 | O. Corr |
| Flandrischestr. 7 | Heinrich Winand |
| Flandrischestr. 20 | Wwe. Ed. Fell |
| Goltsteinstr. 78 | Hubert Balkhausen |
| Karthäuserhof 32 | Albert Geyr |
| Krefelderstr. 39 | C. F. Beck |
| Krefelderwall 29 | „Eintracht" Handelsges. |
| Kümpchenshof 3 | Heinrich Franzen |
| Kurfürstenstr. 2 | Peter Unkelbach |
| Lindenstr. 61 | Stüßgen A. G. |
| Mainzerstr. 38 | Wilh. Genske |
| Merowingerstr. 10 | Arnold Unkelbach |
| Merowingerstr. 63 | Stüßgen A. G. |
| Moselstr. 14 | Litterscheidt & Münch |
| Münstereifelerstr. 26 | Oskar Lindner |
| Neußerwall 26 | W. Langen |
| Perlengraben 35/37 | Heinrich Krahe |
| Pfälzerstr. 58 | Albert Geyr |
| Roonstr. 23 | Stüßgen A. G. |
| Roonstr. 108 | Johannes Rick |
| Schillingstr. 20 | Heinrich Michels |
| Ursulaplatz 3 | C. F. Beck |
| Vondelstr. 24 | Otto Fog |
| Weidserhof 23 | Stüßgen A. G. |

Köln-Mülheim

| | |
|---|---|
| Bachstr. 28 | Josef Becker II |

*Abb.12* Bekanntmachung der Synagogengemeinde Köln, Sept. 1939

Mädchen. Das macht ja auch etwas aus. Vielleicht wäre es anders gewesen, wenn ich eine alte Frau gewesen wäre. Aber auch meine Mutter hat, so viel ich weiß, in Köln nichts ganz Krasses erlebt. Sie hätte mit Sicherheit erzählt, wenn sie etwas Schlimmes erlebt hätte. Es spielte ja auch eine Rolle, wie man sich verhielt. Wir waren nie irgendwie aufreizend, weder in der Kleidung noch in unserem Benehmen. Wir waren an und für sich immer sehr zurückhaltend.

An eine Auswanderung nach Palästina dachten meine Mutter und ich nie. Nach den USA wollten wir, denn dort hatten wir Freunde, aber an Palästina dachten wir nie. Meine Schwester allerdings wanderte schließlich nach dort aus. Sie lernte einen jungen Mann kennen, der Zionist war und vorhatte nach Palästina zu emigrieren. Sie verliebte sich in ihn und beschloß, mit ihm zu gehen. Beide waren zunächst zusammen irgendwo in Ostpreußen auf Hachschara und wollten von dort aus nach Palästina. Aus irgendwelchen Gründen konnten sie aber nicht zusammen fahren. Statt dessen sollte ihr Freund vorfahren, meine Schwester später nachkommen. Er kam nie in Palästina an. Meine Schwester fuhr dann 1941 mit dem letzten Schiff, der später berühmt gewordenen Patria, nach Palästina. Wir, meine Mutter und ich, erfuhren nur, daß sie angekommen war, wo sie lebte oder Näheres wußten wir nicht.

Für uns in Köln wurde alles immer schlimmer. Der Krieg war ja in vollem Gang, und wir erlebten die ganzen Bombardierungen bis Ende 1941 noch mit. Die Anwohner vom Salierring, wo wir wohnten, gingen dort bei den Angriffen in einen Luftschutzkeller, in den wir aber nicht hinein durften. Wir durften wohl aus der Wohnung heraus, aber, weil wir Juden waren, nicht in den Luftschutzkeller hinein.

1941 wurden wir aus unserer Wohnung ausgewiesen und in eines der sogenannten »Judenhäuser« umgesiedelt. Ich zog wieder mit meiner Mutter zusammen, und zwar in ein Haus Im Dau. Mit uns zog auch die verwitwete Schwester meiner Mutter, Helene Lützeler, ein. In diesem »Judenhaus« wohnten wir dann etwa ein halbes Jahr bis zur Deportation. Die Schwiegereltern waren in das Altersheim im jüdischen Krankenhaus in der Ottostraße gezogen, und meine Großmutter, die Mutter meiner Mutter, lebte in einem jüdischen Altersheim auf dem Salierring.

Die Wohnung, in der wir gemeinsam wohnten, war sehr eng. Jeder von uns hatte Möbel und Hausrat mitgebracht, und alles war deshalb pickevoll. Viel mehr weiß ich von diesen Monaten nicht, ich kann mich nur noch an wenig erinnern.

Dann begannen die Deportationen. Von unseren Verwandten, die in Mülheim und Deutz gewohnt hatten, waren die meisten schon im ersten Kölner Transport am 21. Oktober 1941 nach Litzmannstadt deportiert worden, und wir wußten, wir würden auch bald weggebracht werden.

Wir drei, meine Mutter, meine Tante und ich, setzten uns deshalb zusammen und überlegten. Da es hieß, daß der zweite Transport auch nach Litzmannstadt gehen sollte, dachten wir, es sei für uns besser, wenn wir uns freiwillig dazu melden würden. Denn dann wäre die Familie in Litzmannstadt wieder zusammen. Meine Großmutter dachten wir in Köln zurücklassen zu können. Sie war schon Ende 70, und wir hofften, daß man sie in Ruhe lassen würde.

Wir entschlossen uns also, uns freiwillig für den nächsten Transport zu melden. Wie wir das gemacht haben, weiß ich nicht mehr, auf jeden Fall bekamen wir dann wirklich eine Aufforderung für den zweiten

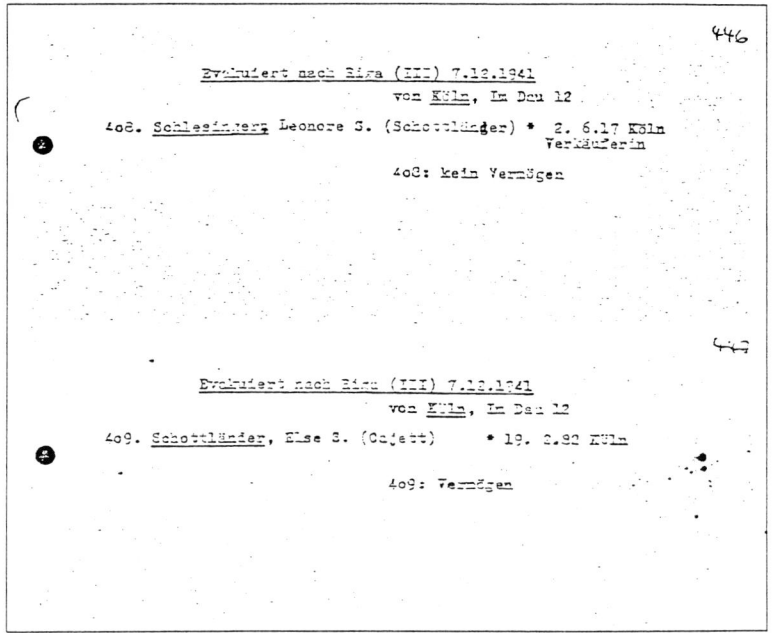

*Abb.13* Aus dem Verzeichnis der Deportierten, zeitgenössische Abschrift

Transport und sollten dazu in die Messehalle kommen. Ich weiß noch, wie wir mit der Straßenbahn zur Messehalle fuhren, mit Rucksack und Koffern, und die Leute uns zum Teil sehr mitleidig, zum Teil auch freudig angeguckt haben, als würden sie sagen: »Nun ja, Gott sei Dank, wieder ein paar weniger.« Die Messehalle ist mir noch sehr gegenwärtig. An den Pfeilern des Gebäudes waren Buchstaben angebracht, und wir mußten uns dort nach dem Alphabet aufstellen. Meine Tante hieß Lützeler, stand also bei L, meine Mutter hieß Schottländer und ich hieß Schlesinger, wir standen also zusammen bei SCH. Dann wurden die Namen aufgerufen und die Menschen gingen in die Hallen. Bei S und SCH standen noch ungefähr 15 Leute, deren Namen mit diesen Buchstaben begannen, als und auf einmal das Tor zuging. Ich höre diesen Knall heute noch. Das knallte, und wir standen draußen, meine Tante aber war drinnen. Ein SS-Mann kam und sagte: »Sie können wieder nach Hause gehen, Sie kommen mit dem nächsten Transport mit.« Ich hab gedacht: »Um Gottes Willen!« Ich fühlte mich irgendwie schuldbewußt. Ich hatte meine Tante ein bißchen überredet und gesagt: »Komm, mach mit, dann bleiben wir zusammen.« Ich flehte den SS-Mann an, er solle zwei andere herausnehmen und meine Mutter und mich dafür hineinlassen. Aber es war nichts zu machen. Er sagte: »Geh nach Hause, der nächste Transport geht auch nach Litzmannstadt.« Und so waren wir einigermaßen getröstet – wir hatten ja keine Ahnung! Nach acht oder zehn Tagen bekamen wir wieder den Befehl, uns fertig zu machen. Aber dieser Transport ging nach Riga. Bildlich gesprochen hatte der liebe Gott schon damals entschieden: Meine Bestimmung war, daß ich am Leben blieb, denn von Litzmannstadt ist von den Kölnern außer Dr. Lewin[3], glaube ich, kein Mensch zurückgekommen. Keiner. Wir haben auch von meiner Tante nie wieder etwas gehört.

Wir gingen also wieder zur Messehalle und stellten uns wieder dort auf. Es war so, daß immer mehr Menschen bestellt wurden, als mitgenommen werden sollten. Man wollte eine Art Reserve haben, denn es konnte von den Aufgeforderten ja einer geflohen sein, es konnte sich einer das Leben genommen haben. Es wurden also immer mehr bestellt, denn man wollte die Tausend voll haben. Auf den Transporten waren immer tausend Menschen.

Der Abtransport ging vom Deutzer Bahnhof aus. Da standen die Züge, in die wir einsteigen mußten. Ich weiß noch, im Coupé waren zum Teil die Fenster kaputt und natürlich nicht geheizt. Es war Dezember, und irgendwoher hatten wir Decken. Ob wir die mitgenommen hatten? Wir saßen sehr eng, sehr gequetscht, aber das war bei der Kälte ganz gut.

Dann sind wir nach Riga gefahren. Es dauerte drei, vier Tage, denn der Zug mußte unterwegs häufig halten, um andere Züge vorbei zu lassen, und wir standen deshalb oft stundenlang. Was wir gegessen haben? Wovon wir gelebt haben? Wir hatten sicher etwas mitgenommen. Ich wüßte sonst nicht, daß es etwas gab.

Irgendwie sind wir schließlich bis Riga gekommen. Wir hatten ja schon vor Abfahrt des Zuges gewußt, daß wir nach Riga gebracht würden, aber wir wußten nicht, was uns dort erwartete.

Mit der Hilfe eines christlichen Bekannten, der übrigens Nationalsozialist war, hatten wir auch einige Wertsachen versteckt mitnehmen können. Ich hatte von meinem Onkel hin und wieder als Geschenk sehr schönen Schmuck bekommen, den unser Bekannter vor der Abreise half, im Gepäck zu verstecken. Einen herrlichen Ring brachte er zum Beispiel in einer Schuhcremedose unter: Er nahm die Schuhcreme heraus, legte den Ring hinein und drückte die Schuhcreme wieder darauf. Wir hatten also einige Wertgegenstände dabei, denn wir dachten, wir müßten sie vielleicht verkaufen, müßten davon leben. Wir hatten auch etwas Kleidung in Koffern mitgenommen. Tatsächlich aber konnten wir unser Gepäck in Riga nicht behalten. Wir haben von all unseren Sachen nichts mehr wiedergesehen.

Wir waren der erste Transport aus Deutschland, der in das Rigaer Ghetto gebracht wurde. Als wir in Riga auf dem Bahnhof, wohl einem Güterbahnhof, ankamen, war dort überall SS, die mit Gewehren und Schäferhunden herumlief. Wir mußten alle aus den Waggons heraus, und dann wurde aussortiert. Ein Teil von uns mußte sich rechts, ein Teil links aufstellen. Meine Mutter und ich gehörten zu der Gruppe, die mit Lastwagen ins Ghetto transportiert wurden. Die anderen, die auf die andere Seite geschickt worden waren, haben wir nicht mehr wiedergesehen.

Man fuhr uns zu kleinen Baracken aus Stein, kleinen Häuschen, und als wir abgestiegen waren, schrie die SS, wir sollten in die Häuser hineingehen. Und wir gingen in die Häuser hinein. In den Häusern waren Möbel, waren Kleiderschränke voll mit Kleidern, da lief der Wecker noch, da waren auf dem Küchentisch Brotscheiben, die man angefangenen hatte zu essen, die Betten waren aufgedeckt – in diesen Baracken hatten die lettischen Juden gelebt, die man ein, zwei Tage vorher in Kaiserwald, so, glaube ich, hieß der Ort, alle erschossen hatte. Und so gingen wir in diese Wohnungen hinein. Wir lebten die erste Zeit zu zwölf Menschen in einem Raum: Auf der einen Seite des Zimmers stand ein Bett, in dem ein Ehepaar schlief, auf der andern Seite war ein Bett, da schlief ein anderes Ehepaar und vor dem Bett die Tochter; dann war so etwas wie eine spanische Wand aufgestellt, neben der schlief ein Ehepaar mit Mutter; dann schliefen in dem Raum noch zwei Schwestern und schließlich noch meine Mutter und ich. Für uns war kein Bett, keine Liege oder Matratze mehr da, aber es stand ein Riesentisch in dem Raum, und auf dem Tisch, einem breiten, riesigen Tisch, haben meine Mutter und ich geschlafen. Nach einiger Zeit wurde das alte Ehepaar weggebracht, dann das Ehepaar mit der alten Mutter, und so wurde langsam Platz in dem Zimmer. Nachher lebten wir meist zu sechs, sieben Personen dort.

Kurz nach unserer Ankunft wurden wir zu Zwangsarbeiten eingeteilt. Ich arbeitete in einem Kommando, das heißt in einer Arbeitsgruppe, bei der Heeresunterkunftsverwaltung in Riga, einer Stelle, die die Unterkünfte für die Militärs besorgte. Wir waren zu dreien aus unserem Zimmer dort, drei Frauen, von denen ich die jüngste war. Jeden Morgen holte uns ein Soldat – kein SS-Mann – im Ghetto ab und brachte uns in

114

eine Kaserne, die in der Nähe des Ghettos lag. In dieser Kaserne hatte man alle Textilien, die die lettischen Juden zurückgelassen hatten, abgeliefert: Schuhe, Wäsche, Kleider, Gardinen, Tischdecken, Bettwäsche, einfach alles war in einen großen Raum geworfen worden, und wir mußten das nun sortieren und beiseite legen, was gut war und noch zu gebrauchen war. Wir arbeiteten in diesem Raum, und in einem kleinen Nebenraum saß ein Soldat, der uns bewachen sollte. Der Mann war aus Münster und war ein richtiger, gutmütiger Bauer.

Eines Tages, als wir da arbeiteten, hörten wir draußen im Flur Schritte, Stiefelschritte, die auf uns zu kamen. »Um Gottes Willen«, dachte ich, »wer kommt da?« Da ging bei uns schon die Tür auf und herein guckte ein Typ – ich dachte im ersten Moment, das wäre Göring. Untersetzt, so einen langen Ledermantel an, tolle Uniform, aber schon nicht mehr jung. Der guckte herein und machte gleich wieder die Tür zu. Ein paar Sekunden später kam unser Bewacher und sagte, ich sollte in sein Zimmer kommen. Es stellte sich heraus, daß dieser Mann ein Hauptmann war, dem die ganze Heeresunterkunftsverwaltung unterstand. Er wollte nun von mir wissen, wie wir im Ghetto lebten, wie wir wohnten, was wir zu essen kriegten und ob wir genug zu essen hätten. Und ich erzählte ihm, daß wir sehr knapp zu essen hatten, wie das Wohnen war. Er wußte, daß alle Menschen, die arbeiteten, weniger gefährdet waren, als die, die ohne Arbeit im Ghetto lebten, und ich sagte ihm auch, daß meine Mutter ohne Arbeit war. Also, was soll ich sagen: Ein paar Tage später hatte er ein Riesenkommando eingerichtet und viele, unter anderem auch meine Mutter, aus dem Ghetto herausgeholt und zur Arbeit befohlen. Dadurch waren sie geschützt. Er versorgte uns außerdem auch mit Lebensmitteln. Alle paar Tage kam sein Chauffeur mit dem Auto, das vollgepackt war mit Lebensmitteln: Trockenerbsen, Bohnen, Linsen, Dauerwurst. Ich weiß nicht, ob ich ohne diesen Mann heute hier säße. Eines Tages erfuhr man bei seiner Dienststelle von seiner Tätigkeit und versetzte ihn an die Front. Und von dort ist er nicht mehr zurückgekommen. Solche Menschen gab es auch.

Eine andere Hilfe war mir ein junger Mann, ein lettischer Jude, den ich im Ghetto kennenlernte. Er besorgte die Lebensmittel für das Ghetto und fuhr immer mit einem Pferdefuhrwerk nach Riga in die Stadt, um dort die Lebensmittel für die Menschen im Ghetto zu holen. Gleichzeitig konnte er dabei auch immer wieder etwas zusätzlich hereinschmuggeln, Dinge, die es offiziell nicht gab. Durch ihn hatten ich und meine Mutter mehr zu essen, als wir sonst gehabt hätten und als manche der anderen hatten. Ich arbeitete auch einige Zeit in einem Offizierskasino, im Speisesaal, und die Reste von dort durften wir uns mit nach Hause nehmen. Dann wurde ich eine Zeitlang in der Proviantur beschäftigt und hatte auch dadurch Zugang zu Lebensmitteln. Ich hatte also in dieser Beziehung immer furchtbar viel Glück.

Das Leben im Ghetto war zuerst noch ganz »normal«, obwohl es natürlich eigentlich das anormalste Leben war, das man sich vorstellen kann. Wir lebten hinter Stacheldraht, und SS, lettische SS, lief um dieses Gebiet herum Patrouille. Wir konnten unseren Bezirk nur mit Genehmigung verlassen, und abends ab sieben oder acht Uhr durften wir überhaupt nicht mehr hinaus.

Jeden Tag kamen neue Transporte aus ganz Deutschland, aus Österreich und Prag. Von den lettischen Juden lebten fast nur noch Männer, ganz wenige Frauen hatte man noch am Leben gelassen. Insgesamt waren Tausende von Menschen im Ghetto.

Ich blieb die ganze Zeit mit meiner Mutter zusammen. Meine Mutter ist 1882 geboren, sie war damals schon Ende Fünfzig, also für die damalige Zeit eigentlich eine alte Frau. Ich trug ihr immer irgend etwas in Gesicht auf, wenn wir Appell hatten, damit sie besser aussah. Und beim Appell stand ich immer neben ihr. Wir wußten, daß immer Leute ausgesucht wurden, und wenn man sie weggeschickt hätte, wäre ich mitgegangen. Das war meine Haltung, und das war auch die Haltung meiner Mutter. Daß wir am Leben geblieben sind, lag auch an unserer gegenseitigen Unterstützung. Ich hätte meine Mutter nie gehen lassen und wäre nie selbst ohne sie zurückgeblieben, niemals.

Viel von dem, was um uns herum passierte, habe ich kaum wahrgenommen. Man war so gefühllos geworden – Sie hätten mich mit Nadeln pieken können, ich glaube, das hätte ich gar nicht gespürt. Man war so gefühllos. Ich erinnere mich dabei zum Beispiel an ein bestimmtes Ereignis: Bei der Rückkehr von der Arbeit waren am Eingang zum Ghetto immer Kontrollen, in denen Stichproben gemacht wurden, ob man etwas Unerlaubtes bei sich hatte. Wenn man welche entdeckte, die ein Stück Brot, ein Stückchen Butter oder vielleicht ein Stückchen Wurst bei sich hatten, hängte man sie auf. Eines Tages, als wir von der Arbeit zurückkamen, hieß es: »Es sind wieder vier aufgehängt worden.« Wir mußten alle daran vorbeigehen, damit wir das als Warnung sahen. Meine Mutter sagte zu mir: »Guck nicht hin.« Also, ich ging vorbei und guckte weg. Das merkte ein SS-Mann und schrie mich an: »Guckst du dir das wohl an! Kopf nach oben!« Ich guckte nach oben – ich habe nichts gesehen. Ich habe nichts gesehen. Das war, als wenn ich Schleier vor den Augen gehabt hätte. Ich habe nichts gesehen. Man war irgendwie vollkommen stupide geworden.

Nach einiger Zeit wurde ich mit meiner Mutter zusammen in das KZ Kaiserwald gebracht. Dort mußten wir für die AEG arbeiten – und die AEG dort war etwas ganz Schlimmes. Wissen Sie, wenn ich heute diese drei Buchstaben sehe, dann kriege ich noch eine Gänsehaut. Die AEG hatte in Kaiserwald eine große Fabrik mit Baracken, in denen wir mit etwa 500 Frauen in drei-, vierstöckigen Betten schliefen. Morgens früh mußten wir raus zum Arbeiten. Wir machten Spulen, Spulen aus dicken Seidenfäden, die aufgerollt wurden. Das sei für Flugzeuge und Radios, so hieß es damals.

In dem Raum, in dem wir arbeiten, war ein Radio, aus dem immer wieder Sendungen mit Liedern von Willi Schneider kamen, Willi Schneider und Zarah Leander. Das dröhnte dann so durch die Halle. Wenn ich heute das Radio anschalte und höre zufällig diese Lieder, drehe ich sofort aus. Das sind so Kleinigkeiten, die man nie vergißt.

Wir wurden von der AEG auch verpflegt; unser Essen wurde in einer sogenannten Küche extra gekocht. Die AEG-Arbeiter hatten natürlich eine Kantine. Ich erinnere mich, daß die Sprecherin unserer Gruppe einmal bei der Kantine anfragte, ob wir die Reste von dort bekommen könnten. Ich seh den Leiter von der Kantine noch vor mir, ein großer Blonder, der sagte, er gäbe das Essen eher den Schweinen als den Juden.

Bewacht wurden wir von ein paar SS-Leuten und Blitzmädchen, die ihre Zimmer in einem kleinen Haus in der Nähe hatten. Dort wurde, auf deutsch gesagt, nur gesoffen und gefressen. Zwischendurch kamen sie manchmal auf die Idee, uns abends herauszuholen und zum Appell antreten zu lassen. Da standen wir manchmal von sieben Uhr abends bis elf, zwölf Uhr nachts. Dann kamen sie heraus, total betrunken, und ließen uns endlich wieder in die Baracken gehen. Oder wir mußten morgens um vier Uhr heraus zum Appell und konnten bis sechs, sieben Uhr draußen herumstehen. Das war manchmal sehr schlimm. In Riga war es kalt, da ist eine andere Kälte als hier. Ich habe mir dort meine Nase erfroren.

Es starben viele auch an Krankheiten, vor allem an Typhus. Ich lag einige Zeit neben Typhuskranken und wurde trotzdem nicht krank, und auch meine Mutter bekam keinen Typhus.

Ende 1944 hörten wir, daß die Russen näher rückten. Wir waren ja oben im Norden, und Rußland war nicht weit. Eines Tages hieß es, wir sollten uns morgens früh für einen Abtransport fertigmachen. Wir sollten weg, weil die Russen näher kamen. Man wollte uns nach Auschwitz bringen. Mitnehmen konnten wir nichts, wir hatten nur unsere Kleidung und Holzschuhe an den Füßen. Wie wir – eine Gruppe von ungefähr fünfhundert Frauen – von Kaiserwald aus transportiert wurden, weiß ich nicht mehr; ich kann mich an diese Zeit einfach nicht besinnen. Es muß aber so gewesen sein, daß wir streckenweise in Eisenbahnwaggons fuhren und Strecken dazwischen zu Fuß – in unseren Holzschuhen – gehen mußten. An diese Fußmärsche kann ich mich erinnern: Wir hatten natürlich alle keine Kraft mehr. Einige der Frauen konnten nicht laufen, sie blieben unterwegs liegen und wurden von der SS, die mitging, erschossen. Vielen Frauen gelang es aber auch, in die Wälder zu flüchten, denn die SS-Leute funktionierten nicht mehr so hundertprozentig. Sie wußten, daß die Russen in der Nähe waren, und hatten Angst. Der Kommandant unseres Lagers war übrigens gleich zu Beginn der Lagerauflösung fort, der hat sich sofort davon gemacht, den haben wir überhaupt nicht mehr gesehen.

Schließlich erreichten wir Polen. Von da an erinnere ich mich wieder deutlich. Ich besinne mich, wie wir uns auf einem Fußmarsch in der Nähe von Bromberg befanden und an einem großen Gut mit einer Scheune an der Straße vorbei kamen. Uns wurde gesagt: »Geht da rein für die Nacht.« Wir waren längst keine fünfhundert, wir waren nur noch sehr wenige. Und wir konnten alle nicht mehr, wir waren am Ende. Wir haben uns hingelegt und haben das Strohzeug über uns gezogen. Meine Mutter hatte ganz dicke Füße vom Laufen und keine Kraft mehr, und ich konnte auch nicht mehr. Wir dachten uns: »Wenn es am andern Morgen heißt, es geht weiter, dann können wir nicht mit. Wir können nicht mehr. Es ist uns alles egal. Wo die uns hinbringen, wird man uns sowieso ermorden.« Als morgens die Trillerpfeife gepfiffen wurde und man brüllte: »Alles antreten!«, traten meine Mutter und ich nicht an, wir blieben einfach liegen, wo wir lagen. Die SS-Männer waren auch nicht mehr daran interessiert, wieviele nun tatsächlich mitgingen. Sie wollten sich nur noch in Sicherheit bringen, kontrollierten nicht nach und zogen mit einer Gruppe los. Nachdem sie fort waren und wir nichts mehr hörten, steckte ich den Kopf aus dem Stroh heraus und sah, daß außer uns beiden noch 20, 25 andere Frauen in der Scheune geblieben waren. Da saßen wir nun zusammen in dieser Scheune. Auf dem Dach des Gutshauses war noch ein Maschinengewehr angebracht, und Waffen-SS hielt sich auch noch in der Nähe auf. Die Deutschen, die auf dem Gut und in der Umgebung gelebt hatten, waren alle geflohen. Aber das wußten wir zu dem Zeitpunkt alles gar nicht. Wir wußten ja noch nicht einmal, wo wir waren.

Unsicher und voll Angst blieben wir zuerst einmal in der Scheune. Es wurde wieder Abend. Plötzlich hörten wir die Tür aufgehen – es war dunkel –, es erschien ein kleines Licht, und eine Frau kam herein. Sie sah uns und rief etwas auf Polnisch. Ich konnte sie nicht verstehen, aber einige der Frauen sprachen Polnisch und verstanden es. Sie hatte wohl gesagt: »Um Gottes Willen, um Gottes Willen, was macht ihr hier! Die Deutschen sind geflüchtet, aber die SS ist noch nicht weg. Was mache ich mit euch?« Als alles ruhig schien und nicht mehr geschossen wurde, brachte sie uns in einen leeren Pferdestall. Das war ein kleiner Raum, oben mit einem schmalen Fenster. Nur ein Teil von uns konnte sitzen, der andere mußte stehen. Sie sagte, sie würde uns morgens und abends einen Eimer Kartoffeln bringen, aber mehr könnte sie nicht tun. Nun saßen wir dort. Wir hörten hin und wieder das Maschinengewehr, dann rappelte jemand an der Tür – aber von innen konnte ein dickes Schloß vorgelegt werden, und so kam niemand herein. Wir verbrachten in diesem Stall ungefähr drei, vier Tage – das werde ich auch nie vergessen. Es ist dort ein anderer Winter als hier. Da gibt es blauen Himmel mit Sonne, und es liegt Schnee. Und der Schnee liegt bis April, weil es so kalt ist.

Das Gut lag in der Nähe einer Chaussee, von der wir auf einmal starke Motorengeräusche hörten. Wir nahmen eine von uns auf die Schultern, damit sie durch das Fensterchen gucken konnte. Sie guckte und rief: »Die Russen kommen! Die Russen kommen!« Da haben wir das Schloß aufgemacht und sind raus. Das war am 25. Januar 1945, und wir waren die ersten KZler, die die Russen sahen. Wir mußten über ein Stück Schnee laufen bis zur Chaussee, und dort kamen die Russen auf uns zugerannt. Die von uns, die russisch sprachen, riefen auf Russisch: »Wir sind Juden! Wir sind Juden!« Aber das haben uns die Russen natürlich erst nicht geglaubt. Sie haben uns umstellt, bewaffnet mit Gewehren, und einer hat einen jüdischen Russen geholt. Von ihm wurden wir nun geprüft: Er fragte nach den jüdischen Feiertagen und ließ uns auf Hebräisch beten. Es gibt bei uns ein Gebet, das jeder kann, so wie bei Ihnen das Vaterunser, und danach fragte er zum Beispiel oder auch danach, was man an bestimmten Feiertagen macht. Als wir darauf antworten konnten, haben sie uns geglaubt.

Wir wurden aus dem Pferdestall herausgeholt und in das Gut geschickt. Auf dem Gut war niemand mehr – keine Leute, die dort gewohnt hatten, keine SS. Wir waren ausgehungert, und die Russen, die uns begleiteten, suchten so lange im Haus, bis sie einen Vorratsraum, einen großen verschlossenen Verschlag, fanden. Die Russen brachen die Tür auf, und eine Riesenspeisekammer lag vor uns. Da war alles Eßbare, was man nur denken konnte: Würste und Eimer mit Marmelade und Suppen und Rauchfleisch und Konserven in Hülle und Fülle. Wir sind darüber hergefallen. Die Marmelade werde ich nie vergessen: Wir haben die Marmeladeeimer mit irgend etwas aufgemacht, dann sind wir in die Küche und haben die Marmelade dort mit Suppenkellen herausgelöffelt und uns in den Mund gegossen. Scheiben von Schinken, rohen Schinken, haben wir mit Fett, mit Schwarte, mit allem gegessen. Es liefen auch noch Tiere auf dem Gut herum, Schweine und anderes. Ein Russe hat ein Schwein geschlachtet und einen Petroleumkocher angemacht. Wir haben einen Waschkessel genommen, das Schwein in Stücke geschnitten und mit Borsten und allem in den Kessel gesteckt. Das wurde gekocht, und wir haben gegessen. Und dann sind wir alle todkrank geworden. So todkrank, daß wir dachten, jetzt ist es aus. Wir waren wirklich krank. Eine von uns stellte sich dann an die Chaussee, auf der die Russen die ganze Zeit vorbeizogen, und fand dort irgendwie einen russischen Arzt oder Sanitäter, von dem sie Medikamente bekam. Wir haben es schließlich alle überstanden, aber es war wirklich sehr gefährlich gewesen.

Wir blieben nicht mehr lange auf dem Gut, denn uns wurde gesagt, wir sollten in das nur ein paar Kilometer entfernte Bromberg gehen, wo es leere Wohnungen gäbe, die die Deutschen verlassen hätten. Wir gingen also nach Bromberg und fanden an der Hauptstraße der Stadt eine leere Wohnung, in die wir zu mehreren zogen. Es war alles in der Wohnung, was wir brauchten: Betten, Bettwäsche, Hausrat. Außerdem hatten wir das große Glück, daß im Hinterhaus ein Bäcker war, der uns mit Brot versorgte. Es war ein polnischer Bäcker, der uns anscheinend gut gesonnen war.

Wir mußten uns aber auch anderes zum Essen kaufen, und so verkauften oder tauschten wir die ganzen Sachen aus der Wohnung – Wäsche, Kleidung und so weiter – auf dem schwarzen Markt, der in Bromberg entstand, gegen Lebensmittel. Es hat sich in Polen auch ziemlich schnell eine jüdische Organisation gebildet, die uns und den vielen anderen Menschen aus den Lagern halfen.

An unserer Wohnung vorbei ging die Straße, auf der die Russen nach Deutschland zogen. Wenn es abends dunkel wurde, machten sie Halt und gingen in die nächsten Häuser, um zu übernachten. So kamen sie auch zu uns, und sie brachten immer Mehl oder Eier oder andere Dinge mit. Wir mußten für sie kochen, und die Reste der Lebensmittel ließen sie dann bei uns.

Wir blieben bis in den Mai hinein in Bromberg. Ich erinnere mich noch an den 1. Mai 1945. Ich ging im 1. Mai-Aufmarsch mit und trug dabei ein Transparent mit der russischen Aufschrift: »Wir wurden von den Russen befreit.«

Kurz darauf machten wir uns auf den Weg in Richtung Berlin. Berlin war noch nicht frei, aber man wußte, daß es nicht mehr lange dauern konnte. Und für die Reise brauchte man in diesen Tagen sehr lange. Wir sind in Güterwagen gefahren und kamen kurz nach der Befreiung an. In einem Lager, das man für displaced persons – KZ-Häftlinge und Flüchtlinge – eingerichtet hatte, fanden auch meine Mutter und ich Unterkunft.

Wir blieben einige Zeit in diesem Lager, kehrten dann aber im August/September 1945 nach Köln zurück. Bis Helmstedt fuhren wir im Anhänger eines Traktors, von Helmstedt aus gab es dann einen Zug nach Köln. Als wir in Deutz angekommen waren und meine Mutter die Domtürme von weitem sah, fing sie an zu weinen – ich habe noch nie einen Menschen so weinen sehen.

»Was machen wir jetzt?« haben wir überlegt. In Köln war ja alles kaputt. Es gab nur eine Behelfsbrücke; Straßenbahn, Bus gab es alles nicht mehr. Wir hatten aber gehört, daß in Sülz in der Blankenheimer Straße eine erste Anlaufstelle für jüdische Flüchtlinge und Rückkehrer eingerichtet war. Dazu mußten wir allerdings erst auf die andere Rheinseite kommen. In unserer Nähe stand ein großer, leerer Möbelwagen, in dem ein junger Mann neben einem Kanonenöfchen saß, Kaffee machte und ihn verkaufte – Kaffee ist übertrieben, Muckefuck war das. Wir gingen zu ihm und tranken Muckefuck. Als der junge Mann fragte, wo wir hin wollten, sagten wir: »Wir müssen nach Sülz.« Er antwortete: »Da können Sie heute abend nicht mehr hin. Sie können aber hier bei mir bleiben. Hinten im Wagen sind zwei Stühle, setzen Sie sich da hin.« Im September war es schon kühl, und drinnen im Wagen war es schön warm. Also blieben wir die Nacht in dem Möbelwagen und gingen erst am anderen Tag zu Fuß von Deutz nach Sülz in die Blankenheimer Straße.

Dort hörten wir auch zum ersten Mal wieder von meiner Schwester, und zwar durch zwei jüdische Soldaten, die zur britischen Armee gehörten. Die beiden Soldaten waren zufällig in die Unterkunft an der Blankenheimer Straße gekommen, und während wir mit ihnen sprachen, nannten wir auch den Namen meiner Schwester, von der wir bis dahin nur wußten, daß sie in Palästina lebte. Und was soll ich Ihnen sagen: Die

*Abb.14* Im Übergangsheim Blankenheimerstraße: Lore M. (Bildmitte), ganz rechts ihre Mutter Else Schottländer, 1946

beiden kannten meine Schwester gut und wußten auch ihre Adresse. Wir haben ihr sofort geschrieben und haben sie so wiedergefunden.

Wir, meine Mutter und ich, wollten so schnell wie möglich von Deutschland fort. Am liebsten wären wir keinen Tag mehr hier geblieben. Dabei wollte man uns in Köln halten. Man hat uns eine Wohnung angeboten, man wollte – von städtischer Seite aus –, daß wir blieben. Aber ich habe keinen Moment daran gedacht. Wir beantragten sofort die Auswanderung nach Palästina, wußten aber nicht, wie lange es dauern würde, bis wir ein Zertifikat erhielten. Als dann nach einiger Zeit im ehemaligen Asyl in der Ottostraße Zimmer für jüdische Flüchtlinge oder Rückkehrer eingerichtet wurden, zogen wir dorthin. Dann plötzlich, nach einem Jahr, bekamen wir die Zertifikate.

Die Zeit von Dezember 1947 bis Januar 1948 verbrachten wir noch in einem Sammellager in Westfalen, und von dort ging es nach Marseille und dann mit dem Schiff nach Palästina. Dort kamen wir wieder in ein Lager, ein Lager für Einwanderer. Das war im Januar 1948, und im Mai fing der arabisch-jüdische Krieg an. Wir waren vom Regen in die Traufe geraten.

*Abb.15* Else Schottländer und ihre Tochter Lore im Hafen von Marseille auf der Überfahrt nach Palästina, 1948

Es war für uns alles sehr schwierig. Lebensmittel waren knapp, es gab auch hier wieder Lebensmittelkarten, außerdem konnte ich die Sprache nicht. Sicher, mit Deutsch wäre man damals theoretisch noch gut durch-

gekommen, aber zu der Zeit wollte keiner Deutsch sprechen. Wir hatten kein Geld, wir hatten nichts. Und meiner Schwester ging es auch nicht so blendend. Ich wollte nur arbeiten, arbeiten, arbeiten. Durch eine Bekannte meiner Schwester bekam ich schließlich innerhalb ganz kurzer Zeit eine Stelle als Dienstmädchen bei einer wohlhabenden Familie in Tel Aviv, und dort blieb ich sieben Jahre. Ich fühlte mich sehr gut bei ihnen, und es entwickelte sich mit der Familie eine schöne Freundschaft. Ich verdiente also, und auch meine Mutter konnte zusammen mit meiner Schwester als Schneiderin arbeiten.

1952 habe ich wieder geheiratet. Ich hatte meinen Mann Alfred M. schon im ersten Jahr in Palästina kennengelernt, aber wir konnten lange nicht heiraten, weil ich erst vor dem Rabbinat beweisen mußte, daß ich wirklich geschieden war. Ich hatte ja all meine Papiere und Unterlagen nicht mehr, und ohne Papiere zu sein und heiraten zu wollen, das war in den damaligen Zeiten sehr schwierig.

Einige Jahre später, meine Mutter war 1953 gestorben, dachten mein Mann und ich daran, nach New York zu gehen, wo der Bruder meines Mannes lebte. Er war wie mein Mann Metzger und schrieb uns, wir sollten kommen, es wäre dort besser zu leben, und mein Mann könnte in seinem Beruf gut arbeiten. Also entschlossen wir uns zu fahren, wollten aber bei der Reise noch in Köln Zwischenstation machen, um einiges zu erledigen. Wir kamen 1957 mit unserer Tochter, die 1956 geboren ist, in Köln an – eigentlich nur mit der Absicht, kurze Zeit zu bleiben. Nachdem aber die jüdische Gemeinde erfahren hatte, daß sich ein Metzger aus Israel in Köln aufhielt, redete man uns so lange zu, hier zu bleiben und eine koschere Metzgerei aufzumachen, daß wir schließlich ja sagten. Wir wollten es versuchen und sagten uns, wir könnten immer noch, wenn es nicht klappten sollte, nach New York auswandern. Wir eröffneten kurz darauf in der Lütticher Straße eine koschere Metzgerei, kein offenes Geschäft, sondern nur einen Laden für Angehörige der Gemeinde. Aber die Metzgerei ging nicht, weil zu wenige Wert auf koscheres Fleisch legten. Wir entschlossen uns, weiter in Köln zu bleiben, und machten schließlich in der Ehrenstraße eine normale Metzgerei auf. Diese zweite Metzgerei lief dann recht gut.

Ende der 60er Jahre aber mußten wir das Geschäft aufgeben, weil mein Mann krank wurde. 1971 ist er gestorben. Ich bin in Köln geblieben und lebe heute noch hier.

*Anmerkungen*

1    Das Interview wurde am 28.2.1989 in Köln geführt. Die Zeitzeugin wünsch-
     te, anonym zu bleiben.

2   Friedl Münzer (1892-1967) war während der Weimarer Republik eine bekannte Schauspielerin am Kölner Schauspielhaus. Nach 1933 war sie im Jüdischen Kulturbund Rhein-Ruhr aktiv.

3   Prof. Dr. Herbert Lewin (geb. 1.4.1899 in Schwarzmar; gest. 21.9.1982 in Wiesbaden); Gynäkologe, Chefarzt im Israelitischen Asyl 1937-1941. Herbert Lewin wurde am 21.10.1941 nach Lodz deportiert, wo er als Arzt im Ghetto tätig war. Im August 1944 verschleppte man ihn nach Auschwitz und in andere Lager. Er erlebte die Befreiung in Theresienstadt. Lewin kehrte nach Köln zurück und wurde 1945 Vorsitzender der Synagogengemeinde (vgl. Asaria, Juden, S. 407 f.).

# Helmut Goldschmidt[1]

*geb.: 16.10.1918*
*Eltern:*
*Moritz Goldschmidt (1897-1954)*
*Maria geb. Nett (1894-1974)*

Ich wurde in Magdeburg geboren, als meine Mutter auf einer Reise von Köln nach Berlin war. Sie mußte in Magdeburg aussteigen, um mich zur Welt zu bringen – bis Berlin hat es nicht mehr gereicht. Meine Eltern lebten zu der Zeit zwar in Köln, aber ich sollte eigentlich in Berlin geboren werden, weil meine Eltern nach Berlin ziehen wollten. Diese Pläne haben sich aber dann zerschlagen.

Mein Vater war Moritz Goldschmidt, geboren 1897 in Essen. Seine Mutter, meine Großmutter Friederike Goldschmidt, stammte aus Westpreußen und sein Vater Salomon Gusik aus Polen bzw. dem Vorweltkriegs-Rußland. Sein Vater hatte deshalb die russische Staatsangehörigkeit. Die Großeltern lebten, als mein Vater geboren wurde, schon eine Zeitlang in Essen, zogen aber dann einige Zeit nach seiner Geburt – etwa um die Jahrhundertwende – nach Köln. Mein Vater lebte also von frühester Jugend an in Köln. Seine vier Brüder und seine Schwester wurden alle schon in Köln geboren.

Mein Großvater war ein kleiner Kaufmann – so viel ich weiß, war er Vertreter irgendeiner Firma. Da er schon 1923 starb, kann ich mich an ihn kaum erinnern. Meine Großmutter lebte nach dem Tod ihres Mannes von der Unterstützung ihrer sechs Kinder, die alle im Beruf waren und ihrer Mutter helfen konnten. Sie starb 1937.

Die Großeltern waren sehr orthodox gewesen und hatten ihre Kinder auch orthodox erzogen. Das hat sich nachher dann alles ein bißchen liberalisiert, aber die Erziehung meines Vaters war noch orthodox. Allerdings gehörte die Familie nicht zur orthodo-

*Abb.1* Moritz Goldschmidt, 1942

xen Gemeinde in der St. Apern-Straße, sondern zur Synagoge Glockengasse.

Übrigens waren meine Großeltern nicht standesamtlich verheiratet, sie hatten ihre Ehe nur vor dem Rabbiner geschlossen. Trotzdem wurde als Familienname der Name des Großvaters, Gusik, gebraucht, so daß mein Vater und seine Geschwister mit diesem Nachnamen aufwuchsen. Das änderte sich aber zu Beginn des Ersten Weltkrieges. Da der Großvater Russe war, hätte seine Familie interniert werden müssen. Um das zu verhindern, schlug Justizrat Max Bodenheimer[2], bei dem mein Vater damals als Bürovorsteher arbeitete, vor, die Ehe der Großeltern als nicht standesamtlich geschlossen anzugeben und die Kinder damit als unehelich zu erklären. Dadurch wurden sie nach der deutschen Mutter zu Deutschen und mußten auch deren Namen annehmen. So erhielt mein Vater den Namen seiner Mutter: Goldschmidt. Er und seine Brüder entgingen durch diesen Schritt zwar der Internierung, wurden aber dafür später in die deutsche Armee eingezogen. Mir hat diese Erklärung der Unehelichkeit meines Vaters später, viel später geholfen, weil durch sie meine »rassische Einordnung« während der Nazizeit beeinflußt wurde. Aber davon in anderem Zusammenhang.

Mein Vater heiratete eine nichtjüdische Frau. Maria Nett, meine Mutter, kam aus einer streng katholischen Familie. Ihr Vater war Polizeibeamter in Deutz. Er und seine Frau stammten aus der Eifel, aus Hirten bei Mayen, und dort, in diesem kleinen Ort bei den Verwandten meiner Mutter, hat sich später, im Zweiten Weltkrieg, mein Vater versteckt.

Meine Eltern haben sich im Büro von Dr. Max Bodenheimer kennengelernt. Meine Mutter hatte zunächst während des Ersten Weltkrieges als Sekretärin bei einem Professor der Psychiatrie in der Lindenburg gearbeitet, ging dann aber als Sekretärin zu Bodenheimer und lernte bei ihrer neuen Arbeitsstelle meinen Vater kennen, der dort angestellt war. 1918 haben sie dann geheiratet.

Es gab natürlich wegen dieser Heirat große Schwierigkeiten zwischen den beiden Familien. Ihre Familie wollte von ihm nichts wissen, seine Familie nichts von ihr. Das hat sich eigentlich erst gegeben, als ein Enkel –

*Abb.2* Maria Goldschmidt, 1942

ich – da war. Damit wurden die Beziehungen besser. Und nachher war es das beste Verhältnis. Aber im Anfang war es für beide Großelternpaare sehr, sehr schwer, daß da jemand aus einer ganz anderen Umgebung in die Familie kam. Besonders für die jüdisch-orthodoxe Familie war das schwer, aber auch bei den Katholiken wurde es natürlich nicht gern gesehen.

Ich bin dann jüdisch aufgewachsen. Ich glaube, das war die Konzession an die jüdische Familie: der Enkel wurde Jude.

Überhaupt wurden in unserer Familie fast nur die jüdischen Bräuche berücksichtigt. Weihnachten war das einzige christliche Fest, das gefeiert wurde, sonst nur die jüdischen Feste – schon allein aus rein erzieherischen Gründen für mich, denn ich wurde rein jüdisch erzogen. Deshalb wurde ich auch im »Dritten Reich«, obwohl ich aus einer »gemischten Ehe« kam, als »Geltungsjude« eingestuft – ich war ja der Religion nach jüdisch.

Meine Mutter ist nicht zum Judentum konvertiert, das wollte mein Vater nicht. Sie war aber auch keine praktizierende Katholikin. Wenn sie bei ihrer Mutter zu Besuch war, ging sie mit in die Kirche; wenn sich die ganze Familie zum Beispiel Weihnachten dort aufhielt, gingen wir sogar alle in die Kirche. Mehr nicht. Meine Mutter besuchte auch ganz selten die Synagoge, schon mal zu den hohen Feiertagen, aber insgesamt ganz selten.

Mein Vater arbeitete bis 1922 im Büro von Dr. Bodenheimer. Wie er zu Bodenheimer gekommen ist, weiß ich nicht. Mein Vater war ein kluger Kopf, aber welche Schulbildung und Ausbildung er genau hatte, kann ich nicht sagen. Er war jedenfalls nicht zionistisch orientiert und er hatte mit der zionistischen Tätigkeit von Bodenheimer nichts zu tun, er war nur in der Anwaltspraxis Bodenheimers angestellt. Übrigens wurde er schon mit 20 Jahren für volljährig erklärt, um für Bodenheimer am Reichsgericht tätig sein zu können. Nachdem er seine Stelle bei Bodenheimer aufgegeben hatte, übernahm er die Vertretung der Firma Pelikan, Hannover, war also als Kaufmann tätig.

Wir wohnten in Klettenberg, erst in der Petersbergstraße und dann in der Siebengebirgsallee 99. Das war damals eine sehr gute Gegend, und wir lebten in einer gutbürgerlichen Atmosphäre. Es war auch innerhalb der Familie – ich war das einzige Kind – ein sehr gutes Verhältnis, und es gab keinerlei Schwierigkeiten.

Politisch war mein Vater zuerst wohl nach der SPD hin orientiert, und nachher, glaube ich, wählte er die Deutsche Staatspartei. Das war so seine Richtung, ziemlich liberal. Innerhalb der jüdischen Strömungen tendierte er zum Central-Verein, so daß wir unter anderen auch die CV-Zeitung hielten. Überhaupt war mein Vater sehr belesen und besaß eine umfangreiche Bibliothek. Ich erinnere mich, daß er, wenn er freitags von seinen Geschäftsreisen wiederkam, immer eine Reihe von Zeitungen mitbrachte. Er las alles, was es damals so gab, und war an allem sehr interessiert.

1925 wurde ich in die jüdische Volksschule Lützowstraße aufgenommen. Vor zwei Jahren, als dort die Gedenkplakette[3] eingeweiht wurde, war ich nochmals im Schulgebäude. Es ist ja immer noch eine Schule, und ich dachte: »Wie wenig sie sich verändert hat!« Die Klassen sind noch so, wie sie waren, der Schulhof ist geblieben. Interessanterweise hat man im Alter ein großes Erinnerungsvermögen an die frühe Jugend. Mit zunehmenden Jahren fällt einem immer mehr aus der Jugend ein, das ist eine merkwürdige Sache. Ich habe mich auch plötzlich wieder an vieles erinnert, an das ich lange nicht gedacht hatte.

Ich war an sich ein guter Schüler, zumindest in der Volksschule. Im ersten Schuljahr hatten wir Dr. Braun[4] als Lehrer, der ein bekannter Mann war. Sein Sohn Gerd ging nachher im Gymnasium in meine Klasse, er war später in Afrika und lebt heute in England. Dr. Braun war ein Lehrer mit großem Wissen und großem pädagogischem Können, mit sehr viel Einflußvermögen auch auf kleine Kinder. Ich fand ihn einen wirklich hervorragenden Lehrer. Nach Dr. Braun bekamen wir Lehrerinnen: Fräulein Loeb – es gab zwei Fräulein Loeb[5] –, dann Frau Freyer[6] und ab dem vierten Schuljahr Herrn Jacobi, Jacobi II genannt, denn es unterrichteten auch zwei Lehrer Jacobi[7] in der Schule. Herr Jacobi möbelte uns für das Gymnasium auf, und wir wurden so richtig gedrillt für die Aufnahmeprüfung, das weiß ich noch.

Die jüdische Ausrichtung der Schule habe ich gar nicht so stark empfunden. Natürlich hatten wir von Anfang an Reli-

*Abb.3* Jüdisches Gemeindeblatt f. Rheinland u. Westfalen, 1937

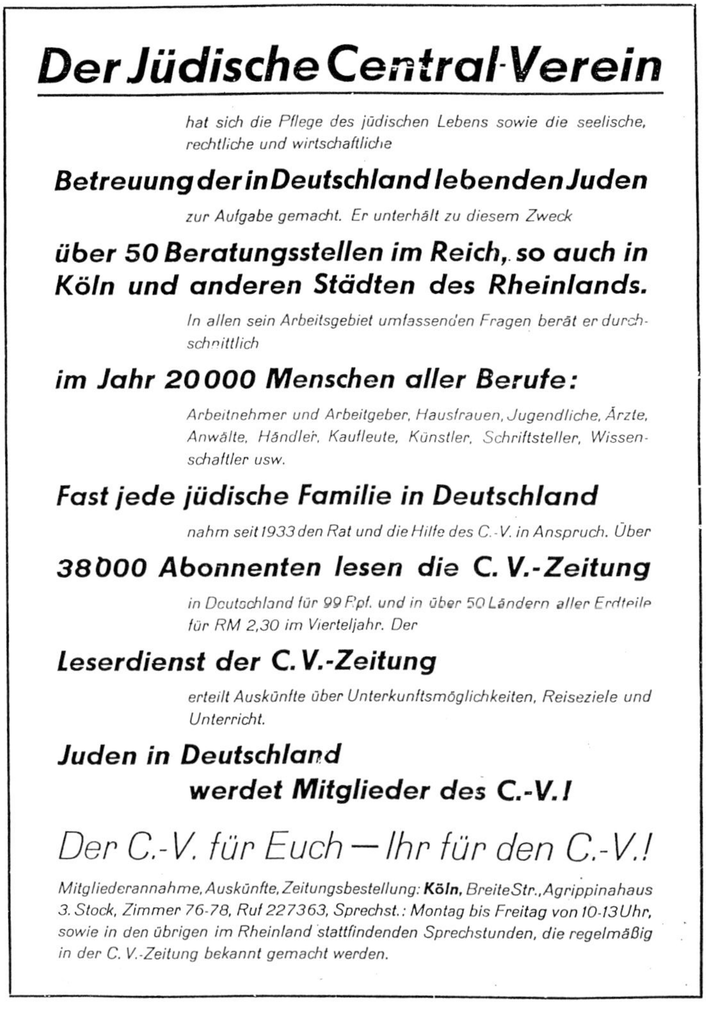
**Der Jüdische Central-Verein**

*hat sich die Pflege des jüdischen Lebens sowie die seelische, rechtliche und wirtschaftliche*

**Betreuung der in Deutschland lebenden Juden**

*zur Aufgabe gemacht. Er unterhält zu diesem Zweck*

**über 50 Beratungsstellen im Reich, so auch in Köln und anderen Städten des Rheinlands.**

*In allen sein Arbeitsgebiet umfassenden Fragen berät er durchschnittlich*

**im Jahr 20000 Menschen aller Berufe:**

*Arbeitnehmer und Arbeitgeber, Hausfrauen, Jugendliche, Ärzte, Anwälte, Händler, Kaufleute, Künstler, Schriftsteller, Wissenschaftler usw.*

**Fast jede jüdische Familie in Deutschland**

*nahm seit 1933 den Rat und die Hilfe des C.-V. in Anspruch. Über*

**38000 Abonnenten lesen die C. V.-Zeitung**

*in Deutschland für 99 Rpf. und in über 50 Ländern aller Erdteile für RM 2,30 im Vierteljahr. Der*

**Leserdienst der C. V.-Zeitung**

*erteilt Auskünfte über Unterkunftsmöglichkeiten, Reiseziele und Unterricht.*

**Juden in Deutschland werdet Mitglieder des C.-V.!**

Der C.-V. für Euch — Ihr für den C.-V.!

*Mitgliederannahme, Auskünfte, Zeitungsbestellung: **Köln**, Breite Str., Agrippinahaus 3. Stock, Zimmer 76-78, Ruf 227363, Sprechst.: Montag bis Freitag von 10-13 Uhr, sowie in den übrigen im Rheinland stattfindenden Sprechstunden, die regelmäßig in der C. V.-Zeitung bekannt gemacht werden.*

gionsunterricht, den Lehrer Reinhardt[8] gab, und auch Hebräisch wurde gelehrt. Samstags war die Schule zu, statt dessen hatten wir sonntags Unterricht. Aber die Lehrer waren ziemlich deutsch-national eingestellt, und dadurch war alles nicht so orthodox und so »überjüdisch«. Natürlich war es eine jüdische Schule und wurde der Tradition nach geführt, aber daß sie besonders orthodox war, kann ich nicht sagen.

Es war immer ein weiter Weg von Klettenberg zur Lützowstraße: erst mit der Straßenbahn bis zum Südbahnhof, dann die Dasselstraße hinunter bis zur Schule. Es wohnten aber noch mehrere jüdische Familien in Klettenberg, und in den ersten zwei Schuljahren wurden wir Kinder immer abwechselnd von einem der Hausmädchen zur Schule gebracht. Eine Woche begleitete uns unser Hausmädchen, die nächste Woche das Hausmädchen einer anderen Familie. Ab dem dritten Schuljahr gingen wir dann schon allein. An sich war die Schulzeit in der Lützowstraße eine schöne Zeit. Ich habe mich da sehr wohl gefühlt.

Während dieser Jahre vor 1933 merkte ich die Tatsache, daß ich jüdisch war, nicht besonders. Auch wohl dadurch, daß ich in Klettenberg fast nur mit nichtjüdischen Kindern spielte, empfand ich das nicht so. Aber nach 1933 spürte ich deutlich, daß es nicht mehr so wie früher war, und es wurde mir bewußt: »Aha, man ist doch scheinbar jemand anders.« Vorher gab es für mich keinen Antisemitismus. Es passierte wohl schon, daß – wenn man sich mit den Spielkameraden gestritten hatte – dann etwas in antisemitischer Richtung gesagt wurde, aber das nahm man ja irgendwie nicht ernst. Antisemitismus habe ich vor 1933 eigentlich nie empfunden.

1929 kam ich aufs Gymnasium. Ich ging aber nicht auf die Jawne, denn so orthodox waren wir schließlich nicht, wir waren ja sehr liberal. Mein Vater meinte: »Rabbiner wirst du sowieso nicht werden, also, was mußt du in die Jawne.« Die Lehrer in der Volksschule hätten es gerne gehabt, wenn ich in die Jawne gegangen wäre, denn ich war in Musik gut, ich konnte gut singen und hätte dann im Chor der Synagoge Glockengasse singen können. Aber ich wollte vor allem bei den Freunden aus der Volksschulklasse bleiben, die ins Lindenthaler Gymnasium gingen, und so ging ich mit.

1929 gab es auf dem Gymnasium zwei Sexten mit je 42 Schülern, darunter waren in jeder Sexta acht jüdische Schüler. Sie waren auch 1935 noch in beiden Klassen da, obwohl die Klassen im allgemeinen durch Abgänge und Sitzenbleiben schon ziemlich reduziert waren. Ich weiß noch gut, daß wir 1935 alle 16 noch zusammen waren. Dann war aber – vor dem Abitur – für uns Schluß, dann hieß es: »Wir raten abzugehen.« Und wir sind auch alle 16 abgegangen. Jüdische Mitschüler in meiner Klasse, an deren Namen ich mich noch erinnere, waren: Alfred Toczek,

Gerd Braun, Siebenborn, Weinstock, Gormanns. Außerdem noch Cyril Jalon, ein Schweizer, der es deshalb einfacher hatte als wir anderen. Als Juden verboten wurde, im Stadion zu turnen bzw. am Spielturnen teilzunehmen, legte seine Mutter über die Schweizer Botschaft Protest dagegen ein, daß ihr Junge nicht mitturnen durfte. Das Verbot wurde danach tatsächlich aufgehoben, so daß wir andern auch alle wieder mitmachen konnten. Das war 1933, glaube ich. Cyril Jalon ging 1935 in die Schweiz, und danach habe ich ihn, wie die anderen auch, aus den Augen verloren.

Daß die Situation sich für uns Juden änderte, merkte man in der Schule gleich 1933. Die Mitschüler kamen teilweise schon in Uniform der HJ, und durch ihre politische Erziehung hieß es: »Halte dich von den Juden fern.« Man spürte dann rasch, daß man geschnitten wurde.

Es gab auch Ausnahmen von diesem Verhalten, aber diejenigen, die in der neuen Richtung ihr Fortkommen sahen, die setzten sich schnell ab von uns. Viele der Lehrer hatten plötzlich Parteiabzeichen. Was sie vorher nicht so zu erkennen gegeben hatten, zeigten sie jetzt – plötzlich waren die meisten nationalsozialistisch.

Aber es gab auch sehr konziliante Lehrer, das muß ich auch sagen. Manche haben einen nie spüren lassen, daß oder ob sie antisemitisch waren, und von ihrem äußeren Verhalten konnte man nicht erkennen, wie ihre innere Einstellung war.

Die neue, plötzliche Distanz merkte man besonders stark bei den Freunden in der Straße – und das war wirklich traumatisch. Wir hatten gerade noch Fußball zusammen gespielt – und auf einmal ging das nicht mehr. Das habe ich als sehr schlimm empfunden.

Ich habe mir dann gesagt: »Jetzt geh ich in einen jüdischen Sportverein, da kann ich wieder Fußball spielen und Sport treiben.« Dadurch kam ich überhaupt erst intensiver in die jüdischen Kreise, denn vorher hatte ich zu keinem jüdischen Verein gehört.

Es gab damals in Köln mehrere jüdische Sportvereine: Der Jüdische Turnverein (JTV) mit verschiedenen Jugend- und Erwachsenengruppen für Fußball, Handball, Turnen, Leichtathletik stand dem Reichsbund jüdischer Frontsoldaten nahe. Daneben gab es den Hakoah, der ein ähnlich vielfältiges Angebot hatte, allerdings zionistisch orientiert war. Ich trat zuerst

*Abb.4* Kölner Jüdisches Wochenblatt, 1928

**Der Jüdische Turnverein Köln 1902**

· veranstaltet am ·

**Samstag**

**8**

**Dezember**

seine diesjährige

● **Makkabäerfeier** ●

verbunden mit turnerischen, künstlerischen und humoristischen Darbietungen, sowie

**Fest-Ball**

im Prunksaal der **Rheinlandhalle**
(Eingang Ehrenfeldgürtel)

Anfang punkt 8½ Uhr          Einlaß 8 Uhr

Karten zu ermäßigten Preisen von Mk. 2.— zu haben: Theaterkasse Tietz, Hermann Levi, Brüsserlerstr. 60, Manuel, Herzogstr. 17, sowie bei den Vorstandsmitgliedern.

**Deutscher Jude!** Deine Kinder gehören in die Sportgruppen des
**Reichsbundes Jüd. Frontsoldaten!**
Geschäftsstelle: Auf dem Berlich 32 · Fernsprecher 22 4715

*Abb.5 Gemeindeblatt f.d. jüd. Gemeinden in Rheinland u. Westfalen, 1934*

in den ITV ein, obwohl mein Vater zu dieser Zeit Vorsitzender des Boxklubs Makkabi, eines weiteren zionistischen Sportvereins, war. Ich war ein sehr guter Sportler, und als unser Verein in einem Fußballspiel groß gewonnen hatte, mit mir als »Star« des Spiels, protestierte man im Hakoah und sagte zu meinem Vater: »Du bist Vorsitzender eines zionistischen Vereins, und dein Sohn ist im Verein vom RjF! Das geht nicht, dein Sohn muß in den Hakoah.« Mein Vater stimmte dem auch zu, und so kam ich in den Hakoah. Das war für mich eine große Umstellung, denn eigentlich neigten meine Eltern und die Eltern

*Abb.6 Emblem der Sportgruppe des RjF, 1936*

meiner Freunde grundsätzlich doch mehr zur Orientierung des RjF hin. Mein Vater war zwar Vorsitzender des Boxklubs Makkabi, aber das Amt hatte man ihm nur übertragen, weil er ein guter Organisator war, nicht aufgrund einer zionistischen Einstellung.

Ich wurde nun im Hakoah plötzlich mit zionistischen Fragen konfrontiert, von denen ich bis dahin keine Ahnung gehabt hatte. Erst dort lernte ich ein bißchen, um was es im Zionismus ging, was die Ideale waren, denn neben dem Sport gab es auch eine zionistische Schulung, und man kam in Kontakt mit anderen zionistischen Jugendbünden. Im übrigen war beim Hakoah ein ganz anderer Personenkreis. Anders als im Sportverein des RjF gab es dort viele ostjüdische Mitglieder.

Mich selbst haben die zionistischen Fragen allerdings nicht so sehr betroffen, ich war vor allem am Sport interessiert.

Es gab mehrere Sportplätze für die jüdischen Vereine in Köln: In Mülheim, am Ende der Berliner Straße spielten wir sonntags morgens auf sehr schönen Sportplätzen Fußball; außerdem hatte der Hakoah einen Sportplatz in Deckstein. An diesen Stellen wurde, glaube ich, mindestens noch bis 1938 Sport getrieben. In der Volksschule Lützowstraße gab es eine Turnhalle für den Hallensport, und dann konnten wir noch eine Halle in der Brüsseler Straße nutzen. Das war eine Halle, die eine ganze Etage einnahm und zu einer großen jüdischen Fabrik gehörte.

**Voranzeige!**
**Sportfest** des **S. C. Hakoah · Köln**
Sonntag, den 27. Mai
**Stadion-Westkampfbahn**
Makkablah-Ausscheidungen
des Westdeutschen Makkabi-Bezirks
**Leichtathletik:** Vorkämpfe 13 Uhr. Hauptkämpfe 14³⁰ Uhr
Die Westdeutschen Makkabivereine am Start.
**Fußball:** Großkampf 17³⁰ Uhr
Süddeutschland — Westdeutschland

*Abb.7* Gemeindeblatt f.d.jüd.
Gemeinden in Rheinland u.
Westfalen, 1934
*Abb.8* Urkunde der Makkabi-
Meisterschaften für Helmut
Goldschmidt, 1936

Ich trat in der folgenden Zeit keinem weiteren jüdischen Verein bei. Die Jugendvereine waren zu der Zeit schon alle zionistisch geprägt, und der Zionismus interessierte mich allenfalls theoretisch. Ich fand ihn damals ein bißchen illusionistisch, und das zog mich nicht sehr an.

Mein Vater hatte, als Hitler an die Macht kam, geglaubt: Das ist in einem Jahr vergessen. Es wechselten ja damals die Regierungen alle paar Monate, und so dachte er, das ist in kurzer Zeit vorbei, da braucht man sich nicht groß drüber aufzuregen. Der Chef meines Vaters machte ihm in dieser Zeit sogar das Angebot, die Vertretung für Pelikan in Holland zu übernehmen und dorthin zu ziehen, aber mein Vater sagte: »Das brauche ich nicht. Die Nazis halten sich nicht. Ich warte ab. Was kann schon passieren?« Viele waren damals noch sehr, sehr optimistisch.

Mein Vater hat sich in den nächsten Jahren dann immer so durchgeschlängelt und tatsächlich für sich immer einen Ausweg gefunden, bis zum letzten Tag.

Auch was mich betraf, dachten meine Eltern nicht an Auswanderung. Erst später, als es ganz ernst wurde, änderte mein Vater seine Meinung und war dann sogar ein bißchen böse auf die zionistischen Vereinigungen. Er sagte: »Mensch, nun bin ich schon Vorsitzender von dem Klub und mache dies und jenes dafür, und dann sind die nicht mal in der Lage, meinen Jungen aus Deutschland rauszuholen.« Aber das war eine späte Überlegung. Erst nach 1938 fiel es ihm wie Schuppen von den Augen, und da war es zu spät.

Bis 1938 ist es für meine Eltern immer noch so einigermaßen gegangen.

**Urkunde**

MAKKABI A *Goldschmidt*

ERRANG IM

*100 m Lauf (Jugend)*

DEN 2. PREIS

*bei den Westdeutschen-Makkabi-Meisterschaften 1936*

*Köln, 12.7.1936*

DEUTSCHER MAKKABI-KREIS
BEZIRK: RHEINLAND-WESTFALEN
DIE BEZIRKSLEITUNG

DER VERANSTALTER
Sport-Club Hakoah Köln

Mein Vater traf in seinen Geschäften wohl auf keine Probleme. Die Geschäfte gingen eigentlich nicht zurück. Mein Vater sah kein bißchen »jüdisch« aus und hatte offenbar auch dadurch keine Schwierigkeiten mit seinen Kunden – so erinnere ich mich jedenfalls an seine Erzählungen. Wenn Leute wußten, daß meine Eltern eine »Mischehe« führten, dann hieß es: »Man sieht, die Frau ist Jüdin.« Er besuchte Behörden, Geschäfte und so weiter, und es war erstaunlich, was er da an Antinazis getroffen hat. Viele warteten schon auf ihn, damit sie sich einmal richtig unterhalten konnten. Nein, das Geschäftliche hat nicht so sehr gelitten. Aber mein Vater war auch ein sehr optimistischer Typ, ganz im Gegensatz zu mir, er war kein bißchen pessimistisch.

Seit Anfang der 30er Jahre engagierte sich mein Vater stark in den jüdischen Vereinen. Er war, wie schon gesagt, Vorsitzender des Boxklubs Makkabi, hatte außerdem den Vorsitz in einem Gesellschaftsklub, der, glaube ich, »Jüdischer Gesellschaftsklub« hieß, und organisierte auch für den Verein Gabriel Riesser Vortragsabende. Er war ein hervorragender Organisator, und die Vertreter aller Richtungen wußten das und holten ihn für ihre Arbeit. In der jüdischen Gemeinde selbst arbeitete er allerdings in dieser Zeit nicht, das kam erst nach 1945.

1938 war für meine Eltern ein abrupter Einschnitt. Mit dem, was im November passierte, hatten sie nicht gerechnet, damit hatte keiner gerechnet. Dann kam das generelle Berufsverbot für Juden, und danach lief das Geschäft unter dem Namen meiner Mutter weiter. Später, 1940, als Juden keine Wohnungen mehr mieten konnten, wurde die Wohnung in der Siebengebirgsallee unter dem Namen meines Großvaters, des Vaters meiner Mutter, gemietet. Er lebte bei uns, nachdem meine Großmutter gestorben war. Mein Großvater war ja Polizeibeamter gewesen, und dadurch war die Wohnung dann ein bißchen geschützt.

Ich selbst wohnte auch noch bei meinen Eltern. 1935 hatte ich nach dem Einjährigen die Schule verlassen müssen, und da ich Architekt werden wollte, ging ich zur Lehre in ein Architekturbüro. Zwei Jahre blieb ich zunächst bei dem jüdischen Kölner Architekten Krebs, dann studierte ich in Berlin privat bei den ebenfalls jüdischen Professoren Dr. Zucker und Dr. Hauer. Eine Hochschule konnte ich ja nicht mehr besuchen. 1938 kam ich nach Köln zurück und arbeitete in dem Büro, das früher dem Architekten Robert Stern[9] gehört hatte. Robert Stern war ein bekannter jüdischer Architekt in Köln gewesen, der zum Beispiel die Ehrenfelder Synagoge und die Friedhofshalle auf dem jüdischen Friedhof in Bocklemünd gebaut hatte. Stern hatte, schon bevor ich dort anfing, sein Büro seinem Mitarbeiter und Bauleiter Breuer übergeben und war 1936 oder 1937 emigriert. Ich lernte ihn auch persönlich kennen, denn er besuchte noch eine Zeitlang von England aus öfters das Kölner Büro.

In diesem Büro konnte ich nun zwar bis 1938 arbeiten, aber eine richtige Anstellung war nicht mehr möglich.

1939 schließlich schickte mich mein Vater, der nun eine Auswanderung für mich plante, auf Hachschara. Ich kam nach Gut Winkel bei Berlin. Dieses Gut hatte ursprünglich einem jüdischen Besitzer gehört, war aber nach dessen Enteignung einem Herrn Kl., einem Erznazi, der bei der SS einen hohen Rang einnahm, zugeschanzt worden. Gut Winkel war ein Riesenbetrieb mit Obstplantagen, Spargelanbau, Eierproduktion und Konservenfabrik, und die jüdischen Jugendlichen, die dort für die Landwirtschaft umgeschult werden wollten, bildeten für den neuen Eigentümer ein lukratives Geschäft – es waren ja billige Arbeitskräfte. Außer diesen ungefähr 200 jungen Leuten gab es, glaube ich, nur noch vier Vorarbeiter. Die eigentliche Arbeit wurde also fast ausschließlich von den Jugendlichen geleistet, deren Leiter, ein Herr Gerson aus Berlin, ein sehr guter Fachmann, ein ausgezeichneter Landwirt war. Als Kl. erfuhr, daß sich unter den Hachscharaleuten auf seinem Gut ein Architekt befand, holte er mich von der landwirtschaftlichen Arbeit fort und übergab mir statt dessen verschiedene Bauplanungen. Er hatte irgendwie einen Narren an mir gefressen und sagte immer: »Wieso sind Sie Jude, Sie haben doch überhaupt nichts Jüdisches an sich?« Ich antwortete bloß: »Ich bin aber nun mal Jude.« Nach Beginn des Krieges bekam Kl. ein weiteres Gut, diesmal bei Rothenburg an der Oder, zugeteilt, auf dem bald vor allem französische Kriegsgefangene arbeiteten. Dorthin schickte er mich, um Silos zu bauen. Ich erledigte diese Arbeit auch tatsächlich, bis die Gestapo von Gleiwitz Einspruch erhob und erklärte: »Das geht nicht, ein Jude bei dieser Arbeit! Der nimmt anderen das Brot weg!« Dabei bekam ich keinen Pfennig dafür. Als ich wegen meiner Tätigkeit dort sogar verhaftet werden sollte, wandte ich mich an Kl., der mich umgehend nach Gut Winkel zurückbrachte. In dieser Hachscharagruppe blieb ich dann bis 1941. Wie die anderen Hachscharamitglieder hätte ich währenddessen eigentlich Landwirtschaft lernen sollen, aber ich habe nie wirklich im landwirtschaftlichen Bereich gearbeitet, denn es mußte dauernd gebaut werden: Baracken, eine Klärgrube und so weiter. Ich hatte die ganze Zeit zu zeichnen und zu planen.

Wie schon zuvor in Köln gehörte ich auch unter den Hachscharaleuten auf Gut Winkel keiner bestimmten Gruppe oder ideologischen Richtung an. Die einen waren mir zu links, die anderen zu orthodox. Ich wurde auch nicht stärker zionistisch motiviert, obwohl ich den Zionismus durch die dortigen Schulungen intensiv kennenlernte.

Ich erinnere mich, daß in dieser Zeit nach Beginn des Krieges noch einmal für eine Gruppe unserer Hachschara versucht wurde, eine Auswanderung nach Palästina über Jugoslawien und den Balkan zu organisieren. Die Gruppe machte sich auf den Weg, kam aber nie in Palästina an. Man hat nie wieder etwas von ihr gehört. Die Planung einer Auswanderung war sinnlos geworden, denn zum Auswandern gab es nun keine Möglichkeit mehr. Es wurde kritisch für uns.

Mein Vater meinte schließlich: »Komm zurück nach Köln, ob du dort sitzt oder bei uns – da kannst du besser zu Hause sitzen.«

Ich zog also 1941 wieder nach Köln und wohnte auch wieder bei meinen Eltern in der Siebengebirgsallee. Gelebt haben wir, meine Eltern und ich, in dieser Zeit von dem, was mein Vater noch mit seinen Geschäften verdiente. Ich selbst fand keine Arbeit. Ich bemühte mich

*Abb.9* Helmut Goldschmidt, 1944

zwar bei verschiedenen Architekten um eine Arbeitsmöglichkeit, aber es wagte niemand, mich zu beschäftigen.

Während dieser Monate konzentrierte ich mich stark auf die Musik. Ich hatte mich immer für Musik interessiert und konnte auch recht gut Klavier spielen. Ich spielte vor allem Jazzmusik, und für Swing war ich geradezu Experte. Durch meine Musik kam ich in Kontakt mit einer Gruppe von jungen Leuten, die ich zum Teil auch schon von früher her kannte, und wir fingen an, zusammen zu spielen. Es waren alles Swing-Enthusiasten, bei denen ich mit meinem Klavierspiel gesucht und gefragt war. Natürlich gab es in der Gruppe keine Nationalsozialisten, aber man kann auch nicht sagen, daß es sich um eine Widerstandsgruppe gehandelt hätte. Es waren einfach junge Leute, meist zeitweise vom Wehrdienst befreite Studenten, die die vom Regime verbotene Jazz-Musik spielen wollten. Alle Mitglieder unserer Gruppe außer mir, K.H. Wagner und Helmut Berg waren nichtjüdisch.

Ich spielte in dieser Zeit mit einigen der Freunde, unter anderem auch mit Helmut Berg, sogar einmal noch in einer Tanzbar. Aber nach ein paar Tagen wurde mir das zu heiß. Es gab ja dauernd Militärkontrollen, und obwohl die Musiker in der Bar merkwürdigerweise nie kontrolliert wurden, war es mir einfach zu gefährlich.

Übrigens war einer von unserer Gruppe der Sohn eines großen Gestapo-Mannes. Der Sohn besuchte mich häufig bei mir zu Hause und schenkte uns zum Beispiel ganze Kisten mit Apfelsinen, die er von seiner Arbeit am Großmarkt mitbrachte. Er war auch ein Swing-Enthusiast und versuchte, mich zu überreden, damals noch mit in einem Kabarett aufzutreten. Ich sagte ihm aber: »So weit geht das nicht. Ich kann das nicht mehr. Ich mache nicht mehr mit.« An öffentlichen Auftritten und Veranstaltungen der Gruppe nahm ich dann auch wirklich nicht mehr teil.

Der Umgang mit diesen Leuten beruhte vor allem auf dem gemeinsamen Musikinteresse, aber es war auch persönliche Freundschaft dabei. Wenn ich mit ihnen zusammen war, fühlte ich mich ein bißchen geborgen – auch wenn ich mir gleichzeitig als Außenseiter vorkam. Was oft innerlich in mir vorging, ließ ich mir nach außen hin nicht anmerken und machte jeden Blödsinn mit. Ich war nicht unglücklich dabei und hatte weniger Angst, wenn ich mit den Freunden zusammen war. Wurden wir zum Beispiel kontrolliert, dann zeigten die anderen ihre Studentenausweise und ich meinen Führerschein – das hat immer geklappt. Auch allgemein hatte ich zu dieser Zeit eigentlich noch keine wirkliche Angst – bis ich ein Jahr später verhaftet wurde.

Die Deportationen der Kölner Juden begannen im Oktober 1941. Natürlich wußten wir davon. Über die jüdische Gemeinde wurden die

Listen der Menschen zusammengestellt, die deportiert werden sollten, und man erfuhr, daß die Züge zu dem oder dem Zeitpunkt abgehen würden. Bei uns zu Hause standen schließlich eine Menge Koffer jüdischer Bekannter, die uns ihre Sachen vor der Deportation zum Aufbewahren gegeben hatten. Die Koffer stellten wir zunächst in den Keller, und später nahmen sie meine Eltern mit in ihr Versteck in der Eifel. Nach dem Krieg wurde das Gepäck Überlebenden oder Erben, die sich meldeten, wieder ausgehändigt. Als wir dann die Koffer, die nicht abgeholt wurden, öffneten, waren wir überrascht, welch belanglose Sachen die Leute im letzten Moment noch aufbewahren wollten. Es ist ganz merkwürdig, was die Menschen für sich als wichtig angesehen hatten. Wir übergaben die Sachen schließlich der jüdischen Gemeinde, die sie an ehemalige KZ-Insassen verteilte.

Was wir uns bei den ersten Deportationen gedacht haben? Die Leute haben gedacht, sie kämen zu einem Arbeitseinsatz. Es hieß, es ginge nach Riga und Theresienstadt, von Auschwitz wurde noch nicht gesprochen. Ich glaubte zuerst auch, sie würden in ein Arbeitslager gebracht und müßten in der Rüstungsindustrie arbeiten. Sie wurden ja auch aufgefordert, zum Beispiel verschiedene Werkzeuge mitzunehmen, wie zu einem Arbeitseinsatz. Natürlich waren die Leute tief, tief unglücklich, aber was eigentlich mit ihnen passieren würde, das wußten sie damals zu Beginn der Deportationen noch nicht.

Von meiner engeren Familie und unseren Verwandten wurde niemand von Köln aus deportiert, weil sich alle ins Ausland geflüchtet hatten. Mein Vater war der einzige der Familie, der hier geblieben war, die anderen hatten Zuflucht in Belgien und Holland gefunden. Aber viele Bekannte und Freunde wurden von Köln aus deportiert. Dieser Verlust im Freundeskreis hatte sich schon durch die sogenannte »Polenaktion« 1938 bemerkbar gemacht, in der viele meiner Freunde, zum Beispiel eine Reihe meiner Freunde aus dem Sportklub, ausgewiesen wurden. Und von den Deportationen von 1941 und 1942 in die KZs waren auch sehr viele Bekannte und Freunde von mir betroffen.

Ich selbst war zunächst nicht direkt bedroht, denn vorläufig wurden die »Mischlinge« ja noch von den Deportationen verschont. Aber natürlich wußten wir, daß unsere Zeit irgendwann abgelaufen sein würde. Meine Zeit war Ende 1942 abgelaufen, als ich verhaftet wurde.

Grund meiner Verhaftung zu diesem Zeitpunkt war die Verwicklung in den Fall Helmut Berg. Vielleicht wäre ich ohne diese Verwicklung erst 1943 verhaftet worden, aber ich hätte in jedem Fall nur noch eine Gnadenfrist gehabt, deportiert worden wäre ich sowieso.

Es war ein Tag im November 1942, als die Gestapo plötzlich bei uns auftauchte und meine Eltern nach mir befragte. Ich selbst war nicht zu

Hause. Die Männer, von denen einer, glaube ich, Büttner[10] hieß, durchsuchten erst das Haus und nahmen dann meinen Vater mit. Merkwürdigerweise entließ man meinen Vater nach acht Tagen wieder, aber mein Vater, er war körperbehindert, war vor der Gestapo wohl recht couragiert aufgetreten und hatte gesagt: »Was wollen Sie von mir? Ich weiß, ich werde sowieso umgebracht, was wollen Sie also hier noch von mir?« Der Mord an den Juden war damals noch nicht allgemein bekannt, aber man hat es schon geahnt. Die Vorgänge im Osten waren schon in die, sagen wir, informierten jüdischen Kreise vorgedrungen. Da war schon in etwa bekannt, was sich in den Lagern tat. Zwar wurde mein Vater schließlich nach Hause geschickt, aber er dachte sich, daß das nicht weiter gut gehen könne, und fuhr sofort in die Eifel, um sich dort zu verstecken. Meine Mutter blieb allein in der Wohnung, und nach acht Tagen kam die Gestapo tatsächlich wieder und wollte ihn holen. Sie sagte aber, sie hätte nichts mehr von ihm gehört, er wäre von der Verhaftung nicht wiedergekommen. Sie wüßte nichts, vielleicht hätte er sich das Leben genommen. Daraufhin sind sie wieder gegangen.

Mein Vater war in das Heimatdorf seines Schwiegervaters geflohen und versteckte sich in dessen geräumigem Geburtshaus, in dem der Bruder seines Schwiegervaters eine Gastwirtschaft betrieb. Später zog auch meine Mutter dorthin, und teils wurden sogar unsere Möbel und die Bibliothek meiner Eltern in ihren Unterschlupf gebracht.

Zunächst wußte im Ort niemand von den Versteckten, allmählich wurde es aber doch einigen bekannt. Aber vom Ort aus, von den Dorfbewohnern, wurde nichts gegen meinen Vater unternommen. Dazu war die Bevölkerung viel zu katholisch. Und der Pastor aus dem Ort kam sogar ständig zu Besuch zu meinem Vater, denn das war endlich jemand, mit dem er sich frei unterhalten konnte. Mein Vater ging auch sonntags mit in die Dorfkirche, fiel also gar nicht auf.

Gefährlich wurde es für ihn erst 1944, gegen Ende des Krieges. Als die Ardennenoffensive war, wurde ausgerechnet in diesem Haus meiner Verwandten, in dieser Gastwirtschaft, eine Unterkunft für einen SS-Militärstab eingerichtet. Mein Vater kam dadurch in eine brisante Lage. Um seine Rettung zu erklären, muß ich auf meine eigene Geschichte vorgreifen:

Ich befand mich seit 1943 im Konzentrationslager Buchenwald, wo ich in der Bauleitung des Lagers arbeitete. Eines Tages war das Papier, das wir für unsere Zeichnungen brauchten, ausgegangen, und es war auch keines mehr zu bekommen. Ich erklärte, daß ich Zeichenpapier bei einer mir bekannten Firma besorgen könnte, und schrieb meinem Vater – unter dem Mädchennamen meiner Mutter – in sein Eifeler Versteck. Von dem Versteck meiner Eltern hatte ich schon seit einiger Zeit erfahren, wußte also, wo sie waren. Im Namen der Waffen-SS Buchenwald erteilte ich meinem Vater in diesem Brief einen Auftrag für die Lieferung von Zeichenpapier. Er wußte nun zum einen, wo ich war und was ich tat, zum anderen konnte er uns tatsächlich ein paar Rollen Zeichenpapier liefern, die er gehortet hatte. Vor allem aber rettete ihn dieser Auftrag vor Verhaftung und Deportation: Kurze Zeit nachdem der SS-Stab im Gasthaus meiner Verwandten Quartier genommen hatte, wurde mein Vater als flüchtiger Jude denunziert. Der Gendarm des Dorfes, den man geholt hatte, um meinen Vater verhaften zu lassen, erklärte aber: »Den Herrn Goldschmidt kann ich nicht verhaften. Erstens ist das Gefängnis voll, und zweitens sitzt er hier mit Genehmigung der höchsten Behörden. Ich selbst habe ein Paket zum Bahnhof gebracht, in dem er die Waffen-SS in Buchenwald-Weimar beliefert hat.« Und tatsächlich verlief die Sache im Sande, mein Vater wurde nicht verhaftet.

Irgendwie hatte mein Vater die ganze Nazi-Zeit über so viel Glück. Zum Beispiel kam er auch in einer anderen gefährlichen Situation nur durch einen Zufall davon: 1944 wurde das Verfahren, das über meine »rassische Einordnung« lief, das also klären sollte, ob ich als »Mischling 1. oder 2. Grades« zu behandeln sei, vorläufig entschieden. Eine Verfügung des Innenministers bestimmte, daß man mich bis zur endgültigen Einordnung nicht als Jude zu behandeln hätte. Dieses Schreiben hatte mein Vater zufällig bei sich, als er 1944 von der Eifel aus nach Köln fuhr, um zu sehen, wie die Lage nach den Bombardements dort war und ob die Wohnung noch stand. Im Zug nach Köln kam wie immer eine Kontrolle, und der Kontrolleur sagte gleich: »Sie als Jude dürfen gar nicht in der Eisenbahn sitzen.« »Doch«, sagte mein Vater, »ich lebe in einer privilegierten Mischehe, ich darf das.« »Nein«, hieß es, »das hat mit privilegierter Mischehe nichts zu tun, Sie sind Jude, und Sie dürfen hier nicht mitfahren.« Als er meinen Vater zwingen wollte, mit ihm auszusteigen, fiel meinem Vater gerade noch rechtzeitig der Brief des Innenministeriums ein, in dem stand: »Helmut Goldschmidt, geb. 16.10.1918, ist nicht als Jude zu behandeln.« Er holte den Brief aus der Tasche und zeigte ihn vor. Der Kontrolleur sah nur: »Innenminister« und »... ist nicht als Jude zu behandeln« und sagte: »Warum haben Sie mir das nicht gleich gezeigt?« Damit war der Fall erledigt. So viele Zufälle gab es, so viel Glück hatte mein Vater.

Ich erhielt übrigens im September 1944 den endgültigen Bescheid über meine »rassische Einordnung«. Aufgrund der Argumentation, daß meine Mutter nichtjüdisch und mein Vater unehelich mit möglicherweise nichtjüdischem Vater sei, wurde ich als »Mischling 2. Grades« klassifiziert.

Meine Mutter war durch die Ereignisse dieser Zeit sehr, sehr mitgenommen. Für sie war das alles furchtbar. Wenn es einem so gut geht, und man fällt dann aus allen Wolken – nicht nur in finanzieller Hinsicht, auch im Sinne des Angesehenseins –, dann ist das kaum zu verkraften. Meine Mutter legte großen Wert auf das Ansehen, und es hat sie sehr deprimiert, daß auf einmal alles nicht mehr so war wie früher. Mein Vater überspielte das und beruhigte sie immer, indem er sagte: »Warte, das geht vorüber, das wird wieder anders.« Aber sie empfand das anders, und vor allem, daß man mich verhaftet hatte, war bitter für sie.

Meine Eltern konnten bis zur Befreiung in diesem Nest in der Eifel bleiben. Die Parteigenossen und das Militär mußten sich schließlich absetzten – meine Eltern hatten überlebt.

Ich war wie mein Vater im November 1942 verhaftet worden. Nachdem man meinen Vater von zu Hause abgeholt hatte, rief einige Zeit darauf, an einem Freitag, ein Mann von der Gestapo bei uns an und sagte, ich müßte Samstagmorgen zur Gestapo kommen, sonst holten sie mich. Ich ging also am Samstag ins EL-DE-Haus. Was sollte ich auch anderes machen?

Im EL-DE-Haus wurde ich in einem Zimmer in der unteren Etage von den Gestapoleuten Manthey[11] und Büttner verhört. Sie wollten vor allem wissen, wo Helmut Berg war und was ich mit ihm zu tun hatte. Helmut Berg, einer der jüdischen Freunde in unserer Musikclique, war zur

*Abb.10* EL-DE-Haus am Appellhofplatz, Sitz der Gestapo

Deportation vorgesehen gewesen, hatte fliehen können und wurde nun gesucht. Man verdächtigte ihn – und alle, die zu seinem Freundeskreis gehörten – hochverräterischer Tätigkeiten, versuchte, viele seiner Freunde zu fassen und zu verhören. In diesem Zusammenhang also verdächtigte man auch mich. Tatsächlich hatte es keinerlei Widerstandsaktionen in dieser Gruppe um Berg gegeben, wir waren alle ganz harmlos.

Ich kam nach dem Verhör sofort in den Keller. Ich glaube, ich war der einzige Deutsche dort, alle anderen waren Zwangsarbeiter, Russen und Angehörige anderer Nationen. Die Räume waren ganz vollgestopft mit Menschen. Man konnte sich nicht einmal richtig hinlegen, so voll war es in diesen schmalen Zellen, und in der Nacht mußte man sehen, daß man irgendwie halb aufrecht, bloß mit dem Mantel zugedeckt, schlafen konnte. Ich konnte mich mit den anderen Häftlingen kaum verständigen, denn sie sprachen höchstens ein bißchen gebrochenes Deutsch. Die Insassen der Zellen wechselten auch dauernd: Sie wurden nach oben geholt und wieder zurückgebracht, nochmals geholt und wieder- oder fortgebracht. Mich ließ man ungefähr acht Tage im Gestapokeller, dann kam ich ins Polizeigefängnis Klingelpütz. Helmut Berg hatten sie währenddessen immer noch nicht gefaßt, wußten aber wohl, daß er sich in Köln aufhielt. Eines Tages wurde ich zu einer weiteren Vernehmung bei der Gestapo vom Klingelpütz ins EL-DE-Haus gefahren. Im Auto saßen der Fahrer, drei Bewacher und ich. Wir kamen gerade über die Richmodstraße, als Helmut Berg auf dem Fahrrad uns vors Auto fuhr. »Ach du lieber Gott«, dachte ich, und mein Herz blieb fast stehen. Ich hatte ihn gleich erkannt – und meine Begleiter erkannten ihn auch. Sie stiegen aus, nahmen ihn fest und brachten uns zusammen zum EL-DE-Haus. Dort sagte mir einer der Leute: »Also das will ich Ihnen sagen: Dadurch, daß wir den gekriegt haben, ist Ihnen aber was erspart geblieben!« Ich sagte: »Ich hätte Ihnen sowieso nichts sagen können.« Ich erhielt die Antwort: »Da wäre ich nicht so sicher, ob Sie uns nicht doch noch was erzählt hätten.« Ich bin also noch einmal davongekommen, durch einen Zufall, der das Unglück für einen anderen bedeutete. Hätte man Helmut Berg nicht gefunden, wären die Verhöre sicher furchtbar für mich geworden. So riefen sie aber sogar noch meine Mutter an, die mir dann etwas zum Essen bringen durfte. Abends wurde ich schließlich wieder in den Klingelpütz zurückgebracht.

Im Klingelpütz war ich allein in einer Zelle, aber ich sah eine Reihe anderer, die mit Berg befreundet gewesen waren und die man inzwischen auch verhaftet hatte, im Hof und bekam Kontakt zu ihnen. Von der Musicclique war nur ich festgenommen worden, die übrigen, die ja fast ausschließlich keine Juden waren, hatte man ungeschoren gelassen. Freunde oder Bekannte von Berg, die ich im Klingelpütz wiedertraf waren: Hellmuth Mayer, Adi Berndt, die Gebrüder Deutsch, Weill. Die meisten von ihnen fielen wie ich unter die Kategorie »Mischlinge«, waren aber anders als ich als »christliche Mischlinge«, also nicht als »Glaubensjuden«, klassifiziert. Die Nazis dachten wunders, was sie da für eine Gruppe aufgedeckt hätten – eine Widerstandsbewegung, eine Organisation, die Juden ins Ausland brachte, oder was weiß ich. Dabei waren wir harmlose Idioten.

Ich blieb über drei Monate, bis in den März 1943 hinein, im Klingelpütz, dann wurde ich einem Transport nach Auschwitz zugeteilt. In einem Gefängniswagen, den man an einem normalen Zug angehängt hatte, fuhren wir ungefähr drei Wochen bis nach Auschwitz. Als Verpflegung erhielten wir jeden Tag zwei Stück Brot, mehr nicht. An verschiedenen Stationen, z.B. Kassel, Dresden, Leipzig, Chemnitz und Breslau, hängte man unseren Waggon vom Zug ab und brachte uns in das Gefängnis des jeweiligen Ortes. Ich habe also auf dem Weg von Köln nach Auschwitz eine ganze Reihe von deutschen Gefängnissen kennengelernt.

Der Wagen war schon in Köln vollbelegt mit Häftlingen. Allerdings hatte man von unserer Gruppe nur Helmut Berg mitgeschickt, außerdem einen älteren Kölner Juden, der Blumenfeld hieß, ansonsten waren unter den Häftlingen viele Nichtjuden und auch viele christliche »Mischlinge«. Wir wußten erst nicht, wohin es ging, aber unterwegs wurde es uns dann doch klar. Und wir wußten damals schon, was das Ziel Auschwitz für uns bedeuten würde. Als wir zwei Tage zu einem Arbeitseinsatz Halt machten, konnte ich eine Karte an meine Eltern schreiben, die ein Passant mitnahm und in den Briefkasten warf – ich hätte nicht geglaubt, daß er das wirklich tun würde. Aber die Karte kam tatsächlich an, und ich habe sie heute noch. Auf dieser Karte schrieb ich den Eltern, daß ich nach Auschwitz gebracht würde und nahm von ihnen Abschied. Ich dachte damals: »Jetzt ist für mich alles zu Ende«.

Als wir in Auschwitz ankamen, wurden wir nicht zur Selektion geschickt, sondern man brachte uns – den ganzen Transport – geschlossen in das Zentrallager Auschwitz. Zuerst kamen wir in Quarantäne. Das hieß, man steckte uns zusammen mit ungefähr 300 Mann in einen Barackenblock, wo wir warten mußten, bis verschiedene Gruppen für Arbeitseinsätze zusammengestellt waren. Ich wurde nicht sofort einem der Einsätze zugeteilt und blieb aus irgendwelchen Gründen erst noch im Quarantäneblock. Währenddessen bekam ich eine Nagelbettentzündung am linken Daumen, die in kurzer Zeit den ganzen Arm in Mitleidenschaft zog. Im Krankenbau, in den man mich schickte, sagte einer der Ärzte zu mir »Das ist ja alles vereitert, wir werden den ganzen Arm abnehmen müssen.« Nach diesem ersten Schock für mich hieß es dann

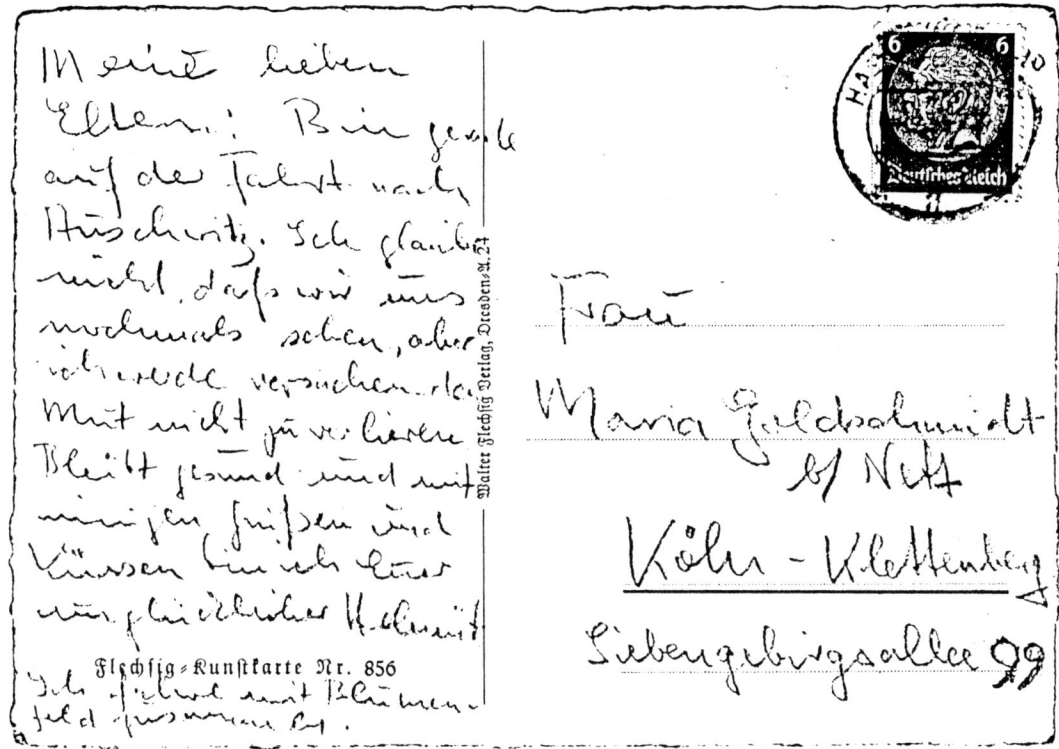

*Abb.11* Karte Helmut Goldschmidts vom Transport nach Auschwitz an seine Eltern, März 1943

aber: »Nur der Daumen muß ab.« Ich wurde in den Operationsraum, in dem einige polnische Ärzte waren, gebracht, wurde auf eine Liege gelegt, bekam ein Äthertuch über das Gesicht, und dann fühlte ich, wie an meinem Daumen gesägt wurde. Ich habe wirklich um mein Leben und meinen Daumen gezittert, als ich da lag. Und vor allem dachte ich: »Wie kannst du mit vier Fingern an der linken Hand denn noch Klavier spielen?« Jedenfalls – der Daumen blieb dann doch dran, und ich kam, wie das so schön hieß, zur Schonung in einen Block. Dort teilte mir eine Abordnung des Blockältesten nach vier Tagen mit, daß ich aus dem Lager entlassen würde. Ich habe es nicht glauben wollen, aber man sagte mir: »In drei Tagen mußt du dich in der Schreibstube melden, und dann wirst du entlassen.« Mit gemischten Gefühlen und trotz meiner Zweifel ging ich ein paar Tage danach mit Hoffnung in die Schreibstube. Ich wurde natürlich nicht entlassen, ich kam bloß in eine andere Quarantäne und dann in den berühmten Block 10, den Block, der an den Hof angrenzte, auf dem die Erschießungen stattfanden. In der ersten Etage des Blocks war eine Abteilung für sogenannte Abgangsquarantänen. Dort waren Leute untergebracht, die sich für die Dirlewanger-Division[12] beworben hatten. Diese Division war eine Art Bewährungskompanie, zu der sich »arische« Kriminelle freiwillig melden konnten und dann aus

*Abb.12* Ausweis für den Häftling Helmut Goldschmidt in Buchenwald, 1944

dem Konzentrationslager entlassen wurden. Ich war also plötzlich auch in diesem Block untergebracht. Nach etwa 14 Tagen sagte man mir, ich würde entlassen. Ich erhielt in der Kleiderkammer zunächst einmal bis aufs Kleinste alle meine Sachen zurück, die man mir bei der Einlieferung abgenommen hatte. Ich zog sie an und ging zum Lagertor. Ich dachte, ich wäre frei. Aber am Tor hieß es, ich sollte nicht freigelassen werden, sondern man wollte mich »überstellen«. Man schickte mich zurück, ich bekam wieder einen gestreiften Häftlingsanzug und wurde dann ins KZ Buchenwald »überstellt«. Das war im Juli 1943. Ich hatte vier Monate in Auschwitz verbracht.

Als ich nach dem Transport von Auschwitz über Breslau in Buchenwald ankam, dachte ich, schon aufgrund des äußeren Unterschieds: »Gemessen an Auschwitz ist das ein Sanatorium.«

Wenn man nach Auschwitz kam, wußte man, daß man draufgehen sollte – sonst wäre man ja nicht dorthin gekommen. Man wußte nicht, wann, und nicht, wie man sterben würde, aber, daß man dahin kam, um einzugehen, das war selbstverständlich. Diese Erkenntnis bedeutete einen Schock, der unglaublich war und gar nicht zu beschreiben ist.

Es ist jetzt doch über 45 Jahre her, trotzdem gibt es keine Woche, in der ich nicht mindestens dreimal von Auschwitz träume, und nicht nur von Auschwitz, sondern vom Gefangensein überhaupt: Gefangen zu sein und nicht machen zu können, was man will, und gehen zu können, wohin man will – diese Vorstellung sitzt so tief, die geht einfach nicht mehr weg, das ist wie eine Krankheit, ja, wie eine Krankheit.

In Auschwitz habe ich völlig allein gestanden – schon dadurch, daß ich allein, das heißt ohne einen Freund, eingetroffen war. Helmut Berg hatte schon in Kassel, auf dem Weg nach Auschwitz, einen Ausbruch versucht, war gefangen und »gesondert behandelt« worden. Ich habe ihn nicht mehr gesehen. Er ist in Auschwitz umgekommen, wahrscheinlich wurde er gleich nach der Ankunft vergast, und auch Blumenfeld starb in Auschwitz schon kurz nach der Einlieferung.

Buchenwald war ein ganz anderes Lager. Wenn man in Auschwitz Brot bekam, mußte man es sofort aufessen, sonst war es weg. Auschwitz war ein furchtbares Lager, und auch die Häftlinge untereinander waren ohne Rücksicht und Solidarität. Aber in Buchenwald konnte man alles offen liegen lassen. Wenn ich zum Beispiel Pakete von meinen Eltern aus der

Eifel bekam, konnte ich die Sachen liegen lassen, es hat nie etwas gefehlt. Der, der etwas gestohlen hätte, wäre von den Häftlingen schwer bestraft worden, denn Kameradendiebstahl, das bedeutete schwere Strafen. Da gab es kein Pardon.

Das Lager wurde im wesentlichen von den politischen – vor allem den kommunistischen – Häftlingen geführt und war von den Häftlingen selbst bis ins Letzte durchorganisiert.

Als ich ankam, sahen die kommunistischen Lagerführer in mir zunächst einmal einen neuen Mann, den sie gleich zu

Abb.13 Ausweis für den Häftling Helmut Goldschmidt in Buchenwald, 1944

Beginn mit kommunistischen Ideen impfen wollten. Sie schickten mich in die Abteilung für die Arbeitsstatistik, in der viele der einflußreichsten Häftlinge waren, und fütterten mich da erst einmal, denn ich wog bei meiner Ankunft nur noch 35 Kilo. Nach kurzer Zeit aber wurde ich der Bauleitung, einer Abteilung außerhalb des Lagers, zugewiesen, und dort habe ich die nächste Zeit, eigentlich ja in meinem Beruf, gearbeitet, gezeichnet und gerechnet.

Wir waren in der Bauleitung nur zwei Deutsche: Theo Eckertz[13], ein ganz alter Kommunist aus Köln, der die Buchhaltung machte, und ich in der technischen Abteilung. In meiner Abteilung waren fast nur technische Ingenieure, Polen, und unter anderen Ausländern auch zwei Holländer, von denen einer Rechtsanwalt war und die Schreibarbeiten machte.

Wir bauten beispielsweise die Gustloff-Werke – eine Gewehrfabrik – und eine Eisenbahnlinie von Weimar nach Buchenwald. Kurz vor Kriegsende, im letzten Moment noch, sollte diese Linie in Betrieb genommen werden, aber derjenige, der den Bau abnehmen sollte, erklärte, die Linie sei so fehlerhaft gemacht, daß kein Zug darauf fahren könne. Es ist damals auch keiner mehr darauf gefahren, erst nach dem Krieg, soviel ich weiß.

Es gab überhaupt viel Sabotage bei der Arbeit. Aus den Gustloff-Werken ist wohl kaum ein funktionsfähiges Gewehr herausgekommen. Ich muß nochmals betonen, daß die Organisation der Häftlinge einmalig war. Dagegen hatte die SS zum Schluß gar keinen Überblick mehr über das Lager. Daß alles straff lief, war zu unserem eigenen Vorteil, es war zu unserem Selbstschutz, denn nur so hatten wir alles selbst in der Hand.

Wir waren in Steinhäusern oder in Baracken untergebracht. Ich schlief in einem Steinhaus: Das waren Häuser mit Waschräumen am Eingang, dann rechts und links Aufenthaltsräumen und dahinter Schlafräumen. Als ich ankam, schlief man zu zweit in einem Feldbett, drei Betten übereinander, später schlief man zu viert darin. Das heißt, man schlief schon gar nicht mehr, denn man konnte weder ordentlich sitzen noch liegen. Insgesamt waren wohl ungefähr 80 Leute in einem Raum, aber das ist von heute aus schwer zu schätzen.

Morgens mußten wir zum Appell, zum Zählappell, danach ging es mit den jeweiligen Gruppen zur Arbeit. Abends sechs Uhr kam man zurück, und dann war wieder Zählappell. Die Verpflegung war im Vergleich zu der in Auschwitz gut. Verhungert ist man nicht dort, ob man satt wurde, das ist eine andere Frage. Viele aber starben an Krankheiten oder an den Arbeitsstätten, im Steinbruch oder bei den Bauarbeiten. Es war dabei ein Unterschied wie Tag und Nacht, ob man im Lager arbeitete oder draußen. Aber generell waren die Arbeits- und Lebensbedingungen nicht zu vergleichen mit denen in einem Vernichtungslager wie Auschwitz. Und ein Vernichtungslager, wie es Auschwitz war, war Buchenwald nicht – obwohl Tausende der Häftlinge umkamen und ermordet wurden. Aber den ungeheuerlichen, unfaßbaren Massenmord wie in Auschwitz gab es dort nicht.

So grotesk das klingt, aber als ich von Auschwitz kam, empfand ich Buchenwald für mich als eine Lebensrettung. Ich dachte: »So wie Auschwitz ist es nicht, du kannst hier sicherlich überleben.« Auschwitz hatte ich dagegen als ein Todesurteil angesehen.

Ich hatte bald Freunde in Buchenwald. Zum einen traf ich einige Kölner, zum anderen aber half mir beim Kontakteknüpfen wieder die Musik. Wieder gehörte ich bald zu einer Musikgruppe. Der eigentliche Initiator unserer Buchenwalder Musikgruppe war Jiri Zak, ein tschechischer Sozialist und fanatischer Musiker. Er hielt uns alle zusammen und machte die Existenz der Gruppe erst möglich, da er die Leitung der Transporte unter sich hatte. Er stellte also die Transporte in die Außenlager zusammen und entschied im Grunde, wer auf Transport geschickt wurde und wer bleiben konnte. Er bescheinigte den Leuten, die besonders musikalisch waren, ein Instrument spielen konnten und sich für Jazz interessierten, daß sie im Lager bleiben müßten, und so wurden sie weder zu Arbeiten im Außeneinsatz herangezogen noch weiter deportiert. Der Tscheche organisierte mit diesen Leuten ein richtiges Orchester von sechzehn Mitgliedern – Franzosen, Tschechen, Holländern und mir als einzigem Deutschen. Er beschaffte auch die Musikinstrumente: Saxophone, Trompeten, Posaunen, Baß. Ein Klavier gab es sowieso, das stand auf der Bühne in der riesigen Versammlungshalle des Lagers. Ich schrieb die Noten für die Gruppe im Büro der Bauabteilung, und in den zwei Jahren dort konnte ich ungefähr 120 Arrangements machen.

Wir kamen immer in der Mittagspause zusammen und übten dann in der Versammlungshalle des Lagers. Irgendwie ging das, es kümmerte sich keiner darum. Die SS hörte manchmal zu, denn alle, auch die Mitglieder der SS, hörten gern amerikanische Musik. Außerdem machten wir manchmal sonntags mit einer kleinen Besetzung von etwa sechs Musikern in einzelnen Baracken Konzerte, damit die Häftlinge ein bißchen Abwechslung hatten.

Außer unserer Musikgruppe gab es in Buchenwald eine offizielle Lagerkapelle, die von der SS organisiert war und zum Beispiel die Marschmusik beim Einmarsch und Ausmarsch der Arbeitskolonnen spielte. Diese Musikkapelle trug sogar eine eigene Uniform.

Dadurch, daß ich zur Jazzgruppe gehörte, hatte ich Freunde und damit einen Halt, ich war nicht allein. Auch die Kölner Häftlinge, die ich im Lager kennenlernte oder wiedertraf, waren eine Stütze. Ich habe in Buchenwald zum Beispiel Alfred Kahn, einen Klassenkameraden aus der Volksschule, wiedergesehen, der im Spanienfeldzug gewesen war, später verhaftet und nach Buchenwald geschickt wurde. Er ist dort umgekommen. Die Kölner Hans Baermann und Leo Weißmann konnten wir im Lagerkrankenhaus unterbringen und so retten. Außerdem waren noch die Gebrüder Mayer aus Köln in Buchenwald. Ich kannte also einige Kölner dort.

Zu einer bestimmten politischen Gruppe gehörte ich nicht. Ich war zwar als politischer Häftling nach Buchenwald eingeliefert worden, aber tatsächlich habe ich mich weder vor der Verhaftung noch in der Haft politisch engagiert. Natürlich wollten mich verschiedene Mithäftlinge von ihrer politischen Richtung überzeugen – ich sollte Kommunist oder Sozialist werden –, und man hielt mir große Vorträge. Doch man merkte bald, daß ich nicht darauf ansprach. Immerhin kannte ich dadurch, daß ich gleich nach meiner Einlieferung nach Buchenwald in der Abteilung Arbeitsstatistik gearbeitet hatte, alle Funktionäre der Häftlinge, und das war während meiner ganzen Haftzeit von Vorteil für mich. Die einzige Gruppe aber, zu der ich gehörte, der ich mich angehörig fühlte, war die Gruppe der Musiker, das waren meine eigentlichen Kameraden und Freunde.

Ende 1944/Anfang 1945 wurde die Situation im Lager immer schlimmer. Wir Häftlinge wußten, daß es nicht mehr lange dauern konnte, aber wir wußten nicht, was mit uns geschehen würde. Wir fragten uns: Würde man uns im Lager lassen, würden wir zuletzt noch weiter transportiert oder alle in einem Massaker ermordet? Es gab unterschiedliche Gerüchte, und wir hatten Angst vor dem, was kommen konnte. Schlimm waren in dieser Zeit vor allem auch die Transporte aus Auschwitz und anderen Lagern, die aufgelöst und evakuiert wurden, und deren Häftlinge zum Teil im Fußmarsch zu uns kamen. Das waren Tausende und Abertausende von Menschen, die, wenn auch oft nur für kurze Zeit, irgendwie untergebracht werden mußten, bevor man sie weiterverschickte.

1944 fand auch noch ein Luftangriff auf das Lager statt. Im Lager selbst wurde zwar nichts getroffen, aber außerhalb des Lager bombardierte man die Kasernen usw. schwer. Damals flüchteten die SS-Leute ins Lager, weil sie sich dort sicherer fühlten als draußen. Die Gebäude der Bauleitung, die außerhalb des Lagers lagen, wurden auch zerstört, so daß ich von da an innerhalb des Lager arbeitete. Ich bekam danach durch Beziehungen eine Stelle in der DAW, den Deutschen Ausrüstungswerken, einer Einrichtung der SS, die Schreinerwerkstätten, Schlossereien umfaßte. Dort konnte ich im Büro arbeiten.

Um diese Zeit stellte man – auch als eine Organisation der Häftlinge – neben der Lagerpolizei eine Feuerwehr auf, zu der ich hinzugezogen wurde und damit im Grunde wieder in eine privilegierte Position rückte. Die Feuerwehr wurde auch eingesetzt, wenn Transporte ankamen, und ich erinnere mich daran, wie wir eines Tages nach der Ankunft eines Transportes von Auschwitz für die Unterbringung von 6.000 Menschen, fast alles Männer, sorgen sollten. Wir wollten sie in den großen Werkstatthallen im Lager unterbringen, hatten aber zuerst enorme Schwierigkeiten, sie dazu zu überreden, die Hallen zu betreten. Diese Menschen hatten ja ihre Erfahrungen mit Auschwitz, und in Auschwitz konnte das Betreten einer Halle das Ende bedeuten. Wir mußten ihnen also beibringen, daß es das in Buchenwald nicht gab, und das war sehr, sehr schwierig.

Zwei Tage vor der Befreiung hieß es plötzlich, alle Juden würden herausgeholt und das Lager evakuiert. Wir versuchten zuerst, die Juden zu verstecken, das erübrigte sich schließlich aber, weil die SS die Übersicht völlig verloren hatte und die jüdischen Häftlinge gar nicht mehr suchen und aufgreifen konnte.

Und dann waren die Amerikaner da[14]. Die ersten Hubschrauber flogen über das Lager, und man hörte die Panzer kommen. Die SS-Leute schmissen alles weg, die Uniformen und alles, und flohen in Richtung Weimar. Wir Häftlinge hatten eine illegale Truppe aufgebaut, die auch Waffen besaß, Waffen, die man irgendwo gestohlen und versteckt hatte. Diese Truppe suchte nach den SS-Leuten und machte auch Gefangene. Die ersten gefangenen SS-Männer wurden ins Lager gebracht und den Amerikanern übergeben. Was mit der SS passierte, war uns eigentlich schon einigermaßen egal. Hauptsache war, daß wir befreit waren und schnell nach Hause kamen.

Die Amerikaner brachten nun Lebensmittel noch und noch, und das hatte furchtbare Folgen, denn die Lagerinsassen – besonders diejenigen, die mit den Transporten gekommen waren – waren halb verhungert und »fraßen« richtig in sich hinein. Viele sind daran gestorben.

Trotz allem Furchtbaren, was noch geschah, stand im Vordergrund das glückselige Gefühl, frei zu sein und nach Hause zu können.

Bei mir dauerte die Heimkehr allerdings noch etwas. Als die Amerikaner kamen, gaben wir mit unserem Orchester ein Befreiungskonzert für sie und spielten dabei unsere Jazz-Arrangements. Die Amerikaner wunderten sich und fragten nach, woher wir die Noten dafür hatten. Schließlich fragten sie mich, ob ich nicht mit ihnen nach Weimar kommen und dort für sie Arrangements schreiben wollte, denn im Staatstheater Weimar sollten Veranstaltungen für die Truppenbetreuung organisiert werden. Um schnell aus dem Lager wegzukommen und dort nicht auf den Rücktransport warten zu müssen, ging ich mit nach Weimar und schrieb Noten und Arrangements für die Amerikaner. Die erste Vorstellung vor den Truppen machte ich auch noch mit.

Kurz darauf, vielleicht zwei Wochen nach der Befreiung, hieß es auf einmal, die Kölner Lagerhäftlinge würden von der Stadt Köln abgeholt und nach Hause gebracht. Ich wollte eigentlich auch mitfahren, aber die Amerikaner überredeten mich, noch zu bleiben und die Musikstücke fertig zu machen. Ich bin dann auch tatsächlich noch geblieben, bis eines Tages plötzlich mein Vater und meine Mutter vor mir standen. Sie hatten mich unter den in Köln eintreffenden Leuten gesucht und waren, als ich nicht dabei war, gekommen, um mich in Weimar zu suchen. Für mich war das der Himmel auf Erden. Ich habe alles stehen und liegen lassen und bin mit den Eltern in die Eifel, dorthin, wo sie die ganze Zeit versteckt gewesen waren.

Nachdem ich mich erst einmal ein bißchen erholt hatte, bat mich im Sommer der Pastor, der meinen Vater in diesen Jahren mitbehütet hatte, darum, in den Dörfern der Umgebung über die Konzentrationslager zu berichten. Ich habe das gemacht, und die Vortragsräume waren brechend voll. Die Leute kamen von weit her, um sich meinen Bericht anzuhören.

Ich blieb die nächsten Jahre in Mayen, das zu fast 90 Prozent zerstört war. Der Bürgermeister der Stadt hatte mir 1945 den Vorschlag gemacht, in Mayen als Architekt zu arbeiten. Nachdem man mir ein Büro in der Genovevaburg eingerichtet hatte, begann ich mit meiner Arbeit.

Für mich und meine Arbeit wurde die Situation besonders günstig, als die amerikanische durch die französische Besatzung abgelöst wurde, denn unter den Franzosen traf ich einen Kommandanten, der auch als Häftling in Buchenwald gewesen war. Ich hatte ihn zwar dort nicht kennengelernt, er kannte mich aber durch unser Musizieren. Dadurch hatte ich einen ganz engen Kontakt zur Militärregierung, und wenn ich etwas brauchte – zum Beispiel Steine oder Eisenteile –, bekam ich es und konnte so zumindest anfangen zu bauen.

Die Stimmung in Mayen nach dem Zusammenbruch des »Dritten Reiches« war übrigens merkwürdig: Plötzlich gab es keine Nazis mehr. Keiner war ein Nazi gewesen, und keiner hatte den Juden etwas getan. Natürlich wußte ich, daß man auch in Mayen die Juden furchtbar behandelt hatte, besonders im November 1938 und in der darauffolgenden Zeit. Und auch jeder Mayener wußte, wer ein Nazi gewesen war und wer mitgeholfen hatte bei den Mißhandlungen der Juden. Mir war diese Situation bewußt, aber wenn man in so einer Trümmerstadt mit ein paar tausend Einwohnern lebt und dort arbeiten will, kann man sich nicht isolieren. Es war eben so, und man mußte damit zurecht kommen.

Meine Eltern zogen, so schnell es ging, nach Köln und lebten ab Anfang 1946 wieder in unserer alten Wohnung in der Siebengebirgsallee.

Inzwischen hatte sich in Köln eine kleine Gruppe jüdischer Überlebender gesammelt, die begann, sich wieder zu einer Gemeinde zu organisieren. Erster Vorsitzender der Gemeinde wurde Prof. Herbert Lewin, der aus dem Konzentrationslager zurückgekommen war. Mein Vater wurde Ende 1946 zum Zweiten Vorsitzenden gewählt und war dann ab 1948 oder 1949 bis zu seinem Tod 1954 Erster Vorsitzender. Unter dieser ersten kleinen Gruppe jüdischer Leute waren sehr wenige Kölner, die meisten waren Ausländer oder kamen aus anderen Städten. Fast alle lebten in Notunterkünften, und nur für einige Familien konnte man in den Trümmern des ehemaligen Jüdischen Asyls provisorische Zimmer herrichten. Die größte Frage dieser Menschen war: Was wird werden? Soll man überhaupt in Deutschland bleiben ? Soll man wieder eine Gemeinde bilden? Soll man rasch auswandern? Aber nach einiger Zeit zeigte sich, daß doch zumindest einige bleiben wollten. Es wurde auch viel von nichtjüdischer Seite geholfen, und besonders durch das Hilfswerk der Amerikaner kam Unterstützung, so daß man trotz allem Hoffnung hatte.

Ich selbst wollte nicht auswandern, ich habe gar nicht daran gedacht, aus Deutschland wegzugehen. Und mein Vater sowieso nicht, er war wie seine Familie ein Urkölscher. Auch seine Brüder, die nach Belgien geflohen waren und dort versteckt überlebt hatten, wollten wieder zurück nach Köln. Und tatsächlich war die Familie 1949 wieder fast vollständig in Köln versammelt – bis auf einen Bruder meines Vaters, der umgekommen war.

Ich kehrte erst um 1950 endgültig von Mayen zurück nach Köln, aber ich begann schon vorher, für die Kölner jüdische Gemeinde zu arbeiten.

*Abb.14* Synagoge im ehemaligen Jüdischen Asyl, Ottostraße nach der Einweihung, 1949

Erste Unterkunft für die Gemeinde waren seit 1945 die Restgebäude des Jüdischen Asyls in der Ottostraße, wobei die noch bestehende kleine Synagoge im ehemaligen Hauptgebäude des Asyls als Betsaal genutzt wurde, bis 1949 eine neue Synagoge in einem anderen noch einigermaßen erhaltenen Trakt des Asyls gebaut werden konnte. Die Planung für diese Synagoge übernahm ich. Später führte mein Architekturbüro noch eine ganze Reihe von Aufträgen für die jüdische Gemeinde aus: Wir bauten Anfang der 60er Jahre das als jüdisches Altersheim gedachte, später dann aber von der Stadt übernommene Haus am Auerbachplatz und um 1965 das jüdische Altersheim an der Berrenrather Straße. Ende der 50er Jahre war ich auch mit dem Wiederaufbau der Synagoge Roonstraße beauftragt. Die kleine Synagoge im alten Asyl war längst zu eng geworden, die Gemeinde war gewachsen und wollte nun ein großes Gemeindezentrum errichten. Von der Synagoge Roonstraße standen nach dem Novemberpogrom und den Bombenschäden nur noch Trümmer, aber die Kuppel war merkwürdigerweise fast erhalten – sie hatte nur ein paar Durchschüsse. Darüber, was mit der Ruine geschehen sollte, gingen die Meinungen in der Gemeinde weit auseinander. Einige wollten sie abreißen, andere wollten sie wieder aufbauen. Ich war dafür, die alten

151

*Abb.15* Synagoge Roonstraße
nach dem Krieg

Trümmer alle abzutragen und ein neues, neuzeitliches Gemeindezentrum mit entsprechend großer Synagoge, mit Räumen für Kindergarten
und Verwaltung zu bauen. Adenauer hat damals erklärt, die Synagoge
sei ein Merkmal Kölns und solle in alter Form wiederaufgebaut werden.
Und ich sagte: »Ja, gut, und wer soll das bezahlen?« Er gab zur Antwort,
wir sollten uns darüber keine Sorgen machen, das würde schon bezahlt.
Danach war die Stimmung ganz gegen einen Neubau, und man entschloß
sich, das Alte wiederherzustellen. Ab 1957 wurde dann gebaut. Es war
schwierig, diesen alten, riesigen Bau zu erhalten und gleichzeitig so zu
verändern, daß er den modernen Bedürfnissen entsprach. Ich habe dazu
die Seitentrakte etwas aufgestockt, um die Wohnungen für Rabbiner und

*Abb.16* Synagoge Roon-straße nach dem Wiederauf-bau, 1959

Kantor unterzubringen. In der Höhe des Erdgeschosses der Synagoge ließ ich eine Decke einziehen, so daß darunter ein Saal und Verwaltungs-räume entstanden. Die Kuppel allerdings wurde so, wie sie war, restau-riert. Ende 1959 konnte die Synagoge dann wieder eingeweiht werden.

Außer der Synagoge Roonstraße sind noch andere Synagogen in Nordrhein-Westfalen nach meinen Plänen gebaut worden: die Synago-gen in Bonn, Münster, Koblenz, Mönchengladbach, Wuppertal und Dortmund. Außerdem hat mein Büro bis in die 80er Jahre viele Profan-bauten, Wohnhäuser, Bürogebäude und Siedlungen in Köln und Umge-gend, geplant und realisiert.

Ich habe auch in den späteren Jahren nach 1945 nie daran gedacht, Deutschland zu verlassen, und auch meine beiden Söhne – ich habe 1953 geheiratet – sehen ihre Zukunft hier.

*Anmerkungen*

1   Das Interview wurde am 29.8 und 11.9.1990 in Köln geführt.
2   Dr. Max Isidor Bodenheimer (geb. 21.3.1865 in Stuttgart; gest. 20.7.1940 in Jerusalem), eine der führenden Persönlichkeiten der zionistischen Bewegung, lebte seit 1890 in Köln. Er war Vorsitzender der Zionistischen Verei-

nigung für Deutschland und Präsident des Jüdischen Nationalfonds. 1935 emigrierten er und seine Familie nach Palästina (vgl. zu Bodenheimer etwa: So wurde Israel. Aus der Geschichte der zionistischen Bewegung. Erinnerungen von Dr. M. I. Bodenheimer, hrsg. v. Henriette Hannah Bodenheimer, Köln 1984).

3  Die 1987 am Gebäude der ehemaligen Israelitischen Volksschule Lützowstraße 8-10 angebrachte Gedenktafel erinnert sowohl an die Schule wie auch an das Jüdische Kinderheim Lützowstraße 35-37.

4  Dr. Siegfried Braun (geb. 1885 in Brauneberg; gest. 1969 in Israel) war neben seinem Lehramt auch journalistisch tätig. Er redigierte zeitweise das Kölner jüdische Gemeindeblatt, während des NS-Regimes das Organ des Reichsverbandes der jüdischen Lehrervereine Deutschlands. 1939 emigrierte Dr. Braun nach Palästina (Walk, Schulwesen, in: Köln und das rheinische Judentum. Festschrift Germania Judaica 1959-1984, hrsg. v. Jutta Bohnke-Kollwitz u.a., Köln 1984, S. 417 f.).

5  Berta Loeb (geb. 30.11.1891 in Köln; umgekommen) wurde am 15.6.1942 nach Theresienstadt, später nach Auschwitz deportiert. Paula Loeb (geb. 19.6.1876 in Köln; gest. 18.5.1941 in Köln) war bis zum März 1934 Konrektorin der Volksschule Lützowstraße und zeitweise Mitglied der Gemeindevertretung. Sie erteilte außerdem Religionsunterricht an verschiedenen höheren Schulen Kölns (Asaria, Juden, S. 174 f.).

6  Meta Freyer (geb. 1881; umgekommen), Lehrerin an der Volksschule Lützowstraße (Asaria, Juden, S. 175).

7  Eugen Jacobi (auch Jakobi; geb. 20.7.1884 in Königssteele; umgekommen) war Konrektor der Volksschule Lützowstraße und Leiter des Chors der Synagoge Glockengasse. Er wurde nach Theresienstadt und Auschwitz deportiert (Asaria, Juden, S. 174). Louis Jacoby (auch Jacobi; geb. 23.5.1873 in Kamen; gest. 1.3.1943) wurde am 16.6.1942 nach Theresienstadt deportiert (vgl. Asaria, Juden, S. 174).

8  Abraham Reinhardt (geb. 1881; gest. 1937 in Köln; vgl. Todesanzeige Jüdische Rundschau, 11.5.1937, S. 11).

9  Der Architekt Robert Stern (geb. 1885 in Köln; gest. ?) baute 1927 die Synagoge in Köln-Ehrenfeld, 1928 den Pavillon der jüdischen Sonderschau auf der internationalen Presseausstellung in Köln sowie 1929-30 die Friedhofshalle auf dem jüdischen Friedhof Bocklemünd (Asaria, Juden, S. 188 u. 294).

10  Kriminal-Assistent Walter Büttner, von 1939 bis April 1944 bei der Stapo-Stelle in Köln tätig, danach abkommandiert nach Warschau; spätestens Mai 1944 nach Köln zurückversetzt; anschließend wieder drei bis vier Monate bei der Stapo-Stelle Köln.

11  Hugo Manthey, Mitarbeiter der Stapo-Stelle Köln.

12  Die aus Berufsverbrechern und Desperados bestehende SS-Sturmbrigade Dirlewanger, 1940 von SS-Obersturmführer Oskar Dirlewanger (1895-1945) gegründet, war wegen ihrer Brutalität berüchtigt.

13  Theo Eckertz (1896-1984), Mitglied der KPD.

14  Buchenwald wurde am 11.4.1945 befreit.

# Otto Spier[1]

*geb.: 18.7.1920*
*Eltern: Paul Spier (1889-1972)*
*Anne geb. Cohn (1890-1980)*
*Bruder: Werner (1925-1967)*

Ich bin am 18. Juli 1920 in Köln geboren. Mein Vater war der Tuchgroßhändler Paul Spier, meine Mutter hieß Anne geb. Cohn. Mein Vater wurde 1889, meine Mutter 1890 geboren. Die Eltern meines Vaters habe ich nicht mehr gekannt, ich weiß nur, daß sie auf dem jüdischen Friedhof in Deutz begraben sind. Mein Großvater war Kölner, meine Großmutter stammte, glaube ich, aus Rees.

Meine Großmutter mütterlicherseits, Dora Cohn, war eine geborene Markus. Sie kam aus Unna in Westfalen und heiratete meinen Großvater Simon Cohn, der aus Horrem stammte und in Köln lebte. Übrigens lebte auch der Bruder meiner Großmutter, Paul Markus, in Köln. Simon Cohn war Tuchhändler. Er hatte Anfang dieses Jahrhunderts mit einem christlichen Freund das Geschäft Cohn & Mades eröffnet und führte die Handlung allein weiter, als der Kompagnon, ein Junggeselle, gestorben war. Die Großeltern wohnten in der Domstraße 21, einem Haus, das ihnen gehörte und in dem sich unten das Geschäft und das Warenlager befanden. Vor dem Ersten Weltkrieg ging das Geschäft meines Großvaters recht gut, und in dieser Zeit war er innerhalb seiner Familie der Wohlhabendste. Die meisten seiner Verwandten lebten in Horrem, einem kleinen Dorf mit einfachen, nicht vermögenden Leuten, die kleine Landwirte oder Viehhändler waren. Ich erinnere mich, daß eine Cousine meines Großvaters dort eine Weißwarenhandlung führte. Großvater konnte damals eine Reihe von Verwandten in Horrem, denen es nicht gut ging, unterstützen. In Rommerskirchen dagegen hatten wir vermögende Verwandte, eine Familie Kapell. Die Kapells waren Viehhändler und sehr begüterte Landwirte mit großem Anwesen und Weideland. Bei ihnen verbrachte ich viele meiner Ferien. Überhaupt hatten wir Verwandte im ganzen Rheinland, denn unsere Familien waren alteingesessen und weitverzweigt.

Meine Eltern hatten sich in Köln kennengelernt, und zwar durch den Bruder meiner Mutter, der ein guter Freund meines Vaters war. Die beiden waren zusammen an der Westfront im Ersten Weltkrieg, in dem mein Onkel dann fiel. Nicht lange nach der Rückkehr meines Vaters aus dem Krieg heirateten meine Eltern und lebten in der folgenden Zeit im

Haus der Großeltern in der Domstraße, wo ich auch geboren wurde und mit meinem fünf Jahre jüngeren Bruder aufwuchs.

Im Namen des Führers und Reichskanzlers

Dem

Kaufmann Paul S p i e r

in  K ö l n

ist auf Grund der Verordnung vom 13. Juli 1934 zur Erinnerung an den Weltkrieg 1914/1918 das von dem Reichspräsidenten Generalfeld= marschall von Hindenburg gestiftete

Ehrenkreuz für Frontkämpfer

verliehen worden.

Köln , den  21. März  193 5.

Der Polizei=Präsident:

I.A.

Nr.  41721 /3.5.

Nach der Heirat übernahm mein Vater bald die Firma seines Schwiegervaters, die nach dem Ersten Weltkrieg sehr heruntergekommen war. Sein Schwiegervater hatte die wirtschaftliche Entwicklung in diesen Jahren nicht verstanden; er begriff einfach nicht, was eine Inflation war, hatte alle Warenvorräte verkauft und dabei gedacht, er mache gute Geschäfte. Aber natürlich konnte er aufgrund der allgemeinen Situation keine Waren mehr nachkaufen. So mußte mein Vater von vorne anfangen und das Geschäft neu aufbauen.

Unsere Wohnung lag auf der dem Dom gegenüberliegenden Seite des Bahnhofs in einer absolut christlichen Gegend. Dort wuchs ich auf und spielte mit den Kindern unserer Straße ohne Schwierigkeiten oder Probleme. Ich habe mich dabei bestimmt nicht schlecht gefühlt. Ich hatte keine eigentlichen Freunde unter jüdischen Altersgenossen, aber meine Eltern pflegten einen sehr großen jüdischen Freundeskreis, und ich kam mit den Kindern der Freunde und Bekannten zusammen. Vor allem zu den Geburtstagen luden wir uns gegenseitig ein. Im täglichen Umgang aber spielte ich fast ausschließlich mit den christlichen Kindern der Umgebung.

Ich besuchte die Volksschule in der Machabäerstraße, die also gleich nebenan lag, und danach die Oberrealschule am Hansaring. In der Volksschule war ich der einzige Jude in der Klasse, und ich denke nicht, daß ein Unterschied gemacht wurde zwischen uns Kindern. Unser Lehrer verhielt sich vollkommen neutral, und ich wurde behandelt wie jeder andere. Ich erinnere mich, daß wir Kinder zu Nikolaus kleine Geschenke,

Nüsse und ein bißchen Schokolade, in die Pulte gelegt bekamen – ich genauso wie alle anderen. Vom Religionsunterricht war ich befreit und ging statt dessen einmal die Woche zum jüdischen Religionsunterricht in eine Religionsschule in der Blumenthalstraße an der Agneskirche. Aber zu den dortigen Mitschülern hatte ich kaum Beziehungen.

*Abb.2* Kölner Jüdische Zeitung, 1929

Auch in der Realschule spürte ich zunächst nichts Antisemitisches. Ich persönlich kann mich da nicht beschweren, obwohl mir, schon als ich ein kleiner Junge war, manchmal auf der Straße »Jüd« nachgerufen wurde. Und es gab immer wieder mal jemanden, der mich als Juden angerempelt hat – in allen Schulen und auf der Straße. Als ich sieben, acht Jahre alt war, ich erinnere mich daran sehr genau, mußte ich mich einmal mit Rowdys auf der Straße prügeln, weil sie mich als Juden angriffen. Aber sonst habe ich nicht darunter gelitten. Die größten Antisemiten waren, das habe ich nicht vergessen, die Mitglieder einer holländischen Familie in der Brandenburger Straße. Diese Familie hatte eine Kohlenhandlung, von der auch meine Eltern ihre Kohlen bezogen. Ich war mit dem jüngsten Sohn befreundet. Das waren absolute Antisemiten schon in den 20er Jahren, schon vor der Machtergreifung.

*Abb.3* Jüdische Schüler der Oberrealschule am Hansaring mit Religionslehrer Freimark, 1932

In den Schuljahren hatte ich sehr, sehr gute Freunde. In meiner frühesten Jugend war ich mit einem Eisenbahnersohn befreundet, der aus einer ganz einfachen Familie kam und in der Brandenburger Straße nah bei uns wohnte. Er war nichtjüdisch. Mein bester Freund, auch ein Nichtjude, war täglich mit mir zusammen – vor der Schule, nach der Schule, bei uns im Haus und manchmal bei ihm. Die Freundschaft hielt eigentlich ziemlich lange in die Nazizeit hinein, bis er eines Tages sehr geknickt zu mir kam und sagte: »Otto, ich darf nicht mehr zu dir kommen, meine Brüder erlauben es nicht mehr.« Die Brüder waren schon damals in der Partei und haben eben einen so starken Druck auf ihn ausgeübt. Damit war diese Freundschaft zu Ende. Das war meine erste große Enttäuschung.

Mein Elternhaus war sehr assimiliert. Mein Vater war ein bewußter Jude, aber durchaus kein frommer Jude. Und ich wurde als Jude, aber nicht als frommer Jude, erzogen. Auch meine Großeltern waren nicht fromm, aber zu den hohen Feiertagen ging meine Großmutter mit mir zum Gottesdienst in die Synagoge Glockengasse. Die Eltern waren überhaupt nicht religiös. Das einzige Fest, das bei uns gefeiert wurde, war der Sederabend, der wurde im Rahmen der Familie zusammen mit

*Abb.4* Sederabend. Aus einer Fibel für jüd. Schulen; verfaßt von Cilly Marx, Lehrerin an der Volksschule Lützow-straße, 1936

anderen Familienmitgliedern gefeiert, denn unsere Familie war auch in Köln ziemlich groß. Generell war der Freundeskreis meiner Eltern durchweg jüdisch und bezog sich auf absolut assimilierte Familien. Es waren gutbürgerliche Kreise, in denen meine Eltern verkehrten, Familien, die in Marienburg oder Lindenthal wohnten. Aber mein Vater war trotzdem Sozialdemokrat, und ich wurde absolut in diesem Sinne erzogen. Ich sagte ja schon: Meine Freunde waren Jungens von Arbeitern aus unserer Wohngegend. Bei denen ging ich aus und ein und fühlte mich sehr wohl dabei. Und bei uns wurde in keiner Weise zur Schau gestellt oder hervorgehoben, daß unsere Situation eventuell besser war.

Mein Vater war ein richtiger Kölscher. Er und meine Mutter feierten Fastelovend, gingen in die Gürzenichkonzerte – sie machten alles mit. Mein Vater war aber auch Mitglied der Rheinlandloge, also einer jüdischen Einrichtung. Er hatte kein Abitur machen können, weil seine Eltern sehr früh starben. Deshalb mußte er, der wohl der Tüchtigste unter den Geschwistern war, vom Gymnasium Kreuzgasse abgehen, um die Familie über Wasser zu halten. Später hat er sich enorm fortgebildet. Mein Vater war sehr kunstliebend, und es gab kein Museum, das wir nicht in regelmäßigen Abständen besucht hätten – vor allem im Winter, denn im

*Abb.5* Rheinlandloge,
Cäcilienstr. 18-22

Sommer fuhren wir viel hinaus in den Königsforst, nach Bensberg, Brühl und Umgebung, überallhin, wo es schön war. In den großen Ferien reisten die Eltern meistens ohne uns in Erholung, und mein Bruder und ich gingen zu Verwandten nach Rommerskirchen oder Elberfeld.

Mein Vater ahnte früh, was auf uns zukommen würde. Ich erinnere mich an die Wahl 1933. Am Wahltag sprach er mit mir zum erstenmal über Politisches. Ich war zwölf, dreizehn Jahre alt und wußte noch nicht viel von Politik. Er zeigte auf ein Wahlplakat von Hitler und sagte: »Wenn dieser Mann heute ans Ruder kommt, dann ist es für die Juden in Deutschland aus.« So klar also hat mein Vater das gesehen – im Gegensatz zu vielen seiner Freunde.

160

Dann kam der erste große Boykottag. In der Ritterstraße direkt an der Hansaschule waren damals viele kleine Geschäfte, die vor allem eingewanderten Ostjuden gehörten. Auf dem Weg zur Schule an diesem Tag sah ich, daß alle Geschäfte mit Schildern beklebt waren: »Juden sind unser Unglück!«, »Raus mit den Juden!«, »Kauf nicht beim Juden!« Dann kam der große Umzug vorbei, in dem man die jüdischen Rechtsanwälte, überhaupt Akademiker, auf Wagen und mit Plakaten:» Wir sind Juden« gekennzeichnet durch die Stadt fuhr. Ich habe das vom Fenster der Schule aus in der Pause gesehen. Wir hatten ja keine Ahnung, daß so etwas kommt, und auf einmal hörten wir das Gegröle und die Lautsprecher. Die Bevölkerung war genauso überrascht und entgeistert wie wir. Ich sah diese Wagen fahren und verstand überhaupt nicht, was da vor sich ging. Erst als ich nach Hause kam, hörte ich, was wirklich los war. Unserem Geschäft selbst ist nichts passiert. Es war ja isoliert gelegen und hatte als En-gros-Geschäft keine Schaufenster. Es war also ein geschlossenes Geschäftslokal in einer durchaus unjüdischen Gegend.

In der folgenden Zeit wurde die Situation schlimmer, und natürlich litt ich unter diesem allgemeinen Zustand, unter dem, was ich hörte und was ich sah. Eines Tages, 1934, entschlossen wir uns, der Entwicklung vorzugreifen, und ich teilte meinem Klassenlehrer mit, daß ich die Schule verlassen würde. Er war mein Naturkundelehrer und hatte das Hakenkreuz schon vor der Machtergreifung getragen, aber ich stand

*Abb.6* Boykott am 1.4.1933 in Köln

besonders gut mit ihm. Er antwortete: »Otto, ich laß dich nicht gehen. Das kommt überhaupt nicht in Frage. Das geht doch nicht gegen dich. Das geht doch gegen die Juden, die nicht nach Deutschland gehören.« Ich habe gesagt: »Herr Studienrat, es tut mir leid, aber ich kann hier nicht bleiben.« Er sagte: »Otto, ich bin für dich verantwortlich.« Das sagte er als Nationalsozialist. Er war an sich ein anständiger und netter Mann. Ein Mensch von Format, den die wirtschaftliche Lage wahrscheinlich zum Nationalsozialisten gemacht hatte, und es waren ja nicht alle Nationalsozialisten mit den Rassetheorien verheiratet. Man muß die Dinge auch aus dieser Perspektive sehen.

Ich verließ also die Oberrealschule und wechselte auf die Jawne über. Dort blieb ich nur etwa anderthalb Jahre, denn wir sahen, daß das auch keine Lösung war. Wir wußten, wir mußten Deutschland verlassen. Mein Vater sagte: »Du brauchst einen Beruf, du kannst sowieso nicht fertiglernen. Du mußt zumindest etwas Praktisches mitnehmen.« Wir suchten also eine Lehrstelle für mich. Aber zuerst schickte mich mein Vater, der in jeder Richtung weitsichtig war, in den letzten großen Ferien zu zwei Praktikantenstellen. Zum einen machte er durch meine Verwandten in Rommerskirchen einen christlichen Bauern ausfindig, bei dem ich in der Landwirtschaft als Volontär arbeiten sollte. Dort habe ich dann in den Ferien richtig mit den Knechten zusammen gearbeitet, um zu sehen, wie es in der Landwirtschaft zugeht. Und als zweites schickte mich mein Vater zu einem Tischler, der für uns gearbeitet hatte und eine große Werkstatt in der Riehler oder Niehler Gegend besaß. Ich erinnere mich,

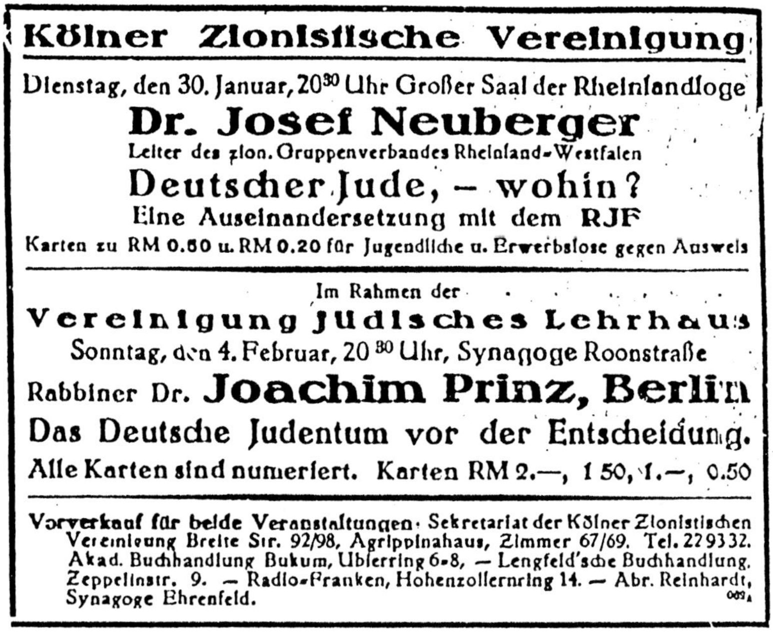
Kölner Zionistische Vereinigung
Dienstag, den 30. Januar, $20^{30}$ Uhr Großer Saal der Rheinlandloge
Dr. Josef Neuberger
Leiter des zion. Gruppenverbandes Rheinland-Westfalen
Deutscher Jude, – wohin?
Eine Auseinandersetzung mit dem RJF
Karten zu RM 0.60 u. RM 0.20 für Jugendliche u. Erwerbslose gegen Ausweis

Im Rahmen der
Vereinigung Jüdisches Lehrhaus
Sonntag, den 4. Februar, $20^{30}$ Uhr, Synagoge Roonstraße
Rabbiner Dr. Joachim Prinz, Berlin
Das Deutsche Judentum vor der Entscheidung.
Alle Karten sind numeriert. Karten RM 2.—, 1.50, 1.—, 0.50

Vorverkauf für beide Veranstaltungen: Sekretariat der Kölner Zionistischen Vereinigung Breite Str. 92/98, Agrippinahaus, Zimmer 67/69. Tel. 229332. Akad. Buchhandlung Bukum, Ubierring 6-8, — Lengfeld'sche Buchhandlung, Zeppelinstr. 9. — Radio-Franken, Hohenzollernring 14. — Abr. Reinhardt, Synagoge Ehrenfeld.

*Abb.7* Gemeindeblatt f.d.jüd.Gemeinden in Rheinland u. Westfalen, 1934

daß ich ziemlich weit mit dem Fahrrad hinausfahren mußte, um zu ihm zu kommen. Er war auch christlich – zu dieser Zeit konnte ich also noch bei Christen arbeiten. Er nahm mich sehr gerne und zahlte mir auch ein kleines Gehalt. Es war mein erstes selbstverdientes Geld von Fremden – außer den Groschen, die ich hin und wieder von den Eltern bekam, wenn ich für unser Geschäft austragen half. Von diesem ersten Geld kaufte ich Hustelinchen und Bienenstich. Bienenstich für meine Mutter und Hustelinchen für mich. Das sind so kleine Kuriosa, die man nicht vergessen kann.

Also, damit hatte ich einen kleinen Einblick in das praktische Leben bekommen, und mein Vater versuchte nun, eine richtige Lehrstelle für mich zu finden. Aber das war schon sehr schwierig. Schließlich fand er eine Lehrstelle in einer jüdischen Fabrik in Ehrenfeld, der Tütenfabrik bzw. den Papierwerken Julius Steinberg. Es wurde ein regelrechter Lehrvertrag gemacht, und ich ging als Lehrling in die Auto-schlosserei. Der Betriebsobmann war mein Mei-ster. Ein älterer Lehrling, ein »Halbjude«, hat mich dort schrecklich schikaniert. Aber ich war auch nicht unschuldig. Kurz nach mir kam ein jüdischer Junge als Volontär in den Betrieb, der ein paar Jahre älter war als ich. Er war ein Ostjude aus Galizien, und zu dem war ich nicht sehr nett, obwohl er Jude war. Aber mir genügte einer unter den Lehrlingen, der mir auf dem Kopf herumtanzte. Ich wollte mir nichts gefallen lassen.

Abb.8 Kölner Adreßbuch, 1931

Die Firma Steinberg war eine große Fabrik mit sehr vielen – meist christlichen – Angestellten. Die Familie hatte auch ein Papierwerk in Miesenheim, nicht weit von Koblenz. Deshalb brauchten sie auch einen eigenen Autopark und eine Autoschlosserei, denn die großen Laster fuhren in die Papierfabrik und holten das Rohmaterial, die fertigen Rollen, in die Tütenfabrik nach Ehrenfeld. Hier wurde das Papier verar-beitet, vor allem von Mädchen, die an den Tütenmaschinen standen.

Ich mußte während dieser Zeit das machen, was alle Lehrlinge machen müssen: Kohlen schippen, Autos tanken oder auch mal Bier holen. Es war insgesamt eine sehr schwere körperliche Arbeit, und für mich als einen jüdischen Lehrling gab es keinen Acht-Stunden-Tag. Ich mußte oft sehr früh da sein, um die Autos aufzutanken, und häufig auch bis spät bleiben. Es war schwer, aber ich bin sehr froh, daß ich diese Arbeit gemacht habe. Ich wurde von den anderen im Betrieb ausnahmslos freundschaftlich und freundlich behandelt. Es war für die Kollegen nicht nur etwas Außergewöhnliches, sondern etwas geradezu Unmögliches, daß ein jüdischer Junge aus gutbürgerlichen Kreisen eine Schlosserlehre machte. Wenn vielleicht einmal etwas Abfälliges über Juden gesprochen wurde, dann jedenfalls nicht vor mir. Der Betriebsobmann benutzte mich sogar als seinen persönlichen Beauftragten. Wenn irgend etwas bei den Ämtern zu erledigen war, mußte ich gehen. Er schickte mich auf alle Naziämter, mit denen er zu tun hatte, damit ich die schriftlichen Dinge erledigte.

Natürlich litt man in dieser Zeit seelisch. Überall hieß es »Juden raus«, überall hingen die großen Schilder »Die Juden sind unser Unglück«. Wir hatten schon damals ein Radio, was noch nicht so allgemein üblich war,

**Denk Deutsch ❖ Kauf Deutsch ❖ Nie beim Juden**

*Abb.9* Westdeutscher Beobachter, 3. u. 5. 1933

und wir hörten die Hitlerreden mit ihren Angriffen. Und meistens brachten die Reden irgendwelche »erfreulichen« neuen Dinge. Ich erinnere mich zum Beispiel, wie die sogenannten Nürnberger Gesetze verkündet wurden. Es kam so langsam, tropfenweise, jede Woche, manchmal jeden Tag etwas Neues, was uns auferlegt oder verboten wurde. Daß ich nicht mehr schwimmen gehen konnte, wo ich wollte, etwa. Ich war bis dahin

# Die Juden sind unser Unglück ! Treitschke

immer in die städtischen oder privaten Badeanstalten am Rhein, die es damals ja gab, gegangen. Das fiel nun weg. Auch die Teilnahme an kulturellen Veranstaltungen wurde schwieriger. Die Eltern hatten früher viel das Theater besucht, weniger die Oper, aber regelmäßig Konzerte. Ich erinnere mich, daß ich manchmal sah, wie sie sich abends fein anzogen und daß ich dann fragte: »Wohin geht ihr?«. Sie antworteten: »Heute ist Konzert im Gürzenich.« Sie nahmen am Kulturleben Kölns regen Anteil, auch außerhalb der Kreise, in denen sie verkehrten, und das waren rein intellektuelle Kreise: Rechtsanwälte, Richter, Ärzte. Ich weiß nicht, wie diese Kreise zustande gekommen sind, wohl durch die Loge, den Krieg, durch Verwandte. Aber das waren die Kreise, mit denen meine Eltern verkehrten und mit denen sie später bis ins hohe Alter, und obwohl alle in der ganzen Welt verstreut lebten, korrespondierten.

Solange als möglich nutzten wir die allgemeinen kulturellen Einrichtungen, aber bald gab es nur noch den Jüdischen Kulturbund für uns. Die Eltern gingen dann regelmäßig in dortige Veranstaltungen, und manchmal wurde ich auch mitgenommen.

*Abb.10* Collage zu Theaterszenen des Jüd. Kulturbundes Rhein-Ruhr, um 1934

Anfang der 30er Jahre, mit etwa zehn Jahren, war ich zuerst in den jüdischen Jugendbund Kameraden eingetreten. Die Treffen fanden im jüdischen Jugendheim am Mauritiussteinweg statt. Die Kameraden bestanden aber nur noch kurze Zeit, sie lösten sich auf und gingen in die Werkleute über. Also wurde ich Mitglied der Werkleute, eines zionistisch ausgerichteten Bundes. Wir veranstalteten mit unserer Gruppe ein-, zweimal die Woche Heimabende und am Wochenende Fahrten, zum Beispiel in den Königsforst. Meine Eltern begrüßten es, daß ich zu diesem Jugendbund ging, und bemühten sich auch später sehr um die Führer der Werkleute, die meist von außerhalb kamen, also keine Kölner waren. Einziger Führer aus Köln, der Führer einer älteren Gruppe, den ich kannte und später wiedergesehen habe, war Willi Treidel. Seine Eltern hatten ein Fischgeschäft in Köln.

*Abb.11* Fischgeschäft Ernst Treidel, Ehrenstr. 43

Mein Gruppenführer kam aus Dortmund und hieß Fritz Wolf. Er ist vor kurzem in Israel gestorben. Von den Mitgliedern meiner Gruppe erinnere ich mich vor allem an Leopold Herzfeld, dessen Vater, soviel ich weiß, Ehrenkonsul von Estland war. Ich habe nie erfahren, was aus meinem Freund geworden ist. Leopold Schönenberg, ein anderer Freund von den Werkleuten, lebt wie ich in Israel, und wir sind auch heute noch in gutem Kontakt. Sein Vater war Arzt und hatte eine Praxis auf der

Venloer Straße, seine Mutter war Pianistin. Meine Eltern waren mit seinen Eltern gut befreundet.

Ich erinnere mich auch an Sommerlager mit der Gruppe. Eines, ein Treffen mit einer Gruppe aus Dortmund, fand in Arnsberg statt und war das letzte Ferienlager, das ich mitmachte.

Ich war zu dieser Zeit sehr sozial eingestellt. Ich hatte ein starkes soziales Gefühl, aber ich bin kein Sozialist gewesen, ein Junge ist kein Sozialist. Ich hatte aber damals über die »Autoemanzipation«[2], die Lösung der Judenfrage in der Diaspora durch den Zionismus, gelesen, und das regte mich sehr zum Denken an. Außerdem las ich in dieser Zeit ein Buch mit dem Titel »Mich hungert«[3], ein Buch, das mir zum erstenmal eine Vorstellung von absoluter Armut gab. Mir waren zwar all diese sozialen Fragen nicht fremd, denn mein Vater hatte mich auch manchmal in Gegenden von Köln mitgenommen, die weniger gut ge-stellt waren und mir klar zeigten, was Armut ist – soweit man das als Junge verstehen kann. Und was wirkliche Armut war, hatte ich auch in der Lehre kennengelernt: all diese Mädels, die da für einen ganz geringen Lohn schwere Arbeit leisten mußten. Aber das Buch machte doch vieles deutlicher. Meine Überzeugung war seitdem immer, gegen Ausnutzung von anderen Stellung zu nehmen, und da hat sich für mich nichts geändert. Zu dieser Einstellung bin ich im Grunde von meinem Vater erzogen worden, der Einstellung, daß ein Mensch als Mensch zu betrach-ten ist und daß es nur auf den Menschen als solchen ankommt, daß jeder Mensch gleich ist. Es war eine praktisch-menschliche Erziehung, die ich bekommen habe, keine religiöse.

Die Ausrichtung auf Palästina – auf das Ziel, nach Palästina auszuwan-dern – kam für mich erst durch die Jugendorganisation und ihre Führer, die uns anleiteten. Ich bin nie ein begeisterter Zionist gewesen, aber ich sah durch das, was ich erlebte, ein, daß den Juden keine andere Möglich-keit blieb, als für sich selber zu sorgen. Es war eine rein praktische Überlegung – und als ich später in Palästina lebte, wurde mir die Richtigkeit dieser Überlegung noch klarer. Ich war der Meinung: »Wir kämpfen hier für unsere ureigene Existenz, um etwas aufzubauen, in das uns kein anderer dreinreden kann.« Das war eigentlich mein Ziel – ein aufrechter Mensch in einer freien Umgebung zu sein. Der Zionismus steht dabei auch heute bei mir nicht im Vordergrund. Aber daß es irgendwo auf der Erde einen Platz gibt, wo Juden unter Juden für Juden leben, hielt und halte ich für eine Notwendigkeit, da Juden in der ganzen Welt immer wieder die Erfahrung machen, daß man sie nicht als gleich-berechtigte Menschen betrachtet.

Meine Eltern waren mit meinen Überlegungen einverstanden. Sie waren keine Zionisten, hatten aber immer auch zionistische Freunde.

Mein Vater war sehr fortschrittlich, und er hätte auch nach Amerika gehen können. Aber nachdem ich nicht wollte, sagte er: »Gut, versuchen wir alles, um nach Palästina zu kommen.«

1937 schließlich erhielt ich die Gelegenheit auszuwandern; ich sollte mit einer Gruppe junger Leute auf die Ludwig-Tietz-Schule[4] in Palästina geschickt werden. Ausgerechnet zu diesem Zeitpunkt verletzte ich mich und mußte ins Krankenhaus zu einer Fußoperation. Es kam zu einer Blutvergiftung, und mein Zustand stellte meine Ausreise kurz vor der Abfahrt der Gruppe in Frage. Glücklicherweise erklärte jedoch Dr. Ochs[5]

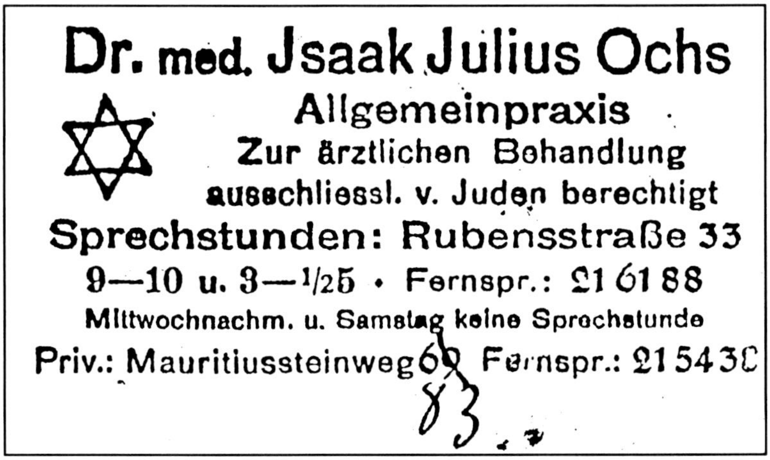
Dr. med. Jsaak Julius Ochs
Allgemeinpraxis
Zur ärztlichen Behandlung
ausschliessl. v. Juden berechtigt
Sprechstunden: Rubensstraße 33
9—10 u. 3—1/25 • Fernspr.: 21 61 88
Mittwochnachm. u. Samstag keine Sprechstunde
Priv.: Mauritiussteinweg 69 Fernspr.: 21 543C
83

*Abb.12* Briefkopf des Arztes Dr. Julius Ochs

nach einer Untersuchung, daß alles in Ordnung sei und ich fahren könnte. Ich humpelte noch, aber ich konnte fahren, und so reiste ich im Februar 1937 nach Palästina. Meine Eltern und mein Bruder blieben zunächst hier in Köln und bemühten sich intensiv um eine Ausreise. Tatsächlich erhielten sie schließlich ein Affidavit für Amerika. Daraufhin schrieben sie mir, daß sie die Möglichkeit hätten, nach Amerika zu gehen, und fragten, ob ich bereit wäre, ihnen dorthin zu folgen. Ich – ich hatte ja keine Ahnung, was die Zukunft bringen würde – antwortete: »Das kommt überhaupt nicht in Frage, bitte macht alle Anstrengungen, nach Palästina zu kommen.« Da meine Eltern, um alle Möglichkeiten auszuloten, sich glücklicherweise auch für eine Einreise nach Palästina beworben hatten, erhielten sie schon bald darauf ein Zertifikat für eine Einwanderung. Aber das Zertifikat für meine Großmutter Dora Cohn, die Mutter meiner Mutter, die bei

*Abb.13* Gepäckaufkleber

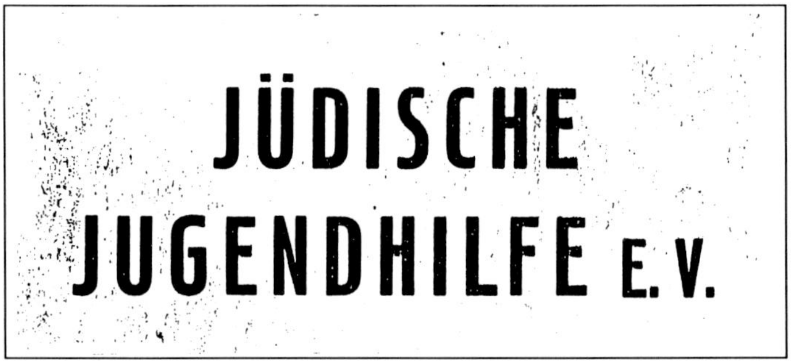

uns lebte – mein Großvater war schon gestorben –, kam und kam nicht. Sie hatten außerdem auch Schwierigkeiten, meinen Bruder in ihren Paß eintragen zu lassen, denn er war schon über eine bestimmte Altersgrenze hinaus, und ein Sonderzertifikat für ihn gab es nicht. Im übrigen meinte mein Vater, sein Geschäft weiterführen zu müssen, bis er es einigermaßen gut würde verkaufen können – und das Geschäft ging noch ausgezeichnet. Seine Kunden, durchweg Christen, blieben ihm treu. Mein Vater übernahm in dieser Zeit auch ehrenamtliche Aufgaben in der jüdischen Gemeinde und war dort sehr beschäftigt.

Unser Haus, das drei Etagen hatte, war inzwischen zum Teil vermietet. Ursprünglich war unten das Geschäft, in der ersten Etage waren die Wohnzimmer, in der zweiten Etage die Schlafzimmer von uns Kindern, den Eltern und Großeltern. Außerdem gab es noch ein Zimmer für das Dienstmädchen, ein sogenanntes Gästezimmer, einen Speicher und eine Waschküche. Als die Situation schlimmer wurde, vermieteten meine Eltern, noch während ich dort wohnte, ein Zimmer an eine christliche Sekretärin, um etwas dazu zu verdienen. Später mußte sie ausziehen, und meine Eltern teilten die oberste Etage, installierten irgendwo eine zweite Küche und nahmen eine jüdische Familie auf. Damit konnten meine Eltern ihre wirtschaftliche Situation durch ein zusätzliches Einkommen noch etwas verbessern.

1938 kam meine Mutter zusammen mit ihrer Freundin Frau Schönenberg nach Palästina, um mich zu besuchen und vor allem um zu sehen, wie es in Palästina war, wie man dort lebte. Frau Schönenberg meinte, daß sie dort nicht leben könne. Es war ihr zu heiß, zu staubig, und sie glaubte, es nicht aushalten zu können. Sie und ihr Mann konnten sich nicht zur Auswanderung entschließen. Beide sind umgekommen.

Meine Eltern aber betrieben nach der Rückkehr meiner Mutter intensiv die Ausreise nach Palästina.

Um die Zeit der »Kristallnacht« wurde auch mein Vater verhaftet und nach Dachau gebracht. Während er dort war, setzte sich ein ehemaliger Lehrling unserer Firma, der sich inzwischen selbständig gemacht hatte, mit ihm in Verbindung. Er erklärte, daß er das Geschäft übernehmen wolle und durch seine Beziehungen meinen Vater aus Dachau herausholen könne. Da mein Vater sowieso schon ein Zertifikat hatte, ging er auf das Angebot ein. Er wurde aus Dachau entlassen, und das Geschäft wurde mit dem Haus zu sehr günstigen Bedingungen für den Käufer regulär verkauft. Die Eltern blieben mit meinem Bruder und meiner Großmutter aber zunächst noch dort wohnen.

Meine Eltern warteten weiter auf ein Zertifikat für meine Großmutter, sahen aber schließlich ein, daß sie nicht mehr warten konnten. 1939 flogen sie mit meinem Bruder nach Italien und fuhren von dort mit dem Schiff nach Palästina.

Ich hatte in diesen Wochen keine Fühlung mehr mit ihnen gehabt und wußte nicht, daß sie kamen. Ich saß im Speisesaal der Ludwig-Tietz-Schule im Kibbuz Jagur, als ein Schüler kam und sagte: »Hör mal, man hat eben vom Sekretariat der Schule angerufen, du möchtest hinkommen. Du kannst deine Eltern abholen.« Ich sagte: »Laß mich bitte essen, mach demnächst bessere Scherze«, und aß weiter. Dann kam ein anderer und sagte auch, ich solle sofort ins Sekretariat kommen. Das Sekretariat war ungefähr 500 Meter entfernt, und ich rannte hinüber. Es war für mich unfaßbar. Wie Sie sehen, rührt es mich auch heute noch an. Ich konnte es überhaupt nicht fassen. Man sagte mir im Sekretariat: »Deine Eltern sind in Haifa. Hier hast du Fahrgeld, nimm den nächsten Autobus, fahr nach Haifa, nimm deine Eltern in Empfang und bring sie her.« Ich bin losgefahren und habe meine Eltern in Haifa in Empfang genommen. Sie waren mit zwei kleinen Kisten in Palästina angekommen – mehr hatten sie nicht.

Meiner Großmutter konnten wir nicht mehr helfen. Sie mußte aus unserem früheren Haus ausziehen und wurde dann, wie auch ihr unverheirateter Bruder Paul Markus, deportiert. Wir erhielten später noch einen Rot-Kreuz-Brief von ihr aus Theresienstadt und wissen, daß sie und ihr Bruder in Auschwitz umgekommen sind.

Meine Eltern konnten ihre ersten Wochen in Palästina mit mir zusammen in dem Kibbuz verbringen, in dem ich lebte. Der Leiter der Schule räumte ihnen ein Zimmer im Wohntrakt der Schüler ein und ermöglichte ihnen so einen vorläufigen Aufenthalt. Mein Vater wurde gleich am ersten Tag nach seiner Ankunft krank, wahrscheinlich durch die ungeheure Aufregung und Spannung, in der er gelebt hatte. Er hatte sein Geschäft fortgeführt, bis es nicht mehr ging, nur um wenigstens noch etwas zu erwirtschaften. Denn die Kapitalistenzertifikate, mit denen meine Eltern und mein Bruder kamen, waren teuer, und sie mußten die Lifte einrichten, auch noch Reichsfluchtsteuer und schließlich den Transport bezahlen. Außerdem wollten die Eltern nicht völlig mittellos in ein fremdes Land gehen. Das Pech war, daß die Lifte nicht ankamen. Außer den zwei kleinen Kisten, die die Eltern mitbrachten, war alles verloren. Meine Eltern waren also auf das angewiesen, was sie bei Abschluß des Siedlungsvertrages in Deutschland als Kapitalistenzertifikat eingezahlt hatten: 1.000 englische Pfund. Und dieses Geld und der Inhalt der zwei Kisten war vollkommen belanglos gegenüber dem, was man braucht, wenn man ein neues Leben anfängt. Zum Glück hatte ich viel mitnehmen können. Als ich mit der Jugendaliya nach Palästina geschickt wurde, war eine ausführliche Liste von Sachen aufgestellt worden, die ich mitnehmen mußte, damit ich auf keinen Fall jemandem zur Last fiele: reichlich Bettzeug, Anziehsachen und Handtücher und so weiter. Ich war damit sehr vorsichtig umgegangen. Außerdem hatten mir meine Eltern von zu Hause auch internationale Antwortscheine nach Palästina geschickt. Das war so gut wie Geld, denn für diese Scheine konnte man in der ganzen Welt entsprechend dem Wert Postwertzeichen kaufen, um Briefe zu schicken. Es war eine der wenigen Möglichkeiten, noch etwas Geld aus Deutschland herauszuschaffen. Diese Scheine hatte ich gesammelt und im Sekretariat der Schule regelmäßig abgegeben. Dadurch kam dort also für mich etwas Geld zusammen. Zusätzlich durften mir die Eltern alle paar Monate zehn Mark schikken. Auch das hatte ich immer abgeliefert, so daß, als sie kamen, doch eine ganz kleine Summe vorhanden war, die den Eltern am Anfang bei der Gründung einer neuen Existenz half. Besonders aber halfen ihnen die Sachen, die ich mitgenommen hatte: Die Kleidung paßte dann meinem Bruder, das Bettzeug und die Handtücher waren für alle gut. So konnten wir uns erst einmal über Wasser halten.

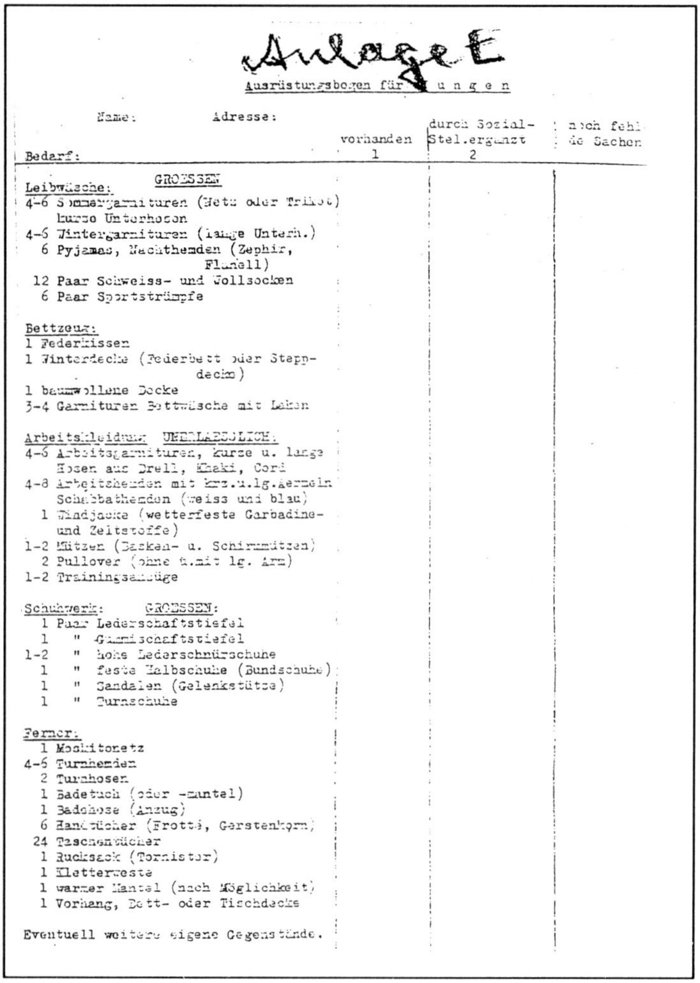

Anlage E

Ausrüstungsbogen für Jungen

Name: Adresse:

| Bedarf: | vorhanden 1 | durch Sozial-Stel. ergänzt 2 | noch fehlende Sachen |
|---|---|---|---|
| Leibwäsche: GROESSEN | | | |
| 4-6 Sommergarnituren (Netz oder Trikot) kurze Unterhosen | | | |
| 4-6 Wintergarnituren (lange Unterh.) | | | |
| 6 Pyjamas, Nachthemden (Zephir, Flanell) | | | |
| 12 Paar Schweiss- und Wollsocken | | | |
| 6 Paar Sportstrümpfe | | | |
| Bettzeug: | | | |
| 1 Federkissen | | | |
| 1 Winterdecke (Federbett oder Steppdecke) | | | |
| 1 baumwollene Decke | | | |
| 3-4 Garnituren Bettwäsche mit Laken | | | |
| Arbeitskleidung UNERLAESSLICH: | | | |
| 4-6 Arbeitsgarnituren, kurze u. lange Hosen aus Drell, Khaki, Cord | | | |
| 4-8 Arbeitshemden mit krz.u.lg.Aermeln Schabbathemden (weiss und blau) | | | |
| 1 Windjacke (wetterfeste Garbadine- und Zeltstoffe) | | | |
| 1-2 Mützen (Basken- u. Schirmmützen) | | | |
| 2 Pullover (ohne u.mit lg. Arm) | | | |
| 1-2 Trainingsanzüge | | | |
| Schuhwerk: GROESSEN: | | | |
| 1 Paar Lederschaftstiefel | | | |
| 1 " Gummischaftstiefel | | | |
| 1-2 " hohe Lederschnürschuhe | | | |
| 1 " feste Halbschuhe (Bundschuhe) | | | |
| 1 " Sandalen (Gelenkstütze) | | | |
| 1 " Turnschuhe | | | |
| Ferner: | | | |
| 1 Moskitonetz | | | |
| 4-6 Turnhemden | | | |
| 2 Turnhosen | | | |
| 1 Badetuch (oder -mantel) | | | |
| 1 Badehose (Anzug) | | | |
| 6 Handtücher (Frotté, Gerstenkorn) | | | |
| 24 Taschentücher | | | |
| 1 Rucksack (Tornister) | | | |
| 1 Kletterweste | | | |
| 1 warmer Mantel (nach Möglichkeit) | | | |
| 1 Vorhang, Bett- oder Tischdecke | | | |
| Eventuell weitere eigene Gegenstände. | | | |

*Abb.14* Ausrüstungsverzeichnis für Mitglieder der Jugendaliya (Auszug)

Und dann bauten wir uns unsere Existenz neu auf – aber das ist eigentlich eine lange Geschichte für sich. Ganz kurz erzählt war das folgendermaßen:

Ich hatte, bis meine Eltern kamen, auf der Ludwig-Tietz-Schule eine Handwerkerausbildung gemacht und das Schlosserhandwerk gelernt. Aber ich konnte mich nun nicht weiter, gründlicher ausbilden, weil ich sofort versuchen mußte, zusammen mit meinen Eltern eine gemeinsame Existenz zu schaffen. Wir hatten ja nichts, um ihnen eine Existenz zu begründen. Sie konnten nicht, wie viele andere, wenigstens von dem Verkauf des Mitgebrachten leben. Der große palästinensische Markt war damals überschwemmt mit Sachen deutscher Juden, die es dann doch immer wieder fertigbrachten, etwas zu verkaufen: Teppiche, ein paar Gläser, Besteck oder was sie noch hatten. Meine Eltern hatten nichts zu verkaufen. Es blieb mir nichts anderes übrig, als zu versuchen, für sie zu sorgen. Mein Vater bekam damals als erstes eine Arbeit auf dem Bau, und die Umstellung war ungeheuerlich. Schwerste körperliche Arbeit unter sehr schweren klimatischen Verhältnissen. Aber wir haben es geschafft. Im Siedlungsvertrag, den die Eltern abgeschlossen hatten, war das Recht auf ein Stück Land, auf ein Haus und einen Stall vorgesehen. Zum Siedeln kamen wir in ein Dorf, das im Aufbau begriffen war. Statt des winzigen Kuhstalls, der für jeden Siedler vorgesehen war – denn jeder hatte Anspruch auf die Finanzierung einer Kuh –, wurde nach meinen Wünschen eine Werkstatt gebaut, und statt einer Kuh erhielt ich Geld, um mir Werkzeuge, vor allem Installationswerkzeuge, zu kaufen. Wir mußten ja zuerst einmal Wasserleitungen für die Bewässerung der Felder und die Wasserversorgung der Häuser legen. Installation hatte mich bisher eigentlich überhaupt nicht interessiert, aber was blieb mir anderes übrig? Ich fügte mich ein und übernahm dann immer mehr Arbeiten. Langsam habe ich mir dann eine Schlosserei zur Reparatur landwirtschaftlicher Maschinen aufgebaut. Dabei bin ich geblieben und arbeite heute noch in diesem Bereich.

Mein Vater starb 1972, meine Mutter 1980, beide in sehr hohem Alter. Mein Vater hat immer betont, daß die Zeit in Palästina die glücklichste Zeit seines Lebens war.

Ich war das erste Mal vor zwei Jahren in Deutschland und bin nun durch die Einladung der Stadt zum ersten Mal seit meiner Jugend wieder in Köln. Ich habe diese Einladung mit sehr gemischten Gefühlen angenommen. Ich hatte einfach Angst, all das wiederzusehen, was meine Jugend doch weitgehend mitgeformt hat und voller Erinnerungen und Assoziationen ist: Ein Köln, das ich, so gut das ein 16jähriger kann, geliebt und als meine Heimat betrachtet hatte; ein Köln, das ich nach meiner Auswanderung aus meinen Gedanken verdrängte, das aber in meinem Unterbewußtsein natürlich weiter existierte. Wie stark meine Jugend in Köln in mir lebendig geblieben ist, zeigt sich darin, wie schnell ich mich – fünfzig Jahre nach meiner Auswanderung – heute in Köln zurechtfinde. Es ist, als ob ich es nie verlassen hätte.

*Anmerkungen*

1   Das Interview wurde am 14.8.1989 in Köln geführt.
2   Leon Pinskers Schrift »Autoemancipation«, 1882 erschienen, legt die Not-
    wendigkeit eines eigenen Staates für Juden dar. Sie ist neben Theodor Herzls

»Judenstaat« die wichtigste Schrift des politischen Zionismus im 19. Jahrhundert (vgl. Yehuda Eloni, Zionismus in Deutschland. Von den Anfängen bis 1914. Schriftenreihe des Instituts für Deutsche Geschichte, Universität Tel Aviv, 10, Gerlingen 1987, S. 36 ff.).

3   Georg Fink, Mich hungert, Berlin 1929 (Roman).

4   Die Ludwig-Tietz-Lehrwerkstätte in Jagur, Mitte der 30er Jahre gegründet, war die erste handwerkliche Ausbildungsstätte in Palästina für jüdischen Jugendliche aus Deutschland. Sie wurde nach Dr. Ludwig Tietz (1897-1933), einem der führenden Organisatoren der jüdischen Jugendbewegung, benannt (vgl. Zur Eröffnung der Ludwig-Tietz-Lehrwerkstätte in Jagur. Hrsg. v. d. Reichsvertretung der Juden in Deutschland, Berlin-Charlottenburg 1937).

5   Dr. Julius Ochs (geb. 17.1.1900; gest. 16.2.1965 in New York) war Schularzt der Kölner jüdischen Schulen. Er emigrierte im August 1939 in die USA (Corbach, Jawne, S. 256).

# Anni Adler

*geb. Kerner*[1]
*geb.: 21.10.1920*
*Eltern: Jakob Kerner (1883-1938)*
*Thekla geb. Holstein (1886-1958)*
*Schwester: Ethel (\* 1915)*

Ich heiße Anni Adler geb. Kerner, geboren in Köln-Lindenthal in der Lindenburg am 21. Oktober 1920. Mein Vater, Jakob Kerner, geboren 1883, kam aus Warschau. Er war ein Warschauer Jude, der um 1910 nach Köln eingewandert war. Seine Eltern hatten in Warschau eine Getreidehandlung – ich glaube, es war eine wohlhabende Familie. Er selbst war Goldschmied. Mein Vater hatte als einziger seiner Familie Polen verlassen, um nach Deutschland zu kommen. Seine Eltern und seine Verwandten in Polen habe ich nicht gekannt. Die Eltern sind wohl in den 20er Jahren gestorben, und von den übrigen Verwandten – mein Vater hatte zehn Geschwister, die alle in Polen geblieben waren – ist nach dem Zweiten Weltkrieg keine Spur mehr gewesen.

Meine Mutter Thekla geb. Holstein kam aus Gensungen bei Kassel, einem ganz kleinen Ort in Hessen. Ihre Eltern waren dort Bauern, richtig eingesessene Bauern, Gutsbesitzer mit Ländereien und einer Weinbrennerei, die für ihre Familie mit 13 Kindern ein großes Haus hatten. Meine Mutter – sie wurde 1886 geboren – verlor ihre Mutter sehr jung, und auch der Vater starb früh. So ging sie als junges Mädchen für fünf Jahre nach Amerika zu Verwandten. Bald nachdem sie zurückkommen war, lernte sie durch ihre Brüder, die in Barmen-Elberfeld ein großes Unternehmen hatten, meinen Vater kennen und heiratete ihn 1914. Meine Mutter war eine feine, schöne Frau mit einer sehr guten Erziehung. Sie hatte ein elegantes Pensionat in Kassel besucht und dort alles gelernt, was ein Mädchen aus gutem Hause damals eben lernte.

Meine Eltern wohnten nach ihrer Heirat in der Schildergasse 78-80 gegenüber der Antonsgasse. Dort war auch unser Geschäft, eine Edelsteingroßhandlung. Später – 1931 – zogen wir in das Haus Aachener Straße 4 direkt gegenüber dem Opernhaus, wo wir zwei Etagen hatten: In der einen Etage war unser Geschäft en gros, auf der anderen wohnten wir. Nach vier Jahren mieteten wir Wohn- und Geschäftsräume in der Hahnenstraße 46, in einem Haus, das unter der Hausnummer 20 heute noch steht. Im Krieg wurde alles rundum bombardiert und beschädigt, nur dieses Haus blieb unzerstört. Als man dort später aufgeräumt hat,

fand man im Hof noch das Firmenschild unseres Vaters: »Jakob Kerner, Juwelier«.

Wir beschäftigten in unserem Geschäft eine Prokuristin, einen Buchhalter und ein junges Lehrmädchen, das später Sekretärin bei uns wurde. Die meiste Zeit über hatten wir auch eine eigene Werkstatt, in der mein Vater und zwei Angestellte arbeiteten. Meine Mutter, eine sehr gute Geschäftsfrau, arbeitete im Geschäft mit bzw. leitete es, während sich mein Vater mehr um die Goldschmiedewerkstatt kümmerte.

Wir hatten ein sehr schönes Familienleben, sehr, sehr schön. Das Geschäft ging gut, und wir lebten in einem bürgerlichen, gutbürgerlichen Milieu. Mein Vater, der von allen Jupp genannt wurde, war bekannt wie ein bunter Hund und überall beliebt. Jeder hat ihn gekannt, und Sie werden noch heute alte Leute finden, die sich an Jupp Kerner erinnern. Er sah sehr gemütlich aus, hatte eine Glatze, einen kleinen Schnurrbart, ein bißchen Bauch. Er war eigentlich ein richtiger Kölner, sehr humorvoll, und hatte den Kölner Humor sehr schnell angenommen. Jeder duzte ihn, und er duzte auch jeden.

Meine Mutter war, das sagten alle, eine ganz besondere Frau. Man hatte sie überall furchtbar gern. Sie war sehr beliebt – in der Familie und bei den Menschen allgemein. Sie war eine intelligente, kluge und lebensgewandte Frau, und als mein Vater in der Nazizeit schwer krank wurde, führte sie das Geschäft allein weiter und erledigte alles selbständig.

Wir waren in unserer Familie nicht so sehr religiös, aber der Haushalt wurde koscher geführt, wir hielten die Feiertage ein und gingen in die Synagoge in der Glockengasse. Aber streng religiös waren wir nicht – ich wurde allerdings, nachdem ich die Moriah in der St.-Apern-Straße besuchte, sehr fromm, aber ich war das einzige religiöse Mitglied der Familie. Ich wollte dann nichts mehr zu Hause essen, weil es mir nicht koscher genug war, so fromm wurde ich.

Der Freundeskreis der Eltern war hauptsächlich jüdisch; meine Mutter war besonders viel mit ihrer Schwester Rosa David, die in Nippes wohnte, zusammen.

Politisch war mein Vater ein bißchen links eingestellt, ein bißchen kommunistisch. Er hatte so eine Schwäche für den Kommunismus, obwohl er Unternehmer war. Das war ganz komisch, ich habe mich immer darüber gewundert. Er war Pole, und auch wir Kinder hatten in den ganzen Jahren einen polnischen Paß.

1927 kam ich in die Schule, und zwar in die Moriah. Das war meine eigene Entscheidung, denn mir war freigestellt, entweder in die jüdische Volksschule in der Lützowstraße oder in die Moriah zu gehen. Ich kann mich noch genau erinnern, daß ich, obwohl ich doch noch ein kleines Kind war, ganz bewußt in die Moriah gehen wollte. Ich sagte zu meiner Mutter: »Ich will das Jüdische lernen, die Gesetze und das alles«, und habe verlangt, dorthin zu kommen. Durch wen ich beeinflußt worden bin, ob ich ein Vorbild hatte, weiß ich nicht, ich hatte auf jeden Fall keine Freundin, die zur Moriah wollte und mich dadurch irgendwie mitgezogen hätte.

Ich fühlte mich sehr wohl auf der Moriah. Es war eine Volksschule, in der das Jüdische stark betont wurde, so daß ich zur gleichen Zeit Deutsch schreiben und lesen und Hebräisch schreiben und lesen lernte – das ging zusammen. Wir mußten zum Beispiel im Religionsunterricht, in der jüdischen Geschichte, sofort das erste Buch der Bibel, die Schöpfungsgeschichte, übersetzen lernen. Sonst war der Unterricht eigentlich wie in jeder anderen Schule auch. Wir hatten sehr guten Unterricht. Ich erinnere mich besonders an den Lehrer Grünewald[2], der furchtbar nett war. Er spielte mit uns und ging mit uns in den Stadtwald oder ins Hänneschen.

*Abb.2* Klasse der Moriah mit Lehrer Hans Grünewald; oberste Reihe 2.v.r.: Anni Adler, 1927/28

Er war ein guter Lehrer für so kleine Kinder, und wir hatten ihn alle schrecklich gern. Da die Moriah die Übungsschule des Jüdischen Lehrerseminars war, wurden wir auch sehr viel von den Seminaristen, die wir Schnuckis nannten, unterrichtet; die haben sich bei uns ausprobiert. Hebräischunterricht gab Frl. Sonn[3], die sehr fromm war, und auch Frl. Hecht[4].

Es war in dieser Zeit, daß ich sehr religiös wurde und auch zu Hause streng leben wollte. Ich rührte zum Beispiel von dem, was meine Mutter am Samstag gekauft hatte, nichts mehr an. Diese Entwicklung kam vor allem durch den Einfluß von Rabbiner Carlebach. Wir wurden alle durch ihn sehr fromm, so sehr, daß sogar er uns manchmal bremste und sagte: »Das ist zu viel, man darf nicht fanatisch werden.« Meine Mutter hatte nichts dagegen, daß ich streng leben wollte. Die Eltern lebten zwar selbst anders, aber meine Mutter stammte ja auch aus frommem Hause, und sie akzeptierte meine Haltung. Meine Schwester und mein Vater waren ganz frei, die haben sogar Schinken gegessen. Nachher, als man nicht mehr schächten durfte und es kein koscheres Fleisch mehr gab, da wollte ich überhaupt kein Fleisch mehr essen. Meine Mutter ließ deshalb jede Woche extra ein koscheres Huhn aus Antwerpen für mich kommen. Die ganze Woche aß ich dann dieses Huhn, etwas anderes wollte ich nicht anrühren.

Durch den Einfluß meiner Schwester ging ich von der Moriah aus nicht auf die Jawne, das jüdische Gymnasium, sondern auf die Evangelische Höhere Töchterschule in der Antonitergasse. Meine Schwester war fünf Jahre älter, hatte von ihrem ersten Schultag an dieses Lyzeum besucht und fühlte sich dort sehr gut. Sie war mit Hertha Tietz in einer Klasse, hatte gute Freundinnen und war sehr beliebt. Sie ging aber dann schon ein oder zwei Jahre, nachdem ich auf die Schule übergewechselt war, ab, so daß ich an ihr keine Stütze in der Schule mehr hatte.

Die ersten Jahre auf der Töchterschule von 1931 bis 1933 waren angenehm für mich. Ich hatte Freundinnen, und von Antisemitismus merkte man nichts. Aber dann fing alles an.

Anfang April 1933, beim Boykott, sagte die Lehrerin morgens in der Schule: »Heute sind Maßnahmen gegen die Juden, und man hat ihre

---

**Synagogengemeinde Adass Jeschurun Köln**

Wir bringen hiermit zur Kenntnis, daß unter der Aufsicht unseres Rabbinats nur folgende Metzgereien und Wurstgeschäfte stehen:

1. **A. Alter,** Gr. Griechenmarkt 80/82
2. **Rothschild u. Gurfinkel** Kyffhäuserstr. 29

**Der Vorstand**

*Abb.3* Jüdischer Beobachter, 1921/22

Geschäfte geschlossen.« Zu mir persönlich sagte sie: »Wenn du willst, kannst du nach Hause gehen. Du brauchst nicht hier zu bleiben.« Ich habe gar nicht gewußt, was los war, und erfuhr es erst zu Hause.

Danach begann es in der Schule allmählich für mich schlimm zu werden. Auch meine bis dahin besten Freundinnen setzten mir nun zu, weil sie einen richtigen Judenhaß bekamen. Es waren auch noch andere jüdische Mädchen in der Klasse: Eva Mendel, deren Eltern eine Apotheke hatten, die Zwillinge Ruth und Ellen Falk – aber ich war immer der Sündenbock für alles.

Wissen Sie, ich habe wohl immer irgendwie die Ausnahme gespielt; die anderen jüdischen Mädchen waren viel mehr assimiliert als ich. Als ich 1931 in die Sexta kam, sagte ich, ich sei sehr fromm und würde manches nicht mitmachen. Ich wollte samstags nicht schreiben, ich wollte samstags keine Handarbeiten machen, nicht zeichnen und keine Klassenarbeiten mitschreiben. Man akzeptierte meine Wünsche, so daß für mich alles ohne Probleme lief. Die Lehrerinnen waren auch überhaupt nett zu mir, und in dieser Zeit wurde kein Unterschied zwischen jüdischen und nichtjüdischen Schülerinnen gemacht.

Aber ab 1933 wurden manche der Lehrerinnen sehr eklig. Einige machten plötzlich ganz offen einen großen Unterschied zwischen uns jüdischen Mädchen und den anderen, einige waren mehr versteckt feindlich. Eine Lehrerin mußte übrigens von der Schule gehen, weil sie im Religionsunterricht gesagt hatte, daß Jesus von Juden abstamme und daß die jüdische Religion eigentlich die Mutter der christlichen Religion sei. Nachdem sich Schülerinnen beschwert hatten, wurde sie von der Schule verwiesen.

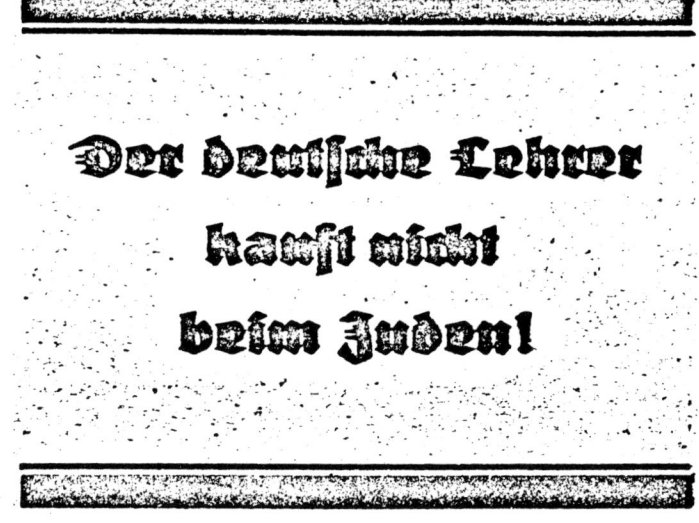

Abb.4 Mitteilungsblatt d. NS-Lehrerbundes, 1934

Eigentlich verhielten sich alle Schülerinnen – die meisten gehörten inzwischen dem BDM an – ablehnend gegen mich. Sie versteckten mir die Butterbrote oder, wenn sie irgend etwas in der Klasse getan hatten, schoben sie es mir in die Schuhe. Einige Mädchen verprügelten mich auch. Ich habe wirklich gelitten in dieser Zeit. Wenn die Lehrerin die Klasse betrat, mußte man aufstehen und »Heil Hitler« sagen, aber ich war doch Jüdin und keine Deutsche – ich durfte wahrscheinlich gar nicht

# JAWNE
## Jüdische Höhere Schule
## Reform-Realgymnasium und Lyzeum
## St. Apernstraße 29-31

Die Aufnahmeprüfungen finden Montag, den 12. März, 8¹/₄ Uhr statt.

Neuanmeldungen können täglich von 11-12 Uhr im Schulgebäude, Zimmer 18 erfolgen.

*Abb.5* Jüdischer Beobachter, 1921/22 od. Kölner Jüdisches Wochenblatt, 1928
*Abb.6* Anni Adler vor der Wohnung Hahnenstraße, April 1936

so grüßen. Ich blieb einfach stehen, und jedesmal hob mir meine frühere beste Freundin, die hinter mir stand, mit Gewalt die Hand hoch – jedesmal. Ich habe dort als Kind sehr viel mitgemacht. Schließlich sagte meine Mutter: »Ich nehme dich von der Schule, und du gehst wieder in die St.-Apern-Straße.« Aber ich wollte nicht so mitten im Schuljahr abgehen und blieb deshalb noch einige Monate. Ich hielt mit Ach und Krach durch bis zum Ende der Quarta und trat dann 1934 mit der Untertertia in die Jawne an der St.-Apern-Straße ein. Aber dieser Wechsel war für mich auch nicht so leicht, denn in der Jawne wurde ich nun von meinen

früheren Freundinnen aus der Moriah angefeindet, weil ich ihnen mit meinem Schulwechsel zur Töchterschule untreu geworden war. Auch meine beste Freundin aus der Zeit in der Moriah wollte nicht mehr mit mir befreundet sein. Erst einige Zeit später, als andere Mädchen aus christlichen Schulen auf die Jawne kamen, fand ich neue Schulfreundinnen. Trotzdem fühlte ich mich auf der Jawne viel besser, denn immerhin war ich nun wieder auf einer jüdischen Schule.

Die wichtigste Lehrerin für mich in dieser Zeit war Frau Lüthgen, unsere letzte Klassenlehrerin. Sie brachte uns ein sehr gutes Französisch und Englisch bei, und ihr Unterricht hat mir wahrscheinlich mein Leben gerettet, denn ich mußte später als Französin in Frankreich untertauchen, und niemand merkte an meiner Sprache, daß ich keine Französin war.

Ich erinnere mich auch noch an Frau Dr. Esther Frank dort, die mit einer sehr philosophischen Ausrichtung Deutsch unterrichtete. Bei einem Dr. Levy[5] hatten wir Hebräisch und führten – daran erinnere ich mich noch gut – bei ihm einmal ein Schauspiel ganz in Hebräisch auf. Dr. Levy nahm sich um 1935/36, als er wohl nicht mehr aus noch ein wußte, das Leben. Er stürzte sich von einer Brücke in den Rhein. Ich bin damals bei seiner Beerdigung auf dem Bocklemünder Friedhof mitgegangen.

Ein Herr Mahbub[6], ein jemenitischer Jude, der 1936/37 aus dem Jemen zu uns kam und kein Wort Deutsch sprach, sollte uns Hebräisch beibringen, um uns auf eine mögliche Auswanderung nach Palästina vorzubereiten. Die anderen haben das alles sehr schnell gelernt, aber ich lernte nichts bei ihm. Es ging mir einfach nicht in den Kopf.

Außerdem erinnere ich mich gut an Ludwig Meidner[7]. Ich wußte damals nicht, daß er ein so großer Maler war; für uns war er bloß einer der Lehrer. Erst später habe ich über seine Bedeutung als Maler gelesen.

*Abb.7 Aus dem Poesiealbum von Anni Adler, 1933*

יבנה

## JAWNE

Jüd. Reformrealgymnasium
mit Realschule für Knaben
und Mädchen
KÖLN, St. Apernstraße 29/31

*Unseren lieben Schüler in*

*Anny Kerner*

*zur Erinnerung an die Schulzeit.*

*Köln, den* 24. *März* 1937

*Der Direktor:*     *Die Klassenleiter in*

*Abb.8* Buchwidmung für
Anni Adler, 1937
*Abb.9* Mitglieder des ITV;
2.Reihe v.unten, 13.v.l.:
Anni Adler, 1931

Herr Meidner war im Unterricht sehr gemütlich und half uns immer beim Zeichnen. Ich hatte überhaupt kein Zeichentalent, und weil er das sah, machte er manches an meinen Bildern für mich. Er versuchte, mit uns hauptsächlich Porträts zu malen, setzte sich dabei zu uns und half jedem ein bißchen. Ich sammelte natürlich meine Bilder und hatte die ganzen Porträts und anderen Zeichnungen zu Hause. Aber wir sind ja über Nacht geflüchtet, und ich mußte alles zurücklassen. Ich habe kein Andenken daran.

Ich fühlte mich in diesen Jahren sehr allein. Auf der Straße wurde mir »Judenmädchen« nachgerufen, und einmal rissen mir Kinder die Knöpfe von einem Berchtesgadener Jäckchen, das ich anhatte, ab und nahmen mir meine Tasche weg. An einem Karnevalstag hatte ich mich verkleidet und mir auf einen Trainingsanzug lauter Lappen aufgenäht, da riefen sie mir »Lumpenjud« nach. Ich bin schnell nach Hause gelaufen und habe geweint.

Meiner Schwester ist es ganz anders gegangen. Sie hatte noch eine ganz andere Jugend, weil sie noch stärker die gute Zeit miterleben konnte. Sie hatte noch Tanzunterricht, spielte Tennis, fuhr als

JÜD.TURN VEREIN KÖLN 1902. Aufn. 21.10.31.

ganz junges Mädchen einen eigenen Wagen und hatte Freunde. Sie war das junge Mädchen aus gutem Haus, klug, hübsch und sehr beliebt.

Für mich war das alles schon nicht mehr möglich.

Immerhin gehörte ich verschiedenen Jugend- bzw. Sportvereinen an. Vor 1933 war ich Mitglied im Demokratischen Schwimmverein, einem nichtjüdischen Verein, mit dem ich einmal die Woche im Hohenstaufenbad schwimmen ging. Als ich zehn, elf Jahre alt war, trat ich dem ITV, dem Turnverein des Reichsbundes jüdischer Frontsoldaten, bei, verließ ihn aber mit meiner Schwester dann bald, weil er uns zu »deutsch« war, und ging in den Hakoah, den zionistischen Sportklub. Ich war sehr gut in Sport, und mit dem Hakoah war ich sehr oft auf dem Sportplatz in Deckstein und bekam viele Urkunden im Springen und Laufen. Aber diese Urkunden sind auch alle damals in Deutschland geblieben.

Bei uns zu Hause änderte sich Situation seit 1933 sehr schnell. Mein Vater reagierte auf den Druck von außen, indem er schon 1933 schwer krank wurde. Er bekam aufgrund der dauernden Aufregungen hohen Zucker, wurde durch die strenge Diät mager und erkrankte schließlich

*Abb.10* Hakoah; aus dem Fotoalbum von Anni Adler, 1937

an Lungentuberkulose. Er ging immer wieder für längere Zeit ins Sanatorium, so daß meine Mutter das Geschäft allein fortführen mußte. Finanziell lief das Geschäft weiter. Wir hatten weiterhin die Erlaubnis, von Antwerpen Material einzuführen, und die Antwerpener Händler kamen auch noch zu uns. Wir und noch ein jüdischer Juwelier waren schließlich die einzigen Juden in Köln, denen noch erlaubt war, von Belgien einzuführen. Diese Erlaubnis hatten wir sogar noch 1937 zum Zeitpunkt unserer Flucht.

Die Eltern hatten natürlich schon länger daran gedacht auszuwandern, aber mein Vater war ja schwer krank. Trotzdem versuchten wir, eine Einreisegenehmigung nach Amerika zu bekommen, denn dort lebten Geschwister meiner Mutter, zu denen sie gerne gefahren wäre. Wir erhielten aber nicht einmal eine Nummer für Amerika, die Quote war nicht frei. Ich selbst war eigentlich zionistisch orientiert und wäre gern nach Palästina emigriert. Meine Mutter wollte aber mich und meine Schwester nicht allein weggehen lassen. Eine Auswanderung konnten sich die Eltern wohl nur gemeinsam für die ganze Familie vorstellen, und so sind wir erst einmal geblieben – bis etwas Entscheidendes passierte:

Wir hatten einen Cousin, Theodor Meyer, der auch in Köln lebte und, seitdem mein Vater so krank war, bei uns im Geschäft mithalf. Eines Tages machte er vor einem der Kästen, in denen die Zeitschrift »Der Stürmer« ausgestellt war, irgendeine abfällige Bemerkung; man nahm ihn fest und brachte ihn zur Gestapo. Einer unserer Kunden, der zwar nicht selbst bei der Gestapo arbeitete, aber, wie man so sagt, irgendein hohes Tier war, kam zu uns und teilte uns die Verhaftung mit. Wir hatten bis dahin nichts davon gewußt, aber unruhig auf Theo gewartet. Der Bekannte setzte sich dann für seine Freilassung ein, und Theo berichtete uns, nachdem er entlassen war, man habe ihn nach unserem Geschäft ausgefragt, danach, was wir führten, was wir machten und so weiter. Vor allem sei der Gestapo unsere Einfuhrgenehmigung merkwürdig vorgekommen. Theo meinte, daß sie uns jetzt bestimmt kontrollieren würden. Wir bekamen Angst und entschlossen uns, sofort wegzugehen.

Am 2. August 1937 haben wir alles stehen und liegen lassen und sind nach Belgien gegangen, nach Spa. Mein Vater und ich fuhren offiziell mit einem Reisevisum, gerüstet mit einem Ferienkoffer für vier Wochen, während meine Mutter, meine Schwester und unser Cousin Theo zu Fuß über die Grenze flüchteten. Den Schmuck und die Juwelen aus unserem Geschäft konnten wir im großen und ganzen mitnehmen, irgendwie durchschmuggeln, so daß wir eine Menge Sachwerte für die Zukunft bei uns hatten.

Wir trafen uns in Spa und wohnten dort zunächst für einige Wochen in einem jüdischen, koscheren Hotel. Dann nahmen wir in Brüssel eine möblierte Wohnung. Wir mußten uns nun um eine Aufenthaltsgenehmigung bemühen, und die zu bekommen war sehr, sehr schwer. Die Behörden machten uns furchtbare Schwierigkeiten und wollten uns immer wieder ausweisen, denn mein Vater und ich waren nur mit einem Besuchsvisum gekommen, und meine Mutter und meine Schwester hatten gar kein Visum. Man schlug uns schließlich vor, von Holland aus legal einzureisen. Wir hätten also erst nach Holland gemußt, um von dort mit den entsprechenden Papieren zurück nach Belgien kommen zu können. Aber mein Vater war schwer krank, er war nicht transportfähig – das bestätigte auch der Arzt. Für meinen Vater war das alles furchtbar, er hat sich schrecklich aufgeregt und ist schließlich am 30. Januar 1938 in Brüssel gestorben. Kurz darauf teilte man uns mit, daß wir unsere Aufenthaltsgenehmigungen abholen könnten. Ich ging zum Amt und bekam die Genehmigung für uns und auch für meinen Vater. Ich sagte: »Mein Vater ist inzwischen gestorben.« »Ach«, wurde mir gesagt, »war er wirklich krank? Das haben wir nicht glauben wollen.«

Von da an lebten wir legal in Belgien mit einer Aufenthaltsgenehmigung, die, glaube ich, jedes halbe Jahr verlängert werden mußte.

Ich hatte in dieser Zeit schreckliches Heimweh nach Köln und nach meinen Freunden dort. Besondere Sehnsucht hatte ich nach der Synagoge in der Glockengasse, in die ich jeden Samstagmorgen gegangen war. Als ich Anfang November 1938 in Brüssel ein Plakat sah, das aufforderte, zum Karnevalsbeginn am 11.11. mit einer Busgesellschaft nach Köln zu fahren, sagte ich deshalb zu meiner Mutter: »Ich fahre mit, ich möchte zurück und mich nur von allen meinen Freunden verabschieden.« Ich dachte, die Busreise wäre eine gute Gelegenheit, unauffällig noch einmal zu Besuch nach Köln zu kommen. Mein Mutter riet mir aber ab, weil sie dachte, daß es zu gefährlich sei und daß man mich auf dem Rückweg zurückhalten könnte. In dieser Woche am 9./10. November war dann die »Kristallnacht«, und ich war froh, daß ich nicht gefahren war. Aber ich hatte weiter furchtbare Sehnsucht nach Köln, denn sehen Sie, ich habe Köln doch so geliebt. Wenn ich als Kind in Ferien von Köln weg war, sind mir bei der Rückkehr, wenn ich über die Rheinbrücke kam, immer die Tränen vor Rührung gekommen. Heute lebe ich schon so lange in Nizza, aber ich habe nie das Gefühl für diese Stadt bekommen, wie ich es für Köln hatte.

Nach einiger Zeit zogen wir von Brüssel nach Antwerpen, wo unser Cousin Theo Arbeit gefunden hatte. Zusätzlich versuchte er, an der Börse Geld zu verdienen – auch für uns –, aber er hat immer nur verloren, verloren, verloren. Ich selbst, ich war damals 17, 18, 19 Jahre alt, ging in eine Nähschule, um etwas zu lernen, um etwas zu tun zu haben. Meine

Schwester hatte sich inzwischen mit Motz Schifres verlobt, einem Dentisten, der auch aus Köln stammte.

Wir blieben in Antwerpen bis zum Mai 1940. An einem der Maitage wachte ich morgens um sechs Uhr auf, weil ich Flugzeuge über uns hörte. Ich schaltete das Radio an, und da hieß es, die Deutschen seien gerade dabei, in Holland und Belgien einzumarschieren. Ich lag im Bett in Antwerpen, und was ich hörte, war der Einmarsch.

Wir packten sofort unsere Koffer. Einige Koffer mit unseren Silberwaren wollten wir stehen lassen und nur das Nötigste für uns mitnehmen – Wäsche und was man eben glaubt, für eine Flucht zu brauchen. Unseren Schmuck und die Juwelen banden wir uns in einem großen Gürtel um den Körper. Den größten Teil dessen, was wir noch besaßen, hatten wir also bei uns. Meine Mutter und ich fuhren zunächst ohne meine Schwester und ihren Verlobten los, denn meine Mutter wollte unbedingt noch zu einem Bankier, von dem wir Geld zu bekommen hatten. Da man ihr sagte, der Bankier sei in Koksyde am Meer, ging es also zuerst dorthin. Ich nahm in der Eile einfach einen unserer gepackten schwarzen Koffer, und wir stiegen in ein Taxi. Unterwegs machten wir bei Gent Halt, um etwas bei einem Bauern zu trinken. Als wir weiterfuhren, merkte meine Mutter plötzlich, daß sie ihren Hut dort vergessen hatte. Sie ließ das Taxi anhalten und bat einen vorbeikommenden Fahrradfahrer, ihr den Hut zu holen. Ich stieg aus, weil ich auf den Fahrradfahrer warten sollte, während meine Mutter mit dem Taxi nach Gent fuhr und mich später wieder abholen wollte. Als ich so am Straßenrand wartete, kamen plötzlich junge Leute, Belgier, auf mich zu und verlangten meine Papiere. Sie fanden die Situation sehr verdächtig: ein Mädchen mit belgischen Papieren, in Köln geboren, spricht aber französisch, steht da und behauptet, auf seine Mutter zu warten. Sie sagten: »Sie sind ein deutscher Fallschirmspringer«, packten mich rechts und links und wollten mich mitnehmen. Später habe ich erfahren, daß man verschiedene Verdächtige in einer solchen Situation einfach erschossen hat. Es war ja einige Tage nach dem Angriff der Deutschen, und man fürchtete überall deutsche Fallschirmspringer. Glücklicherweise kam aber der Fahrradfahrer rechtzeitig wieder, und die Männer sahen, daß ich nicht gelogen hatte. Als ich dann schließlich mit meiner Mutter wieder zusammengetroffen war, konnten wir wie geplant mit dem Taxi nach Koksyde fahren, fanden dort tatsächlich den Bankier und bekamen unser Geld.

Kurz darauf, auf unserem weiteren Weg, war Bombenalarm. Wir mußten schnell einen Unterschlupf suchen und in einen Luftschutzkeller flüchten. Jemand half mir, meinen Koffer zu tragen, und merkte dabei, wie schwer er war. Wieder hatte ich mich verdächtig gemacht! Ich mußte den Koffer öffnen, und was kam heraus? Das ganze Silber. Ich hatte den

Koffer mit dem Silber genommen, statt den mit Wäsche. Ich hatte also Silber, aber kein einziges Kleidungsstück, keine Hose, kein Hemd. Immerhin durften wir in den Keller und verbrachten dort die Nacht.

Am nächsten Tag wollten wir in Richtung Frankreich, denn wir hatten vor, nach Boulogne zu flüchten, um von da irgendwie nach England zu kommen. Wir planten dabei, mit meiner Schwester und meinem Schwager, die direkt in Richtung französische Grenze gefahren waren, wieder zusammenzutreffen und mit ihnen weiter zu flüchten. Tatsächlich fanden wir uns dort – zufällig, ohne vorherige Absprache – unter all den Menschen auf der Straße in Richtung Frankreich wieder. Bald darauf begegneten wir einem alten Mann, der bereit war, uns mit seinem Karren mitzunehmen. Wir luden alles, was wir hatten, auf den Karren: unsere Koffer und das Gepäck meines Schwagers mit seinen Zahnarztinstrumenten, die er alle mitgenommen hatte. So wollten wir nun hinüber nach Beziers.

Inzwischen aber waren die Grenzen gesperrt worden, und wir konnten nicht weiter. Wir übernachteten in einer Wirtschaft, wo ich auf einem Billardtisch liegend versuchte zu schlafen. Die ganze Nacht hörten wir die englischen Truppen, die auf dem Rückzug waren, durchfahren, durchmarschieren, singen.

Am nächsten Tag schien die Straße wieder frei zu sein, so daß wir weiter konnten. Der alte Mann hatte mit seinem Karren auf uns gewartet, aber er riet uns, die schweren Koffer nicht mitzunehmen. Er versprach, das Silber und die Instrumente aufzubewahren und uns alles später wieder zurückzugeben. Er hatte recht – wie sollten wir auch mit all dem zu Fuß weiterkommen? Also haben wir seinen Vorschlag akzeptiert und verließen ihn und seinen Karren mit wenig Gepäck. Nicht lange danach trafen wir Leute aus Antwerpen, die uns in ihrem vollgepackten Auto ein Stück mitnahmen. Auf der Fahrt flogen die Stuckas immer wieder über uns und stießen auf uns herunter. Wir mußten aus dem Auto springen, von der Straße weg laufen und uns in den Graben werfen. Sie können sich die Situation auf den Straßen damals gar nicht vorstellen. Es war eine Massenflucht, alles war voll und verstopft, die Menschen sind einfach weggelaufen, geflohen vor dem Krieg.

An der Grenze wurde jetzt auch nicht mehr kontrolliert – die Grenze war offen, die Truppen und alle Wagen fuhren einfach durch.

Das nächste Stück unserer Strecke konnten wir dann noch ohne größere Unterbrechung mit dem Auto hinter uns bringen. Wir kamen durch Lille, das vollkommen leer, ganz ausgestorben war. Aber 20 Kilometer vor Boulogne ging uns plötzlich das Benzin aus, und der Wagen konnte nicht mehr weiter. Die Besitzer des Autos und wir waren gezwungen, es mit all unseren Sachen darin am Straßenrand stehen zu lassen und uns zu Fuß auf den Weg in Richtung Boulogne zu machen. Bis zu dem kleinen Ort St. Lambert gelang es uns vieren, meiner Mutter, Schwester, meinem Schwager und mir, trotz der ganzen Wirrnisse zusammen zu bleiben. Doch in St. Lambert bat mich meine Mutter, die kein Wort Französisch sprach: »Frag doch mal, wo man auf die Toilette gehen kann.« Während ich mit ihr hinter ein Haus ging, wurde plötzlich Luftalarm gegeben, und als wir auf die Straße zurückkehrten, waren meine Schwester und mein Schwager fort. Man sagte uns, sie seien weiter nach Boulogne gegangen. Wir entschlossen uns, ihnen nicht zu folgen, sondern am Ort auf ihre Rückkehr zu warten. Sie kamen jedoch nicht zurück.

Am nächsten Morgen gegen sechs, sieben Uhr beschlossen meine Mutter und ich, die Straße, die wir gekommen waren, zurückzulaufen, um unsere Koffer aus dem Auto am Straßenrand zu holen. Wir kamen nicht weit, denn die deutschen Tanks fuhren uns schon entgegen. Also kehrten wir wieder um und flüchteten schließlich in ein fremdes Haus, in dem wir Unterschlupf zu finden hofften. Die Türen standen offen, das Haus war leer, die Bewohner fort. Als man auf der Straße zu schießen begann, warfen wir uns auf den Boden und warteten voller Angst. Deutsche Soldaten, die die Häuser des Ortes durchsuchten, kamen auch in unser Haus. Wir wurden gefragt, ob sich hier Männer versteckt hätten, aber ich tat so, als ob ich kein Deutsch verstände. Ich wußte ja gar nichts, ich kannte das Haus nicht und wußte noch nicht einmal, wo wir waren. Wenn man wirklich versteckte Männer gefunden hätte, wäre es uns sicher schlecht ergangen. Die Soldaten durchsuchten das Haus und nahmen sich einfach Uhren, Besteck und andere Sachen mit.

Kurz darauf hieß es, alle Einwohner müßten das Dorf verlassen. Auch wir wurden weggejagt, und zwar in die Richtung, aus der wir gekommen waren. So sahen wir auch den Wagen wieder, mit dem wir gefahren waren und der jetzt ausgeraubt am Straßenrand stand. Alles war aufgerissen, die Familienbilder, die die Leute mitgenommen hatten, flogen herum, und auch unsere Sachen waren völlig durcheinander geworfen. Nur eine Daunendecke war noch in Ordnung – eine Decke, die ich noch heute habe. Sie stammt aus dem Heim meiner Mutter und war mit den Daunen von den Gänsen dort gefüllt. Die Decke nahm ich unter den Arm, und wir liefen zu Fuß mit dem Strom der französischen Flüchtlinge zurück von einem Ort zum anderen. Für den Fall, daß meine Schwester nach uns forschen sollte, hinterließ ich überall eine Notiz und meinen Namen, immer in der Hoffnung, sie irgendwo wiederzufinden. An einem Ort fragte ich eine Frau, ob wir bei ihr die Nacht schlafen könnten, und sagte dabei auch, daß wir Schwester und Schwager verloren hätten. Tatsächlich kam meine Schwester vier Wochen später dort vorbei und wurde von dieser Frau gefragt: »Haben Sie inzwischen Ihre Schwester wiedergefunden?« Meine Schwester und ich sahen uns so ähnlich, daß sie meine Schwester für mich gehalten hatte. So fand meine Schwester unsere Spur.

Meine Mutter und ich waren währenddessen in ein Dorf gekommen, wo wir für die nächsten Wochen blieben. Wir sagten, daß wir aus Belgien geflüchtet seien, und so wußte dort niemand, daß wir Juden aus Deutschland waren. Wir wohnten auf dem Hof von Bauern, die furchtbar arm waren, schliefen im Heu, und mußten uns die Füße im selben Topf waschen, in dem wir auch den Salat wuschen. Meine Mutter schleppte diese bitterarmen Leute vom Hof noch mit dem, was sie hatte, mit. Dabei war der Mann oft betrunken, und meine Mutter dachte immer, er stände mit dem Messer vor der Tür, um uns zu berauben, denn er hatte gesehen, daß wir so viel Schmuck bei uns trugen. Meine Mutter wollte deshalb zur Sicherheit alles im Garten eingraben, aber ich sagte: »Nein, nein, das behalten wir lieber am Körper.«

Eines Tages sitze ich im Hof und schäle Kartoffeln, meine Mutter sitzt neben mir, und wir arbeiten zusammen, da steht plötzlich ein ganz verhärmtes Paar vor uns: Das waren meine Schwester und mein Schwager. Sie hatten uns schließlich durch die Ähnlichkeit zwischen uns Schwestern wiedergefunden.

Nicht lange danach hieß es, daß alle Leute, die geflüchtet waren, wieder nach Hause fahren sollten. Es war jetzt schon alles durch die Deutschen besetzt: Holland, Belgien und ein großer Teil Frankreichs. Ich wollte aber nicht zurück nach Belgien, ich wollte weiter. Ich wollte vorwärts ins unbesetzte Gebiet und nicht zurück nach Antwerpen, wo die Deutschen saßen. Aber mein Schwager meinte: »Ich habe meine Praxis in Antwerpen, ich gehe zurück«, und meine Mutter sagte: »Wenn ihr zurückgeht, gehen wir mit.« Leider sind wir also gegen meinen Willen zurück, denn sonst wären wir schon damals bis Nizza durchgekommen und hätten alles gerettet. So haben wir alles verloren.

Wir sind also alle vier im Sommer 1940 zurück nach Antwerpen, wo mein Schwager wieder seine Praxis eröffnete. Zunächst ging alles fast wie normal weiter. Dann aber wurden von den Behörden Listen aufgestellt, mit den Namen der jüdischen Leute, die in ein Lager kommen sollten. Meine Mutter, meine Schwester und ich waren direkt auf der ersten Liste und sollten in ein Internierungslager nach Mecheln gebracht werden. Meine Mutter sagte: »Ich gehe in kein Lager der Deutschen, ich gehe nicht hinter Stacheldraht.« Und wir beschlossen, uns der Internierung zu entziehen. Wir versteckten uns zuerst bei einer Bekannten in Antwerpen, im Untergeschoß des Hauses, in dem wir bis dahin gewohnt hatten. Wir gingen tagsüber nicht aus dem Haus, nur noch manchmal nachts. Aber ich dachte, dieses Leben nicht aushalten zu können; ich wollte fort und fliehen. Als ich zwei junge Männer kennenlernte, die die Absicht hatten, nach Südfrankreich, nach Nizza[8] zu fliehen, wollte ich mit. Meine Mutter sagte: »Ich laß dich nicht alleine, wir gehen zusammen.«

Also machten wir uns beide mit diesen zwei jungen Männern auf die Flucht. Aber wir hatten die Reise mit all den zu erwartenden Problemen nur sehr schlecht vorbereitet. Es war alles sehr improvisiert. Immerhin nahmen wir unseren ganzen Besitz an Sachwerten wieder mit. Ich hatte ein Kilo Feinplatin, das wie Silberpapier war, unter dem Kleid um den Bauch gebunden, wir hatten in der Kleidung verschiedentlich Juwelen eingenäht – zum Beispiel in großen Knöpfen –, und wir hatten zusätzlich einiges im Koffer versteckt. Auch den Jungens gaben wir verschiedene Päckchen mit, und den Rest ließen wir bei meiner Schwester. Da wir nur weiße Ausweise hatten, man aber – um als Belgier zu gelten – gelbe Ausweise brauchte, steckten wir unsere Ausweise einfach in gelbfarbige Hüllen – so primitiv waren unsere Vorbereitungen.

Dann fuhren wir mit dem Zug los in Richtung Südfrankreich. An der Grenze kam deutsche Polizei als Kontrolle durch die Waggons. Wir wurden gefragt, ob wir etwas zu deklarieren hätten. Wir sagten nein, mußten aber die Koffer öffnen. Als wir einen Koffer aufmachten, sahen die Kontrolleure als erstes silberne Bestecke, die wir für unseren eigenen Gebrauch, und natürlich wegen des Wertes, mitgenommen hatten. Wir mußten sofort aus dem Zug aussteigen und unsere Kleidung und unser Gepäck untersuchen lassen. Meine Mutter wurde zuerst durchsucht, und ich sah, daß sie fast alles bei ihr fanden. Ich hätte so gerne das, was ich bei mir hatte, zum Beispiel den Gürtel unter meinem Kleid, irgendwie noch versteckt, aber es war nicht möglich, ihn unbeobachtet auszuziehen. Schließlich haben sie das meiste an uns gefunden und uns weggenommen. Einer der Männer dort sah mich an und sagte: »Sie können bei mir nichts verstecken, ich bin von der Kölner Gestapo, ich kenne alles. Doppelte Böden in den Koffern, doppelte Absätze an den Schuhen – alles.« Aber sie haben dann doch einiges nicht gefunden, einige in der Kleidung eingenähte Sachen, einige Dinge im Koffer. Schmuck, den wir anhatten, große Ringe mit vier, fünf Karat, hatte er uns sogar zunächst gelassen. Dollars, die ich bei mir hatte, konnte ich tatsächlich während der Untersuchung hinter einer Kiste verstecken und sie dann wieder an mich nehmen – ich war damals sehr kaltblütig. Der Mann von der Gestapo sprach einige Zeit mit uns, und als er sich kurz umwandte, versuchte ich, meine Ringe in ein Brot zu stecken, das auf dem Tisch lag. Er drehte sich sofort um und fragte: »Was haben Sie da jetzt in das Brot gesteckt?« und untersuchte das Brot. Er sagte: »Ich habe gesehen, daß

Sie das alles angehabt haben, und ich hätte Ihnen das gelassen, aber nachdem Sie es verstecken wollten, beschlagnahme ich das auch!« Er schrieb alles auf, was er uns weggenommen hatte – allerdings nicht genau, sondern nur sehr allgemein –, und unterschrieb die Liste. Wir bekamen diese Aufstellung unserer Wertsachen mit. Dann sagte man uns, man wolle uns für die Nacht in einem Hotel unterbringen, bis man aus Antwerpen Nachricht erhalten habe, ob wir gesucht würden. Wir wurden zwar in das Hotel gebracht, aber schon kurz darauf teilte man uns mit, daß man keine Verbindung mit Antwerpen bekäme und wir doch, wie wir vorgehabt hatten, nach Lille fahren sollten. Von dort aus sollten wir uns wieder bei der Polizei melden.

Die Kontrolleure wußten ganz sicher, daß wir jüdisch waren. Ich hatte ja einen polnischen Paß, und man hatte auch gefragt, wieso wir aus Köln weggegangen seien. Sie haben es also gewußt. Unsere Papiere behielten sie, und einer der Männer fuhr mit uns mit dem Bus nach Lille hinein. Wir hatten inzwischen begriffen, daß die Männer uns los werden wollten, daß sie uns bloß freiließen, weil sie unsere Sachen für sich behalten wollten. Sie dachten nicht daran, unseren Fall weiterzugeben und uns zu verfolgen. Sie wollten einfach das, was sie bei uns gefunden hatten, für sich – und das war ein großes Vermögen, es war ja fast alles, was wir aus Köln mitgenommen hatten: unser ganzes Geschäft. Und wenn ich jetzt vorgreifen darf – sie haben es tatsächlich für sich behalten. Nach dem Krieg, in den 50er Jahren, versuchte ich, aufgrund der Aufstellung unserer beschlagnahmten Sachen und der Unterschrift auf diesem Verzeichnis dem Vorgang nachzugehen, um wenigstens etwas von unserem Eigentum wiederzubekommen. Aber es war kein Stempel, nichts Offizielles auf dem Verzeichnis, und der Mann, der unterschrieben hatte, war nicht aufzufinden. Das Verzeichnis war nicht weitergeleitet worden, und die Sachen auch nicht. Ich konnte deshalb nichts nachweisen und bekam auch keine Entschädigung für den Verlust.

Wir standen also in Lille und hatten keinerlei Papiere mehr. Der größte Teil unseres Besitzes war uns genommen worden, die Jungens, die wir begleitet hatten und die einige Wertsachen von uns bei sich trugen, waren im Zug weitergefahren, ohne daß wir uns näher mit ihnen hatten absprechen können. Wir trafen sie später in Marseille wieder, und dort sagten sie uns, sie hätten alle unsere Päckchen aus dem Zug geworfen, aus Angst damit erwischt zu werden. Also haben wir das auch nicht mehr wiedergesehen. Übrigens sind beide Jungens später deportiert worden.

Wir standen da und wußten nicht weiter. Auf der Straße sprachen wir schließlich einen Herrn an, der irgendwie ein bißchen jüdisch aussah, und fragten ihn, wo wir ohne Papiere in ein Hotel gehen könnten. Er nahm uns tatsächlich mit und brachte uns in irgendein Hotel, wo wir in einem großen Saal übernachten konnten. Am nächsten Tag lernten wir einige junge Männer kennen, die versprachen, uns nach Nizza ins unbesetzte Gebiet mitzunehmen. Wir vertrauten uns diesen Leuten an, und damit begann eine sehr komplizierte Flucht.

Zunächst fuhren wir mit den jungen Leuten über Abbéville nach Paris und von dort nach Tours. Unterwegs mußten wir irgendwo noch einmal über einen Übergang, für den man Papiere brauchte – und die hatten wir ja nicht. Wir sahen, daß dort an der Kontrolle jemand stand, der alle überprüfte, die hinüber wollten. Aber die Jungens beruhigten uns: »Den haben wir gekauft, zeigen Sie einfach irgendein Papier, das Sie in der Tasche haben – zum Beispiel einen Brief. Der Mann weiß Bescheid.« Und so haben wir das gemacht: Wir zeigten einfach ein paar Briefe vor, die wir bei uns hatten. Und der Mann hat uns durchgelassen, es war also wirklich abgemacht gewesen.

Dann kamen wir nach Tours. Das war damals ein ganz heißer Platz, an dem sich viele Flüchtlinge aufhielten, weil sie hofften, von hier aus über die Grenze ins unbesetzte Frankreich zu kommen. Es gab eine Reihe Leute, die die Flucht organisierten und Flüchtlinge über die Grenze brachten, aber wer gefaßt wurde, den hat man erschossen. Es war also sehr gefährlich.

Wir waren also immerhin schon in Tours, wußten aber nicht weiter. Wir saßen da auf dem Bahnhof direkt vor dem Büro der Gestapo, saßen die ganze Nacht auf unseren Koffern – das war kein angenehmes Gefühl – und überlegten: »Was machen wir jetzt?« Die Jungens, die uns begleitet hatten, versprachen: »Wir werden schon irgendeinen Weg finden, wir finden schon etwas, vertrauen Sie uns.« Sie gingen schließlich zum Schaffner eines Busses, kamen zurück und sagten, sie hätten mit ihm alles abgesprochen. Er nähme uns mit und brächte uns über die Grenze. Ein anderer Mann auf dem Bahnhof hörte das und sagte: »Ich hätte dazu keine Vertrauen. Wenn etwas schief geht, kommen Sie zurück, und wir versuchen zusammen einen anderen Weg.« Das merkte ich mir, stieg aber doch zusammen mit meiner Mutter und den jungen Männern in den Bus ein.

Nicht weit von Tours in einem kleinen Ort hielt der Bus, Gestapoleute kamen herein und fragten: »Bitte die Papiere und zehn Francs.« Alle Leute im Bus holten ihre Papiere heraus und zeigten ihre zehn Francs. Wir saßen da und hatten weder das eine noch das andere. Ich glaubte nicht mehr, daß da irgend etwas abgesprochen war, und sagte: »Ich bleibe nicht, ich will raus!« Meine Mutter, ich und einer der jungen Männer sprangen dann tatsächlich kurzentschlossen aus der hinteren Bustür hinaus. Heute denke ich mir immer wieder, wie das alles bloß möglich gewesen ist!!

Wieder standen wir auf der Straße, ohne eine Vorstellung zu haben, was wir tun sollten. Ich schlug vor, den nächsten Zug nach Tours zurück zu nehmen und den Mann um Hilfe zu bitten, der uns am Bahnhof angesprochen hatte. Es ging aber an diesem Abend kein Zug mehr zurück. Wir waren schon ganz hoffnungslos geworden, als ein Bauer vorbeikam und meine Mutter sagte: »Frag den, wie man rüberkommt!« Ich sprach ihn an, und er sagte einfach: »Kommen Sie mit.« Ich ließ die anderen am Bahnhof und ging mit – mit einem ganz Fremden, von dem ich nichts wußte! Wenn ich mir das heute überlege, wirkt das alles wie ein Film. Ich begleitete ihn also in einen mit Kerzenlicht beleuchteten Kellerraum, in dem sich lauter junge Leute aufhielten. Er stellte mich vor, ich erzählte meine Geschichte und fragte, ob wir, meine Mutter, ein junger Mann und ich, über die Grenze gebracht werden könnten. Man sagte mir: »Holen Sie die andern her, und wir bringen Sie heute Nacht noch rüber. Wir warten nur noch, bis es dunkel wird, dann gehen wir los auf die andere Seite.«

Nachdem ich meine Mutter und den jungen Mann geholt hatte, machten wir uns auf den Weg. Man hatte uns zwar gesagt, daß es nicht lange dauern würde bis über die Grenze, aber was für Strapazen bedeutete dieser kurze Weg! Es ging querfeldein über die Stoppelfelder, es goß und gewitterte, wir mußten uns immer wieder in den Schlamm werfen, um den Suchstrahlen der Grenzposten zu entgehen. Auf einem Feld lag ein abgeschossenes Flugzeug, dessen Propeller im Wind klapperten und uns erschreckten. Es war alles unheimlich, und der Weg nahm kein Ende. Als meine Mutter fast nicht mehr konnte, sagte der Mann, der uns führte, plötzlich: »Jetzt sind Sie frei. Jetzt sind Sie im freien Frankreich.«

Voller Schlamm von oben bis unten kamen wir in einen großen Bauernhof, wo wir uns zuerst einmal wuschen. Aber da kein Wasser da war, wuschen wir uns mit Wein aus großen Weinfässern. Das war echt französisch: Wir konnten uns den Schmutz der Flucht mit Wein abwaschen. Nachdem alles vorbei war, wollte ich für die Hilfe, die 100 französische Francs kosten sollte, bezahlen. Wir hatten aber nur belgische Francs. Als ich dem Mann belgisches Geld anbot, sagte er: »Geben Sie mir 100 belgische Francs, und ich gebe Ihnen 100 französische Francs dafür zurück.« So hat er uns also das Geld gewechselt, damit wir französisches Geld hatten, und hat selbst keinen Pfennig genommen.

Ich kann nur sagen, wir haben mit allem wirkliches Glück gehabt. Das Zusammentreffen mit dieser Organisation, die vor allem junge Franzosen – aus Deutschland geflüchtete Kriegsgefangene – in das unbesetzte Gebiet brachte, war ja ein völliger Zufall gewesen, und daß die Leute uns sozusagen als einer Art Sonderfall, noch dazu umsonst, halfen, war mehr als Glück. Ja, es war ein großer Zufall, aber mein ganzes Leben, die Tatsache, daß ich überhaupt noch da bin, ist eigentlich ein Riesenzufall.

Also, wir waren jetzt im unbesetzten Frankreich. Ich glaubte, man würde uns dort mit offenen Armen empfangen. Ich kam mir vor wie ein Held und hätte am liebsten jedem Polizisten, jedem Beamten erzählt: »Ich bin hier, wir sind hier. Wir haben uns gerettet. Wir sind aus dem besetzten Frankreich geflohen.« Ich war ja naiv und hatte von nichts eine Ahnung. Glücklicherweise hatte uns jemand früh genug gesagt: »Passen Sie auf, was Sie sagen. Und sagen Sie nicht, daß Sie rübergelaufen sind.«

Zunächst fuhren meine Mutter und ich erst einmal nach Toulouse, um die jungen Männern, mit denen wir von Antwerpen aus geflüchtet waren, zu suchen und von ihnen unsere Sachen zu holen. Aber wir trafen sie nicht, und unsere Wertgegenstände erhielten wir auch später, als wir die Männer in Marseille fanden, nicht mehr zurück.

Als wir unterwegs in Toulouse Hunger bekamen und essen wollten, gingen wir, naiv wie wir waren, einfach in ein Gasthaus. Dort wurde uns gesagt, daß wir zum Essen Lebensmittelkarten brauchten, die wir an einer Ausgabestelle holen könnten. Ich Idiot bin dorthin gegangen und habe mich angestellt. Es war eine riesenlange Schlange vor mir, und um 12 Uhr, ich war noch gar nicht dran, wurde geschlossen. Es hieß, wir sollten später wiederkommen. Es war unser Glück, daß man gerade vor uns zumachte, denn wie hätte ich Karten bekommen können? Ich hatte doch gar keine Papiere und konnte mich nicht ausweisen. Man hätte mich direkt festgehalten. Später hörte ich, daß die Tage vorher schreckliche Razzien in Toulouse gewesen waren und man viele Menschen festgenommen hatte – besonders Juden ohne Papiere. Ich hatte also wieder Glück gehabt. Ich ging ohne Karten zurück ins Gasthaus und sagte der Wirtin dort, daß ich keine Karten hätte. Sie hat uns trotzdem ein gutes Essen gegeben und eine Flasche Wein dazu. Weil man uns erklärte, daß man ohne Papiere nicht auf den Straßen herumlaufen sollte, gingen wir in ein Kino und blieben dort den ganzen Tag. Erst am Abend nahmen wir einen Zug nach Nizza, denn Nizza war unser eigentliches Ziel, um von dort nach Amerika zu kommen.

Wir hatten keinerlei Anlaufstelle in Nizza, aber wir wußten, daß alle Juden versuchten, dorthin zu kommen. Nizza war zu diesem Zeitpunkt völlig frei, und so dachten wir: »Wir müssen auf alle Fälle nach Nizza!« In Nizza sagte uns jemand, in welchem Hotel wir absteigen sollten, und dort fanden wir eine vorläufige Unterkunft.

Ich ging als erstes in die Synagoge – und den Empfang dort werde ich nie vergessen: Ich hatte meinen Hut, so ein Jägermützchen, auf der Flucht irgendwo unterwegs verloren und hatte den Kopf nicht bedeckt, als ich in die Synagoge kam. Da kam jemand auf mich zu und schnauzte mich an: »Sie sind hier nicht in einer Kirche, Sie müssen hier eine Mütze auf dem Kopf haben.« Ich sagte: »Ich war so froh, eine Synagoge zu sehen, jüdische Menschen um mich zu haben, und da werde ich so empfangen. Ich bin auf der Flucht und habe meine Mütze vor ein paar Tagen verloren.«

Da wir endlich wieder in eine geregelte Situation kommen wollten, hatten wir vor, uns in Nizza sofort bei der Polizei anzumelden. Man sagte uns, daß wir für eine Anmeldung bei der Polizei Geld vorzeigen müßten, um zu beweisen, daß wir ausreichend zum Leben hatten. Meine Mutter fragte deshalb die Hotelbesitzerin, wo wir unseren Schmuck verkaufen könnten. Wir hatten nun nicht mehr viel von unserem Besitz. Es war ein bißchen Geld übrig, und in den Koffern war doch noch verschiedener Schmuck unentdeckt geblieben. Die Frau sagte: »Sind Sie verrückt? Verkaufen Sie bloß Ihren Schmuck nicht! Gehen Sie in die Pfandleihe und lassen Sie das schätzen.« Wir gingen dorthin, der Angestellte begutachtete alles und bot uns dann an, bei der Polizei zu bestätigen, was wir für Schmuck hatten und wieviel er wert sei. Er kam wirklich am nächsten Morgen mit zur Polizei und bürgte dort für uns, indem er erklärte, wir hätten genug, um davon leben zu können. Man war ganz überrascht, daß wir so viel Besitz hatten, denn die meisten anderen Flüchtlinge konnten gerade ein paar hundert Francs vorzeigen. Zum Glück hat man uns nicht gefragt, wie wir nach Nizza gekommen waren, denn wir waren ja ohne Papiere gekommen, und darauf stand Gefängnis.

So sind wir in Nizza angekommen. Wir hatten geglaubt, wir könnten schnell nach Amerika, aber daraus wurde nichts. Statt dessen haben wir in Nizza noch viel mitmachen müssen.

Die erste Zeit lebten wir ziemlich frei. Wir hatten uns in einem kleinen Hotel ein Zimmer genommen und uns ein bißchen eingelebt, als wir plötzlich unter Verdacht gerieten. Während einer Hausdurchsuchung fand man Dollars und Schmuck bei uns – alles ja nicht verzollt. Wir wurden festgenommen und zunächst einmal für 24 Stunden auf die Polizeiwache gebracht. Schließlich ließ man mich wieder frei, aber meine Mutter verurteilte man zu vier Wochen Gefängnis, weil wir den Schmuck nicht verzollt hatten. Für mich war das alles furchtbar. Als der Richter bei der Verhandlung sagte: »Ihre Mutter bleibt hier!«, habe ich einen schrecklichen Weinkrampf bekommen, habe geweint und geschrieen, bis man mich abgeführt hat.

Eigentlich hätten wir schon damals deportiert werden können, denn die Leute, die man einmal festgenommen hatte, kamen meist nicht mehr frei. Aber wir hatten einen sehr guten Anwalt, der nach Vichy fuhr und dort die Sache irgendwie zu unseren Gunsten erledigte. So bekamen wir schließlich sogar unseren ganzen Schmuck wieder ausgehändigt, und meine Mutter wurde entlassen. Die anderen, die mit ihr im Gefängnis waren, wurden alle deportiert.

Meine Mutter war damals Mitte Fünfzig. Sie hat das alles kaum verkraftet. Sie hatte ja fast alles verloren – das ganze Geschäft, das sie mit meinen Vater aufgebaut hatte, auch die Werte, die sie noch auf die Flucht hatte mitnehmen können. Es war fast alles weg. Aber meine Mutter war sehr stark und hatte viel Charakter.

Bald darauf – im März, April 1941 – kamen auch meine Schwester und mein Schwager nach Nizza. Sie waren nach uns aus Antwerpen fort und hatten ihre Flucht viel besser vorbereitet. Sie wurden allerdings auch nicht gesucht wie wir. Mein Schwager begann sofort – natürlich schwarz – in seinem Beruf als Zahnarzt zu arbeiten. Und er hatte viel zu tun. 1942, als die Situation sich auch in Nizza zum Schlimmen veränderte, wollten sie nicht mehr warten und flüchteten weiter über die Pyrenäen nach Spanien und Portugal. In Portugal konnten sie schließlich bis zum Ende des Krieges bleiben.

Meine Mutter und ich lebten bis 1942 in Nizza wie alle anderen relativ gut, relativ normal. Wir waren frei und warteten auf das Ende des Krieges. Man hörte zwar einiges, was sich in Deutschland tat, aber man sagte sich oft, daß es vor allem Propaganda sei. Man konnte nicht glauben, was man erfuhr. Und die Deportationen fingen in Frankreich erst 1942 an, im Sommer '42. Bis dahin ging alles gut. Es war natürlich schwierig, Lebensmittel zu bekommen, denn wir kannten als Fremde die Wege, über die man etwas bekam, nicht. Wir waren also schlechter dran als die Einheimischen und hatten oft nichts zu essen. Aber wir haben uns durchgeschlagen mit den Lebensmittelkarten, die wir bekommen konnten, und wohnten in Hotels.

Nachdem sich dann im Laufe des Jahres 1942 die Lage in Nizza völlig geändert hatte[9], versteckten wir uns in der Wohnung eines Bekannten, der auch aus Köln stammte. Er war von dort schon früh nach Frankreich geflohen, weil man ihn sofort nach 1933 unter Druck gesetzt und mißhandelt hatte. Dieser Mann nahm uns bei sich auf, als die französische Miliz begann, nach uns zu fahnden. Offenbar standen meine Mutter und ich wohl immer noch auf ihrer Liste. Wir lebten also einige Zeit in seiner Wohnung und erlebten in diesen Wochen immer wieder, wie man Leute in unserer Umgebung aus ihren Wohnungen und Häusern holte. Wir haben die Menschen schreien hören. Schrecklich war das. Eines Tages sagte der Bekannte dann: »Ich kann Sie nicht mehr hier halten. Sehen Sie zu, daß Sie woanders unterkommen.« Wir konnten uns dann tatsächlich ein anderes Versteck besorgen, mußten aber nach dem Umzug feststellen, daß uns unser Helfer einen Teil unseres letzten Besitzes – Steine, die in einem Mantel eingenäht waren – gestohlen hatte.

Von da an wechselten wir die Unterkunft häufig und hielten uns nirgendwo länger als einige Wochen auf. Glücklicherweise konnten meine Mutter und ich währenddessen immer zusammenbleiben.

In dieser Zeit versuchten wir auch, eine Auswanderungsmöglichkeit zu bekommen, und tatsächlich gelang es uns, Visa für Kuba zu erhalten. Man konnte damals Visa nach Kuba kaufen, und alle unsere Bekannten, die das Geld dazu hatten, versuchten es. Wir hatten ja auch noch Geld und planten, gemeinsam mit unserem Cousin Theo zu fahren. Bei einer früheren Gelegenheit war es ihm möglich gewesen, nach Amerika zu flüchten, aber um uns nicht im Stich zu lassen, war er damals geblieben. Nun konnten wir nach Kuba und wollten das Visum für ihn kaufen und ihn mitnehmen. Da er aber einen deutschen Paß hatte, nicht wie wir einen polnischen, bekam er kein Visum für Kuba. Wir schlugen ihm daraufhin vor, sich falsche Papiere zu besorgen. Das wollte er jedoch nicht. Also sagte meine Mutter: »Wenn du nicht gehst, gehen wir auch nicht.« Und so sind wir weiter in Nizza geblieben. Mein Cousin hatte kein Glück wie wir; man hat ihn schließlich deportiert, und er ist in Auschwitz umgekommen.

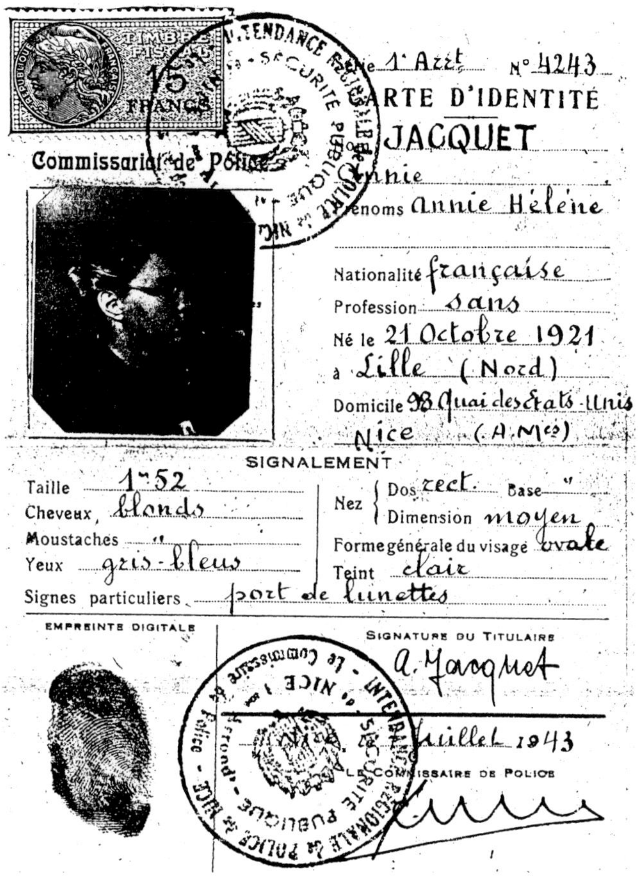
TIMBRE FISCAL 15 FRANCS
Commissariat de Police
Série 1' Azit N° 4243
CARTE D'IDENTITÉ
JACQUET
Annie
Prénoms Annie Hélène
Nationalité française
Profession sans
Né le 21 Octobre 1921
à Lille (Nord)
Domicile 98 Quai des États-Unis
Nice (A. M^es)
SIGNALEMENT
Taille 1^m52
Cheveux blonds
Moustaches "
Yeux gris-bleus
Nez Dos rect. Base "
Dimension moyen
Forme générale du visage ovale
Teint clair
Signes particuliers port de lunettes
EMPREINTE DIGITALE
SIGNATURE DU TITULAIRE
A. Jacquet
Juillet 1943
LE COMMISSAIRE DE POLICE

*Abb.11* Gefälschter Ausweis unter dem Namen Annie Hélène Jacquet

Im November 1942 kamen die Italiener nach Nizza.[10] Wir wußten zuerst nicht, wie sie sich uns Flüchtlingen gegenüber verhalten würden, und hatten natürlich alle Angst. Aber sie haben sich gut benommen. Sie halfen den Juden und taten, was sie konnten. Meine Mutter und ich fühlten uns so frei, daß wir aus den Verstecken auftauchten und uns eine möblierte Wohnung mieteten.

Zehn Monate später, im September 1943 kamen dann die Deutschen.[11] Und damit wurde es für uns alle lebensgefährlich.

Die Italiener nahmen bei ihrem Abzug noch viele Juden mit und schützten sie. Auch Bekannte von mir konnten sich so durch die Hilfe der Italiener noch retten.

*Abb.12* Gefälschter
Taufschein

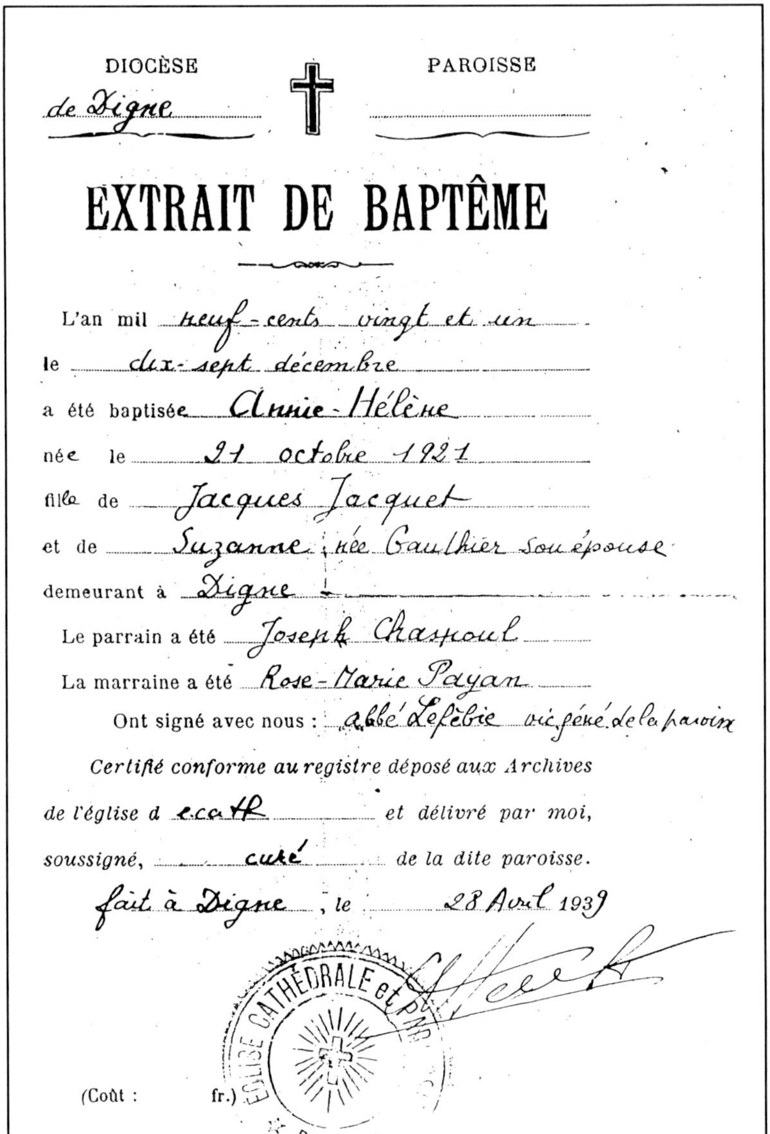

DIOCÈSE ✝ PAROISSE

*de Digne*

# EXTRAIT DE BAPTÊME

L'an mil *neuf-cents vingt et un*

le *dix-sept décembre*

a été baptisée *Annie-Hélène*

née le *21 octobre 1921*

fille de *Jacques Jacquet*

et de *Suzanne, née Gauthier son épouse*

demeurant à *Digne*

Le parrain a été *Joseph Chaspoul*

La marraine a été *Rose-Marie Payan*

Ont signé avec nous : *abbé Lefèbre vic.géné.de la paroiss*

Certifié conforme au registre déposé aux Archives

de l'église d *ecath* et délivré par moi,

soussigné, *curé* de la dite paroisse.

*fait à Digne*, le *28 Avril 1939*

(Coût : fr.)

Meine Mutter und ich mußten uns nun wieder verstecken. Diesmal nahm uns eine Französin, eine Elsässerin, zu sich. Madame Jacquet, wie sie hieß, half uns dann die ganzen weiteren Monate. Ich bekam bald darauf sogar französische Papiere als ihre Nichte und hieß nun Anne Jacquet. Da sie aus dem Elsaß kam, war ich nach meinen neuen Papieren auch im Elsaß geboren. Ich mietete mir nun offiziell bei ihr ein Mansardenzimmer, während meine Mutter inoffiziell – also versteckt – bei mir lebte. Die Papiere für mich hatte ich von einer »halbjüdischen« Familie in Nizza bekommen. Der Vater war ein Jude aus Tunesien, der laut seinen Papieren Araber war. Diese Familie besorgte mir meine falschen Papiere im Oktober/November 1943. Ich war aber damit nicht zufrieden und wollte zusätzlich noch einen Taufschein haben. Der Mann versprach mir den Taufschein und verabredete sich mit mir für den 24. November in seiner Wohnung.

Es war schönes Wetter an diesem Tag, und als ich einen Mantel anziehen wollte, meinte meine Mutter: »Zieh die Strickjacke an, die ich dir gemacht habe. Ich habe dem Mann versprochen, daß ich ihm die gleiche mache; er soll sehen, wie sie aussieht.« Ich zog die Strickjacke, die sehr dünn war, an und ging zu den Bekannten. Gerade als ich von dort wieder weggehen wollte, kam Luftalarm. Der Bekannte riet mir, das Ende des Alarms bei ihnen abzuwarten, und so blieb ich. Auf einmal schellte es, und die Tochter Janine ging an die Tür. Sie kam zurück und sagte zu mir: »Geh ins Nebenzimmer.« Ich dachte, daß es vielleicht ein Geschäftsbesuch wäre, ging ins Nebenzimmer, und als der Vater fragte, was los sei, antwortete ich: »Ich weiß nicht. Gehen Sie gucken.« Währenddessen kam seine Frau und sagte: »Es ist Polizei, deutsche Polizei. Es ist eine Ausweiskontrolle. Du hast gute Papiere, zeig nur nicht, daß du Angst hast, sonst sind wir alle verloren!« Was sollte ich machen? Ich dachte erst, ich spring aus dem Fenster – es war Hochparterre –, aber nein, nein, das ging nicht, draußen stand auch eine Wache. Also bin ich im Zimmer geblieben und habe gewartet. Schließlich kam die Frau zurück und sagte: »Es ist nicht nur eine Ausweiskontrolle, wir müssen alle mit. Wir müssen Koffer packen und mit.« Wie ich das gehört habe, dachte ich, die nehmen dich doch auch mit. Ich versuchte, schnell einen Platz zu finden, wo ich mich verstecken konnte. Aber ich kannte die Wohnung ja nicht. Ich bin von einem Zimmer ins andere gelaufen und kam schließlich ins Jungmädchenzimmer. Da stand ein Wandschrank, in dem lauter große Gegenstände untergebracht waren. Zum Glück hatte ich keinen dicken Mantel, sondern nur das dünne Jäckchen an, ich habe auch sehr wenig gewogen und konnte mich deshalb zusammengerollt im Schrank verstecken und die Tür hinter mir zuziehen. Aber ein bißchen blieb die Tür offen, so daß ich die Stiefel der Leute, die das Haus durchsuchten, vorbeigehen sah. Die Männer spielten auch kurz auf dem Klavier, das gegenüber dem Schrank stand. Als sie gerade in einem der anderen Zimmer waren, kam Janine zu mir und versuchte, mit mir zu sprechen. Ich habe zu ihr gesagt: »Wenn ihr weggeht, gebt mir den Schlüssel zur Wohnung, damit ich abschließen kann.« Sie hat mir dann den Schlüssel zugesteckt und dazu auch einen Zettel, mit der Bitte, ich solle das Geld aus dem »Kartoffelzimmer« nehmen und einem Verwandten der Familie geben. Dieser Verwandte, kein Jude, war am Polizeiamt beschäftigt, hatte also einen offiziellen Posten.

Als der Alarm zu Ende war, verließen alle, Polizei und die ganze Familie, die Wohnung. Die Türen wurden zugeknallt, und ich war allein. Ich bin aus dem Schrank und seh einen der Hunde, die meinen Bekannten gehörten, mir gegenüber sitzen. Er hat gewußt, daß ich im Schrank war, und hat mich nicht verraten.

Da ich sehr gewissenhaft bin, wollte ich tun, um was man mich gebeten hatte. Ich suchte das Kartoffelzimmer, aber ich fand es nicht. Ich ging schließlich zur Concierge, die ganz überrascht rief: »Sie waren noch da drin? Ich habe gedacht, man hat Sie auch mitgenommen.« »Nein«, sagte ich, »ich war versteckt. Rufen Sie bitte den Verwandten der Familie an und sagen Sie ihm, was los ist.« Und dann habe ich die Wohnung abgeschlossen und bin zu meiner Mutter nach Hause. Sie hatte gerade einen Kuchen aus Kartoffeln gebacken und fragte: »Du kommst schon nach Hause? Es war doch gerade erst Alarm.« Und da bin ich umgefallen und habe einen Weinkrampf bekommen.

Der Mann, der mir die Papiere besorgt hatte, der Jude aus Tunesien, wurde nach Auschwitz deportiert. Seine Frau und die Tochter Janine ließ man wieder frei. Der Mann hat in Auschwitz durchgehalten. Er hat in Auschwitz meinen Cousin Theo getroffen, den man schon am ersten Tag, als die Gestapo nach Nizza kam, geschnappt hatte. Sie sprachen sich am letzten Tag vor der Befreiung durch die Russen, und er erzählte meinem Cousin von seiner Verhaftung und berichtete auch, daß ich dabei war. Er sagte, daß ich sicher auch der Gestapo in die Hände gefallen sei, denn als man ihn abtransportierte, habe man einen Posten vor der Tür stehen lassen, durch den ich sicher gefaßt worden sei. Aber ich bin ihm nicht in die Hände gelaufen, weil ich das Kartoffelzimmer gesucht habe. Das sind alles so kleine Zufälle ... Der Tunesier wurde dann zuletzt noch mit anderen in einen Wald geführt, und als man auf sie schoß, warf er sich geistesgegenwärtig hin und blieb liegen. So hat er überlebt, während mein Cousin ermordet wurde. Der Mann kam nach Nizza zurück und sagte später zu mir: »Es ist ein Wunder, daß Sie noch da sind.« Aber so ist es mir immer gegangen. Ich bin immer so grade dran vorbeigekommen.

Meine Mutter und ich wohnten weiter in meiner Mietwohnung – oft mit großer Angst, denn es gab sehr viele Razzien während dieser Zeit, und viele Juden wurden in ihren Verstecken entdeckt und deportiert. Trotzdem ging ich in dieser Situation sogar noch zur Schule, weil meine Bekannte Janine gemeint hatte: »Du sprichst gut französisch, du hast gute Papiere – also komm mit mir in die Handelsschule.« Und so besuchte ich zusammen mit ihr ein halbes Jahr lang bis zum Sommer 1944 die Handelsschule und lernte Stenographie, Schreibmaschine usw. Niemand hat etwas gemerkt. Man hat mich sogar immer als Vorbild hingestellt, weil ich die wenigsten Fehler machte. Die Franzosen machen ja sehr viele Fehler in der Grammatik und der Orthographie, aber ich paßte furchtbar auf, damit ich bloß nicht auffiel. Man hat also nicht gemerkt, daß ich keine Französin bin; man glaubte, ich sei aus dem Norden Frankreichs.

Ich hatte auch weiterhin immer Glück. Eines Tages brauchten wir Geld. Ich wollte deshalb nach Monte Carlo, um Dollars in französische Währung zu tauschen, denn in Nizza wäre mir das zu gefährlich gewesen. Ich fuhr mit dem Bus dorthin und entging wieder einer Festnahme: An diesem Tag hatte man die Busse kontrolliert, nur den Bus, in dem ich war, gerade nicht. In Monte Carlo wollte ich übernachten und hatte zwei Hotels empfohlen bekommen. Ich entschied mich für das Hotel, in dem einmal meine Schwester gewohnt hatte. Ich erinnere mich noch, daß ich beim Ausfüllen des Anmeldeformulars im Hotel fast einen groben Fehler gemacht hätte. Ich begann meine Unterschrift mit einem »K« für Kerner, korrigierte das aber schnell noch

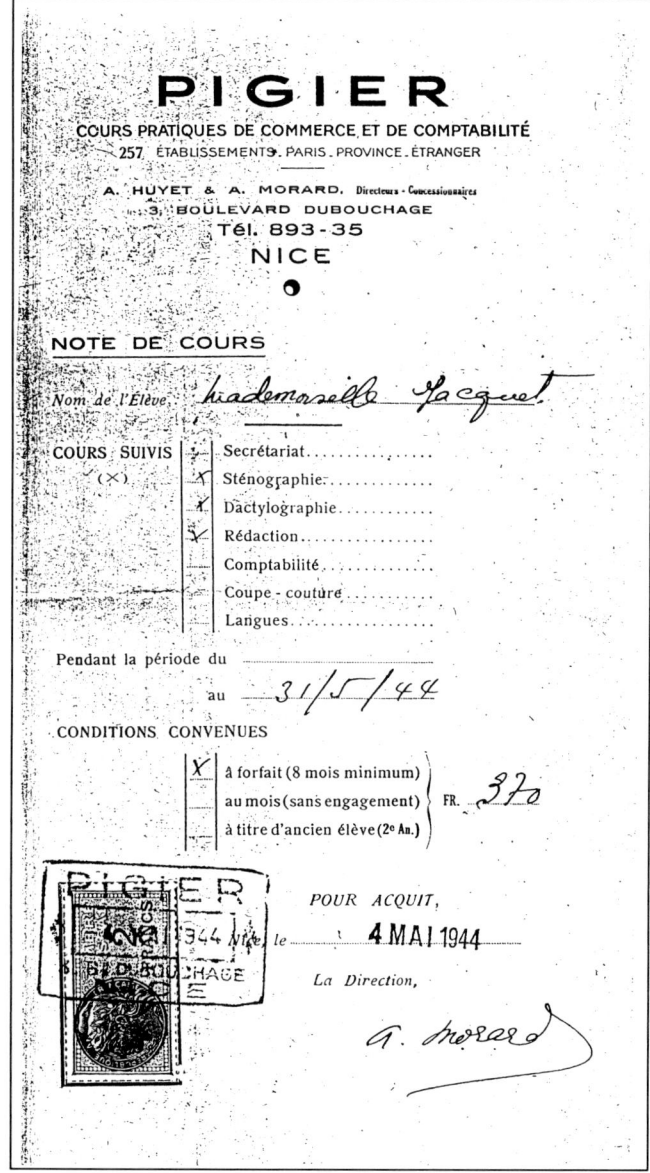

zu einem »J« für Jacquet. Ich ging zu Bett und schlief die Nacht gut. Am nächsten Morgen wurde mir gesagt, daß man in dem anderen Hotel alle Juden zur Paßkontrolle herausgeholt hatte. Wenn ich dort übernachtet hätte, wäre ich dran gewesen.

1944 wurden wir dann verraten. Man suchte uns in dem Haus, in dem wir wohnten, wußte aber nicht, in welcher Wohnung wir waren, und

*Abb.13* Teilnahmebescheinigung am Kurs der Handelsschule Pigier, Nizza, 1944

mußte also alle Wohnungen überprüfen. Meine Mutter, die allein zu Hause war und hörte, daß man überall klopfte und fragte, machte natürlich nicht auf. Wenn ich zu Hause gewesen wäre, hätte ich wahrscheinlich aufgemacht, denn ich wartete darauf, daß Gas und Strom abgelesen würden. Meine Mutter öffnete also nicht, und die Männer standen vor der Türe und warteten. Da kam unsere Nachbarin aus der nebenliegenden Wohnung heraus und sagte: »Die Wohnungen hier sind so klein, da können keine Menschen versteckt sein. Da brauchen Sie nicht zu suchen.« Die Männer gingen weg, und die Nachbarin klopfte bei uns und sagte zu meiner Mutter: »Kommen Sie schnell zu mir herein!« Ohne daß wir es wußten, hatte sie gemerkt, daß bei mir noch jemand versteckt lebte. Sie hat uns aber nicht verraten, sondern uns sogar noch geholfen. Meine Mutter konnte bei ihr so lange bleiben, bis die unmittelbare Gefahr vorbei war.

Uns haben viele Leute, vor allem Franzosen, geholfen, sonst wäre ich heute nicht hier. Meine »Tante«, die Frau aus dem Elsaß, bei der wir lange wohnten, war eine Zeugin Jehovas. Ob sie uns aus religiösen Gründen geholfen hat, weiß ich nicht. Es war eine ältere Frau, die einfach helfen wollte, zum Teil auch aus finanziellen Gründen, weil wir sie mit dem, was wir hatten, mit durchgeschleppt haben. Auch andere, die uns halfen, waren aus dieser Gruppe der Zeugen Jehovas. Manche Menschen, die uns halfen, haben es vor allem aus finanziellen Gründen getan, sie haben finanziell von uns profitiert. Es ist übrigens auch oft passiert, daß Flüchtlinge Leuten Geld gaben, um Hilfe zu kaufen, und sie wurden dann doch von ihnen verraten. Viele von unseren Freunden sind auf diese Weise gefaßt worden. Aber wir hatten eben Glück. Man mußte einfach das Risiko eingehen, auf gut Glück. Wenn man so in Not ist, nimmt man alle Hilfe, die sich bietet. Aber man war natürlich froh, wenn man eine Empfehlung bekam, wenn man jemanden von früher kannte oder man von einem Bekannten vermittelt wurde. Man wußte jedoch nie genau, ob jemand vertrauenswürdig war oder nicht.

Innerlich war man auf alles gefaßt. Man dachte sich immer: »Du hast noch einen Tag zu leben, und vielleicht noch einen Tag.« Meine Mutter hat in der ganzen Zeit immer gesagt: »Ich gehe nicht in die Hände der Gestapo, der deutschen Armee oder der Deutschen überhaupt. Wenn die in unsere Wohnung kommen, stürze ich mich aus dem Fenster.« Ich selbst habe gesagt: »Zum Sterben hat man immer noch Zeit, man muß es nicht direkt tun.« Ich konnte mich aber auch immer ein bißchen sicherer fühlen als meine Mutter, denn ich sprach gut französisch und niemand merkte, daß ich Ausländerin war.

Ich glaube, man hat ganz allgemein die Situation nicht so erfaßt, wie sie wirklich war. Man hat versucht, sich durchzuschlagen, und hat von einem Tag auf den anderen gelebt. Man wußte nie, ob man den Morgen noch erlebt. Und man hat vieles einfach nicht geglaubt. Es sind zum Beispiel Leute aus Auschwitz zurückgekommen, Leute, die sich aus Auschwitz hatten retten können und die berichteten. Wir kannten zwei Herren, die aus Auschwitz gekommen waren und die erzählten, wie das dort war. Aber das war so schrecklich, so furchtbar, das haben wir nicht glauben wollen. Man sagte: »Die übertreiben!« Man hat gewußt, daß es in den Lagern sehr schlimm sein würde, aber so, wie es wirklich war, hat man es sich nicht vorgestellt. Ich war ein junges Mädel, und ich dachte, ich würde arbeiten müssen, wenn man mich in ein Lager brächte.

Ich war in der ganzen Zeit auch bemüht, weiter nach den religiösen Vorschriften zu leben. Ich erinnere mich, wie ich einmal zu Pessach versuchte, Mazzen zu bekommen. Man schickte mich zu einer Dame, die wohl von irgendeinem Hilfsverein Mazzen erhalten hatte und mir ein Kilo verkaufte. Das Paket Mazzen nahm ich mit und trug es bis nach Hause. Ich hatte den ganzen Weg solche Angst, es könnten Krümel herausfallen und mich verraten. Es war wirklich verrückt, sich wegen dieser Mazzen einer solchen Gefahr auszusetzen. Heute frage ich mich, wie ich so etwas tun konnte, aber damals habe ich das wohl nicht so realisiert.

Bis ich einmal sehr krank wurde, versuchte ich auch, immer nur koscheres Fleisch zu essen. Aber ich war unterernährt, und der Arzt, ein sehr frommer jüdischer Arzt, sagte mir, daß ich in so einem Fall jedes Fleisch essen dürfe. Seit dieser Zeit aß ich auch nichtkoscheres Fleisch, allerdings nur solches von erlaubten Tieren, also kein Schweinefleisch. Und so lebe ich noch heute. Ich esse keine Tiere, die nicht erlaubt sind.

Meine Papiere waren glücklicherweise so echt oder sahen so echt aus, daß ich offiziell Lebensmittelkarten holen konnte. Wir lebten also fast wie die anderen Leute in Nizza auch. Aber in Nizza war sehr wenig zu essen da. Wir kauften natürlich auch auf dem Schwarzen Markt, aber wir waren fremd und kannten die Händler nicht. Die Franzosen essen ja viel Wein und Brot, und mit dem Tausch von Wein gegen Brot schlugen wir uns dann so durch.

Meine Mutter lebte zwar ganz zurückgezogen in der Wohnung, aber trotzdem hielten wir noch Kontakt zu Bekannten, die auch versteckt waren. Und wir erfuhren meistens, wenn man welche von uns fand und deportierte.

Nachdem wir in unserer Wohnung gesucht worden waren, fühlten wir uns dort nicht mehr sicher. Wir fanden schließlich durch einen anderen Cousin von mir, der in Nizza war, noch einmal ein neues Versteck: ein kleines Haus außerhalb von Nizza, das einer Belgierin gehörte. Meine Mutter versteckte sich dort mit noch einigen Frauen, während ich weiter in der Wohnung bei meiner »Tante« blieb. Ich besuchte meine Mutter aber häufig und brachte ihr Lebensmittel. Eines Tages sahen die Versteckten vom Haus aus, das auf einem Hügel lag, die Gestapo kommen – man hatte uns wieder verraten. Meine Mutter und die anderen schlüpften hinten aus dem Haus und liefen in die Wälder. Als die Verfolger kamen, war das Haus leer. Es wurde verriegelt, und meine Mutter war wieder ohne Unterschlupf. Sie mußte zu mir kommen, und wir haben uns dann so durchgeschlagen – mal hier geschlafen, mal da. Bis zum August 1944, bis zur Befreiung.

Wir hatten natürlich gehört, daß die Alliierten die Normandie eingenommen hatten und vorrückten. Wir hofften so sehr, daß der Krieg bald aus sein würde. Und für uns war das tatsächlich auch der Fall.

An den Tag der Befreiung kann ich mich noch gut erinnern: Die Amerikaner rückten ein mit ihren Tanks, Leute vom deutschen und französischen Untergrund waren mit ihren Gewehren auf der Straße, und die deutschen Soldaten versuchten, sich zu retten. Meine Mutter und ich gingen durch die Stadt und sahen uns das alles an. Als ich die amerikanischen Tanks sah, sagte ich zu meiner Mutter: »Ich möchte ihnen etwas sagen, was soll ich sagen?« Meine Mutter sagte: »Sag: I am happy to see you!« Da bin ich auf einen der Tanks hinaufgesprungen und habe die Soldaten umarmt und geküßt und gesagt: »I am happy to see you!« Die Tränen sind mir heruntergelaufen. Die Soldaten versorgten uns mit Lebensmitteln, und wir haben viel zu viel davon gegessen.

Es war natürlich fantastisch, es war wunderbar, sich frei zu fühlen: Ich konnte mich auf der Straße frei bewegen, ich konnte jeden ansehen – ich war frei.

Bis Mitte 1945 arbeitete ich dann bei den Amerikanern in einem Büro, verdiente also Geld und genoß meine Freiheit. Wir sind endlich wieder tanzen gegangen und konnten Pessach richtig feiern. Das Rad hatte sich nun gedreht. Bei einem Fest der Amerikaner mußten uns die deutschen Gefangenen bedienen  wir Juden wurden von deutschen Gefangenen bedient! Manche von ihnen wollten mit mir sprechen, aber ich habe gesagt: »Ich spreche nicht mit Deutschen.« Ich konnte nicht mit ihnen reden.

Meine Mutter und ich sind in Nizza geblieben. Wir wollten ja eigentlich nach Amerika und sind nur nach Nizza geflohen, um von dort weiter zu fahren. Diesen Plan hatten wir auch nach 1945 noch. Wir mußten nur warten, bis wir eine Quote bekamen, und die erhielten wir 1946. 1946 hatten wir endlich Visa für Amerika. Aber dann ist es doch anders gekommen. Meine Schwester und ihr Mann, die nach Portugal geflüchtet waren, wollten zurück nach Belgien, und ich bekam einen Heiratsantrag von einem Mann, der aus der Schweiz nach Nizza zurückgekommen war und hier seine Existenz hatte. Ich habe ihn dann geheiratet, und wir sind in Nizza geblieben. Meine Mutter, die nun nichts mehr besaß, hatte nach der Befreiung eine kleine Pension aufgemacht und hielt sich so über Wasser. Später lebte sie bei uns, bis sie 1958 starb. Meine Schwester und ihr Mann gingen nach Belgien zurück.

Mein Mann und ich bekamen zwei Kinder. Mein Mann starb schon 1957. Ich habe wieder geheiratet und meinen zweiten Mann 1968 verloren. Mein Sohn lebt in Cannes, meine Tochter ist nach Israel ausgewandert. Ich lebe immer noch in Nizza.

*Anmerkungen*

1   Das Interview wurde am 14. und 15.11.1990 in Köln geführt.
2   Hans Grünewald (geb. 26.1.1897 in Wüstensachsen bei Fulda; gest. ? in New York) absolvierte das Jüdische Lehrerseminar in Köln. Von 1919 bis 1927 war er an der Moriah und an der Jawne tätig, danach unterrichtete er in Hamborn und Duisburg. Grünewald flüchtete 1939 in die USA (Corbach, Jawne, S. 249).
3   Bertha Sonn (geb. 11.5.1905 in Würzburg; gest. 14.7.1986 in Jerusalem) erhielt ihre Ausbildung am Jüdischen Lehrerseminar und am Werklehrerseminar in Köln. Ab Ostern 1931 bis Ostern 1936 unterrichtete sie an der Jawne. 1936 wanderte sie nach Palästina aus (Corbach, Jawne, S. 258).
4   Else Hecht, ausgewandert nach Palästina (Asaria, Juden, S. 255 u. 276).
5   Dr. Kurt Levy (geb. 10.4.1907 in Altona; gest. 22.7.1935 in Bad Godesberg). Nach einem Studium der römischen und orientalistischen klassischen Philologie begann Levy eine akademische Laufbahn. 1933 wurde er von seiner Stelle als Assistent am Orientalistischen Seminar der Universität Bonn entlassen und unterrichtete seit 1933 an der Jawne Hebräisch und Latein. Levy nahm sich das Leben (Corbach, Jawne, S. 253).
6   D.M. Mahbub, jemenitischer Herkunft, kam aus Palästina. Er unterrichtete von 1936 bis August 1937 an der Jawne Hebräisch (Corbach, Jawne, S. 254).
7   Ludwig Meidner (geb. 18.4.1884 in Bernstadt; gest. 14.5.1966 in Darmstadt) war Expressionist und wurde 1935 zum »entarteten« Künstler erklärt. Seit November 1935 arbeitete er als Zeichenlehrer an der Jawne. Im August 1939 flüchtete er nach England. 1952 kehrte er nach Deutschland zurück (vgl. Joseph Paul Hodin, Aus den Erinnerungen von Else Meidner, Darmstadt 1979; ders., Ludwig Meidner, seine Kunst, seine Persönlichkeit, seine Zeit, Darmstadt 1973; Corbach, Jawne, S. 255).
8   Mit dem Waffenstillstand in Compiègne vom 22.6.1940 zwischen Deutschland und Frankreich wurde Frankreich in ein besetztes und ein unbesetztes Gebiet (Vichy-Frankreich) geteilt. Nizza gehörte zum unbesetzten Gebiet, in dem die jüdische Bevölkerung zunächst nicht unmittelbar gefährdet war (vgl. Hilberg, Vernichtung, S. 420 f.).
9   Der Druck der Deutschen auf die jüdische Bevölkerung im unbesetzten Frankreich nahm stetig zu, da die deutsche Regierung von der Vichy-Regierung die Auslieferung der Juden auch aus dem unbesetzten Gebiet forderte. Diesen Forderungen wurde teilweise nachgegeben, so daß auch das unbe-

setzte Gebiet nicht mehr als Zuflucht für Juden gelten konnte (vgl. Hilberg, Vernichtung, S. 441 ff.; Klarsfeld, Vichy – Auschwitz, S. 134-190).

10 Im November 1942 marschierten die deutschen Truppen auch in die freie Zone Frankreichs ein; allerdings besetzte das mit Deutschland verbündete Italien den Teil zwischen italienischer Grenze und Rhône. In dieser italienischen Besatzungszone, zu der auch Nizza gehörte, waren die Juden geschützt, da Italien die von den Deutschen geforderten Deportationen ablehnte (vgl. Hilberg, Vernichtung, S. 447-450; Klarsfeld, Vichy – Auschwitz, S. 194-214).

11 Als Italien Anfang September 1943 an die Alliierten fiel, drangen die Deutschen in die italienisch besetzte Zone Frankreichs ein und begannen auch hier mit der rücksichtslosen Verfolgung der jüdischen Bevölkerung. In kurzer Zeit hatte man in Nizza Tausende von Juden verhaftet und deportiert (vgl. Hilberg, Vernichtung, S. 452; Klarsfeld, Vichy – Auschwitz, S. 275-296; besonders 285 f.).

# Heinrich Becker[1]

*geb.: 22.12.1920*
*Eltern: Anton Becker (1888-1953)*
*Julie geb. Cahn (1892-1976)*
*Schwester: R. (\* 1919)*

Ich, Heinrich Becker, wurde am 22. Dezember 1920 in der Lindenburg in Köln-Lindenthal geboren. Meine Mutter hieß Julie Becker geborene Cahn, mein Vater Anton Becker. Meine Mutter war Jüdin, mein Vater Katholik, und wir Kinder – ich, meine Schwester und mein kleiner Bruder, der als Kind starb – wurden katholisch getauft.

Der Vater meines Vaters, Heinrich Becker, war, soviel ich weiß, Kölner, das heißt, er war in Köln geboren; seine Frau, meine Großmutter Elisabeth, war holländischer Abstammung und kam von Emmerich. Großvater war Handwerker und machte Bilderrahmen.

1892 wanderten meine Großeltern mit ihren Kindern nach Frankreich aus, in der Hoffnung, dort besser vorwärts zu kommen. Sie lebten in Paris und wären wahrscheinlich dort geblieben, wenn nicht der Erste Weltkrieg gekommen wäre und man sie nicht als Deutsche interniert hätte. Nachdem sie während des Krieges in einem französischen Internierungslager gelebt hatten, kehrten sie nach Kriegsende nach Deutschland zurück. Auch mein Vater kam wieder nach Köln, zwei seiner Schwestern aber blieben in Frankreich und heirateten dort. Von dieser Zeit an lebten meine Großeltern in Köln-Ehrenfeld und blieben in Köln bis zu ihrem Tod: Großvater starb Anfang der 30er Jahre und Großmutter, sie wurde 91 Jahre alt, nach dem Zweiten Weltkrieg.

Meine Mutter wurde 1892 in Münstereifel geboren, wuchs aber in Köln auf. Ihr Vater war Glaser und hatte in Köln ein Geschäft, eine Glaserei. Meine Eltern kamen also beide aus kleinbürgerlichen Familien, kleinbürgerlichen Handwerkerfamilien. Zu meinen Großeltern von väterlicher Seite hatten wir eine enge Beziehung, meine Großeltern Cahn aber habe ich nicht mehr gekannt, denn sie starben, bevor ich geboren wurde.

Mein Vater lernte meine Mutter wohl direkt nach seiner Rückkehr aus Frankreich kennen; sie heirateten, und 1919 wurde meine Schwester geboren.

Ich glaube nicht, daß es von seiten der Beckers her Schwierigkeiten gegeben hatte, weil der Sohn eine jüdische Frau heiraten wollte. Mein Großvater Becker war Sozialdemokrat – kein Parteimitglied, aber von

*Abb.1* Heinrich Becker und
seine Schwester, um 1922

der Einstellung her – und ihm war es wahrscheinlich egal, welche Religion seine Schwiegertochter hatte. Ich glaube bestimmt, daß er sich damals neutral verhalten hat. Und meine Mutter war ja Waise, die Eltern lebten nicht mehr, so daß es von da keinen Einspruch gab. Allerdings hatte sie sieben oder acht Geschwister, war also nicht ohne Familie.

Mein Vater war von Beruf Schreiner und arbeitete Anfang der 20er Jahre bei der Möbelfabrik Mellmann in Nippes. Als er 1923 arbeitslos wurde, entschlossen sich meine Eltern, mit uns drei Kindern nach Brasilien, nach Rio de Janeiro, auszuwandern.

Zusammen mit uns wanderte auch eine Schwester meiner Mutter, Rita Müller, mit ihrem Mann und ihrem Sohn aus. Ich war bei der Auswanderung erst drei Jahre alt, aber verschiedene Eindrücke vom Schiff und der Überfahrt sind mir doch gut im Gedächtnis geblieben. Wir konnten nicht mit einem Passagierschiff fahren, weil das zu teuer gewesen wäre, also fuhren wir mit einem Frachter, der überall Station machte, so daß die Überfahrt schließlich sechs Wochen dauerte. Mein kleiner Bruder, der erst neun Monate alt war, starb auf dieser Fahrt, wohl durch Unterernährung, denn mein Mutter konnte ihn nicht mehr stillen, und auf dem Schiff gab es keine Milch oder andere geeignete Nahrung.

In Brasilien bekam mein Vater zwar Arbeit in einer deutschen Schreinerwerkstätte, aber die Arbeitsbedingungen waren hart und der Weg zum Arbeitsplatz sehr, sehr weit. Vor allem aber konnte er das Klima dort nicht vertragen. Die Hoffnungen der Eltern auf bessere Lebensmöglichkeiten erfüllten sich nicht, und so wollten sie schon nach einigen Jahren wieder zurück nach Deutschland – vor allem nachdem meine Großeltern geschrieben hatten, es gäbe wieder Arbeit in Deutschland, wir sollten zurückkommen. Darauf verließen meine Eltern sich. Da nun nicht soviel

*Abb.*2 Julie und Anton Bekker in Brasilien, um 1924

Geld da war, daß wir alle vier zusammen hätten reisen können, fuhren meine Mutter, meine Schwester und ich 1926 allein zurück. Mein Vater blieb noch bis 1928 in Brasilien, um das Geld für seine Reise zusammenzukratzen, und vielleicht auch noch, um etwas zu sparen. Unsere Verwandten, die mit ausgewandert waren, blieben auch nicht in Brasilien, sondern wanderten weiter nach Nordamerika und lebten später dann in New York.

Als wir nach Köln zurückkamen, mußte meine Mutter arbeiten gehen, um Geld zu verdienen, und deshalb konnten wir für einige Zeit nicht mehr als Familie zusammenleben. Meine Mutter mietete sich ein Mansardenzimmer auf der Venloer Straße in Ehrenfeld und arbeitete in der Wäscherei, die ihrer Schwester Regine und deren Mann Sally Seligmann gehörte. Wir Kinder wurden verteilt untergebracht, bis mein Vater zurückkam und wir

*Abb.3* (oben) Kölner Jüdisches Wochenblatt, 1928

*Abb.4* (unten) Regine geb. Cahn und Sally Seligmann, um 1910

**Dampfwäscherei HANSA G. m. b. H.**
(Geschäftsführer S. Seligmann)
Ehrenfeld, Philippstr. 41 - Fernspr. West 51400/1

Annahmestellen: **Bach,** Ehrenfeld, Tondernstr. 8
**Nast,** „ Hauptstr. 6

**Stärke-Wäsche in tadelloser Ausführung**
**Schrankfertige Haushaltungs-Wäsche**
**Pfund-Wäsche**

Freie Abholung und Zustellung in Köln und allen Vororten

wieder in einer gemeinsamen Wohnung leben konnten: Meine Schwester wohnte bei meiner Großmutter und ich bei meiner Tante, einer Schwester meines Vaters, in Bocklemünd.

Im Gegensatz zu allen Hoffnungen fand mein Vater nach seiner Rückkehr nach Köln keine Arbeit. Von 1928 an war er acht Jahre lang arbeitslos. Das war für meine Eltern der große Knall. Statt regulärer Arbeit machte er von 1928 bis 1936 immer nur Notstandsarbeiten.

Mein Großvater war Sozialdemokrat, mein Vater Kommunist. Er war zwar nicht in der kommunistischen Partei, aber in der IAH, der Internationalen Arbeiterhilfe. Auch meine Mutter war kommunistisch und Mitglied der IAH. Aber ich glaube, daß meine Eltern erst so um 1930, 1931 dort aktiv geworden sind.

Ich erinnere mich an eine Reihe von Versammlungen der IAH bei uns zu Hause. Die Organisation war in einzelne lokale Gruppen unterteilt: Gruppe Ehrenfeld, Gruppe Bickendorf und so weiter, und bei uns trafen sich die Mitglieder der Umgebung, die Leute, die im Umkreis unserer Wohnung in der Leyendecker Straße wohnten. Es waren so 20, 30 Leute, die da zu uns kamen und in unserer Wohnküche saßen. Wir hatten eine ziemlich große Küche, wie das damals so war in den Arbeiterwohnungen, da war die Küche größer als die anderen Räume. Ich als Kind war bei den Versammlungen selten dabei. Ich weiß aber noch, daß ich immer die Wohnungstür geöffnet habe, um die sogenannten Genossen hereinzulassen. Ich erinnere mich auch daran, daß mein Vater Demonstrationen mitgemacht hat, aber ob diese Demonstrationen von der IAH oder der KPD ausgingen, das weiß ich nicht mehr.

Meine Schwester und ich waren seit 1931, seit ich elf war, in linken Jugendorganisationen. Ich war Mitglied bei den Jungen Pionieren, in der Rote Hilfe und im Arbeitersport. Ich kam durch meine Eltern dorthin, war also überhaupt durch die politische Haltung meiner Eltern beeinflußt. Ich will nicht sagen, daß ich von meinen Eltern direkt politisch erzogen wurde, aber ich war politisch beeinflußt. Auch in den Jugendorganisationen gab es keine richtige politische Schulung, jedenfalls nicht für die Altersgruppe, in der ich damals war. Wir waren als Kinder ja auch nicht politisch aktiv; wir haben gespielt, Sport getrieben, Ausflüge gemacht.

Religiös eingestellt waren meine Eltern überhaupt nicht, und wir Kinder sind auch nicht religiös erzogen worden. Es kann sein, daß meine Mutter noch in der jüdischen Tradition aufgewachsen ist, aber wir haben davon nichts mehr gespürt. Es wurden bei uns in der Familie jedenfalls keine jüdischen Bräuche berücksichtigt. Und wir wurden auch nicht katholisch erzogen. Mein Vater war so wenig katholisch gläubig wie meine Mutter jüdisch gläubig war. Ich ging zwar zuerst in eine katholi-

*Abb.5* Julie Becker, um 1930

sche Schule, aber als wir in die Leyendecker Straße zogen, in deren Nähe auch eine Freie Schule lag, schickten mich meine Eltern ab 1931 dorthin. In dieser Schule waren viele junge Leute, die ich kannte, die selbst oder deren Eltern in der SPD waren oder in der Roten Hilfe. 1931 verließen mein Vater und wir Kinder auch offiziell die Kirche, und meine Mutter trat aus der jüdischen Religionsgemeinschaft aus.

Die Freie Schule wurde dann von den Nazis 1933 liquidiert, und von da an, die letzten zwei Jahre, mußte ich wieder auf eine katholische Schule gehen, weil ich ja katholisch getauft war. Meine Schwester beendete ihre Schulzeit 1933 auf der Freien Schule, sie brauchte also nicht mehr zu wechseln.

Zu unseren Verwandten auf beiden Seiten hatten wir ein gutes Verhältnis; mir ist der Religionsunterschied der beiden Seiten gar nicht zum Bewußtsein gekommen. Er hat wohl in unserer Familie eigentlich auch keine Rolle gespielt. Mir ist erst durch die Propaganda der Nazis »klar geworden«, daß meine Mutter Jüdin war, bzw. plötzlich sein sollte – dadurch, daß sie von den Nazis als Jüdin behandelt wurde. Ich hatte natürlich immer gewußt, daß meine Mutter jüdischer Herkunft war, aber das Bewußtsein, daß es einen Unterschied gab, bzw. geben sollte, zwischen jüdischen und christlichen Menschen, der ist mir erst durch die Nazis gekommen.

Mit 1933 hatte sich für uns natürlich politisch alles geändert. Inwieweit sich meine Eltern weiter illegal politisch engagierten, weiß ich nicht genau. Um das genauer zu wissen, war ich zu jung. Ich glaube, daß sie sich sehr zurückgehalten haben. Andererseits konnte mein Vater den Mund nicht halten. Der hat immer mit Arbeitskollegen und Bekannten diskutiert.

Für mich war eine erste deprimierende Überraschung in der neuen politischen Lage, daß unser Jugendführer von den Jungen Pionieren einer der ersten war, den ich in SA-Uniform sah. Ich dachte: »So ein Lump, so ein Verräter!« Er war aber nicht der einzige. Es haben sich viele aufgrund der schlechten Zeiten gedreht, und viele haben Angst gehabt. In Klein-Moskau zum Beispiel – so wurde ein Teil von Bickendorf um die Kanalstraße und Vitalisstraße wegen der kommunistischen Einstellung der Leute dort genannt – wurden plötzlich andere als die roten Fähnchen herausgehängt. Das war nicht aus Überzeugung, das war aus Angst.

Meine Mutter wurde 1936 verhaftet. Sie geriet damals in einen Prozeß, in dem noch um die 30 andere Mitangeklagte beteiligt waren. Es ging um die Verteilung von kommunistischen Flugblättern. Zunächst wurden einzelne Leute verhaftet, die man befragte und unter Druck setzte. Manche hielten nicht dicht und nannten Namen, und dann wurden weitere Verdächtige festgenommen. Bei einem fand man eine Liste mit Namen von Personen, an die Material verteilt worden war. Dieser N. war damals Anfang Zwanzig, ein junger Mensch, der eben Angst hatte. Soviel ich weiß, hat ihn die Gestapo verprügelt, und da hat er eben andere mit reingerissen – unter anderen auch meine Mutter. Wer weiß, was man ihm bei der Gestapo versprochen hat – daß er weniger Strafe kriegt oder so. Er hat dann gesagt, was er wußte, und das war natürlich ein Verhängnis für die anderen. Meine Mutter kam also dadurch in den Verdacht, daß sie Flugblätter angenommen und verteilt hätte. Ob sie die Flugblätter in diesem speziellen Fall nur angenommen oder auch weitergegeben hat, weiß ich nicht. Aber ich erinnere mich an verschiedene Gelegenheiten, bei denen ich als Kind an der Verteilung von Material beteiligt gewesen bin. Und zwar war es so, daß wir Leuten, die wir besuchten oder in deren Geschäft wir zum Einkaufen gingen, einfach Schriften da ließen. Ich erinnere mich besonders an einen Gemüseladen und einen Kolonialwa-renladen – heute würde man sagen einen Tante-Emma-Laden – in unserer Nähe. Die Empfänger der Schriften waren Leute, die ich durch die Versammlungen bei meinen Eltern kannte und die meist in der Leyen-decker Straße in unserer Umgebung lebten, Leute, die der Partei angehört hatten oder von denen man eben wußte, daß es keine Faschisten waren. Diese Leute kannten unsere Einstellung und unsere ganze Situation. Überhaupt hatte ich zu der Zeit noch keine Angst, ich war hellhörig und wollte wissen, was vor sich ging.

Mein Vater wurde während der Verhöre, Gott sei Dank, nicht beschul-digt; derjenige, der meine Mutter sozusagen verraten hat, hat meinen Vater nicht erwähnt.

Wir Kinder konnten diese ganzen Vorgänge nicht einordnen und verstehen. Wir waren völlig überrascht, als meine Mutter verhaftet wurde, um so mehr, als weder mein Vater noch wir wußten, warum man sie festgenommen hatte.

Insgesamt waren die Menschen in unserer Straße uns gegenüber damals sehr kulant. Es hieß ja nun, daß Juden in den »deutschen« Geschäften nicht mehr kaufen dürften, aber wir konnten zum Beispiel in dem Tante-Emma-Laden weiter kaufen und sogar anschreiben lassen. Es war vielleicht erst ab 1938, daß man mehr Angst hatte.

Ich kann mich natürlich auch noch an die jüdischen Geschäfte in unserer Umgebung erinnern, die existierten ja bis Ende 1938, Anfang 1939 noch. Ich erinnere mich noch an ein Schuhgeschäft Ecke Marien-straße und Sennefelder Straße, das einem sehr netten Menschen gehörte. Bei ihm kauften wir immer unsere Schuhe und zahlten sie in Monatsraten ab. Das machten nicht nur wir so, sondern auch viele andere kleine Leute, Arbeitslose, die da kauften, wo es billig war. Dieser Schuhladen wurde dann später in der »Kristallnacht« auch demoliert.

Es hat natürlich auch richtige Nazis gegeben. Bei uns im Haus war ein Hundertfuffzigprozentiger, den nannte die eigene Frau immer »das Rind-vieh«. Und gegenüber wohnte einer, der ging quasi in seiner SA-Uniform schlafen. Bei uns im Haus hat man eigentlich zusammengehalten gegen die Nazis. Von der Nachbarschaft allgemein würde ich das nicht so sagen. Aber die meisten, die bei uns im Haus wohnten, waren, kann man sagen, richtige Hausfreunde.

Die Gestapoleute, die meine Mutter festnehmen wollten, kamen an einem Samstag. Meine Mutter war nicht zu Hause, sie war einkaufen. Ich öffnete die Tür. Die beiden Männer, die draußen standen, fragten nur, wo meine Mutter sei, sie fragten nicht nach meinem Vater. Ich sagte, daß meine Mutter einkaufen sei und ich nicht wüßte, wann sie zurückkäme. Sie trugen mir auf, meiner Mutter zu bestellen, daß sie am nächsten Tag

**Das Amtsgericht** Abt. 92
~~Apostelnplatz~~

Köln den 5 Juli 19 40

Fernsprecher:

Es wird gebeten, bei allen
Eingaben die nachstehende
Geschäftsnummer anzugeben.

Geschäftsnummer:

91 Cs 287/40

An

Frau Jr. Becker
Köln

in

# Strafbefehl.

Die Staatsanwaltschaft beschuldigt Sie,
die Frau Anton B e c k e r , Julie Sara geb. Cahn, ohne Beruf
zu Köln-Ehrenfeld, Leyendeckerstr. 32,
geboren am 13.12.1892 in Münster i Eifel,
vorbestraft,

zu Köln im Jahre 1940
~~durch A gelbständig Hadlunger~~
~~xxxxxxxxxxxxxxxxxxxxxxxxxxxxxxxxx~~ gemäß § 2 Abs.2 der 2.Verordnung zur Durchführung des Gesetzes über die Aenderung von Familien- und Vornamen vom 17.August 1938 - RGBl.I.S. 1044 - bis zum 1. Februar
1939 als Jude es unterlassen zu haben, sowohl dem zuständigen
Standesbeamten wie auch der zuständigen Ortspolizeibehörde die
Führung des zusätzlichen Vornamens - Sara - schriftlich anzu-
zeigen.

------- ~~Übertretung - Vergehen - nach~~ § 2, 3 der 2. Verordnung zur Durchführung
des Gesetzes über die Aenderung von Familien- und Vornamen vom
17. August 1938 - RGBl.I S. 1044 -. § 74 StGB.

Als Beweismittel hat sie bezeichnet:~~Zeugnis~~ Geständnis.

Es wird gegen Sie eine Geldstrafe von 20.- (zwanzig) ------ Reichsmark und für

den Fall, daß diese nicht beigetrieben werden kann, eine Gefängnis- strafe von

-4- (vier) Tagen ---- festgesetzt.

St. P.
Nr. 66 II. Amtsrichterlicher Strafbefehl mit Festsetzung
einer Geldstrafe (§ 409 StPO.).

Zugleich

*Abb.6* Strafbefehl an Julie Becker, 1940

wiederkommen würden. Da sie sich nicht vorgestellt hatten und nicht gesagt hatten, daß sie von der Gestapo waren, wußten wir zunächst nicht, wer sie waren. Aber gleich nachdem sie weg waren, flitzte ein Nachbar aus dem Haus, ein Schuster, der im Parterre wohnte, herauf und sagte uns Bescheid. Sein Sohn war kurz vorher verhaftet worden, und zwar von denselben Gestapobeamten. Der Nachbar wußte deshalb, daß die Männer, Hoegen[2] und Trierweiler[3], von der Gestapo gewesen waren. Jetzt war uns halbwegs klar, daß es um eine politische Sache ging. Aber warum und weshalb, wußten wir nicht. Wenn wir es gewußt hätten, hätte meine Mutter vielleicht ihren Rucksack gepackt und wäre verschwunden. Aber wohin? Das wäre ja auch ein Problem gewesen.

So ist sie geblieben, und ich weiß noch, daß meine Schwester und ich am nächsten Morgen, dem Sonntag, mit den Rädern in den Königsforst gefahren sind, und als wir dann wieder zu Hause waren, da war meine Mutter nicht mehr da. Man nahm sie – in Pantoffeln – mit und sagte zu ihr: »Sie brauchen sich nicht umzuziehen, Sie kommen wieder nach Hause.« Aber daraus sind dann zwei Jahre geworden.

Ich weiß noch, daß mein Vater gerade dabei war, die Küche zu renovieren, als meine Mutter geholt wurde. Die Möbel standen mitten im Raum, und er wollte die Wände und den Sockel streichen. Wie er reagiert hat? Er hat geweint.

In den nächsten Tagen und Wochen hofften wir immer, daß sie wieder nach Hause käme, und wochenlang wußten wir weiter nicht, weswegen man sie verhaftet hatte. Wir glaubten nicht, daß die Verhaftung etwas damit zu tun hatte, daß meine Mutter Jüdin war. Diejenigen, die sie festgenommen hatten, waren von der politischen Polizei gewesen und nicht mit jüdischen Fragen beschäftigt. Daß es um etwas Politisches gehen mußte, war uns also klar.

Schließlich durfte meine Schwester Wäsche für meine Mutter in den Klingelpütz bringen, aber sie hatte keine Genehmigung, sie dabei zu besuchen, sondern sie konnte die Sachen nur abgeben. Zufällig war es aber so, daß meine Mutter in einem Kellerraum genau an dem Toreingang saß, an dem meine Schwester hinausgehen mußte – im Hofgelände hinter der vordersten Ausgangstüre –, und als meine Schwester hinausging, hörte sie plötzlich, wie jemand: »Sch...« machte. Sie merkte, daß das meine Mutter war. Meine Schwester war so clever, daß sie stehenblieb, mit meiner Mutter sprach und, um nicht aufzufallen, anfing, ihr Fahrrad aufzupumpen. Durch diesen Zufall erfuhren wir erst, was los war.

Meine Mutter saß erst ein halbes Jahr in Untersuchungshaft im Klingelpütz, dann kam der Prozeß und dann das Urteil: zwei Jahre Gefängnis. Das halbe Jahr Untersuchungshaft wurde angerechnet. In dieser ganzen

Zeit blieb sie im Klingelpütz, zuerst zusammen mit anderen Frauen in einer Zelle, dann ließ sie sich wegen der hygienischen Bedingungen in Einzelhaft setzen. Sie war lieber allein. Soviel ich weiß, ist sie nicht mißhandelt oder geschlagen worden. Man mußte sie ja nicht mehr unter Druck setzen, denn für die Ankläger und die Richter war ja alles klar.

Meine Mutter war eine temperamentvolle Frau. Man kann sich das ja vorstellen, bei dem, was sie alles schon bis dahin erlebt hatte: die Auswanderung, das Leben unter primitiven Umständen in Brasilien, die Rückkehr, der politische Einsatz. Sie war sehr stark, sehr resolut, und sie überstand auch die zwei Jahre im Zuchthaus sehr gut. Später kam sie dann noch, weil sie Jüdin war, ins KZ, und auch das überlebte sie, während doch die meisten Deportierten nicht wiederkamen. Viele haben das einfach nicht überlebt, was meine Mutter verkraften konnte.

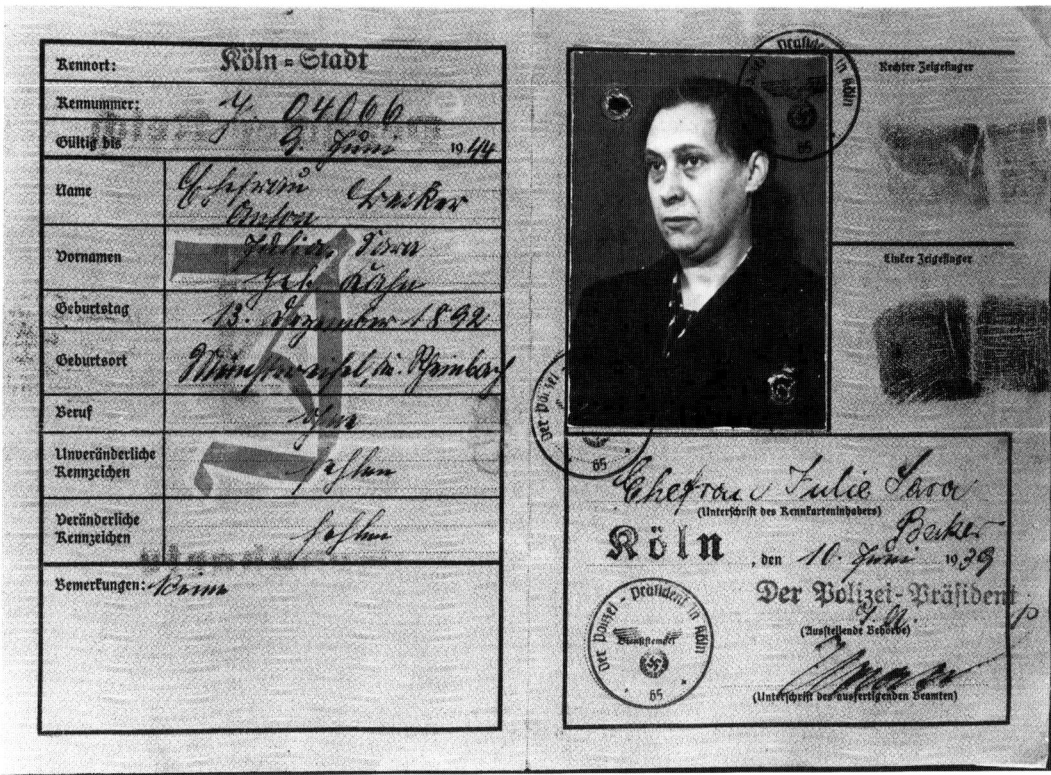

Mein Vater war eigentlich mehr Franzose als Deutscher. Er hat 27 Jahre lang in Frankreich gelebt – seine ganze Kindheit und Jugend. Er ist dort auch zur Schule gegangen und sprach nicht gut Deutsch, er sprach Deutsch wie ein Ausländer.

Politisch waren meine Eltern einer Meinung. Sie waren in der Beziehung ein Herz und eine Seele und arbeiteten politisch immer zusammen.

*Abb.7* »Judenkennkarte« für Julie Becker, 1939

Sie verstanden sich in ihrer Ehe und auch politisch sehr gut. Wir Kinder wurden auf dem Hintergrund dieser politischen Haltung erzogen, und bei mir – nicht bei meiner Schwester – hat sich diese Haltung bis heute gehalten.

Ich beendete die Schule 1935 und wollte danach unbedingt Schreiner werden, wie mein Vater. Aber es war schwer, eine Lehrstelle zu bekommen, und so war ich erst einmal ein Jahr arbeitslos, ging zum Stempeln und machte Notstandsarbeiten, Pflichtarbeiten. Was habe ich damals bekommen? 12 Mark im Monat als Arbeitslosen- oder Wohlfahrtsunterstützung. Schließlich bekam ich eine Stelle als Aushilfsarbeiter in einer Schreinerei, so daß ich also wenigstens in einer Schreinerei arbeitete, wenn auch nicht als Lehrling. Einige Monate später erhielt ich dann eine Lehrstelle, allerdings als Stellmacher, nicht als Schreiner, und zwar bei einer Fahrzeugfabrik in Ehrenfeld. Diese Lehre war im Oktober 1939 zu Ende, und dann wurde ich sofort ein wackerer Soldat. Trotz der »Mischehe« meiner Eltern machte man mich zum Soldaten. Zuerst war ich in einer Baukompanie, die vom Arbeitsdienst geführt wurde, dann kam ich zur Flak. 1940 war ich ein Jahr bei der Flak gewesen und sollte nun zum Gefreiten befördert werden. Dazu mußte ich meine persönlichen Unterlagen einschicken und bekam daraufhin Bescheid von meinem Kompaniechef, daß ich nicht befördert werden könne, sondern, offenbar nach einem neuen Gesetz, sogar entlassen werden müsse, weil ich »Mischling 1. Grades« sei. Im Januar 1941 wurde ich dann entlassen. Ich habe das zur Kenntnis genommen und war auch nicht traurig darüber. Überhaupt muß ich im nachhinein sagen, daß ich auch zu diesem Zeitpunkt weder meine »rassische Einordnung« noch die allgemeinen Diskriminierungen der Juden ganz ernst nahm. Ich wollte die Situation wohl nicht richtig wahrhaben.

Bis dahin war bei uns zu Hause noch alles ziemlich gut verlaufen. Meine Mutter war 1938 entlassen worden und lebte wieder mit uns zusammen, ohne daß man sie weiter unter persönlichen Druck gesetzt hätte. Wohl hatte ich einmal eine Auseinandersetzung mit einem Mitbewohner des Hauses: Ich war als Soldat auf Urlaub nach Hause gekommen und hörte, daß dieser Nachbar, irgendein kleinerer Nazifunktionär, meine Eltern drangsalieren wollte, weil meine Mutter jüdisch war. Ich bekam mit ihm Streit und habe mich dann mit ihm geschlagen. Ich dachte mir damals: »Ich bin ja Soldat, der kann mir doch nichts!«

Nach meiner Entlassung ging ich nach Hause zurück und bekam auch bei der Firma Peter Bauer, bei der ich gelernt hatte, wieder eine Stelle in meinem Beruf als Stellmacher. In diesem Betrieb wurden inzwischen nur noch Rüstungsarbeiten gemacht. Wir stellten Wagen für die Wehrmacht her, zuerst auch noch Busse für die Stadt Köln, später aber nur noch

Wagen für das Militär. Wir hatten übrigens viele französische Kriegsgefangene im Betrieb, und mit denen hatte ich guten Kontakt. Mein Vater
war ja in Frankreich aufgewachsen, und sonntags, wenn sie Besuche
außerhalb des Lagers machen durften, kamen manche zu uns nach Hause
und unterhielten sich mit meinem Vater – auch über Politik. Auch in dem
Betrieb, in dem mein Vater arbeitete, waren französische Arbeiter, und
auch mit denen hatte mein Vater guten Kontakt. Das Lager der französischen Arbeiter unseres Betriebes war nicht weit von der Firma entfernt,
es lag zwischen Ehrenfeld und Nippes. Ich bin auch mehrfach dort
gewesen. Innerhalb des Betriebs konnte man gut Kontakt zu den Franzosen bekommen, weil sie nicht in eigenen Kolonnen arbeiteten, sondern
mit uns zusammen. Sicher, die Arbeitsfront, bei der richtige Nazischwei-
ne waren, paßte schon irgendwie auf, aber denen war es eigentlich egal,
ob man mit den Franzosen sprach oder nicht. Es wurde sich viel auf dem
Klo unterhalten; einen Kollegen gab es, also, immer wenn der auf dem
Klo war, dann hat der politisiert.

Im großen und ganzen war die Belegschaft im Betrieb in Ordnung. Der
Chef war ein religiöser Mensch, würde ich sagen, ein strenger Katholik,
und der sah das nicht gern, daß die Arbeitsfront das Sagen hatte. Daß ich
Kommunist war, wußte man im Betrieb nicht; das heißt, einige, die auch

*Abb.8* Julie und Anton Becker
mit ihren Kindern, 1942

Kommunisten waren, wußten es schon. Und verschiedene wußten auch, daß meine Mutter wegen Hochverrats verurteilt worden war.

Meine Eltern hatten lange Zeit, während mein Vater arbeitslos war, von der Arbeitslosenunterstützung gelebt. 1936 bekam dann mein Vater endlich wieder Arbeit, und zwar in verschiedenen Rüstungsbetrieben – es haben ja damals viele kleine Betriebe für die Wehrmacht gearbeitet. Die erste Firma, bei der er arbeitete, war in Kalscheuren und stellte Baracken für das Militär her. 1941 kam er dann noch zu einem anderen Betrieb, in dem er arbeitete, bis man meine Mutter deportierte und er selbst Köln verlassen mußte.

Ich weiß eigentlich nicht, ob meine Eltern irgendwann ernsthaft an Auswandern dachten. Ich kann mich jedenfalls an keine Gespräche oder Diskussionen darüber erinnern. Wahrscheinlich dachten sie, daß das heute oder morgen zu Ende sei mit den Nazis. Und mein Vater hatte endlich Arbeit und wollte nicht noch einmal auswandern. Sicher, er sah als politischer Mensch, was mit den Faschisten los war, aber er hat es trotzdem nicht so ernst gesehen, wie es dann später war. Selbst als man meine Mutter verurteilt hatte, wurde wohl keine Auswanderung betrieben. Es wäre ja auch finanziell sehr schwierig gewesen, und wahrscheinlich hätten wir Kinder auch gar nicht gewollt.

Die Seligmanns, die Schwester meiner Mutter und ihre Familie, wanderten allerdings schon 1937 oder 1938 aus. Sie besuchten noch meine Mutter zum Abschied im Gefängnis, und ich erinnere mich, daß wir deswegen auf einen Besuchstag bei meiner Mutter verzichten mußten, weil sie nur einmal im Monat Besuch bekommen durfte. Die Seligmanns hatten durch die andere Schwester meiner Mutter, Rita Müller, die mit uns nach Brasilien ausgewandert war und inzwischen in New York lebte, die Möglichkeit zu emigrieren. Sie erhielten von dort Unterstützung und Hilfe. Trotz dieses Vorbildes versuchten meine Eltern keine Auswanderung. Wahrscheinlich hätte meine Mutter auch keine Einreisegenehmigung in die USA bekommen, weil sie vorbestraft war.

Die Atmosphäre in meinem Elternhaus war trotz der ganzen Entwicklung nicht irgendwie ängstlich. Meine Mutter hatte keine Angst, obwohl sie wußte, daß es schlimmer kommen könnte und man stärker leiden würde. Aber daß wir uns ausgemalt hätten, heute oder morgen bringt man uns weg, sperrt man uns ein – das sicher nicht. Wir merkten natürlich, was um uns los war. 1939 wurde zum Beispiel einer unserer Freunde, Max Frenkel, verhaftet und nach Buchenwald gebracht. Seine Eltern waren mit meinen Eltern eng befreundet und ich mit ihm – er war nur ein, zwei Jahre älter als ich. Seine Eltern waren polnisch-jüdischer Herkunft, wohnten wie wir in der Leyendecker Straße und waren auch in der IAH politisch engagiert. Sein Bruder ging schon früh nach Polen

220

zurück, und auch seine Eltern verließen Deutschland noch kurz vor der »Polenaktion« im Oktober 1938, um nach Polen zurückzugehen. Max Frenkel konnte meiner Schwester, bevor er verhaftet wurde, ein paar Dokumente, sein Feuerzeug und andere Kleinigkeiten zur Aufbewahrung geben, dann hörten wir lange Zeit nichts mehr von ihm. Er war festgenommen worden, man hatte ihn dann wohl auch im EL-DE-Haus vernommen und schließlich deportiert. Bald bekamen wir Briefe von ihm aus Buchenwald, wo ich ihn dann selbst nach meiner Verhaftung wiedersah.

Natürlich wußten wir später auch von den großen Deportationsaktionen ab Ende 1941, denn von unseren Verwandten wurden einige verschleppt: Cousinen und Vettern meiner Mutter, die wir gut kannten und zu denen wir guten Kontakt hatten. Die Deportierten waren alles Leute wie wir, Leute, die nicht genug Geld zum Auswandern gehabt hatten und für die es dann zu spät wurde auszuwandern.

Insgesamt war die Stimmung bei uns zu Hause trotz allem nicht resigniert, eher das Gegenteil. Mein Vater hoffte noch, daß es schnell zu Ende ginge mit den Nazis, und auch ich habe es immer noch nicht so ernst gesehen. Vielleicht war es so, daß wir einfach gedacht haben: Die Zeit geht vorbei.

Sicher, man hat auch Angst gehabt, und trotzdem habe ich alles nicht so ernst genommen. Ich war etwas über zwanzig Jahre alt, war ein junger Mensch, ging in die Tanzschule und hatte Freundinnen – ich habe das Leben noch so genommen, als ob nichts wäre.

Aber im Oktober 1943 wurde ich verhaftet. Ich hatte eine nichtjüdische »deutsche« Freundin – sie wurde später meine Frau –, und aufgrund dessen nahm man mich wegen »Rassenschande« fest. Ein Bekannter – ich weiß auch, wer es war – hatte mich verraten, und so wurde ich verhaftet. Meine spätere Frau verhörte man zwar, nahm sie aber nicht fest. Ich wurde zuerst ins EL-DE-Haus vorgeladen – also nicht wie meine Mutter von zu Hause abgeholt – und dort von einem Mann namens Engels[4] verhört. Er sagte zu mir, daß die Beziehung zu meiner Freundin für mich als »Mischling 1. Grades« verboten sei. Ich antwortete, daß ich das nicht gewußt hätte. Und dann kam die Antwort: »Unwissenheit schützt nicht vor Strafe.« Ich hatte es wirklich nicht gewußt. Ich hatte keine Ahnung, daß das gefährlich war. Wer hat denn damals die Gesetze durchgelesen? Die Gesetze haben wir doch gar nicht gekannt. Ich als junger Mensch habe das nicht gewußt. Vielleicht, daß meine Eltern, die meine Freundin kannten, sich untereinander darüber unterhalten hatten oder etwas wußten, aber sie nahmen es offenbar nicht für wichtig, mich darüber zu informieren. Ich glaube aber, sie haben das auch nicht gewußt.

*Abb.9* Rassisti-
sche Propaganda
(Plakat)

# Sichere die Ewigkeit Deines Volkes

Durch den Kinderreichtum Deiner Familie.

2. Deutscher Mann, achte und schütze in jeder Frau die Mutter Deutscher Kinder.

3. Deutsche Frau, vergiß nie Deine höchste Aufgabe, Hüterin Deutscher Art zu sein.

4. Schütze Deine Kinder vor dem Schicksal des Mischlings.

5. Halte das Deutsche Blut rein.

6. Jeder der nicht Deutschen Blutes ist, ist fremdblütig.

7. Wahre Deine Ehre und Deine Art bei Begegnung mit Volksfremden.

8. Deutsches Mädchen, Deine Zurückhaltung gegenüber Volksfremden ist keine Beleidigung. Im Gegenteil: Jeder anständige Ausländer wird Dich deswegen besonders achten.

9. Der Schutz des eigenen Blutes bedeutet keine Verachtung der anderen Völker.

10. Die Reinhaltung des Blutes liegt im Interesse aller wertvollen Rassen.

11. Die Reinhaltung des Blutes ist keine Privatangelegenheit, sondern selbstverständliche Pflicht jedes Deutschen Menschen gegenüber seinem Volke.

12. **Sei stolz, daß Du ein Deutscher bist!**

222

Nach dem Verhör im EL-DE-Haus wurde ich noch am selben Tag in den Klingelpütz gebracht. Dort blieb ich die nächsten Monate in »Schutzhaft« und war nur noch einmal zu einem Verhör im EL-DE-Haus.

Die ersten Tage war ich allein in einer Zelle, danach fast immer mit zwei anderen zusammen. In den Zellen standen auf einer Seite zwei Betten übereinander und ein drittes an einer anderen Wand. In der Zeit von drei Monaten, die ich dort war, lernte ich viele Häftlinge kennen. Da waren zum Beispiel zwei ältere Leute, beide so um die 60 Jahre alt, aus dem Bergischen oder der Eifel, die hatte man wegen Abhörens des englischen Senders verhaftet. Sie hatten große Angst. Was mit den beiden passierte, weiß ich nicht. Sie wurden aus meiner Zelle verlegt und kamen, glaube ich, in Untersuchungshaft. Dann war eine Zeitlang ein alter Knastbruder bei mir in der Zelle, der hatte insgesamt schon vier Jahre Knast hinter sich – immer wegen kleiner, wirklich krimineller Delikte. Der meinte, er kenne sich in Strafprozessen aus, und sagte mir, daß ich mir keine Sorgen machen müßte, ich hätte ja nichts verbrochen, ich käme sicher raus. Und ich habe das erst auch geglaubt – man war ja so naiv. Dann war da noch ein Wehrdienstverweigerer, ein Deserteur, der ein paar Mal beim Militär im Strafbunker gesessen hatte; der kam ins KZ, so viel ich weiß. Ein anderer Häftling war ein Leutnant von der Wehrmacht, ein HJ-Führer, der sich bei den Edelweißpiraten betätigt hatte. Er wurde im Januar 1944 hingerichtet.

Ich bekam bald eine Art Kalfaktorstellung und konnte dann manchmal aus meiner Zelle heraus. Ich hatte dadurch Gelegenheit, mehr zu sehen als die anderen. Ich mußte Gänge sauberhalten, unbelegte Zellen putzen, Kübel ausschütten und so weiter. Ich lieh auch Bücher an die Häftlinge aus, denn es gab im Gefängnis sogar eine Bibliothek. Eines Tages sollte ich in der Zelle neben mir saubermachen: Die Tür wurde aufgeschlossen, der Kübel sollte herausgereicht werden – aber es rührte sich nichts. Wir machten die Tür ganz auf, und da sahen wir den Mann am Fenster hängen. Es war ein Mann, der Feldpostpaketchen unterschlagen hatte. Er war bei der Post gewesen, hatte drei oder vier Kinder. Am Tag vorher hatte er sich bei mir noch ein Buch geben lassen – obwohl er sonst nie las. Ich glaube, er hat sich so vorbereitet, wollte sich von seinem Vorhaben nicht ablenken lassen und hat so lange gelesen, bis er es durchführen konnte. Es war furchtbar. Ich dachte nur: »Wegen dieser Scheiß-Feldpostpakete ...« Im Hof fanden, auch während der Zeit, als ich dort war, Hinrichtungen mit der Guillotine statt. Ich konnte sehen, wie die Gefangenen zur Hinrichtung geführt wurden. Einmal mußte ich die Zelle eines Hingerichteten saubermachen, er hatte vor der Hinrichtung alles unter sich gemacht. Er hatte nichts mehr bei sich behalten können.

Außer der Arbeit als Kalfaktor mußte ich auch Druckknöpfe auf Karten befestigen, 250 Karten am Tag. Das war das Pensum, sonst wurde man bestraft. Essen gab es sehr wenig. Steckrübensuppe mittags, manchmal Freibankfleisch mit Kartoffeln. Schreiben durfte ich nicht, und Besuch konnte ich in den Monaten dort auch nicht bekommen. Ich habe versucht, eine Nachricht herauszuschmuggeln, aber ob die angekommen ist, weiß ich nicht. Ich weiß gar nicht mehr, ob ich meine Eltern später danach noch gefragt habe.

Eigentlich hoffte ich die ganze Zeit, daß ich bald entlassen würde, denn ich hatte ja meiner Meinung nach nichts verbrochen. Ich glaube aber, daß der Anlaß meiner Verhaftung nur ein Vorwand war. In Wirklichkeit hatte man wohl eine regelrechte Aktion gegen sogenannte »Mischlinge« durchgeführt. Jedenfalls habe ich das als regelrechte Aktion empfunden. Als ich Ende Januar/Anfang Februar nach Buchenwald transportiert wurde, war ich auf jeden Fall nicht der einzige »Mischling 1. Grades« im Zug.

Ein Prozeß und ein Urteil gab es für mich nicht, ich wurde eines Tages einfach aus dem Klingelpütz fortgebracht und deportiert. Wir – das war eine Gruppe von Männern – wurden mit einem Zug transportiert, in dem die Waggons in Zellen eingeteilt waren, also keine normalen Waggons, sondern spezielle Gefangenenwaggons. Während der Fahrt lernte ich viele andere »Mischlinge« kennen, die in der gleichen oder ähnlichen Situation wie ich waren: Sie waren mit einer Frau zusammen gewesen, mit der es für sie verboten war, hatten vielleicht sogar ein Kind mit ihr, konnten sie nicht heiraten, wollten das Verhältnis nicht aufgeben und so weiter.

Ich wußte nicht, daß ich nach Buchenwald gebracht wurde, aber ich hätte auch nicht gewußt, was Buchenwald war. Ich wußte natürlich, daß es Konzentrationslager gab – zu Hause wurden sie immer Konzertlager genannt –, aber was das war, wußte ich nicht. Und deshalb war ich eigentlich noch immer recht guten Mutes.

Am 2. Februar 1944 kam ich in Buchenwald an und wurde dort registriert. Was das war: »Buchenwald«, begriff ich dann schon bald. Als wir ankamen, mußten wir zuerst in die Quarantäne, ein kleines Lager, wo früher die Pferdeställe gewesen waren. Wir wurden desinfiziert und bekamen Kleidung aus der Effektenkammer von Häftlingen, die nicht mehr lebten. Die Menschen, mit denen ich überall gleich nach der Ankunft zusammentraf, sahen aus wie das Elend selbst.

Für mich ist da die Welt untergegangen, da habe ich erst gemerkt, wo ich gelandet war und was mit mir geschehen könnte.

Nach einiger Zeit wurde die Arbeitsverteilung vorgenommen, das heißt, man teilte die Häftlinge in verschiedene Arbeitskommandos ein. Eins davon war auch das Kölner Messegelände, und als ich das hörte, dachte ich bloß: »Um Gottes Willen, nur nicht das Messegelände.« Denn ich wußte, wie schlimm die Verhältnisse wegen der Bombenangriffe auf Köln und der Bombenräumarbeiten der Häftlinge dort waren. Ich dachte mir: »Hier in Buchenwald hast du eher die Möglichkeit, am Leben zu bleiben, als im Messegelände in Köln.« Vom Quarantänelager wurde ich dann in einen Block des richtigen Lagers gebracht, und dort kam plötzlich einer herein und fragte, ob in dem Kölner Transport jemand namens Becker angekommen wäre. Ich sitze da und höre das und erkenne die Stimme: Das war unser Freund Max Frenkel, den man schon 1939 deportiert hatte. Den traf ich nun in Buchenwald wieder. Die Freude war trotz des Elends

Abb.10 Heinrich Becker als Häftling in Buchenwald, 1944

groß. Er sah fürchterlich aus, hatte einen Hahnenkamm, das heißt, man hatte ihm die Haare an den Seiten weggeschnitten und nur in der Mitte einen Streifen stehenlassen – das machte man bei den Häftlingen so, vor allem bei denen, die in Arbeitskommandos außerhalb des Lagers arbeiteten.

Max Frenkel wollte sofort dafür sorgen, daß ich aus dem Lager hinauskam in einen Arbeitseinsatz. Mir passierte aber das Mißgeschick, daß ich in den Holzlatschen, die man dort als einzige Fußbekleidung tragen mußte, stolperte und mir den Arm auskugelte. Ich kam ins Krankenrevier, hatte dann ein paar Tage Schonung und wurde dadurch in der Arbeitseinteilung zurückgestellt. Aber nachdem ich wieder einigermaßen gesund war, holte mich mein Freund heraus und brachte mich in der Baukompanie unter, in der er selbst auch arbeitete und die ein politischer Häftling unter sich hatte. Für einige Wochen mußte ich dann in Weimar Gleise in Ordnung halten. Ich war zu dieser Zeit im Block 38 des Lagers untergebracht. Der Block war in Flügel A, B, C, D aufgeteilt, in denen je ca. 100 Mann lebten. Dort lernte ich einen politischen Häftling aus Krefeld kennen, der mich in die DAW, Deutsche Ausrüstungswerke,

225

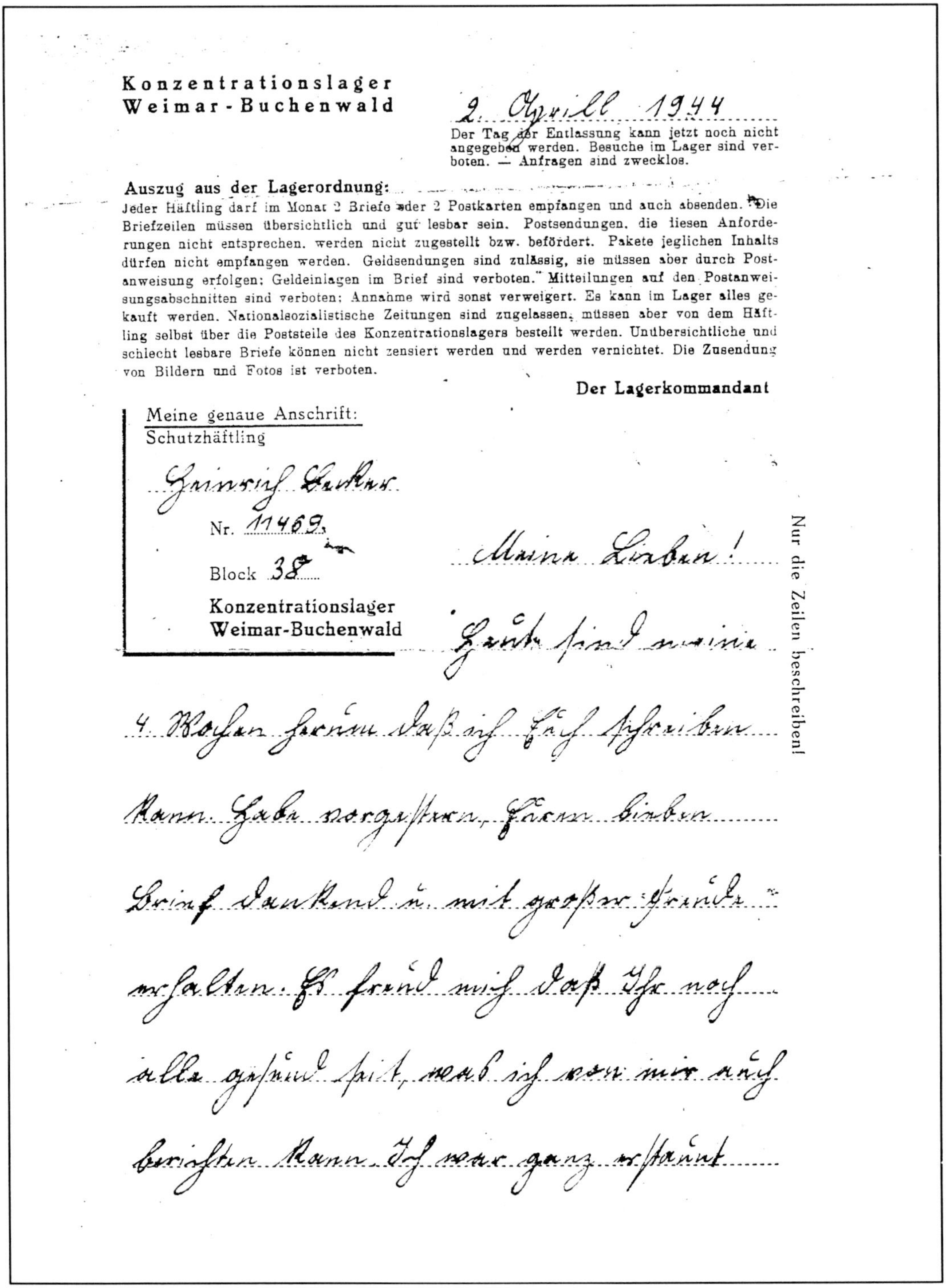

**Konzentrationslager
Weimar - Buchenwald**

*2. April 1944*

Der Tag der Entlassung kann jetzt noch nicht
angegeben werden. Besuche im Lager sind verboten. — Anfragen sind zwecklos.

**Auszug aus der Lagerordnung:**

Jeder Häftling darf im Monat 2 Briefe oder 2 Postkarten empfangen und auch absenden. Die
Briefzeilen müssen übersichtlich und gut lesbar sein. Postsendungen, die diesen Anforderungen nicht entsprechen, werden nicht zugestellt bzw. befördert. Pakete jeglichen Inhalts
dürfen nicht empfangen werden. Geldsendungen sind zulässig, sie müssen aber durch Post-
anweisung erfolgen; Geldeinlagen im Brief sind verboten." Mitteilungen auf den Postanwei-
sungsabschnitten sind verboten; Annahme wird sonst verweigert. Es kann im Lager alles gekauft werden. Nationalsozialistische Zeitungen sind zugelassen, müssen aber von dem Häftling selbst über die Poststelle des Konzentrationslagers bestellt werden. Unübersichtliche und
schlecht lesbare Briefe können nicht zensiert werden und werden vernichtet. Die Zusendung
von Bildern und Fotos ist verboten.

**Der Lagerkommandant**

Meine genaue Anschrift:
Schutzhäftling

*Heinrich Becker*

Nr. *11469*

Block *38*

**Konzentrationslager
Weimar-Buchenwald**

*Meine Lieben!*

*Heute sind meine*

*4 Wochen herum daß ich Euch schreiben*

*kann. Habe vorgestern, Euern lieben*

*Brief dankend u. mit großer Freude*

*erhalten. Es freut mich daß Ihr noch*

*alle gesund seit, was ich von mir auch*

*berichten kann. Ich war ganz erstaunt*

*Nur die Zeilen beschreiben!*

*Abb.11* Brief von Heinrich Becker aus Buchenwald an seine Eltern, April 1944

bringen wollte. Er hatte gehört, daß ich Schreiner war, und meinte: »In den Werken kannst du als Schreiner arbeiten.« Ich dachte mir, daß das für mich vielleicht besser wäre, und war einverstanden. In diesen Werken arbeitete ich in einer Baracke mit Männern aus vielen Nationen zusammen. Russische Kriegsgefangene waren da, polnische Gefangene und so weiter.

Ich erlebte dort auch Bombardierungen mit. Es wurden damals vor allem die Produktionsanlagen des Lagers angegriffen, und ich erinnere mich, daß einmal, als ich bei der Arbeit war, ein Angriff kam. Ich war ja aus einer Großstadt und hatte schon genügend Bombardierungen erlebt – ich bin sofort aus dem Werk heraus und ins Lager gelaufen, wie viele von den anderen auch. Aber viele sind zurückgeblieben. Einige verbrannten dann im Keller, denn Schutzbunker hatten wir als Häftlinge natürlich nicht. Nach einer der Bombardierungen brannte der Wald, der um das Lager herum stand, und wir mußten ihn mit der Lagerfeuerwehr löschen. Es ging dabei nicht darum, daß die Menschen geschützt wurden, sondern daß das Lager erhalten blieb. Das sollte nicht beschädigt werden.

In der DAW arbeitete ich einige Zeit als Schreiner, aber immer wieder sprang mir der Arm aus dem Gelenk, und jedesmal mußte ich ins Krankenrevier, weil ich so große Schmerzen hatte. Schließlich nahm mich ein SS-Führer in seine Schreibstube. Zwei Häftlinge machten dort die Schreibarbeiten, und ich mußte als Kehrmännchen sozusagen die Schreibstube sauberhalten. Damals bekam ich auch einen Passierschein, mit dem ich aus dem Lager herauskonnte, um für die SS-Leute in der Abteilung draußen Essen zu holen. Das war nun schon Ende 1944, und man wußte, daß es nicht mehr lange dauern würde. Manche von den SS-Leuten waren jetzt schon mal großzügig zu uns, wahrscheinlich um sich ein bißchen abzusichern, wenn alles zu Ende wäre.

Im April 1945 hörte man die Flieger der Amerikaner ganz in der Nähe, und wir wußten auch durch Gerüchte, wie die Lage war. Die Informationen gingen von Mund zu Mund – irgendwie hat man alles erfahren. In dieser Zeit von Anfang April bis zur Befreiung am 11. April sind noch Tausende von Häftlingen von der SS liquidiert worden. Die SS ist ja noch bis zum Tag der Befreiung im Lager gewesen, jedenfalls Teile davon, denn es sind schon vorher verschiedene Truppen abmarschiert.

Ja, und dann wurden wir befreit. Danach starben noch sehr viele an der Unterernährung, an den Krankheiten. Man mußte sehr vorsichtig sein mit dem Essen, möglichst erst nur Milch und Reis zu sich nehmen, denn der Magen konnte das normale Essen gar nicht mehr vertragen, da konnte man richtig dran krepieren.

Zur Feier der Befreiung, erinnere ich mich, fand eine große Veranstaltung im Lager statt, bei der von den Häftlingen Theater gespielt und

Musik gemacht wurde. Es hatte unter den Häftlingen immer eine ganze Reihe gegeben, die versuchten, trotz der Lagerbedingungen Musik und Theater weiterzumachen. Ich erinnere mich, wie ich da zwischen den amerikanischen Soldaten – zwischen Schwarzen und Weißen – und den ehemaligen Häftlingen in der Halle des Lagers saß und zuschaute. Die Russen machten auf ihren Instrumenten Musik, und Helmut Goldschmidt aus Köln spielte mit seiner Kapelle. Er war ein sehr guter Pianist.

Nach der Befreiung mußten wir noch sechs, sieben Wochen im Lager bleiben, dann wurden wir von Köln aus mit Bus und Lastwagen der Stadt abgeholt und nach Köln zurückgebracht. Ich erinnere mich noch an diese Fahrt. Ich sollte erst auf dem Lastwagen sitzen, denn der Bus war für die Älteren und Kranken, aber wegen meines Armes bekam ich einen Sitz im Bus. Der Motor des Busses versagte unterwegs, und in Erfurt mußte ein anderer Bus von einer Werkstatt geliehen werden, erst dann konnten wir weiter. Am 21. Mai 1945 war ich endlich wieder in Köln.

Mit meinen Eltern hatte ich einige Zeit nach meiner Verhaftung auch von Buchenwald aus noch Kontakt. Ich konnte schreiben und erhielt auch Briefe. Aber schließlich hörte das auf. Mir war deshalb nicht bekannt, daß meine Eltern im Laufe des Jahres 1944 ihre Wohnung in der Leyendecker Straße, die eine gemeinnützige Wohnung gewesen war, hatten verlassen müssen und zusammen mit einer anderen Familie, in der ein Ehepartner jüdisch war, in eine Wohnung auf dem Maarweg eingezogen waren. Von dort aus brachte man sie in ein Sammellager am Militärring. Das Lager war ungefähr dort, wo heute das Max-Planck-Institut steht. Meine Mutter wurde dann nach Theresienstadt in die Kleine Festung deportiert, erlebte dort die Befreiung und kam im Juni 1945 wieder nach Köln zurück. Mein Vater war nicht deportiert worden, aber er hatte Köln zwangsweise verlassen müssen. Er zog nach Sachsen zu Verwandten und tauchte dort unter. Noch vor Kriegsende kam er allerdings nach Köln zurück und lebte illegal bei seiner Schwester in Bocklemünd. Meine Schwester hatte sich bei einem Freund, Franz W., versteckt, dessen Familie zu den Bibelforschern gehörte, also auch verfolgt wurde. Dort konnte sie bis zum Ende bleiben. Mein Vater hatte monatelang nichts von meiner Schwester gehört, und nachdem Köln befreit war, versuchte er, sie zu finden. Da er noch in Bocklemünd wohnte, mußte er, um nach Köln zu kommen, über den Militärring, der damals eine Grenze zur eigentlichen Stadt bildete und von den Amerikanern bewacht wurde. Bei dem Versuch, in die Stadt zu kommen, kam er dem amerikanischen Grenzposten verdächtig vor, weil er französisch sprach. Dabei hatte sich mein Vater bloß mit Französisch verständlich machen wollen, denn er konnte kein Englisch. Mein Vater wurde festgenommen, kam vor Gericht und wurde mit vier Monaten Haft bestraft, mit der Begründung, er hätte sich als Franzose ausgegeben.

Das sind so Ereignisse, da denkt man sich: »Das darf doch nicht wahr sein!«

Als ich in Köln ankam, war dort alles anders, als ich mir das gedacht hatte. Ich hatte mir vorgestellt, wenn ich zurückkomme, dann hängt da an jeder Laterne ein Nazi. Statt dessen war es ganz das Gegenteil, wie ich gleich merkte: Ich mußte meinen Vater im Klingelpütz besuchen gehen!

Ich wurde, wie die anderen, die mit dem Bus aus Buchenwald gekommen waren, zuerst in Köln-Nippes im Vinzenz-Krankenhaus untergebracht, denn ich hatte ja keine Bleibe. Von meiner Familie wußte ich nichts, mit meiner Freundin hatte ich seit Monaten keinen Kontakt. Ich ging erst von Nippes aus zu einem Bekannten nach Ehrenfeld und erkundigte mich bei ihm, ob er etwas über meine Familie wüßte. Er konnte mir nur sagen, daß mein Vater verhaftet war und daß ich zu meiner Tante nach Bocklemünd fahren sollte. Ich flitzte zu meiner Tante und erfuhr von ihr, wo ich meine Schwester finden konnte. Sie war inzwischen mit ihrem Freund in eine Wohnung von irgendeinem Nazi gezogen. Als ich sie traf, besorgten wir uns erst einmal eine Besuchsgenehmigung und gingen dann zusammen zu meinem Vater in den Klingelpütz. Kurz darauf kam auch meine Freundin und spätere Frau, die in Schlesien evakuiert gewesen war, nach Köln zurück.

Wir sind also alle nach Köln zurückgekommen und in Köln geblieben. Politisch habe ich mir die Entwicklung nach dem Zusammenbruch der Nazis ganz anders vorgestellt. Nach Gründung der KPD trat ich dort ein und blieb bis zum Verbot Mitglied. Auch meine Eltern wurden Mitglied der KPD. Ich habe meine politische Einstellung bis heute nicht geändert.

*Anmerkungen*

1   Die beiden Interviews, auf denen der Bericht beruht, wurden von der Verfasserin am 1.2.1990 und von Guido Grünewald am 13.2.1990 geführt.
2   Josef Hoegen, Kriminalsekretär, Mitarbeiter des berüchtigten Sonderkommandos Kütter in Brauweiler, 1949 wegen Verbrechen gegen die Menschlichkeit verurteilt.
3   Kriminalsekretär Trierweiler, in der Stapo-Stelle Köln im Bereich »Kommunismus, Marxismus und Nebenorganisationen, Sabotage« tätig; im November 1944 bei »einem Einsatz gegen bewaffnete Banden gefallen«.
4   Heinrich Engels, Kriminal-Assistent, Mitarbeiter im Kulturreferat der Stapo-Stelle Köln, das zuständig war für »Kirchen, Juden, Sekten, Freimaurer, verbotene Jugendorganisationen, Pressesachen«.

# Hannah Levy

*geb. Johanna Eismann*[1]
*geb.: 30.5.1921*
*Eltern: Josef Salomon Eismann (* 1886; umgekommen)*
*Miriam geb. Hanella (* 1881; umgekommen)*
*Geschwister: Nathan (* 1914; umgekommen); Brigitte (* 1916); Si-*
*mon (* 1918); Jakob (1920-1992); Hermann (* 1923; umgekommen)*

Ich bin 1921 in Pingsdorf bei Brühl geboren. Meine Eltern kamen beide im Ersten Weltkrieg aus Russisch-Polen. Zuerst kam der Vater, und zwar eigentlich als Kriegsgefangener. Als er dann in Deutschland Arbeit erhalten hatte, ließ er seine Frau mit den zwei Kindern – meinen ältesten Bruder Nathan und meine Schwester Brigitte – nachkommen. Mein Vater arbeitete damals in der Grube in Brühl, und wir wohnten in einem der Häuser der Grubenkolonie oben in Pingsdorf. Wir waren schließlich sechs Kinder; ich erinnere mich, daß es noch ein siebtes Kind gab, aber das ist gestorben. Wann weiß ich nicht. Es wurde darüber nicht geredet, über vieles wurde in der Familie nicht geredet. Vieles war tabu. Ich kannte auch keine Verwandten, wir wußten kaum, daß wir noch Verwandte hatten. Jedenfalls hatten wir keine Beziehung zu Großeltern, es war gar keine Rede von ihnen.

Wir waren sehr arm. Mein Vater war ein jähzorniger Mann – das ist eigentlich das, was mir von ihm am deutlichsten in Erinnerung geblieben ist. Er war sehr streng, und alles mußte so sein, wie er es wollte. Das war so mein Eindruck, aber ich habe ihn nicht viel gesehen. Meine Mutter war eine große, hagere Frau, und ich glaube, daß sie sehr verbittert war. Damals in Polen wurde von der Familie bestimmt, wen man heiratete, und vielleicht war sie deshalb unglücklich. Aber auch darüber hat man bei uns zu Hause nicht geredet. Sie war sehr fleißig und ging als Hausiererin über die Dörfer, um für den Unterhalt der Familie mitzuverdienen. Sie hat ein schweres Leben gehabt.

Ich kam Anfang 1925, als ich dreieinhalb Jahre alt war, nach Köln in das jüdische Waisenhaus, das Abraham-Frank-Haus, und lebte dort die nächsten elf Jahre. Auch meine Geschwister Simon und Jakob waren für längere Zeit mit mir im Heim. Ich kam wenig nach Hause, und ich weiß, daß ich nicht sehr gerne hingefahren bin.

Das Leben im Abraham-Frank-Haus war für mich phantastisch. Für mich war das mein Zuhause, in dem ich eine schöne Kindheit hatte.

Wir waren ein kleines Heim mit ungefähr 30 Kindern, immer etwa die Hälfte Jungen und Mädchen, die hauptsächlich aus Köln und der weiteren Umgebung stammten. Die Kinder wurden normalerweise im Alter von sechs Jahren an aufwärts aufgenommen, frühestens wenn sie schulpflichtig waren also. Daß ich so früh dorthin kam, war wohl eine Ausnahme. Die Kinder im Heim waren eigentlich meistens keine Waisenkinder, sondern stammten aus Familien, in denen es Probleme gab; richtige Waisen gab es im Heim nur wenige. Es mußte an und für sich auch für jedes Kind bezahlt werden, aber es kamen auch Ausnahmefälle wie wir vor, in denen die Angehörigen zu arm waren, um etwas zahlen zu können.

*Abb.1* Im Hof des Abraham-Frank-Hauses, um 1932

Für die kleineren Kinder, Jungen und Mädchen getrennt, gab es zwei Schlafräume, die größeren Kinder dagegen wohnten allein oder zu zweit in einem Zimmer. Es gab unter anderem einen Aufenthaltsraum, ein Werkzimmer, ein Schulzimmer im Haus, und jedes Kind hatte in einem der Zimmer ein eigenes Fach, wo es seine ganzen privaten Sachen unterbringen und mit einem eigenen Schlüssel abschließen konnte. Alles, was man in einem Kinderheim für Kinder machen kann, wurde dort gemacht. Jeder konnte seinen Interessen nachgehen, konnte in die Jugendorganisation eintreten, die ihm gefiel. Wir mußten auch keine besondere Kleidung tragen, sondern jeder bekam, was für ihn passend war. Ich zum Beispiel war klein und dick, und ich wurde zur Schneiderin

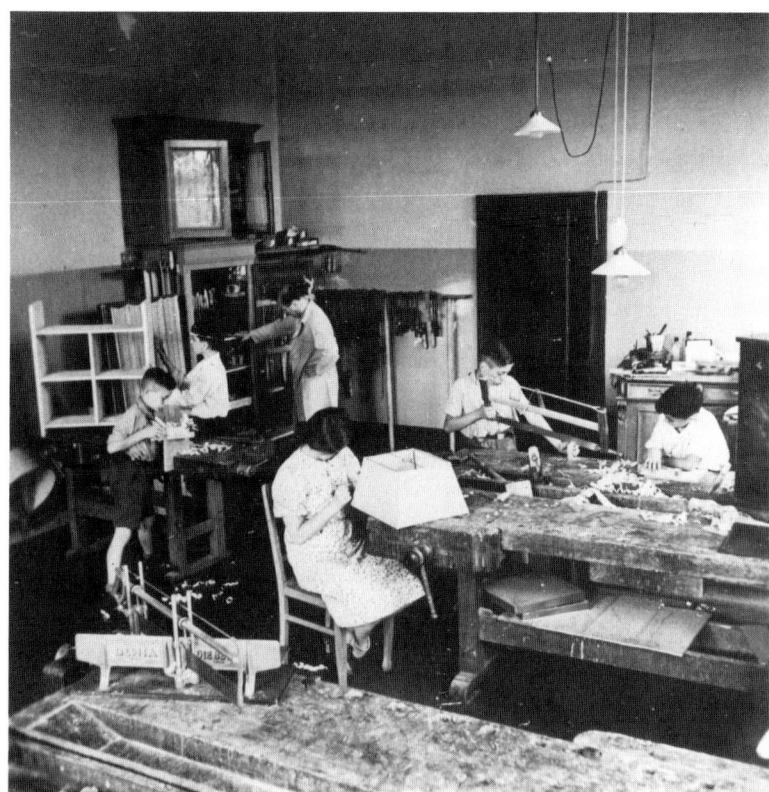

*Abb.*2 Werkraum des
Abraham-Frank-Hauses,
um 1932

geschickt, damit sie mir ein Kleid nähen konnte, in dem ich nett aussah. Man ist auf jedes Kind eingegangen – mehr kann man von einem Kinderheim nicht verlangen. Ich erinnere mich noch gut an einige Wochen, als eine Epidemie in Köln grassierte, die Schulen geschlossen wurden und wir unverhofft Ferien hatten. In dieser Zeit organisierten wir eine »Kinderrepublik« im Heim: Wir machten und regelten alles selbst, während die Leiterin im Hintergrund blieb und sich nicht einmischte. Es waren sehr schöne Tage für uns.[2] Überhaupt hatten wir ein reges kulturelles Leben. Wir konnten Bücher lesen, soviel wir wollten, es gab Aufführungen, es wurde uns so viel angeboten! Ich war sehr glücklich dort.

Die religiöse Haltung im Kinderheim war liberal. Wir feierten natürlich die jüdischen Feste und gingen in den Gottesdienst, und zwar in die liberale Synagoge in der Roonstraße. In den ersten Jahren war die Ausrichtung des Heims noch nicht zionistisch, aber nachher bekam die Erziehung aufgrund der politischen Entwicklung doch einen immer stärkeren zionistischen Einschlag.

Mein Kontakt nach Hause war nicht gut. Wenn meine Mutter mich besuchen kam, sagte ich »Sie« zu ihr. Das zeigt eigentlich am besten unsere Beziehung zueinander. Heute kann ich mir vorstellen, wie es in meiner Mutter ausgesehen haben mußte, als sie sich gezwungen sah, ihre Kinder wegzugeben, aber damals hatte ich dafür kein Verständnis. In den großen Ferien mußte ich immer nach Pingsdorf zu den Eltern, weil das Heim geschlossen wurde – und ich war immer wieder froh, wenn das vorbei war. Es war für mich dort fremd, denn durch das Leben im Waisenhaus war ich der Familie entfremdet. Ich konnte mich mit den Eltern nicht unterhalten, sie gingen nicht auf mich ein. Mit meiner Schwester hatte ich nicht viel gemeinsam, und meinen Bruder Nathan sah ich kaum. Mit Jakob stand ich gut, und Simon war mein Lieblingsbruder; ihn habe ich geliebt, und er paßte immer gut auf mich auf.

Das Abraham-Frank-Haus wurde von Therese Wallach[3] geleitet, einer ganz besonderen Frau. Sie war nicht verheiratet und hat ihr Leben eigentlich für die Kinder im Heim aufgeopfert. Sie muß wohl noch ziemlich jung gewesen sein, aber das sahen wir als Kinder nicht und nannten sie hinter ihrem Rücken immer die »Alte«. Sie war gütig und streng. Wenn wir irgend etwas getan hatten, wurden wir zu ihr ins Sitzungszimmer gerufen. Dort hing ein Porträt von Abraham Frank, und der guckte einen, während sie mit uns sprach, an, seine Augen folgten einem überallhin. Frau Wallach hatte veilchenblaue Augen, die ganz streng sein konnten. Sie schlug uns nie, das gab es nicht, aber sie war streng, wo sie es sein mußte, und war dabei immer gütig. Frau Wallach stand mir so nahe, daß ich ihr meinen Freund, meinen späteren Mann, früher vorstellte als meiner Mutter. Ich brachte ihn zuerst ins Abraham-Frank-Haus, meine Eltern lernten ihn erst einige Zeit später kennen.

*Abb.3* Therese Wallach, um 1932

Ich blieb bis 1936 im Heim. Das letzte Jahr besuchte ich dort die Haushaltungsschule, die man ein, zwei Jahre vorher eingerichtet hatte, um jüdischen Mädchen noch eine Zusatzausbildung geben zu können. Christliche Mädchen und Frauen durften ja nun nicht mehr in jüdischen Familien arbeiten, und so wurden viele jüdische Hilfen für jüdische Haushalte gesucht.

Ich lebte in diesen ganzen Jahren eigentlich in einer geschlossenen Gesellschaft. Das Heim war eine vollkommen jüdische Umwelt, und wir gingen auch in eine jüdische Schule, in die Volksschule in der Lützowstraße – wir kamen also nur mit Juden zusammen. Ich persönlich habe deshalb während dieser Zeit auch nie etwas Antisemitisches erlebt. Wir wußten natürlich, durch Gespräche, Zeitung und Radio, was vorging, aber wir selbst spürten es nicht direkt.

*Abb.4* Familie Eismann; v.l.: Hannah, Simon, Hermann (stehend), Miriam und Josef Salomon Eismann (sitzend), Jan. 1939

Meine Familie war in diesen Jahren von den Einschränkungen und Verboten schon stark betroffen. Mein Vater, der seit seiner Einwanderung nach Deutschland in der Grube Brühl gearbeitet hatte, wurde 1935 plötzlich entlassen, weil er Jude war. Gleichzeitig mußten er und die Familie auch aus dem Haus der Grube in der Pingsdorfer Kolonie ausziehen. Sie zogen dann nach Köln in die Luxemburger Straße und versuchten, hier Arbeit zu finden. Irgendwie schaffte es meine Familie, sich in den nächsten Jahren durchzubringen. Mein Vater war immer sehr geschickt mit den Händen gewesen und arbeitete nun schwarz, stellte zum Beispiel Umzugskisten für Auswanderer her, und auch die Geschwister und meine Mutter versuchten, irgendwo Arbeit zu bekommen. Wahrscheinlich zahlte ihnen auch die jüdische Gemeinde eine Unterstützung, aber daran erinnere ich mich nicht mehr. Auch an Auswanderung wurde natürlich gedacht. Ich glaube, Brüder meiner Mutter waren schon nach Argentinien emigriert und wollten der ganzen Familie die Überfahrt ermöglichen. Wir fingen sogar schon an, Spanisch zu lernen, aber dann wurde doch nichts daraus – ich weiß nicht mehr, warum es nicht klappte. Jedenfalls wurde aus einer gemeinsamen Auswanderung nichts.

Ich selbst wollte nach Palästina gehen, denn ich war Mitglied im Habonim und dadurch zionistisch beeinflußt. Eigentlich, glaube ich, war es damals mehr oder weniger Zufall, welchem der jüdischen Jugendbünde man sich anschloß. Meistens trat man der Organisation bei, in der schon Freunde waren, oder dem Bund, der die besten Werber hatte. So kam ich auch – mehr aus Zufall denn aus Überzeugung – mit zwölf Jahren in den Habonim. Unsere Gruppe traf sich zweimal die Woche im jüdischen Jugendheim am Mauritiussteinwall, wir machten Ausflüge zusammen, sangen – und es wurde viel von Palästina gesprochen. Obwohl man mich in der Familie erst immer auslachte, sagte ich schon früh: »Ich will nach Palästina gehen, ihr werdet es sehen!« Nur mein Bruder Simon, der zu den Werkleuten gehörte, plante auch, nach Palästina auszuwandern, die anderen konnten mit unseren Plänen nichts anfangen.

Ich verließ 1936 nach der Haushaltungsschule das Heim und kam – vermittelt durch ein Mädchen, das mit mir dort gewesen war – als Haushaltshilfe zu dem jüdischen Tierarzt Dr. Ruhr in Groß-Vernich. Von dort ging ich einige Zeit später in die Familie von Dr. Katzenstein, einem Rechtsanwalt, der in Braunsfeld in der Fürst-Pückler-Straße wohnte. Dort erlebte ich dann auch die »Kristallnacht«.

Das Ehepaar Katzenstein wohnte mit einem ein paar Monate alten Baby in einer Drei-Zimmer-Wohnung, und ich hatte einen Stock höher ein Mädchenzimmer. Es waren entzückende Leute, und ich war nicht einfach nur das Dienstmädchen, sondern gehörte zur Familie.

In der Nacht vom 9. zum 10. November 1938 schlief ich wie immer in meinem Zimmer im obersten Stock und merkte deshalb nicht, was unten in der Wohnung der Katzensteins passierte. Ich wurde nicht belästigt, denn man wußte wohl nicht, daß noch ein jüdisches Mädchen

*Abb.5* Horst Samuel, 1938

im Haus war. Erst am nächsten Morgen sah ich alles: Die Wohnung, die ein Schmuckstück gewesen war, hatte man vollkommen zerstört. Dr. Katzenstein, der sich in dieser Nacht nicht zu Hause aufgehalten hatte, wurde kurz darauf verhaftet und ins Konzentrationslager verschleppt. Einige Zeit später, während ich noch bei seiner Frau wohnte und arbeitete, wurde er aus dem Lager entlassen. Er kam zurück – aber er war ein anderer Mensch. Über das, was ihm zugestoßen war, redete er nicht.

Sofort nach der »Kristallnacht« ging ich ins Abraham-Frank-Haus und sagte zu Frau Wallach: »Ich will raus!« Sie überlegte dann mit mir, was ich machen könnte, und riet mir, möglichst schnell auf Hachschara zu gehen, um für eine Auswanderung nach Palästina in Frage zu kommen.

Schon kurz darauf, Anfang 1939, bekam ich die Möglichkeit, in das Hachschara-Zentrum in Urfeld auf-

genommen zu werden. Vor allem mein Vater war ganz gegen meine Zukunftspläne: Er wollte nicht, daß ich auf Hachschara ging, und er wollte nicht, daß ich nach Palästina auswanderte. Mein Freund Horst Samuel, den ich in Urfeld kennenlernte, versuchte einmal, mit ihm zu

*Abb.6* Eßraum im Hachschara-zentrum Urfeld, 30er Jahre

sprechen und ihn zu überzeugen. Er sagte damals zu meinem Vater: »Hannah ist jung, sie hat noch nicht gelebt; ihr müßt ihr die Chance geben! Sie muß mit uns kommen und ihr Leben zusammen mit uns aufbauen.« Aber mein Vater verstand es nicht.

In Urfeld[4], das nicht weit von Köln liegt, war eine landwirtschaftliche Ausbildungsstätte für jüdische Jugendliche eingerichtet worden, in der 30, 40 Jugendliche arbeiteten, um sich auf eine Auswanderung vorzubereiten. Wir waren in einer Art von ehemaligem Schloß untergebracht, einem Gebäude mit vielen Zimmern. Ich war dort vor allem im Haus beschäftigt und habe mit anderen zusammen so schlecht und recht für uns alle gekocht. Ich arbeitete aber auch in der Gärtnerei, den Obstplantagen in der Nähe, die einem hochanständigen Mann gehörten. Dieser Mann hatte auch, so wurde mir erzählt, den Hachscharaleuten in Urfeld während der »Kristallnacht« geholfen und sie geschützt. Er hatte eigentlich gar nicht so viel Arbeit auf seinen Feldern, aber er nahm uns doch an. Eine richtige Ausbildung bekamen wir in Urfeld allerdings nicht, es war alles sehr provisorisch. Aber wir waren jung und schlossen schnell Freundschaften untereinander. Ich war übrigens in diesen Monaten die einzige, die aus Köln kam, die anderen kamen von überall her, mein Freund zum Beispiel stammte aus Oberschlesien, aus Gleiwitz.

Urfeld wurde schließlich aufgelöst, und die Mitglieder verteilten sich auf andere Hachscharagruppen. Ein Teil ging nach Holland, die übrigen, unter denen mein Freund und ich waren, wurden nach Ellgut an der Neiße geschickt. Dort existierte schon eine andere Hachscharagruppe, der wir angeschlossen wurden. Ich erinnere mich nur noch daran, daß wir auf den Rübenfeldern Rüben verziehen mußten und daß uns davon fast der Rücken gebrochen ist. Viel mehr weiß ich von dieser Zeit nicht mehr. Wir blieben dort bis zum 1. September 1940. Kurz zuvor hatten wir die Nachricht erhalten, es könnte eine Gruppe nach Palästina reisen, aber sie müßte sofort los. »Schnell, schnell, schnell«, hieß es. Es wurden von den 40, 50 Leuten in Ellgut zehn ausgesucht, die dann Hals über Kopf losfahren mußten. Mein Freund und ich waren unter diesen zehn. Um nach Hause zu fahren, war keine Zeit mehr, und so konnte ich mich von meiner Familie in Köln nicht mehr verabschieden. Meine Eltern und zwei meiner Geschwister habe ich nicht mehr wiedergesehen.

Zuerst ging es nach Wien, wo wir schließlich eine Gruppe von insgesamt 500 Menschen aus Deutschland und Österreich bildeten. Wir alle – Jugendliche, die von verschiedenen Hachscharaplätzen kamen, aber auch Erwachsene – sollten plötzlich mitten im Krieg noch die Möglichkeit bekommen, nach Palästina zu reisen. In Wien mußten wir allerdings erst einmal drei Wochen warten, weil irgend etwas in der Planung der Auswanderung nicht in Ordnung war. Die ersten zwei Wochen wurden

*Abb.7* Gruppe Jugendlicher im Hachscharazentrum Urfeld, 1936; unterste Reihe 2.v.r: Hannah Levy

wir in Hotels untergebracht, bis man uns dort herauswarf und wir in der jüdischen Schule in der Leopoldsgasse unterkamen. Dann ging es mit drei Donauschiffen von Wien weiter in die Tschechoslowakei. In Bratislava trafen wir auf eine Gruppe von ungefähr 900 Leuten, die dort seit neun Monaten auf eine Möglichkeit zur Weiterreise gewartet hatten. Zusammen mit dieser Gruppe fuhren wir bis zum Schwarzen Meer, wo wir auf drei Frachtdampfer verteilt wurden. Auf den Schiffen Atlantic und Milos waren die Tschechen, auf der Pacific waren wir, die Juden aus Deutschland und Österreich, untergebracht. Das Leben zu Hunderten auf einem Schiff war ganz furchtbar. Nirgends war Platz, wir waren eingepfercht und hatten Betten, so groß wie Schubladen. Aber das war uns egal, Hauptsache, wir kamen endlich fort. Die Fahrt bis zum Mittelmeer dauerte Wochen, und sie wäre eine Geschichte für sich; wir haben in dieser Zeit so viel erlebt, daß ich das gar nicht alles erzählen kann.

Schließlich erreichten wir das Mittelmeer, und Lotsen steuerten uns ins Meer hinaus, um uns sicher über die Minenfelder an der Mündung zu bringen. Durch die Länder bis zum Mittelmeer waren wir legal gereist, aber nach Palästina mußten wir illegal einreisen, denn für Palästina hatten wir keine Einreiseerlaubnis. Deshalb warfen wir nun alle unsere Pässe und Papiere weg – wir warfen alles fort und waren jetzt niemand mehr.

Erste Anlaufstelle unseres Schiffes auf der Weiterfahrt nach Palästina war Kreta. Dort ging die Mannschaft – es war ein zusammengewürfelter Haufen – von Bord und wollte nicht mehr weiterfahren. Das Schiff war in schlechtem Zustand und völlig überladen. Es wäre vor Kreta beinahe untergegangen, weil die Ladung einfach zu schwer war. Außerdem hatten wir auch keine Kohle mehr. Ich erinnere mich, daß dort in dieser Situation auf unserem Schiff während einer schrecklichen Sturmnacht ein Kind geboren wurde. Eigentlich hatte man auf die Reise keine schwangeren Frauen mitgenommen, aber diese Frau hatte ihren Zustand verstecken können, und so wurde das Kind unterwegs geboren.

Endlich konnten wir Kreta wieder verlassen. In den folgenden Wochen gab es wenig zu essen und wenig Wasser. Wir mußten mit allem extrem sparen, denn wir wußten ja nicht, wie lange wir noch unterwegs sein würden. Verbindung zu den beiden anderen Schiffen gab es auch nicht. Wir waren auf uns selbst angewiesen. Eines Nachts hatten wir dann Land

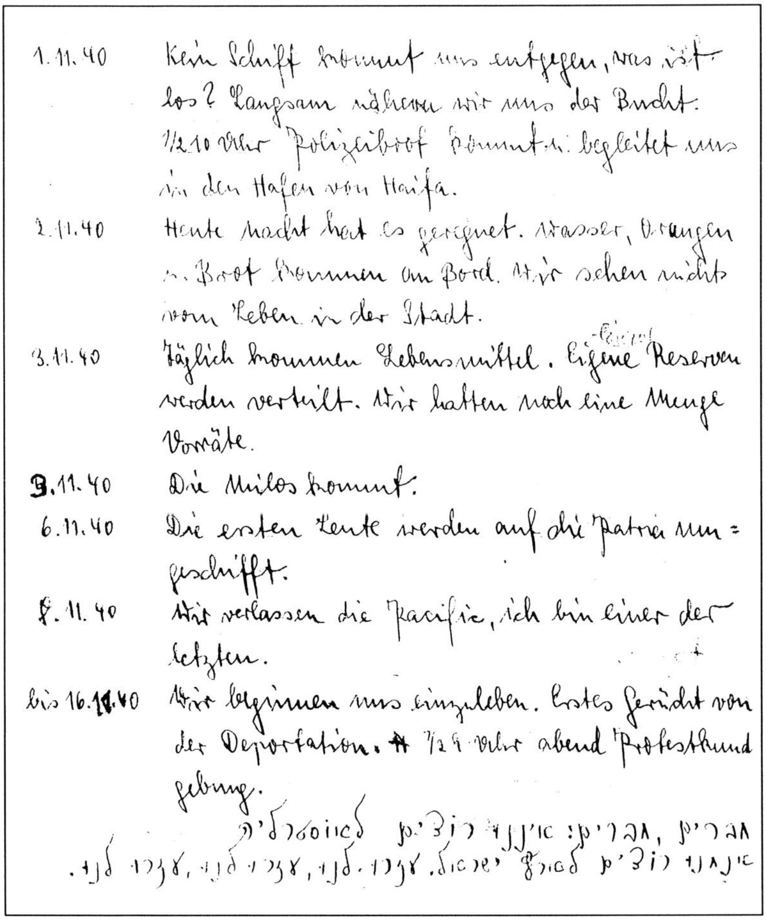

*Abb.8* Auszug aus dem Tagebuch von Horst Samuel, 1940

240

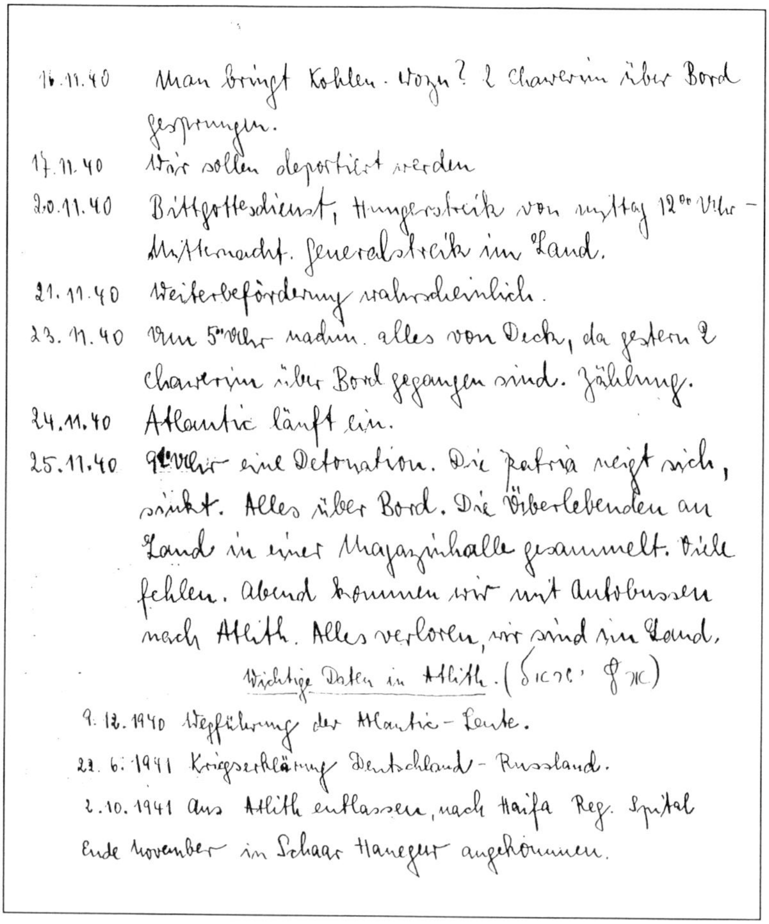

16.11.40 Man bringt Kohlen. Wozu? 2 Chaverim über Bord gesprungen.

17.11.40 Wir sollen deportiert werden

20.11.40 Bittgottesdienst, Hungerstreik von mittag 12⁰⁰ Uhr – Mitternacht. Generalstreik im Land.

21.11.40 Weiterbeförderung wahrscheinlich.

23.11.40 Um 5 Uhr nadim. alles von Deck, da gestern 2 Chaverim über Bord gegangen sind. Zählung.

24.11.40 Atlantic läuft ein.

25.11.40 9 Uhr eine Detonation. Die Patria neigt sich, sinkt. Alles über Bord. Die Überlebenden an Land in einer Magazinhalle gesammelt. Viele fehlen. Abend kommen wir mit Autobussen nach Atlith. Alles verloren, wir sind im Land.

Wichtige Daten in Atlith. (sicro· f )

9.12.1940 Wegführung der Atlantic-Leute.

22.6.1941 Kriegserklärung Deutschland – Russland.

2.10.1941 Aus Atlith entlassen, nach Haifa Reg. Spital Ende November in Schaar Hanegev angekommen.

*Abb. 8 (Teil 2)* Auszug aus dem Tagebuch von Horst Samuel, 1940

vor uns, aber der Kapitän wußte nicht, was er vor sich sah: Zypern oder Haifa – und wir hatten kein Stück Kohle mehr. Da wurde alles verbrannt: die Betten, die Reling. Die ganze Nacht feuerte man mit allem, was brannte. Morgens früh kamen wir dann in die Nähe des Landes und sahen – es war Haifa. Das war am 1. November 1940.

Wir waren sehr glücklich und erwarteten nichts Böses. Wir ahnten nicht, daß die Engländer uns nicht an Land lassen wollten. Erst durch jüdische Hafenarbeiter, die die Nachricht zu uns hereinschmuggelten, erfuhren wir, daß man uns nicht erlauben wollte, an Land zu gehen und statt dessen vorhatte, uns zu deportieren. Es hieß, man würde uns nach Australien bringen. Aber wir wollten doch nach Palästina, nicht nach Australien! Wir organisierten schnell einen Sprechchor und riefen in Hebräisch: »Wir wollen nicht fort, wir wollen nicht fort! Helft uns!« Trotzdem brachte man uns von unserem Schiff, der Pacific, auf die Patria, ein großes Schiff, das uns weiter transportieren sollte. Dort warteten wir auf das, was mit uns geschehen würde. Nachdem einige Zeit nach uns auch die Milos in Haifa angekommen war, wurden auch ihre Passagiere zu uns auf die Patria gebracht. Ende November schließlich kam als letzte die Atlantic an, und auch von ihr sollten die Flüchtlinge herüber zu uns gebracht werden.

Auf der Patria wurden wir von den Engländern streng bewacht. Wir mußten ab morgens früh an Deck sein, um den Bewachern die Übersicht zu erleichtern, und niemand durfte von Bord gehen. Am 25. November sagte mir mein Freund, er habe den Auftrag, unter Deck auf etwas aufzupassen. Ich wußte nichts weiter und blieb mit den anderen oben auf Deck stehen. Plötzlich gab es einen Knall, und wir dachten im ersten Augenblick, die Engländer zielten auf einige Männer, die gerade vom Schiff ins Wasser gesprungen waren. Aber tatsächlich war es eine Detonation auf dem Schiff selbst. In wenigen Augenblicken neigte sich das Schiff zur Seite, und unter den Menschen entstand ein völliges Durcheinander. Ich versuchte zuerst zu sehen, wo mein Freund war, aber als ich ihn nicht sah, zog ich mir den Mantel und die Schuhe aus und sprang ins Wasser. Auch viele der anderen sprangen, so daß sich im Wasser plötzlich ein Wirbel von Menschen befand, die sich zu retten versuchten. Ich konnte nicht gut schwimmen, erwischte aber ein Brett, an dem ich mich festhielt. Als ich neben mir im Wasser unseren Arzt sah, von dem ich wußte, daß er nicht schwimmen konnte, schaffte ich es, ihm das Brett zuzuschieben, damit auch er sich daran festhalten konnte. Neben mir sprang ein Mädchen aus meiner Hachscharagruppe ins Wasser, die eine phantastische Schwimmerin war, trotzdem kam sie nicht mehr nach oben. Mein Freund suchte mich inzwischen im Wasser und tauchte immer wieder unter, um mich zu finden. Als endlich Rettungsboote kamen, war ich am Ende meiner Kräfte. Irgendwie zog man mich schließlich aus dem Wasser und brachte mich in einem der Boote zusammen mit den anderen Flüchtlingen in eine Halle im Hafen von Haifa – wir waren endlich an Land. Und genau das hatten einige unserer Leute erreichen wollen: Sie hatten geplant, das Schiff durch eine Dynamitsprengung so zu beschädigen, daß man uns als Gestrandete an Land bringen mußte. Da es ein englisches Gesetz gab, das es verbot, Gestrandete wieder wegzutreiben, hatte man gehofft, so die Aufnahme in das Land erzwingen zu können.

Man hatte nicht damit gerechnet, daß durch die Sprengung Menschen sterben würden. Tatsächlich aber sind 250 Flüchtlinge dabei umgekommen. Derjenige, der das Unternehmen geleitet hatte, war noch ganz jung gewesen, ich glaube, 21 Jahre alt, nicht viel älter als ich. Ihn hat man nicht mehr wiedergesehen. Man fand keine Leiche, keine Kleidung von ihm. Man hat ihn zuletzt oben an Deck der Patria gesehen. Danach nicht mehr. Vielleicht hat er sich vor Verzweiflung umgebracht, als er erkannte, was passiert war. Es war ein furchtbares Unglück, denn das Wasser kam von überall ins Schiff, auch durch die Bullaugen; das Schiff kippte zur Seite um, und die Menschen fielen ins Wasser, rutschten herunter von Deck. Man hat Monate gebraucht, um die Leichen zu finden.[5]

Von der Halle in Haifa wurden wir nach Atlit, in ein Lager nicht weit von Haifa, abgeschoben. Dorthin brachte man auch die Passagiere der Atlantic, die nicht auf der Patria gewesen waren. Zwei Nächte später hörten wir im Lager plötzlich Geschrei, Türen und Fenster wurden verriegelt, und wir dachten erschreckt: »Was ist jetzt wieder passiert?« Wir sahen dann, daß die Engländer versuchten, diejenigen, die nicht auf der Patria gewesen waren – also nicht als Gestrandete galten –, auszusortieren, um sie doch noch zu deportieren. Die von den Engländern aussortierten Leute wehrten sich, wollten sich nicht anziehen und nicht mitkommen. Sie wurden nackend gefaßt und hinausgezogen. Man transportierte sie schließlich wirklich nach Mauritius, und dort mußten sie die nächsten Jahre leben.

Wir blieben zunächst weiter in diesem Lager in Atlit. Es war furchtbar: Das Essen zum Sterben zu viel und zum Leben zu wenig. Männer und Frauen wurden getrennt, so daß ich nicht mehr mit meinem Freund zusammensein konnte. Typhus brach aus, und ich wurde auch krank. Ich sah danach schrecklich aus – ganz abgemagert und ohne Haare. Ich habe noch heute zwei große Narben am Bein, die vom Typhus stammen, denn das Fleisch wurde an einigen Stellen wund und faulte. Die anderen Kranken brachte man ins Regierungshospital, aber ich war nicht einmal mehr transportfähig. Kurz nach mir bekam auch mein Freund Typhus, und als wir alle endlich aus dem Lager entlassen werden sollten, hatte er einen Rückfall und mußte ins Krankenhaus gebracht werden. Ich verließ also ohne ihn das Lager und wurde, noch bevor er gesund war, einer Gruppe von Leuten zugeteilt, die nach Mishmar Hanegev geschickt wurde. Mein Freund schloß sich uns später an, nachdem er wieder gesund war. Man hatte zu uns Neuankömmlingen gesagt: »Wenn ihr nicht viel Ansprüche macht, könnt ihr zu uns kommen. Es wird euch bei uns gefallen.« Wir und Ansprüche! Nach allem, was wir erlebt hatten, waren wir doch so froh, irgendwohin zu kommen! Insgesamt waren wir schließlich sechs junge Paare, die sich entschlossen, mit dieser Gruppe in Mishmar Hanegev zu leben. Es war eine Gruppe, ein Kibbuz, der noch nicht auf seinem eigenen Boden war, der noch auf eine Zuteilung von Boden wartete und vorläufig noch in einem provisorischen Kibbuz untergebracht war. Wir mußten also zusammen warten, bis wir auf eigenes Land kamen, aber immerhin gehörten wir jetzt schon zu einer festen Gemeinschaft von Leuten. Es waren wunderbare Menschen. Sie hatten nicht viel, und wir hatten nicht viel, aber wir waren zusammen. Es waren schwere Zeiten für den ganzen Kibbuz, und trotzdem waren wir froh. Ich hätte gerne damals schon gleich Kinder gehabt, aber man sagte uns, es sei nicht erwünscht, daß wir Kinder bekämen. Ja, ich hätte gerne Kinder gehabt, ich hätte gern schnell eine Familie aufgebaut – trotz der Umstände und gerade weil wir ohne Familie, ohne Eltern, ohne Geschwister waren. Man wollte jemanden haben, an den man sich anklammern konnte. Aber es war nicht erwünscht, und so bekamen wir eben erst einmal keine.

Schließlich, 1943, als ich dann doch schwanger war, kamen mein Mann und ich mit unserer Gruppe nach Kefar Szold an der syrischen Grenze. In Kefar Szold waren die Lebensbedingungen sehr schwer. Die Gegend war schön, aber das Klima furchtbar, und der Boden, den wir bebauen wollten, war voll mit Steinen, die erst mühsam entfernt werden mußten. Wir lebten noch dort, als 1948 der israelische Freiheitskrieg begann. Direkt hinter – oder besser: über – unserer Siedlung lag ein Berg, der von unseren Männern ständig bewacht werden mußte, damit ihn die Araber nicht einnehmen konnten. Denn das wäre unser Unglück gewesen. Während dieser gefährlichen Wochen lebten die Männer zusammen in gesonderten Räumen, um jederzeit bereit zu sein, und wir Frauen waren allein oder bei den Kinderhäusern in der Mitte unserer Siedlung. Jeden Morgen wurden die Wachen auf dem Berg ausgewechselt, und auch mein Mann war immer dabei. Schon der Weg zum Berg war gefährlich, denn hinter jedem Felsen konnte sich jemand verstecken und die Männer abschießen. Ich habe meinen Mann immer gebeten, er solle nur wieder zurückkommen. Ich habe gefleht: »Wie soll ich das meinem Kind erklären?« Jeden Tag war das so. Man hat immer mit der Angst gelebt, daß etwas passiert. Schließlich begann ein großer Angriff der Araber. Sogar die Engländer halfen uns und schossen in die Berge, um uns zu verteidigen. Der Angriff war furchtbar. Aber jeder von uns wußte, was er tun mußte, und wohin er laufen mußte. Ich wußte: »Ich bin hier und muß dorthin. Aber wie komme ich unter den Schüssen dorthin?« Ich zog mir das Hemd über den Kopf und lief los. Ich dachte: »Wenn ich die nicht sehe, sehen die mich auch nicht.« Nach diesem Angriff wurden die Kinder evakuiert, und nur die Mütter, die im Kinderhaus arbeiteten oder die stillten, durften die Kinder begleiten. Ich gehörte weder zu den einen noch zu den anderen. Am Morgen, bevor die Kinder evakuiert werden sollten, sagte man mir: »Geh jetzt! Nimm das Lieblingsspielzeug deines Sohnes und bring es ihm zum Abschied.« Ich ging, um es zu holen, und mußte dabei schrecklich weinen. Wie konnte ich so zu meinem Kind gehen? Ich habe mich also zusammengenommen, bin zu ihm gegangen, habe gelacht und ihm gesagt, daß alles gut sei. Die Kinder wurden dann in einem gepanzerten Auto ins Innenland gebracht. Die Trennung von uns war sehr schlimm für meinen Sohn. Ich war nach der Geburt sehr lange krank gewesen, so daß er in dieser Zeit vor allem auf seinen Vater konzentriert war, und gerade als ich mich selbst wieder um ihn kümmern konnte und wieder engen Kontakt zu ihm hergestellt hatte, mußte er weg. Nach sechs Wochen ließ man mich schließlich zu ihm kommen, denn er litt so sehr, daß er die ganze Zeit über nicht gesprochen hatte.

Als endlich Waffenstillstand eintrat, kehrten wir in unseren Kibbuz zurück. Eigentlich aber wollte ich schon nicht mehr im Kibbuz leben, ich wollte weg. Ich wollte eine eigene Familie, ein richtiges Familienleben – das, was ich ja als Kind selbst nicht gehabt hatte. Ich wollte meine Kinder bei mir haben. Mein Mann allerdings wollte nicht so gerne fort, er wollte den Kibbuz nicht im Stich lassen. Erst einige Jahre später, 1952, verließen wir Kefar Szold und gingen zusammen in einen neuen Kibbuz nach Givatrajim. Dort ist mein jüngster Sohn geboren und mein Mann gestorben.

Es war 1956, und das Land war damals sehr unsicher. Eines Tages mußten vier Leute unseres Kibbuz in den Süden des Landes, wo wir Böden hatten. Mein Mann war einer der vier. Mein Sohn sagte zu seinem Vater: »Vater, geh nicht, es ist doch Krieg.« Es war aber kein Krieg, es gab nur viele Unruhen. Als jemand im Kibbuz unseren Sohn im Laufe des Tages fragte: »Wann kommt dein Vater zurück?« antwortete er: »Der kommt nicht mehr zurück.«

Es wurde Abend, und wir hatten wie jeden Samstagabend eine Versammlung im Kibbuz. Als ich davon zurückkam, war mir kalt, ich zog mir noch etwas über und ging draußen hin und her, hin und her. Ich wollte auf meinen Mann warten, wollte seine Schritte hören. Jemand kam und fragte: »Was machst du noch so spät?« Ich sagte: »Ich warte auf meinen Mann.« »Ach«, bekam ich zur Antwort, »geh jetzt schlafen, inzwischen wird er schon zurückkommen.« Ich ging ins Haus, legte mich aufs Bett und schlief ein. So hörte ich die 12-Uhr-Nachrichten nicht, in denen von einem Anschlag berichtet wurde. Morgens, als mein Mann immer noch nicht da war, fragte ich bei der Kibbuzleitung nach, ob man etwas wisse. Aber man sagte mir nur: »Geh arbeiten.« Sie wußten schon, daß er nicht mehr lebte, aber sie wußten noch nicht, was mit seinen Begleitern geschehen war. Später ging ich nochmals zur Leitung und sah dort einen der Männer, die mit ihm weggefahren waren. Als ich ihn ansah, fing er an zu weinen, und ich wußte, was passiert war.

Mein Mann war bei einem Überfall auf dem Weg vom Süden nach dem Norden umgekommen. Er war sofort tot. Das war 1956, und er war 35 Jahre alt.

Ich habe später wieder geheiratet und lebe heute mit meiner Familie in Kfar Ruppin, einem Kibbuz im Norden Israels.

*Anmerkungen*

1  Das Interview wurde am 18.6.1989 in Brühl geführt.

2  Im Abraham-Frank-Haus war Scharlach ausgebrochen, die Kinder organisierten für die Zeit der Quarantäne eine »Kinderrepublik« (vgl. den Bericht »Kinder-Republik« im Abraham-Frank-Haus, in: Gemeindeblatt der Synagogen-Gemeinde zu Köln a. Rh., Nr. 6 v. 18.3.1932).

3  Therese Wallach (geb. 8.5.1895 in Linz, gest. 1942 in Köln) übernahm 1924 die Leitung des Abraham-Frank-Hauses in der Aachener Straße 443. 1941 wurde das Heim gezwungen, in das Jüdische Gemeindehaus Cäcilienstraße 18-22 umzuziehen. Am 20. Juli 1942 wurden die Kinder und Erzieher nach Minsk deportiert. Therese Wallach nahm sich vor der Deportation das Leben (vgl. Jüdisches Schicksal, S.307 f.).

4  Seit 1934 bestand in Urfeld bei Wesseling ein Hachscharazentrum zur landwirtschaftlichen Ausbildung. Getragen wurde das Zentrum in Urfeld von der Jugendorganisation Hechaluz, die das Wohnhaus, ein geräumiges Gutshaus, gemietet hatte (vgl. Jüdisches Schicksal, S. 247; Christoph Ehmann, Die Geschichte der jüdischen Gemeinde in Wesseling, Schriftenreihe des Vereins für Orts- und Heimatkunde e.V., Brühl, o. J., S. 53-60).

5  Die Patria, ein britisches Schiff, wurde am 25.11.1940 im Hafen von Haifa gesprengt, nachdem es ca. 1800 visalose Flüchtlinge von den Schiffen Pacific und Milos übernommen hatte. Nach Kaminka war die Explosion auf der Patria von der Haganah, der illegalen jüdischen Militärorganisation in Palästina, geplant worden, die damit die Einwanderungspolitik der britischen Mandatsregierung anklagen wollte. Über 250 Menschen starben bei der Explosion. Die Passagiere der Atlantic wurden trotz des Unglücks nach Mauritius deportiert (vgl. Gideon Kaminka, Schwieriges Israel. Erinnerungen 1939-1979, Zürich 1989, S. 29 f.).

# Henry Gruen

*geb. Heinz Grünebaum*[1]
*geb. 30.5.1923*
*Eltern:*
*Leopold Grünebaum (* 1885; umgekommen)*
*Thekla geb. Plaut (* 1899; umgekommen)*
*Schwester: Inge (* 1929; umgekommen)*

Mein Vater Leopold Grünebaum kam aus dem Dorf Hellstein bei Wächtersbach auf dem Vogelsberg. Meine Mutter stammte auch aus einem Dorf: aus Frankershausen, Kreis Eschwege am Fuße des Hohen Meißners.

An meinen Großvater väterlicherseits, der um 1930 starb, kann ich mich nur noch vage erinnern. Er war ein großer, stattlicher Mann mit einem Bart. Ich weiß noch, wie er mich auf den Arm nahm und daß mich sein Bart dann nicht sonderlich mit Begeisterung erfüllt hat.

Mein Vater war eines von sechs Kindern, ich glaube, er war der Zweitälteste. Der Älteste, der Zadock hieß, fiel in Rußland im Ersten Weltkrieg. Ich habe ihn natürlich nicht gekannt. Ich war überrascht, als ich vor einigen Jahren bei einem Besuch in Hellstein auf einem Soldatenfriedhof ein Grab mit seinem Namen fand. Die anderen Brüder meines Vaters und seine Schwester Mathilde kannte ich alle.

Mein Vater meldete sich 1915 zur gleichen Zeit wie sein Bruder Simon freiwillig beim 81. Infanterieregiment, einem hessischen Regiment, in Frankfurt. Beide gehörten wenigstens eine Zeitlang zur selben Kompanie, und zumindest noch zwei der Brüder waren auch im Feld. Mein Vater hat nie viel vom Krieg erzählt, weil er im Laufe des Frankreichfeldzuges durch sehr, sehr schwere Phasen gegangen war. Besonders belastend für ihn muß wohl die Zeit vor Verdun gewesen sei, wo er einige Monate verbrachte, und die Schlacht an der Somme, in der er verwundet wurde.

Ich weiß es nicht genau, aber ich glaube, die Familie meines Vaters war schon seit Generationen im Hessischen ansässig. Hellstein, der Ort, in dem mein Vater aufwuchs, war ein kleines Dorf. Die Einwohner waren hauptsächlich Kleinbauern und relativ arm. Der Wald und das Land der Gegend gehörte im wesentlichen einigen begüterten Adelsfamilien, die trotz der Veränderungen von 1918 ihre Ländereien nicht verloren hatten.

Meine Großeltern waren sehr arm. Sie hatten einen ganz kleinen Manufakturladen, ein kleines bißchen Land und einen großen Garten hinter dem Haus. Sie teilten das Haus mit einem Vetter meines Großvaters. Ich erinnere mich noch sehr gut an die Armut meiner Großeltern und auch an die ihres Sohnes Jonas, der nach dem Tod meines Großvaters dessen Teil des Hauses übernahm. Ich war als Kind im allgemeinen einmal im Jahr während der großen Schulferien im Sommer zu Besuch in Hellstein, dann kam auch eine Reihe von Vettern dorthin, und wir hatten viel Spaß miteinander. Zu diesen Besuchen brachten wir immer viele Geschenke und auch Nahrungsmittel mit, weil wir von unseren Verwandten nicht erwarten konnten, daß sie uns so lange Zeit beköstigten.

Es gab noch andere jüdische Familien in Hellstein, vielleicht etwa zwanzig. Ich entsinne mich einer der Familien, die gegenüber dem Haus meiner Großeltern ein Wirtshaus unterhielt. Als ich vor sechs Jahren in Hellstein war, konnte ich tatsächlich die ehemalige kleine Synagoge wiederfinden. Sie wurde spät – 1938 oder 1939 – von einer Familie des Ortes gekauft und dadurch vor der Zerstörung bewahrt.

Ich glaube, daß meine Verwandten bis 1933 recht gute Beziehungen zu ihren nichtjüdischen Nachbarn im Dorf hatten. Aber die jüdischen Familien bildeten durch ihre kulturellen Besonderheiten auch ein heterogenes Element in dieser Gesellschaft. Sie standen gewiß in enger, vielgestaltiger Beziehung zu den Leuten im Dorf, wie weit aber der wirkliche soziale Verkehr ging, kann ich nicht sagen, weil ich zu jung war. Immerhin erinnere ich mich, daß die Leute aus dem Dorf noch bis 1933/34 ins Haus kamen. Danach gingen die engeren Kontakte, wie in den anderen Gegenden Deutschlands auch, stark zurück.

Das religiöse Klima in der Familie meines Großvaters war konservativ, aber gewiß nicht orthodox. Im allgemeinen besuchte man Freitag abends und Samstag morgens die kleine Synagoge am Ort – aber nicht während der Woche. Ob mein Großvater jeden Morgen Gebetsriemen anlegte oder nicht, weiß ich nicht mehr. Ich bin mir aber sicher, daß man die traditionellen Aspekte des jüdischen Glaubens beibehalten hatte und praktizierte. Es wurde koscher gegessen, doch das ist durchaus im konservativen Bereich anzusiedeln, die Tatsache, daß man koscher ißt, bedeutet ja noch nicht, daß man orthodox ist.

Die politische Orientierung war eher liberal, man war auf die Deutsche Staatspartei ausgerichtet.

Mein Vater war der einzige in der Familie, der eine höhere Schule absolvierte. Er besuchte das Gymnasium in Birstein, einem Städtchen am Vogelsberg, und machte dort auch sein Abitur. Er war also der einzige, der aus dem sozialen Milieu seiner Familie herausgegangen ist. Nach dem Abitur trat er in ein Lehrerseminar in Hannover ein und war nach dem Abschluß des Studiums berechtigt, an Volksschulen wie an Mittelschulen zu unterrichten. Um 1912 kam er nach Köln, nachdem er vorher

*Abb.1* Fanny Plaut geb. Katz, Großmutter von Henry Gruen, um 1925

*Abb.2* Markus Plaut, Großvater von Henry Gruen,
um 1925

in zwei kleineren Städten, ich glaube an der Mosel und am Niederrhein, unterrichtet hatte. Er wurde in Köln an der jüdischen Schule, die zugleich eine städtisch-öffentliche Schule war, angestellt.

Meine Mutter Thekla geb. Plaut war eines von drei Kindern. Ihr Vater Markus Plaut ist etwa 1860 geboren. Sein Vater, mein Urgroßvater, hatte in Frankershausen ein Manufakturwarengeschäft, das mein Großvater mit Hilfe seiner Söhne in den Bereich landwirtschaftlicher Maschinen, Zentrifugen, Fahrräder und Dinge dieser Art erweiterte. Die Familie hatte am Ort ein Häuschen mit einem Garten, den meine Großmutter bewirtschaftete. Mein Großvater, an den ich mich noch sehr gut erinnere, war ein munterer, an und für sich recht fröhlicher Mensch. Meine Großmutter war etwas ruhiger, sehr häuslich eingestellt; sie kam aus Rhina, einem Dorf in der Nähe von Hersfeld, in dem ungefähr die Hälfte der Bevölkerung jüdisch war. Mein Großvater machte auch sehr viele kaufmännische Gänge über Land, wie das in den Zeiten vor dem Ersten Weltkrieg noch so üblich war.

Wir besuchten auch diese Großeltern jedesmal in den Sommerferien, und ich glaube, meine ganze Familie fühlte sich dort wohler als in Hellstein, möglicherweise wegen der landschaftlichen Lage, aber auch weil die häusliche Situation in Hellstein schwierig war. Mein Onkel hatte eine etwas zänkische Frau, so daß das Klima in der Familie oft nicht so sehr angenehm für uns war, während in Frankershausen ein hervorragender Einklang mit allen Verwandten bestand. Meine Verwandten dort waren finanziell eindeutig besser gestellt als die von väterlicher Seite. Mein Onkel, der älteste Sohn, hatte ein Motorrad, und die Familie hätte sich wahrscheinlich noch ein Kraftfahrzeug, ein Auto, zugelegt, wenn in den folgenden Jahren nicht die Wende zum Schlechteren stattgefunden hätte.

Die Familie hatte gute Beziehungen zu den Bauern in Frankershausen und Umgebung. Und ich erinnere mich, daß ich als Junge noch Anfang der 30er Jahre gerne auf den Bauernhöfen einkehrte und dort mit den Jungens spielte. Mitte der 30er Jahre aber wurden dann die Auswirkungen der NS-Zeit doch spürbar.

Die religiöse Einstellung der Familie meiner Mutter war im Vergleich zu der Familie meines Vaters eher noch liberaler. Man ging aber auch Freitag abends und Samstag morgens in die Dorfsynagoge und hielt die

Speisegesetze ein – sonst wurden in keiner Beziehung irgendwelche Auflagen gemacht. Man mußte auch nicht die ganze Zeit die Mütze auf dem Kopf haben, wie das bei den Orthodoxen der Fall war.

1922, als mein Vater schon an der Volksschule in Köln angestellt war, heirateten meine Eltern. Wie und wo sie sich kennenlernten, ist mir nicht erzählt worden. Es ist möglich, daß die Ehe meiner Eltern vermittelt wurde, denn auf dem Land war damals oft noch ein Heiratsvermittler, ein sogenannter Schadchan, tätig, aber genau weiß ich es nicht.

Meine Eltern wohnten zu Beginn ihrer Ehe im Israelitischen Lehrlingsheim in der Utrechter Straße 6, da mein Vater zu der Zeit neben seiner Tätigkeit als Lehrer in der Volksschule Lützowstraße auch Leiter des Lehrlingsheims war. Ich bin dort noch geboren. Später zogen wir in die Blumenthalstraße 27 und 1932 in die Lochnerstraße 11. Dort wohnten wir bis 1937, dann bis zum Novemberpogrom 1938 in der Körnerstraße 93 in Ehrenfeld.

# Die Zentrumspartei
### als christl. Volkspartei respektiert in höchstem Maße die Kultur und Weltanschauung anderer.

### Jüdische Mitbürger wählt deshalb am 17. November
# Liste 1

Mein Vater war politisch liberal orientiert. Ich erinnere mich noch an Diskussionen, die er mit seinem Kollegen Dr. Siegfried Braun darüber führte, ob man bei den Wahlen 1932 und 1933 die Deutsche Staatspartei oder die SPD wählen sollte. Er war gewiß nicht ideologisch ausgerichtet, sondern hatte eine liberale Grundeinstellung. Ich würde sagen, daß meinem Vater und seinen Kollegen die Zielsetzung der von Friedrich Naumann[2] gegründeten Deutschen Demokratischen Partei am nächsten war. Marxistische Gesichtspunkte waren meinem Vater sicher fremd, andererseits gab es in seinem Bekanntenkreis Leute, die weiter rechts orientiert waren. Rechts ist natürlich ein dubioser Begriff, ich meine damit, daß es sicher im Lehrerkollegium Leute gab, die das Zentrum oder

*Abb.3* Kölner Jüdisches Wochenblatt, 1929

*Abb.4* Dr. Siegfried Braun,
1916

die Deutsche Volkspartei wählten. Mein Klassenlehrer Eugen Jacobi gab mit Sicherheit seine Stimme nicht der SPD, sondern entweder dem Zentrum oder der Deutschen Volkspartei. Die Deutschnationale Partei hatte dagegen wahrscheinlich wenige Anhänger im Umkreis meiner Eltern.

Auch die religiöse Orientierung in meinem Elternhaus war liberal. Meine Bar Mizwa hatte ich zwar in der Synagoge Glockengasse, aber wir gingen in alle drei großen Synagogen Kölns: in die Synagoge Roonstraße, in die in der Glockengasse und einige Male in die Synagoge der orthodoxen Gemeinde in der St.-Apern-Straße – das aber sehr selten, weil der Stil des Gottesdienstes nicht den Vorstellungen meiner Eltern entsprach. In der Synagoge Ehrenfeld übernahm mein Vater 1937 in der Nachfolge des Herrn Reinhardt, der in diesem Jahr gestorben war, den Vorsängerdienst. Dort war auch ein Nebenraum für eine ostjüdische Gebetsgruppe, und obwohl deren Stil, Sprachhabitus und allgemeine Gepflogenheiten ganz anders waren als unsere, besuchten wir auch ab und zu deren Gottesdienst – besonders, wenn sie einen Minjan brauchten.

Die Atmosphäre in meinem Elternhaus war stark dadurch geprägt, daß mein Vater einen humanistischen Bildungshintergrund hatte. Ich kann mich noch relativ gut an seine Bibliothek mit den Klassikern erinnern. Es wurde ein reger Verkehr mit dem Freundeskreis gepflegt, und am Samstagnachmittag kam ein Kaffeekränzchen zusammen, zu dem sich hauptsächlich Lehrerkollegen mit ihren Frauen und den größeren Kindern einfanden. Es wurde dabei über Bücher, die gerade publiziert worden waren, oder über politische Themen diskutiert. Diese Zusammenkünfte am Samstagnachmittag bildeten einen gewissen Höhepunkt der Woche, sowohl für die Eltern als auch für die Kinder. Ich erinnere mich an einen pensionierten Kollegen meines Vaters, Leopold Vogel, der zu diesen Treffen immer Briefmarken für uns Jungens mitbrachte, so daß wir jedesmal sehr erwartungsvoll und aufgeregt waren.

Meine stärksten Erinnerungen beginnen ab dem Jahr 1932. Für diese Zeit kann ich mich nur an Bekannte und Freunde meiner Eltern aus dem Kollegenkreis des Vaters erinnern, einem Kreis, der natürlich jüdisch war, während in früheren Jahren in der Blumenthalstraße auch schon einmal Nachbarn, die im Haus wohnten,

zum Kaffee da waren. Es scheint mir so, als ob wir zumindest ab 1932 keinen intensiveren Verkehr mit nichtjüdischen Leuten aus der Umgebung gehabt hätten. Ich erinnere mich aber auch gut daran, daß zwei nichtjüdische Frauen, die zum Judentum übertreten wollten, bei meinem Vater eine Einführung in die Tradition und Inhalte des Judentums erhielten und dazu in unsere Wohnung kamen. Das war 1933/34 schon nicht mehr so ganz unbedenklich. Ob und wie diese Religionsstunden fortgesetzt wurden, weiß ich nicht. Bis Mitte der 30er Jahre hatten wir auch noch ein nichtjüdisches Dienstmädchen aus der Eifel, das aber nach den Gesetzen von 1935 nicht mehr bei uns beschäftigt sein durfte – zu ihr waren immer auch Freunde gekommen, sogenannte Verehrer, an die erinnere ich mich noch recht gut.

Mein Vater nahm seine Aufgabe als Lehrer sehr ernst. Eine seiner Haupttätigkeiten am Nachmittag war, Schulhefte zu korrigieren, und es hat mir immer Spaß gemacht, wenn ich mit ihm am Schreibtisch sitzen und ihm bei den Korrekturen helfen durfte. Übrigens spielte mein Vater gern Klavier und gab auch in der Schule Musikunterricht. Ich erinnere mich gut, wie er den Erlkönig auf dem Klavier spielte und dazu sang. Ich war immer etwas bestürzt über den Inhalt der Geschichte, die mir so unheimlich vorkam.

Die Frage, ob wir uns vor 1933 integriert fühlten, kann ich nur schwer beantworten, weil es schwierig ist, sich an die Einschätzungen als Kind zu erinnern. Aber vielleicht kann ich sagen, daß die Integration doch nur eine begrenzte war. Es gab sicher viele Beziehungen auf der beruflichen Ebene zwischen jüdischem und nichtjüdischem Bereich der Gesellschaft, aber auf der menschlichen und gesellschaftlichen Ebene doch nicht so viel.

Ich ging seit 1929 in die Volksschule Lützowstraße, an der mein Vater Lehrer war. Die Schule hatte ein Kollegium, das in seinem Bildungsniveau recht bemerkenswert war. Es war humanistisch orientiert, und im großen und ganzen hatten wir einen guten Unterricht dort. Teilweise wurden sehr fortschrittliche Inhalte vermittelt und moderne Methoden angewandt. Auf der anderen Seite herrschte eine strenge Haltung gegenüber den Schülern vor, was ich im Rückblick nicht als förderlich ansehe. Ich denke an Situationen, in denen die Körperstrafe ziemlich undifferenziert eingesetzt wurde. In dieser Beziehung waren Atmosphäre und Praxis an der jüdischen Schule ganz ähnlich denen, die an den anderen Schulen in Köln herrschten. Aber es gab auch Lehrer, wie zum Beispiel Dr. Braun, die Körperstrafen ganz bewußt nicht gebrauchten. An solche Dinge erinnert man sich.

Die Umgebung während des Unterrichts war also für mich ganz jüdisch, aber die Spiele auf der Straße – ich habe immer gerne Fußball gespielt – wurden mit Jungens gespielt, die in der Nachbarschaft wohnten, also mit jüdischen wie nichtjüdischen Kindern. In der Nähe der Lochnerstraße, wo wir wohnten, in der Gegend von Rathenauplatz und Dasselstraße, lebten damals viele jüdische Familien, aber auch viele nichtjüdische – es war gemischt. Mein Kinderfreund war, neben einigen Schulkameraden, vor allem Walter Braun, der Sohn von Dr. Braun, dem Freund und Kollegen meines Vaters. Mit ihm bin ich noch heute in enger Verbindung, obwohl er in Israel lebt. Ein Fußballkamerad war Günter Krausen, der nebenan in der Lochnerstraße 9 wohnte. Ab und zu war ich bei ihm oben in der Wohnung. Die Eltern kamen aus einer stark katholisch geprägten Richtung und wurden später keine Nationalsozialisten. Ich konnte bei ihnen auch nach 1934/35 noch ein Glas Milch bekommen. Sonst kann ich mich in unserer Nachbarschaft an keinen nichtjüdischen Haushalt erinnern, in dem ich »zu Hause« war.

Im übrigen war ich Mitglied in einem jüdischen Verein, dem Jungensportverein des Reichsbundes jüdischer Frontsoldaten. Mein Vater war Mitglied des Reichsbundes.

Ich erinnere mich noch sehr gut an die Umzüge der Hitlerjugend und der SA, auch schon vor der Machtergreifung etwa um 1932 und an die Lieder, die damals gesungen wurden und erschreckend in ihren Inhalten waren. Es kam auch gewiß ab 1932 oder schon früher zu Beschimpfungen und Bedrohungen auf der Straße, so daß die ganze Atmosphäre auch für ein Kind schon deutlich spürbar von Feindseligkeit geprägt war. Ich muß aber betonen, daß es nicht nur Feindseligkeit war, auf die man traf, sondern es gab zum Beispiel auch Jugendliche, die in katholischen Jugendverbänden organisiert waren, wo man den politischen Antisemitismus nicht gefördert hatte. Aber auch dort waren antisemitische Töne zu vernehmen, Töne, die eher in tradierten, religiös bedingten antijüdischen Strömungen verankert waren. Ich muß dazu sagen, daß sich dies

nicht direkt im zwischenmenschlichen Verkehr auswirkte, es waren latente Strömungen, die aktiviert werden konnten.

In der Zeit um 1933/34 empfand ich persönlich schon sehr starke Einengungen. Es gab Anpöbelungen, das Klima wurde immer bedrohlicher. Man mußte immer auf der Hut sein und immer versuchen, sich soweit wie möglich unauffällig zu verhalten. Man mußte erwarten, daß man als einzelner Junge oder auch als Klassengruppe, die etwa im Grüngürtel Fußball spielte, in Schlägereien verwickelt wurde. Dieses Bewußtsein fing an, die tägliche Existenz zu durchsetzen.

1933 kam für mich dadurch, daß ich von der Volksschule auf die Jawne, das jüdische Realgymnasium, überging, ein wichtiges neues Element in mein Leben. Da mein Vater Frontsoldat gewesen war, hätte ich – als Privileg – noch 1933 ein christliches Gymnasium besuchen können, aber meine Eltern entschlossen sich dagegen.

Mit dem Besuch der Jawne erhielt meine Erziehung einen sehr betont traditionell-jüdischen Akzent. Aber das soll nicht bedeuten, daß diese Richtung in der Jawne ausschließlich war. Im Gegenteil, wir hatten einen recht guten humanistischen Unterricht. Das Neue für mich war die Betonung der Werte des traditionellen bis orthodoxen Judentums – eine Erfahrung für mich, die es so in meinem Elternhaus nicht gab. Dieses Neue war allerdings nicht immer unbedingt angenehm. Es wurde manchmal auch etwas Druck ausgeübt, etwa darauf, daß man weitere jüdische,

*Abb.6* Klasse der Volksschule Lützowstraße mit Lehrer Leo Grünebaum und Lehrerin Cilly Marx, 1935

sprich: exegetische Werke außerhalb des Schulunterrichtes lernen sollte, und das war mir nicht angenehm. Im Rückblick empfinde ich es als eine zumindest interessante Erfahrung, aber als Junge hätte ich lieber draußen gespielt als versucht, aramäische exegetische Texte zu lernen.

Der Direktor der Schule, Dr. Klibansky, war eine recht profilierte Persönlichkeit mit einem sehr selbstbewußten Auftreten. Wir lernten bei ihm Geschichte, und zwar in vergleichender Weise, mit Bezügen zu dem Geschehen und den Entwicklungen in anderen Gesellschaften und auf anderen Kontinenten. Ich erinnere mich im Prinzip an alle meine Lehrer dort, denn sie waren alles andere als blasse Persönlichkeiten. Frau Dr. Frank gab einen sehr guten Deutschunterricht, der Mathematikunterricht bei Dr. Stern[3] war allerdings etwas farblos. Physik unterrichtete Dr. Oppenheimer[4]. Stern wie Oppenheimer waren beide recht kompetente Lehrer. Vor allem aber war Klibansky sehr prägend. Er hatte eine physische Haltung, wie man sie sich bei einem alten preußischen Offizier vorstellt – obwohl er ganz gewiß keiner war. Er hatte auch einen sehr autoritären Ton und konnte gut maßregeln, und bei Situationen, in denen neue Lehrkräfte die Klasse nicht in der Hand halten konnten, mußte er schon mal eingreifen. Das erinnert mich an einige jüngere Lehrer, die einen gewissen Beliebtheitsgrad bei uns hatten: Herr Moddel[5], der Musiklehrer, Herr Goldberg[6], und last but not least Ludwig Meidner, eine sehr ungewöhnliche Person. Er stieß zum Lehrerkollegium, nachdem ihm als sogenanntem »entartetem« Künstler keine freischaffende Tätigkeit mehr möglich war. Er mußte nun an der Schule – ohne darauf

*Abb.7* Das Lehrerkollegium der Jawne: v.l.(sitzend): K.Lüthgen-Steiner, R.Cohn-Falk, B.Sonn-Rosenthal, Dr.E.Frank, H.Cohn; (stehend): Dr.S.Stein, Dr.O.Hecht, S.Soffe, Dr.J.Harth, Dr.E.Klibansky, Dr.F.Oppenheimer, Dr.M.Samucl, Dr.M.Stern, P.Hallerbach; 1933/34

vorbereitet zu sein – für ihn gewiß ungewöhnliche Fähigkeiten entfalten, um eine solch potentiell aufrührerische Gruppe, wie wir es waren, doch in einem einigermaßen zivilisierten Zustand zu halten. Er machte es aber auf eine sehr geschickte Art und Weise, ich erinnere mich noch sehr gut daran: Er stellte erst einmal fest, wo die Interessen der Schüler lagen, und denjenigen, die wirklich am Kunstunterricht und am Zeichnen interessiert waren, widmete cr sich eine Zeitlang. Mit den anderen machte er dann andere Dinge wie zum Beispiel Handlesen oder eine andere »Kunst«. Er griff Ersatzthemen auf und meisterte dadurch die Situation sehr gut. Meidner war eine sehr erfrischende Alternative zu einigen der orthodoxen Lehrer.

An Diskussionen der politischen Situation oder eine Auseinandersetzung im Unterricht mit dem Nationalsozialismus oder der Rassenideologie kann ich mich nicht erinnern. Ich kann mich nicht entsinnen, daß es in der Schule zu einer Art geistigem oder darüber hinaus gehendem Selbsthilfeprogramm gekommen wäre. Im Rückblick gesehen wäre das ein wichtiges Anliegen gewesen – ich habe darüber bis jetzt noch gar nicht nachgedacht. Ich könnte mir vorstellen – spekulativ gedacht –, daß gerade der Rückgriff »nur« auf die orthodox-traditionellen Werte des Judentums und deren Überbetonung die Entwicklung eines Programms der aktiven Selbsthilfe verhinderte. Ich bin sicher, daß es ein Bedürfnis danach gab, in der Schule über die aktuelle Bedrohung zu sprechen, aber in meinem direkten Umkreis kann ich mich tatsächlich an keine Auseinandersetzung darüber erinnern. Das ist erstaunlich, wenn man sich das jetzt so überlegt. Ich glaube, es hatte gewiß viel mit dem starken physischen und psychischen Druck dieser Zeit und dem tradierten staatsbürgerlichen Verhalten zu tun. Auch unter den Klassenkameraden, den Altersgenossen – wir waren ja alle so zwischen 9 und 15 Jahre alt – gab es keine Programme, Absprachen zu unserem Verhalten gegenüber den Angriffen. Unser Verhalten ergab sich immer spontan aus der jeweiligen Situation. Wenn es zu einer Rauferei kam, tat man sich entweder zusammen oder lief weg. So sah das in der Praxis aus. Von den Eltern aus wurde uns nur eine Art passiven Verhaltens – nämlich Zurückhaltung im Auftreten – nahegelegt, und wir wurden getröstet, wenn etwas Unangenehmes geschah. Ansonsten gab es kein Programm.

Meine Eltern sprachen etwa ab 1937 ab und zu von Auswanderung. Wie viele deutsche Juden konnten sie sich die spätere Entwicklung nicht vorstellen. Aber ab 1937 fingen sie doch an, sich mit der Möglichkeit, Deutschland zu verlassen, konkreter auseinanderzusetzen, besonders nachdem mein Onkel 1937 nach Brasilien ausgewandert war. Ganz aktuell wurde der Auswanderungswunsch dann nach den Ereignissen im November 1938.

*Abb.8* Synagoge Körner-straße, Köln-Ehrenfeld

Wir wohnten damals in Ehrenfeld, in der Körnerstraße 93. Wie schon erwähnt, war mein Vater Vorbeter, Kantor, an der Ehrenfelder Synagoge. Wir wohnten in dem Häuschen, das direkt an der Synagoge lag. Wenn ich mich recht erinnere, kam kurz vor dem 9. November ein Polizist bei uns vorbei, und erkundigte sich, ob wir Waffen im Hause hätten. Wenn ja, seien sie abzugeben. Am Morgen des 9. oder 10. November versammelten sich einige Leute vor dem Gittertor, das auf den Hof der Synagoge führte. Zwei Leute, die in Halbzivil gekleidet waren – sie hatten lange Stiefel und dunkle, schwarze Hosen an –, läuteten und verlangten Eintritt. Sie bestanden darauf, Einlaß in die Synagoge zu bekommen, aber ich kann mich nicht erinnern, daß sie irgendwelche Ausweise oder Eintrittsbefugnisse vorlegten. Sie hatten auch Äxte dabei. Ich ging mit ihnen in die Synagoge, und sie fingen an, mit diesen Äxten die Bänke zu zerschlagen. Ich nahm das ganz so wie etwas Abenteuerliches und Traumartiges auf, stand einige Zeit neben ihnen und empfand so ein Gefühl des Trotzes. Sie kümmerten sich auch nicht um mich, sondern schlugen auf alles, zerschlugen auch den Almemor, das heißt das Pult, auf dem die Thorarollen verlesen werden. Nach einiger Zeit ging ich hinaus. Für das Folgende ist mein Gedächtnis nicht mehr so klar. Ich weiß aber noch, daß dann eine neue Gruppe von Leuten hereinkam, den Eintritt in unser Häuschen erzwang, anfing die Möbel herauszuwerfen und sie auf dem Hof in Brand zu stecken. In der Zwischenzeit hatte sich draußen eine ziemliche Menschenmenge versammelt, und – in dieser Beziehung ist mein Gedächtnis ganz klar – es war eine Menschenmenge, aus der gar kein Laut kam. Es herrschte Schweigen. Es war weder Anteilnahme für uns noch Ermutigung für die Aktivitäten dieser Leute zu merken. Als die Männer begannen, unsere Wohnung zu zertrümmern, bekam meine Mutter einen Weinkrampf. Mein Vater war scheinbar gefaßter und sagte mir, ich sollte besser gehen und das Nötigste für mich mitnehmen. Ich ging in die Wohnung hinauf und holte einen Schlafanzug, ein Hemd und mein Klavieralbum: Johann Sebastian Bachs Stücke für Maria Magdalena, das waren meine Lieblingsstücke. Meine Eltern sagten, ich sollte zu Brauns fahren. Ich setzte mich aufs Fahrrad und fuhr durch das Tor hinaus. Ich wurde von keinem dabei behelligt, die Leute schauten einfach, und ich fuhr nach Köln-Sülz zu den Brauns, die in der Unkeler Straße wohnten. Ich erzählte, was vorgefallen war, aber Brauns hatten in der Zwischenzeit schon erfahren, daß diese Übergriffe weit verbreitet stattfanden.

Mein Vater wurde nicht verhaftet; ich weiß nicht, ob er körperlich belästigt wurde. Meine Eltern nahmen einige Kleidungsstücke mit sich und gingen zu einem Vorsteher der Gemeinde, einem Arzt, um sich dort zu verstecken. Meine Schwester wurde, glaube ich, zu anderen Freunden geschickt.

Die Ehrenfelder Synagoge und das Häuschen daneben wurden niedergebrannt. Das konnte man tun, weil keine unmittelbare Gefahr für andere Häuser bestand – auf der einen Seite lag der Hof und auf der anderen ein Gartengelände. Unser gesamter Besitz – Hausrat und Mobiliar – alles wurde dabei vernichtet.

Ich blieb bei Brauns und wohnte in der folgenden Zeit dort. Meine Eltern kamen in einem Zimmer in der Ulrichgasse bei dem befreundeten Arzt unter. Ich habe sie dort dann besucht. Schulunterricht fand nicht mehr statt.

Unterdessen ergab sich die Möglichkeit für meine Auswanderung. Meine Eltern sagten mir: »Du kannst mit einem Kindertransport entweder nach England oder nach Holland fahren,« und

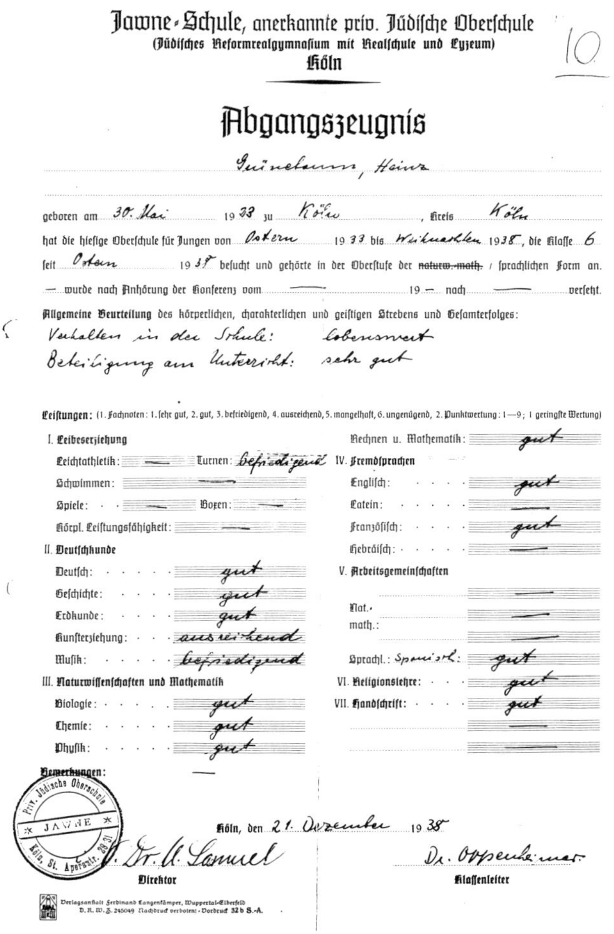

Jawne-Schule, anerkannte priv. Jüdische Oberschule
(Jüdisches Reformrealgymnasium mit Realschule und Lyzeum)
Köln

10

Abgangszeugnis

Grünebaum, Heinz

geboren am 30. Mai 1923 zu Köln, Kreis Köln

hat die hiesige Oberschule für Jungen von Ostern 1933 bis Weihnachten 1938, die Klasse 6 seit Ostern 1938 besucht und gehörte in der Oberstufe der ~~naturw.-math.~~ / sprachlichen Form an.

— wurde nach Anhörung der Konferenz vom — 19 — nach — versetzt.

Allgemeine Beurteilung des körperlichen, charakterlichen und geistigen Strebens und Gesamterfolges:

Verhalten in der Schule: lobenswert
Beteiligung am Unterricht: sehr gut

Leistungen: (1. Fachnoten: 1. sehr gut, 2. gut, 3. befriedigend, 4. ausreichend, 5. mangelhaft, 6. ungenügend, 2. Punktwertung: 1—9; 1 geringste Wertung)

I. Leibeserziehung
Leichtathletik: — Turnen: befriedigend
Schwimmen: —
Spiele: — Boxen: —
Körpl. Leistungsfähigkeit: —

II. Deutschkunde
Deutsch: gut
Geschichte: gut
Erdkunde: gut
Kunsterziehung: ausreichend
Musik: befriedigend

III. Naturwissenschaften und Mathematik
Biologie: gut
Chemie: gut
Physik: gut
Rechnen u. Mathematik: gut

IV. Fremdsprachen
Englisch: gut
Latein: —
Französisch: gut
Hebräisch: —

V. Arbeitsgemeinschaften
—
Nat.-math.: —
—
Sprachl.: Spanisch: gut

VI. Religionslehre: gut

VII. Handschrift: gut

Bemerkungen: —

Köln, den 21. Dezember 1938

Priv. Jüdische Oberschule JAWNE Köln, St. Apernstr. 29/31

Dr. A. Samuel
Direktor

Dr. Oppenheimer
Klassenleiter

Verlagsanstalt Ferdinand Langenkämper, Wuppertal-Elberfeld
D.R.W.Z. 245049 Nachdruck verboten! · Vordruck 32 b S.-A.

*Abb.9* Zeugnis der Jawne für Henry Gruen

ich antwortete: »Ich würde gern nach England gehen.«

Am 4. oder 5. Januar 1939 fuhr ich dann zusammen mit Walter Braun mit einem Kindertransport nach England. Meine Eltern brachten mich zum Bahnhof. Der Abschied war für mich ein sehr, sehr wichtiges Erlebnis, vor allem dadurch so bedeutsam, daß ich meinen Vater zum ersten Mal weinen sah. Ich hatte ihn noch nie weinen sehen. Das war der Abschied, und ich habe meine Eltern nie mehr wiedergesehen.

Abgesehen vom Abschiednehmen empfand ich diese Fahrt und die Auswanderung nach England wie ein Abenteuer. Es kann natürlich sein, daß dies eine lebenserhaltende Form der Verdrängung der Erlebnisse war.

*Abb.10* Henry Gruen bei seiner Emigration, 1939

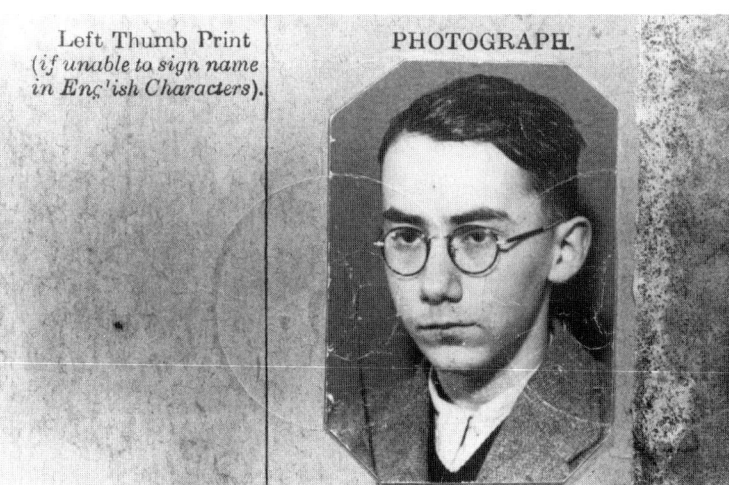

Es gab von Köln aus eine Reihe dieser Kindertransporte. Mit uns fuhren etwa 40, 50 Kinder und ein oder zwei Begleitpersonen. Die ganzen Kindertransporte wurden von einer Dachorganisation in England in die Wege geleitet und waren von Privatleuten organisiert und finanziert.

Als wir in England ankamen, wurden wir in Ferienlagern untergebracht, die für diesen Zweck bereitgestellt waren. Es kamen viele Kindertransporte an, und auch ein Teil der Kölner Jawne konnte durch die aufopfernde Leistung von Dr. Klibansky nach England übersiedeln. Meine Schwester war an und für sich auch für einen Kindertransport vorgesehen, sie hätte mit einer Klasse der Jawne übersiedeln können, aber das geschah nicht. Die letzten Gründe dafür sind mir nicht bekannt. Ob sie zu jung war oder ob die Bindung an die Eltern zu stark war, kann ich nicht sagen.

Eine Auswanderung meiner Eltern und meiner Schwester zusammen wäre 1939 schon nicht mehr so ohne weiteres gegangen. Die meisten Länder hatten schon sehr hohe Barrieren gegen die Einwanderung errichtet. Meine Eltern waren unvermögend und hatten nur geringe Ersparnisse. Die amerikanischen Einwanderungsquoten waren bis weit über das laufende Jahr schon erfüllt, und zu einer Sonderklasse, wie sie zum Beispiel Kinder oder Eltern von bereits Ausgewanderten bildeten, konnten sie nicht gerechnet werden. Also, die Hürden gegenüber Einwande-

*Abb.11* Inge, Leo und Thekla Grünebaum, um 1937

rern waren wirklich so hoch geworden, daß sie fast nicht mehr zu bewältigen waren. Sicher gab es Leute, die sogar noch Anfang 1941 mit einem Affidavit über Frankreich oder Portugal nach Amerika auswanderten. Aber dafür mußte man eben die entsprechenden Unterlagen haben, und solche Sonderquoten, wie sie 1956 zum Beispiel die Vereinigten Staaten für ungarische politische Flüchtlinge ausgaben, wurden damals Juden nicht zur Verfügung gestellt. Man war nicht dazu bereit, aus welchen Gründen auch immer.

Meine Eltern und meine Schwester sind 1942 von Köln nach Theresienstadt verschickt worden. Von dort erhielt ich 1942 oder 1943 den letzten Rot-Kreuz-Brief, das letzte Lebenszeichen von ihnen. Sie lebten

*Abb.12* Aus dem Verzeichnis der Deportierten, zeitgenössische Abschrift

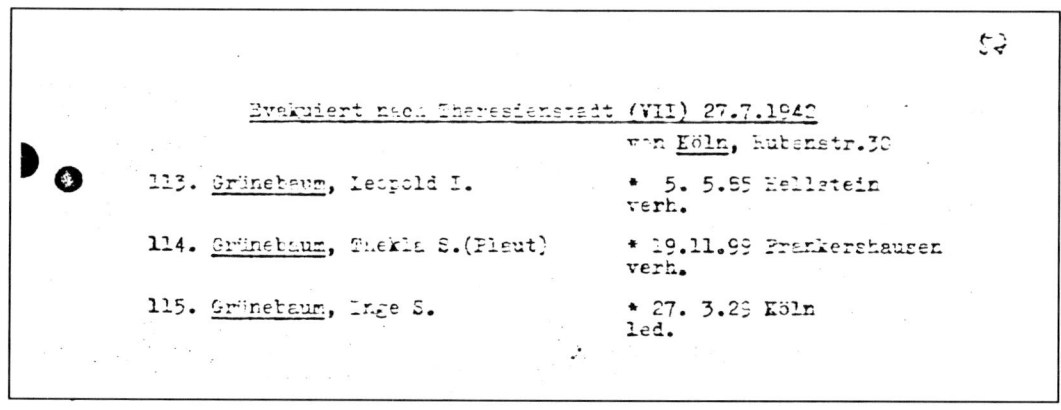

bis 1944 in Theresienstadt und wurden dann in zwei verschiedenen Transporten im Sommer oder Herbst 1944 nach Auschwitz gebracht und erlitten dort das gleiche Schicksal wie viele andere.

Für mich folgten der Ankunft in England zusammen mit Walter Braun erst einmal einige Monate Lageraufenthalt im Dovercourt Bay Camp bei Harwich. Von dort aus wurde ich in einem youth-hostel, einer Jugendherberge, in Oxford aufgenommen, wo wir etwas Privatunterricht bekamen. Ich war dort in einer Gruppe mit Jugendlichen aus Deutschland und Österreich zusammen. Ein lokales jüdisches Komitee betreute uns. Meine dringenden Versuche während dieser Zeit, zumindest meine Schwester nach England zu holen, scheiterten.

1940 wurden wir als Deutsche interniert und auf der Isle of Man untergebracht. Dort lebten wir hinter Stacheldraht. Im Rückblick denke ich, daß man in dieser Situation zumindest einiges über sich selbst und seine »Mithäftlinge« lernen konnte – diese Erfahrung hatte durchaus auch positive Elemente. Nach der Entlassung 1941 wurde ich in Manchester wieder in einem hostel mit anderen Jugendlichen untergebracht. Nach einigem Suchen fand ich Arbeit in einem Farbstofflabor der Firma Sandoz. Ich ging zur Abendschule und war außerdem freiwillig im Luftschutz tätig. Viele Nächte verbrachte ich in dieser Zeit während der Bombenangriffe auf Manchester und Salford unter dem Dach des Royal Technical College, einer Institution, in der ich Abendunterricht in Chemie hatte. Ich studierte für das Matriculation Examination der Universität London und absolvierte es im Jahre 1944 etwas »verspätet« als 21jähriger. Dort wie auch zuvor in Oxford lernte ich Menschen kennen, mit denen ich noch jetzt in Verbindung bin; so bin ich vor allem mit dem Ehepaar in Kontakt, das das hostel für uns Jugendliche in Oxford geleitet hatte. In Manchester setzte ich neben meiner Arbeit am Tage die Abendstudien fort und bemühte mich dann nach Ende des Krieges um eine Auswanderung nach Amerika. Es war mir von vornherein klar, daß ich nicht in England bleiben wollte. Ich merkte damals schon, daß ich mich dort wohl nicht würde integrieren können – obwohl ich vor vielen englischen Institutionen eine große Hochachtung hatte und auch die dortigen politischen und sozialen Werte sehr schätzen lernte. Da mein Onkel und einige Bekannte in Amerika lebten, bekam ich schließlich ein Affidavit und konnte im Juni 1947 in die USA emigrieren.

Einige Zeit wohnte ich nach der Einwanderung mit meinem Onkel zusammen, dann fand ich Arbeit in einem Farbstoffwerk. Mitte der 50er Jahre studierte ich am Massachusetts Institut of Technology weiter und bekam meinen bachelor degree. 1957 machte ich den master degree an der Universität von Illinois. Später übernahm ich eine Lehrtätigkeit und arbeitete schließlich in einer Forschungsgruppe im Bereich der Fotochemie. 1971 entschloß ich mich, nach Deutschland zurückzukehren – keine einfache Entscheidung für mich. Von diesem Jahr an bis zu meinem Ruhestand vor zwei Jahren arbeitete ich am Max-Planck-Institut in Mülheim an der Ruhr.

## Anmerkungen

1  Das Interview wurde am 1.3.1989 in Köln geführt.
2  Friedrich Naumann (1860-1919) gründete 1896 den Nationalsozialen Verein, der die demokratische und soziale Umgestaltung von Staat und Wirtschaft forderte. Im November 1918 war er Mitbegründer der Deutschen Demokratischen Partei.
3  Dr. Moses Stern (geb. 31.8.1881 in Flieder; umgekommen) erhielt seine Ausbildung am Jüdischen Lehrerseminar Köln. Seit 1907 war er dort Seminaroberlehrer und seit 1926 auch an der Jawne als Mathematiklehrer tätig. 1941 wurde er von Köln nach Lodz deportiert und ermordet (Corbach, Jawne, S. 259).
4  Dr. Fritz Oppenheimer (geb. 18.4. 1904 in Michelstadt; umgekommen) studierte Mathematik, Physik und Philosophie. Er wurde im Dezember 1941 von Köln nach Riga deportiert und ist verschollen (Corbach, Jawne, S. 256).
5  Philipp Moddel (geb. 2.1.1909 in Posen) absolvierte seine Ausbildung am Jüdischen Lehrerseminar. Ab 1937 unterrichtete er an der Jawne Sport, Musik, Zeichnen. Im August 1938 wanderte er nach England aus, später in die USA. Er lebt heute in Kalifornien (Corbach, Jawne S. 255).
6  Julius Goldberg (geb. 30.6.1904 in Köln; gest. 18.11.1983 in Haifa) war von 1931 bis Ostern 1938 als Musiklehrer an der Jawne tätig. 1939 emigrierte er nach England, von dort 1940 nach Palästina (Corbach, Jawne, S. 249).

# Margot Buck

***geb. Goldberg*[1]**
***geb.: 1.10.1924***
***Eltern: Albert Goldberg (1898-1984)***
***Itta Lea geb. Glatt (1896-1944)***
***Schwestern: Mirjam (* 1922); Ruth-Ellen (* 1929)***

Mein Vater Albert Goldberg und meine Mutter Lea geb. Glatt wurden in Polen geboren und kamen als ganz kleine Kinder mit ihren Familien nach Köln. Mein Vater muß erst zwei Jahre alt gewesen sein, als seine Familie Polen verließ. Seine Eltern hatten dort ein Lebensmittelgeschäft geführt. Es war eine fromme Familie, ganz fanatisch fromm. Ich erinnere mich noch gut an meinen Großvater mit seinem langen Bart und den Schläfenlocken. Auch die Großeltern von Mutters Seite – sie wohnten in der Pantaleonstraße – waren sehr fromm.

In dieser Gegend dort lebten sehr viele jüdische Leute – vor allem aus dem Osten. Wenn man zu ihnen »Ostjuden« sagte, waren sie beleidigt. Sie gaben sich alle so schrecklich viel Mühe, so ganz deutsch zu sein, so westdeutsch. Auch auf den jüdischen Schulen, die ich besuchte, der Moriah und der Jawne in der St.-Apern-Straße, war das zu fühlen. Unter uns teilten wir die Schüler ein: Das sind die Ostjuden und das die Westjuden. Die Westjuden redeten sich immer ein, daß sie irgend etwas Besseres wären, und die Ostjuden gaben sich wirklich Mühe »to keep up with the Johnsons«.

Beide Großeltern von Vaters wie von Mutters Seite lebten auch in Köln weiter sehr religiös. Und bei uns zu Hause, also bei meinen Eltern, war es auch ganz religiös. Wir hatten ein Geschäft, ein Möbelgeschäft auf dem Mühlenbach 53, und das war am Samstag immer geschlossen. Das gab es einfach nicht, daß mein Vater am Samstag etwas verkauft hätte. Oft kamen samstags Leute von außerhalb – wir hatten so unsere festen Kunden – und wollten mit meinem Vater ein Geschäft abschließen, aber um kein Geld in der Welt hätte er den heiligen Schabbat entweiht. Wir sind wirklich sehr fromm gewe-

*Abb.1* Kölner Adreßbuch, 1929

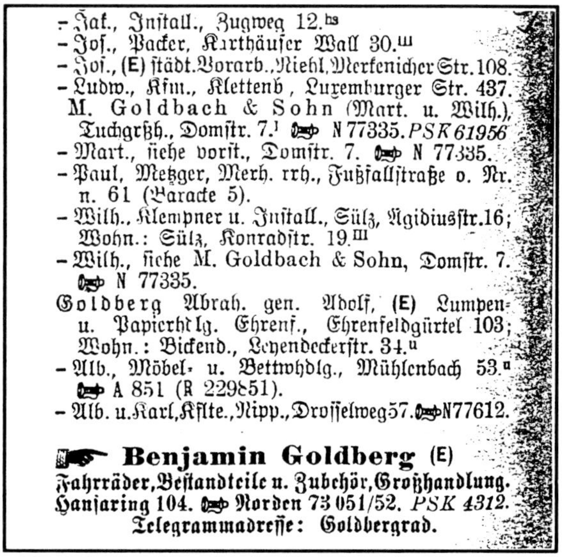
– Jak., Install., Zugweg 12.hs
– Jos., Packer, Karthäuser Wall 30.III
– Jos., (E) städt.Vorarb., Riehl, Merkenicher Str. 108.
– Ludw., Kfm., Klettenb., Luxemburger Str. 437.
M. Goldbach & Sohn (Mart. u. Wilh.), Tuchgrßh., Domstr. 7.I N 77335. *PSK 61956*
– Mart., siehe vorst., Domstr. 7. N 77335.
– Paul, Metzger, Merh. rrh., Fußfallstraße o. Nr. n. 61 (Baracke 5).
– Wilh., Klempner u. Install., Sülz, Ägidiusstr. 16; Wohn.: Sülz, Konradstr. 19.III
– Wilh., siehe M. Goldbach & Sohn, Domstr. 7. N 77335.
Goldberg Abrah. gen. Adolf, (E) Lumpen- u. Papierhdlg. Ehrenf., Ehrenfeldgürtel 103; Wohn.: Bickend., Leyendeckerstr. 34.u
– Alb., Möbel- u. Bettwhdlg., Mühlenbach 53.a A 851 (R 229851).
– Alb. u. Karl, Kflte., Nipp., Drosselweg 57. N 77612.

**Benjamin Goldberg** (E)
**Fahrräder, Bestandteile u. Zubehör, Großhandlung. Hansaring 104. Norden 73 051/52. *PSK 4312.***
**Telegrammadresse: Goldbergrad.**

**Unter Aufsicht der Ritual-
kommission der Synagogengemeinde stehen:**

Wurstwarengeschäft Albert Abraham, Glockengasse 14, Brabanter Str. 10.
Metzgerei Heinrich Schloß, Friedrichstraße 72.
Metzgerei Bernhard Schön, Sternengasse 48.
Metzgerei Jakob Fischer, Kämmergasse 13.
Restauration Js. Juba, Rheinlandloge, Cäcilienstr. 18-22.
Restaurant Berlin, Albertusstr. 37.
Nathan Förster, Kämmergasse 36.
Anselm Feldmann, Butter u. Käse, Bobstr. 2 (privat Poststr. 37).
Kolonialwaren Elias Kohn, Bayardsgasse 22.
Wein und Spirituosen Dominitz, Kämmergasse 8.
Bäckerei u. Konditorei Segal, Agrippastr. 100.

*Abb.2* Kölner Jüdisches
Wochenblatt, 1929

sen. Mein Vater trug zwar keinen Bart und keine Schläfenlocken mehr, aber die Bräuche im Alltag wurden streng eingehalten. Wir feierten natürlich den Schabbatabend: Jeden Freitagabend, wenn mein Vater von der Synagoge kam, wurde der Wein in einem silbernen Becher gesegnet. Unser Essen war immer koscher, und wir gingen weit, um koschere Lebensmittel zu holen. Die koscheren Metzger wurden von der Gemeinde sehr streng kontrolliert, und wenn wir mit unserem Dienstmädchen eingekauft hatten, mußte sogar das Paket mit den Lebensmitteln plombiert werden. Das ist so eine Sitte gewesen, damit es – Gott behüte – nicht durch irgend etwas nicht-koscher würde; dadurch zum Beispiel, daß es jemand berührt hätte. Insoweit waren wir fanatisch fromm – von Seiten beider Eltern.

Wir gehörten zur Synagoge in der Glockengasse und gingen dort in den Gottesdienst. Mein Vater besuchte aber auch eine kleine Synagoge, einen Betsaal, in der Arndtstraße. Er hatte eine sehr gute Stimme, und manchmal bat man ihn dort, er solle vorbeten, und das war immer eine große Ehre für jemanden. In diesen Betsaal ging er, wenn er es gemütlich haben wollte, aber zu den großen Festen gingen wir in die Glockengasse, und wir Kinder sangen dort im Chor mit.

Wir gehörten also zur Glockengasse, nicht zur Gemeinde Adass Jeschurun in der St.-Apern-Straße. Diese Gemeinde war noch extremer eingestellt, als wir es waren. Aber ich ging dort in die Schule, erst in die Moriah, später in die Jawne. Dort war es orthodoxer als zu Hause bei uns. In der Schule machten wir auch alles mit, aber zu Hause war es doch ein bißchen liberaler.

Es gab enorm viele Abstufungen im Religiösen. Nuancen gab es, die kann man gar nicht alle beschreiben. Man kann auch gar nicht beschreiben, wie das alles unterschieden wurde. Jeder hatte so seine Gruppe von ungefähr 20, 30 Familien. Der eine ging in diesen kleinen Betsaal und der in einen anderen und ein dritter wieder in einen anderen. Manche blieben mit den Angehörigen und Bekannten zusammen, mit denen sie aus Polen hergekommen waren, manche suchten sich einen neuen Kreis. In diesen Gruppen gab es verschiedene Sorten von Kultussprachen und verschiedene Arten von Gebeten. Man konnte sich einer bestehenden Gruppe anschließen oder aber auch eine eigene Betstube aufmachen. Es gab manchmal richtige Konkurrenz zwischen diesen kleinen Synagogen darum, wer mehr Seelen einfing.

Auch meine Eltern gehörten zu einer bestimmten Gruppe von Leuten, mit denen sie befreundet waren. Diese Leute hatten alle genau die gleiche Stufe in der Religion, und alle waren darin genau wie wir. Diese Abstufungen konnte man fast nach Zentimetern einteilen. Mit anderen Gruppen hatten wir erst gar nicht viel zu tun, weil sie eben nicht unsere »Sekte« waren sozusagen. Wir waren gut mit den anderen Leuten, aber das Beten zusammen, die Feiertage, das war alles gesondert. Der größere Bekanntenkreis unserer Familie umfaßte eigentlich alles Leute, die auch aus Polen stammten, so wie wir. Und alle diese Leute, gaben sich schreckliche Mühe, deutsch zu sein – sie waren, was das anbelangt, päpstlicher als der Papst. Darum war ja auch die Enttäuschung hinterher so groß, weil auch meine Eltern sich so sehr bemüht hatten. Die nichtjüdischen Deutschen sagten zu meinem Vater: »Herr Goldberg, Sie sind doch ein anständiger Jüd. Wir meinen Sie doch nicht.« Und mein Vater ist darauf reingefallen.

Meine Familie hatte aber auch viele christliche Bekannte. Ich hatte viel christliche Freundinnen, vor allem Nachbarskinder. Wir spielten oft zusammen, und es fiel überhaupt niemandem ein, einen Unterschied zu machen. Wir dachten nie daran, daß es einen Unterschied zwischen denen und uns gäbe. Außer, daß wir nicht dort aßen, weil es dort nicht koscher war. Aber die Freunde aßen bei uns. Wir hatten herrliche christliche Freunde, mit denen wir zusammen waren. Es ist immer wunderbar gegangen. Ich spreche nur aus persönlicher Erfahrung: Wir haben im Viertel um den Mühlenbach mit all unseren christlichen Nachbarn wunderbar zusammengelebt. Niemals war da ein Schein von Antisemitismus. Anders war es auf dem Schulweg. Ich mußte ja als Kind vom Mühlenbach zur Schule in die St.-Apern-Straße, und da bin ich immer durch die Hohe Pforte, über die Agrippastraße und durch eine Gasse in die Cäcilienstraße gegangen. Dort in der Gegend warf man Steine auf uns – schon damals – und sang: »Jüd, Jüd, Jüd, hepp, hepp, hepp, steck dinge Nas in die Wasserschepp.« Das hat mich schrecklich geärgert. Ich war noch ziemlich klein, kam nach Hause und sagte: »Papa, weißt du, heute haben sie wieder Steine auf uns geworfen und haben uns Sachen nachgerufen.« Da antwortete der Papa: »Geh doch durch die Hohe Straße, durch die Schildergasse und über den Neumarkt.« Und dann sagte ich: »Warum? Was hab ich denn getan, warum muß ich so einen Riesenumweg machen?« Er gab zur Antwort: »Weil sie dort mit Steinen werfen.« Ich fragte – ich war noch ganz jung: »Warum wohnen wir denn hier? Warum fahren wir nicht nach Palästina?« Ich erinnere mich nicht mehr an die Antwort, aber wir sind jedenfalls nicht nach Palästina

*Abb.3* Festsaal von Rhein-
landloge/Gemeindehaus,
Cäcilienstr. 18 22

gefahren. Da war ja unser Haus und unser Geschäft, es waren drei Töchter da, und es ging uns ziemlich gut.

Das Leben meiner Eltern spielte sich trotz ihrer christlichen Bekannten im wesentlichen in einer jüdischen Umwelt ab. Meine Eltern gingen öfters in die Rheinlandloge in der Cäcilienstraße zu Veranstaltungen und Vorstellungen. Sie musizierten auch zusammen mit verschiedenen jüdischen Bekannten. Wir hatten zu Hause ein Klavier, und mein Vater, ganz besonders, war sehr musikalisch. Man sang zusammen und traf sich dazu immer in einem anderen Haus – immer aber bei jüdischen Leuten. Dadurch, daß mein Vater ein Möbelgeschäft besaß, hatten wir viele christliche Bekannte – die Vertreter und die Kunden des Geschäfts. Wir waren sehr gut mit ihnen, aber wir hatten mit diesen christlichen Bekannten keinen gesellschaftlichen Umgang, wir gingen nicht mit ihnen aus. Wohl nahmen wir öfters mal am Sonntag, wenn wir in den Stadtwald wollten oder nach Thielenbruch oder Bensberg fuhren, ein Nachbarskind mit, aber der wirkliche Freundeskreis war jüdisch.

*Abb.4* Kölner Jüdisches
Wochenblatt, 1928

Zur politischen Einstellung meines Vaters würde ich sagen, daß er ein Sozialdemokrat war. Ich weiß, daß man die Kommunisten beschimpft hat

268

**Jüdische Chorvereinigung, Köln**

Mitglied des Reichsverbandes der Jüdischen Kulturbände in Deutschland

Die Eintrittskarten zu dem
am **Mittwoch**, den 26. Januar,
20.30 Uhr, im gr. Saale des Gemeindehauses
stattfindenden **Chor-Konzert**
*ausverkauft.*

**Einladung!**

Die hiesige Esra-Gruppe vera[…]
nuar (1. Tewes) eine Chanuka-Fe[…]
aale der Rheinlandloge, Cäciliens[…]
Beginn 3¾ Uhr pünktlich. K[…]
ahren haben keinen Zutritt. W[…]

**HATIKWAH –**

**Dokumente einer Hoffnung –**

Der erste historische Palästina-Film

Aufführungen in Köln, Gemeinden. Cäcilienstr. 18/22

[…]n 7. Juni 1937, 19.30 und 21.30 Uhr.
[…]n 8. Juni 1937, 19.30 und 21.30 Uhr.
[…]or Georg Guthmann, Düsseldorf
[…]hard Buetow, Köln
[…]rt Kramer, Köln
[…]r.-Rat L. R. Otto May, Köln
[…] Goldberg, Köln.

**Der Konservativ-Jüdische Verein**

veranstaltet wie im vorigen Jahre im

**Restaurant der Rheinlandloge**

gemeinschaftlic[…]

**Seder-Ab[…]**

für Damen und

Interessenten wollen sich bis
den 30. März beim Vereinsvors.
Beethovenstraße 12 melden.

**Jüdischer Kulturbund Rhein-Ruhr v. Köln**

17., 23., 28. und 29. Juni, 20.15 Uhr
Gemeindehaus Cäcilienstrade

**„GEORGE DANDIN"**

Lustspiel von Molière
Regie: W. Fraenkel (Froon)

[…] Damen Cohn (Lorenz), Festersen.
[…] die Herren Fink, Friedeberg, Kooler.
[…]ler.

Besuchen Sie zu **GEMEINDEHAUS**
Chanukkah das

**Sonntag**, den 28. Nov., nachmittags Konzert, abends Fest-Souper
**Mittwoch**, „ 1. Dez., nachmittags Konzert
**Donnerstag**, „ 2. Dez., Konzert und Tanz im großen Saal

Mäßige Preise. — Tischbestellungen rechtzeitig erbeten — Fernsprecher 21 16 94
WIR EMPFEHLEN BESONDERS UNSERE KÜCHE UND KONDITOREI.

[…]ng des
**ERNST WOLFF**
[…]uni, 20.15 Uhr

streng
rituell

**Gaststätte des Gemeindehauses**

Cäcilienstraße 18–22, Fernsprecher 21 16 94

*Erstklassige Küche*

*Café | Eigene Konditorei*

Samstag, den 11. Dezember, abends **TANZ.**

*Abb.5* Veranstaltungen in der Rheinlandloge/Gemeindehaus (Jüdischer Beobachter, 1921/22; Kölner Jüdisches Wochenblatt, 1928; Jüdisches Gemeindeblatt f. Rheinland u. Westfalen, 1937 u.1938)

zu Hause, ihr Führer war damals Thälmann[2], wenn ich mich nicht irre. Ja, eigentlich war mein Vater Sozialdemokrat, obwohl er ein selbständiger Kaufmann war.

Veränderungen in meinem Leben durch die politische Entwicklung merkte ich eigentlich zuerst nur insofern, als wir auf der Straße immer öfter von Kindern hörten: »Jüd, Jüd, Jüd!« und so etwas. Ich erinnere mich auch, wie sich die Rosenmontagszüge in den 30er Jahren plötzlich änderten. Da gab es Wagen, auf denen man Juden zeigte, so richtige »jüdische« Typen, mit Koffern zur Auswanderung und Knoblauch, und da stand: »Knoblauch ist der Juden Speise« und solche Sachen. Sicher, das hat mich schon getroffen, aber ich persönlich spürte außer der Steinewerferei nichts wirklich Aggressives. Bei den Nachbarn nebenan, den Kindern, merkten wir nichts. Auch nicht, daß deren Eltern plötzlich gesagt hätten: »Jetzt dürft ihr nicht mehr mit der Margot spielen«, das ist mir nie begegnet.

Ich erinnere mich allerdings auch, wie man an unser Geschäft so riesengroße Schilder hängte: »Wer beim Juden kauft, ist ein Volksverräter.«

Geändert hat sich mein Leben, als man anfing, die Juden auszuweisen. Obwohl mein Vater noch in Polen geboren ist, wurden wir merkwürdigerweise nicht wie meine Großmutter in den Osten abgeschoben. Das war im Oktober 1938. Wir wohnten am Mühlenbach, meine Großmutter Greindel Glatt – die Mutter meiner Mutter – lebte, nachdem Großvater

*Abb.6* Antisemitische Propaganda im Kölner Karnevalszug, 1934

1933 gestorben war, allein in ihrer Wohnung in der Pantaleonstraße. Am Weidenbach war ein Sammelplatz für die polnischen Juden eingerichtet, und meine Eltern schickten mich, daß ich die Oma dorthin begleiten sollte, weil meine Eltern selbst Angst hatten, auf die Straße zu gehen. Meine Großmutter wurde dann wie so viele andere nach Neubentschen abgeschoben. Sie ist verschollen.

Dann kam die »Reichskristallnacht«. Das war zunächst ein ganz normaler Tag. Ich weiß nicht, es ist am Abend, am Vorabend, glaube ich, geschehen. Da kamen Männer, die hatten lange Holzstöcke und fingen an, unser Geschäft zu demolieren, und zerbrachen die riesengroßen Fensterscheiben. Ich erinnere mich, wie wir alle – Papa, Mutti und wir drei Kinder – in den obersten Stock gelaufen sind und von oben runtergeguckt haben. Wir sahen, wie das Glas geborsten ist und die Splitter weit über den Bürgersteig bis mitten auf die Straße flogen. Dort waren Schienen, die sich ganz füllten mit Glas. Und wir haben schrecklich gezittert oben. Die Eltern glaubten, daß man jeden Augenblick unser Haus stürmen würde. Als es dann ruhiger wurde, klingelte es am Tor, und mein Papa ging hinunter. Sie sagten: »Wo ist Ihre Frau? Die muß sofort raus und das ganze Glas aufräumen.« Mein Vater wollte ihr helfen, aber sie stubsten ihn so und sagten: »Deine Frau muß das machen.« Das war zum Degradieren. Da sahen wir dann, wie unsere Mutti den Besen nahm und kehrte – und das war fast eine mission impossible. Sie mußte stundenlang arbeiten, stundenlang stand sie dort und sammelte das ganze Glas, die vielen Scherben zusammen.

Mein Vater wurde in diesen Tagen nicht verhaftet. Und endlich brachten ihn die Ereignisse auf die glorreiche Idee, daß das kein Platz mehr für uns war. Er flüchtete nach Holland, ging illegal über die Grenze. Das war Ende 1938. Ein paar Tage später telefonierte er aus Holland und sagte: »Lea, laß alles stehen und liegen. Ich schicke euch jemanden, der holt euch ab.« Ich erinnere mich, wie wir kurz darauf aus unserem Haus hinausgingen: Meine Mutter hat angefangen, schrecklich zu weinen. Aber ich war 14 Jahre alt und spürte sogar eine Abenteuerlust in mir und dachte: »Jetzt machen wir einen schönen Ausflug« – wie Kinder eben so sind. Meine Mutter ließ in diesem Augenblick alles, was sie erarbeitet und errungen hatte, einfach stehen. Ein ganzes Haus – den Schlüssel rumgedreht und erledigt.

Wir haben also alles einfach stehenlassen, um das nackte Leben zu retten. Draußen wartete ein Mann mit einem Auto. Es war ein Schmuggler, der uns über die Aachener Straße nach der holländischen Grenze brachte. Dort mußten wir in ein Bauernhaus gehen, das war auf der einen Seite Deutschland, und als wir auf der anderen Seite herauskamen, waren wir in Holland. Meine Mutter hatte unser ganzes Geld von der Bank

*Abb.7* Margot Buck mit »Judenstern« in Holland

geholt und es dem Schmuggler geben müssen. Es waren 20 000 Mark. Ich erinnere mich, wie meine Mutter ihm das Geld vorzählte, so bei Kerzenschein, wie er das Geld nahm und uns weiterführte. Nachdem wir unterwegs ein paarmal das Auto gewechselt hatten, um die Spuren zu verwischen – so à la James Bond – wurden wir schließlich bis an eine Eisenbahnstation gefahren. Dort setzte uns der Schmuggler in einen Zug und sagte: »Ihr dürft kein Wort reden.« Wir waren doch Flüchtlinge, wir hatten ja überhaupt keine Papiere, um nach Holland einzuwandern. Ich erinnere mich noch, daß der Kontrolleur mich etwas fragte und ich blöderweise »Ja« antwortete. Aber auf holländisch ist »ja« genauso wie im Deutschen, so daß es nicht auffiel.

Wir kamen dann nach Amsterdam, wo mein Vater auf uns wartete. Dort ging ich auch wieder zur Schule. In Amsterdam hatten wir Bekannte, die früher in Köln gelebt hatten. Sie waren klugerweise schon früher ausgewandert, hatten schon Fuß gefaßt und konnten arbeiten. Mit diesen Bekannten trafen wir uns, so daß wir nicht allein waren.

Zweimal jede Woche mußten wir uns, weil wir Flüchtlinge waren, bei der Fremdenpolizei melden. Die Männer, die geflüchtet waren, also auch mein Vater, wurden aber von den Holländern in Hoek van Holland, einem Ort ganz am Ende von Holland vis à vis von England, interniert. Wir waren jetzt von meinem Vater getrennt – noch vor dem Einmarsch der Deutschen und vor Kriegsbeginn wurde mein Vater von den Holländern interniert und mußte in einem Lager leben.

Im Mai 1940 internierten die Holländer dann auch uns – Mutti, meine Schwestern und mich – und zwar im Lager Westerbork. Vater brachte man von Hoek van Holland auch nach Westerbork, so daß wir im Lager wieder als Familie zusammen waren. Insgesamt waren zu der Zeit vielleicht 2000 Leute dort untergebracht; es ist möglich, daß ich mich irre, aber so hat es für mich ausgesehen. Wir konnten im Lager sogar noch zur Schule gehen. Es war alles sehr primitiv, aber es gab Lehrer, und wir, die noch schulpflichtig waren, lernten noch ein bißchen. Als die Deutschen kamen, war das natürlich alles aus.

Am Tag, als die Deutschen einmarschierten, versuchten die Holländer, unser ganzes Lager zu evakuieren. Aber wir kamen nicht weit: In Leeuwarden sahen wir, wie die deutschen Truppen einmarschierten. So weit kamen wir, und von dort wurden wir gleich wieder ins Lager zurückgebracht. Die Deutschen fanden uns also in Westerbork alle gleich fertig gesammelt vor. Man baute das Lager zum Konzentrationslager um, errichtete Wachttürme, die mit Soldaten bemannschaftet wurden, und statt des holländischen Kommandanten kam ein deutscher Kommandant. Dann mußten wir im Lager anfangen zu arbeiten. Das war 1940.

Es war aber das glimpflichste von sämtlichen Lagern, weil es von Anfang an nicht so richtig als Konzentrationslager eingerichtet war. Dort gab es keine Gaskammern, dort bekamen wir keine Schläge. Erst hinterher haben wir gesehen, daß es auch viel schlimmer sein kann.

Ich arbeitete in der Landwirtschaft. Wir mußten Rüben herausholen und so etwas. Rund um das Lager war ein holländischer Bauer, und auf seinem Land wurde für die deutsche Verwaltung und für das ganze Lager angebaut. Auf diesem Gelände haben wir gearbeitet. Morgens sind wir raus aus dem Lager in holländischen Holzschuhen und nachmittags zurück. Es war nicht so schlimm. Ich erinnere mich, daß wir noch lachten und untereinander sprachen. Der Schrecken der Folterei ist noch nicht dabeigewesen, und außerdem glaubten wir die ganze Zeit, daß das irgendwie schnell vorbei sein müsse.

Mein Vater war in dieser Zeit Barackenleiter im Lager, und das war ein guter Job. Er war verantwortlich für alles, was sich da abgespielt hat. Wir mußten alle arbeiten und wohnten in Baracken, in denen die Betten übereinander standen. Unser Essen kam in Wagen von der großen Küche und wurde an den Baracken verteilt.

Dann um 1941/42 wurden – von Campinsassen – Eisenbahnschienen direkt ins Lager verlegt. Das waren die Vorbereitungen für die Deportationen. Später gingen dann jede Woche zwei oder drei Transporte in den Osten, die immer von der grünen Polizei begleitet wurden. Es hieß dann immer, die Transporte gingen »heim ins Reich«. Kein Mensch hatte damals überhaupt das Wort Auschwitz gehört.

Wir selbst sind 1943 deportiert worden. Bis dahin konnten wir in Westerbork bleiben, weil wir irgendwie geschützt waren. Es gab eine sogenannte Weinreb-Liste, auf der wir wohl verzeichnet waren. Weinreb war ein Mann, der irgendwie organisiert hatte, daß die Leute auf der Liste geschützt waren. Diese Liste ist eines Nachts geplatzt, und wir waren nicht mehr geschützt. Ein Bekannter tat uns dann einen großen Gefallen

*Abb.8* Lager Westerbork und schickte uns schnell auf einen Transport nach Theresienstadt, denn das war das kleinere Übel. Die anderen sind durchgefahren bis nach Auschwitz.

So sind wir 1943 nach Theresienstadt gekommen. Es war schon ein großer Unterschied zu Westerbork. Theresienstadt war ja ein Ghetto. Aber auch dort bekamen wir noch keine Schläge. Dort litten wir nur entsetzlich Hunger. Das Essen wurde rationiert, und das war für Kinder, die so wie wir im Wachstum waren, schlimm. Ich erinnere mich, daß ich jeden Morgen ohnmächtig geworden bin vor Schwäche und meine Mutter immer ein bißchen Wasser auf mich schütten mußte, damit ich wieder zu mir kam. Trotzdem haben wir dort sehr schwer gearbeitet. Wir mußten dort mit anderen Mädels in einer Irrenanstalt für ältere Leute, einer Anstalt im Ghetto für jüdische alte Leute, arbeiteten. Wir machten dort alles sauber.

Das Ghetto wurde von Juden verwaltet, und man sah wenige nichtjüdische Deutsche. Einmal kam Eichmann zu einem Besuch. Schon wochenlang vorher arbeitete man am Aufbau von Attrappen. Man brachte uns auch bei, was wir zu sagen hätten, wenn uns bei diesem Besuch jemand zufällig fragen sollte, wie das Essen sei; wir sollten sagen: »Och, schon wieder Sardinen heute« oder irgend so einen Bluff. Das wurde

274

inszeniert, das ist nicht zu glauben. Man baute Kulissen auf nur für diesen Besuch. Einmal kam auch vom Roten Kreuz eine Delegation, und da wurde auch alles verschönert. Übrigens war Theresienstadt kein häßliches Städtchen, es war ein Garnisonsstädtchen, wo Maria Theresia, glaube ich, einmal gewesen ist.

Unsere Familie wohnte in Theresienstadt nicht mehr zusammen, weil die Männer getrennt untergebracht wurden. Aber Mutti und wir drei Mädels lebten zusammen. Die Wohnungsbedingungen waren schlimm. Alles war klein und eng; wir lagen erst auf Pritschen, dann brachte man uns irgendwo anders hin, wo wir nachts auf dem Boden liegen mußten.

Wir sahen Vater jeden Tag. Er war sehr tüchtig, arbeitete und schaffte es sogar manchmal, uns ein Stückchen Brot zu bringen. Das war so, wie wenn heute jemand einen riesigen Schwarzwälderkuchen brächte. So wichtig war das Essen dort, und so wenig war das Essen dort. Wir pflückten rundherum Brennesseln und aßen sie als Gemüse. Richtiges Gemüse gab es ja überhaupt nicht. Der Hunger war groß in Theresienstadt.

Wir arbeiteten also schwer und hungerten, aber es war noch ein Paradies im Vergleich zu dem, was danach kam. Von den Vernichtungslagern hatten wir noch keine Vorstellung. Man hörte zwar, daß es Lager im Osten gab, aber zu uns drang nichts weiter durch. Wir, zumindest wir Kinder, wußten nicht, was los war.

Ende 1943, nein, Anfang 1944 war es, als man meinen Vater aufrief und auf eine Liste setzte. Man schickte ihn nach Auschwitz. Das wußten

*Abb.9* Konzentrationslager Theresienstadt

wir aber nicht, wir wußten nur, daß es »heim ins Reich« gehen sollte. Aber jeder hatte schreckliche Angst, denn es hing irgendwie etwas in der Luft. Einige Monate danach – wir wußten nicht, wo unser Vater war – setzte man uns drei Mädels auf eine Transportliste, aber meine Mutter, die in Theresienstadt in einer Glimmerfabrik für Flugzeuge arbeitete, war nicht auf der Liste. Als sie sah, daß ihre drei kleinen Mädels weg sollten, tat sie alles, damit sie mit uns mitfahren konnte. Man wollte sie aber nicht lassen, weil sie zur Arbeit benutzt wurde. Meine Mutti hatte noch einen Brillantring, das einzige, was sie die ganze Zeit bei sich trug; den nahm sie und tauschte für den Ring irgendein Geschenk. Damit hat sie den Ingenieur dort geschmiert, um mit uns fahren zu können.

Später, als wir zurückkamen nach Theresienstadt, mußte ich feststellen, daß meine Mutter am Leben geblieben wäre, wenn sie den Ring nicht gehabt hätte und nicht mit uns gegangen wäre, denn alle anderen Bekannten, die mit ihr gearbeitet hatten, trafen wir wieder. Sie hatten überlebt.

Aber unsere Mutter wollte unbedingt mit uns fahren, und so kam sie schließlich auf den gleichen Transport mit uns drei Schwestern. Das war im Oktober 1944. Ich erinnere mich, weil ich kurz zuvor gerade Geburtstag hatte. Wir wurden in Viehwaggons gefahren, in denen wir die ganze Zeit im Dunkeln saßen. Es waren ungefähr tausend Menschen auf dem Transport, und es starben enorm viele von ihnen während der Fahrt. Als wir in Auschwitz ankamen, hatten wir keine Ahnung, wo wir waren. Wir hatten nur ein paar Stunden vorher den Namen Kattowitz gelesen. Da wußten wir, daß wir uns in Polen befanden. Ich erinnere mich noch, im Viehwaggon waren so kleine Fensterchen, und immer hat einer den anderen hochgehoben, damit man wußte, was draußen war; mich hat man auch aufgehoben und gefragt: »Margot, was siehst du jetzt?« Und ich sagte: »Ich sehe einen riesengroßen Kamin, einen langen Turm.« Es hat so gerochen, als ob man ein Huhn versengt. Kennen Sie diesen Geruch? Heute weiß ich, daß das die Leichen waren, die verbrannt wurden. Ich sagte: »Ich seh so gelben Qualm.« Aber kein Mensch wußte, was das war. Als wir ausstiegen, da hat uns die Luft fast besoffen gemacht, ich werde das nie vergessen.

Nachdem wir angekommen waren, mußten wir in Viererreihen stehen. Wir waren zufällig vier, meine Mutter und wir drei Töchter. Hätten wir nicht zusammengestanden, wäre meine Mutter vielleicht gerettet worden. Sie war ja noch ziemlich jung damals. Aber der Dr. Mengele[3] stand dort, hatte einen Handschuh in der Hand und winkte mit dem Handschuh die ganze Zeit nach links und nach rechts: Das hieß to be or not to be, aber das wußten wir alles damals nicht. Man kann sich einfach nicht vorstellen, daß ein Massenmord auf so ordentliche, korrekte Art gemacht wird.

Dr. Mengele machte zu meiner Mutter so und zu uns so. Ich stellte mich vor ihn hin und sagte: »Ich möchte aber gerne mit meiner Mutti zusammensein.« Da bückte er sich und sagte: »Du wirst bald mit deiner Mutter zusammensein.« Und ich als deutsches Mädchen dachte: »Wenn der Herr Kommandant das sagt ...«

Ich seh immer noch, wie meine Mutter sich so langsam entfernt und wie gleich nachher die Mutter von einer Freundin von uns auch so ins Nichts geht.

Aber dann hatten wir gar keine Zeit nachzudenken, wo die Mutti war, weil dann ein Dauerlauf anfing wie ein Höllenstück.

Wir mußten anfangen zu laufen und kamen in eine riesengroße Baracke. Da standen lauter deutsche Offiziere und Soldaten. Auf einmal sagte man uns: »Ausziehen!« Ich war ein junges Mädel. Was hieß Ausziehen! Ich sagte: »Wenn die Männer alle rausgehen, dann werden wir uns ausziehen.« Da fingen sie an, auf uns mit den Peitschen, die sie dabei hatten, zu schlagen. Und so zogen wir uns aus. Es wurde auch gleich gesagt: »Die Schlüpfer werden hierhin gelegt, die Büstenhalter hierhin, die Brillen hierhin, die Jacken hierhin und die Mäntel hierhin.« Damit gewannen sie enorm viel Zeit, weil jedesmal, wenn Leute kamen, gleich alles sortiert war in Haufen Röcke, Haufen Blusen usw. Dann kamen Gefangene und trugen das alles weg. Nur der Satan kann so etwas erfunden haben.

Dann rasierte man uns am ganzen Körper die Haare ab, nicht nur am Kopf, sondern am ganzen Körper. Das war degradierend, man ist ja keine Frau ohne Haar. Ich hab mich fast bis zum Schluß gedrückt und hab die ganze Zeit gesagt: »Nicht meine Haare.« Ich dachte, das kann doch nicht sein. Ich hatte so schöne Locken, die ein bißchen tizianfarbig waren. Ich hab bis dahin nicht gewußt, was Haar für eine Frau bedeutet. Und das mußten wir da lassen. Wir wurden abrasiert von Gefangenen, von jüdischen Gefangenen, von Männern. Wir mußten uns auf einen Tisch legen und wurden auch da unten abrasiert.

Übrigens wollte ich noch etwas sagen, was passierte, als wir ankamen – das sind Sachen, die habe ich sogar meinen Kindern nicht erzählt.

Als wir ankamen und in Viererreihen stehen mußten, da waren noch Frauen, die kleine Kinder auf dem Arm hatten, Babys – in Theresienstadt haben Leute noch Kinder bekommen. Plötzlich liefen auf einmal Soldaten vor und rissen den Müttern die Kinder aus der Hand. Überall rundherum war Stacheldraht, der war mit Elektrizität geladen. Sie nahmen die Kinder und warfen die Babys in die Luft, und einer stand da, der schoß auf das Kind. Das Kind ist wie eine tote Taube heruntergefallen, und die Mutter ist verrückt geworden und in den Stacheldraht gelaufen. Das war nicht ein Kind oder zwei, sondern es waren vielleicht fünfzig. Das hab ich gesehen. Ich bin doch aus so frommem Hause gewesen, ich hab mit dem lieben Gott geredet in der Sekunde und hab ihm gesagt: »Wie ist das möglich, daß du so etwas mit ansiehst und nichts dagegen tust.« Und in dem Augenblick hab ich meinen Glauben verloren und hab ihn bis heute nicht zurück. Niemandem, niemandem ist es gelungen, mir den Glauben zurückzugeben.

Das Morden hat sofort angefangen, nachdem wir aus dem Waggon ausgestiegen waren. Meine Mutter, die zu denen gehörte, die nach links hatten gehen müssen, war wahrscheinlich eine Stunde später schon nicht mehr da. Für uns war das alles ein unbeschreibbarer Schock. Als wir nackt waren, die Haare abrasiert, haben wir verstanden, daß wir in einer Hölle sind. Dann hieß es, wir sollten duschen. Eine Frau, eine Tschechin, die sehr viel älter war als ich, kam zu mir und sagte: »Weißt du, daß aus der Dusche Gas herauskommt und nicht Wasser? Das habe ich gerade gehört.« Ich gab ihr eine Ohrfeige und sagte: »Wenn da Gas rauskommt, dann ist es jetzt für uns zu spät, und wenn Wasser herauskommt, wozu machst du Panik?« Ich weiß gar nicht, wo ich die Kraft oder den Verstand hernahm. Wahrscheinlich durch den Schock. Also, es kam Wasser heraus, und wir duschten uns. Danach wurde jedem ein Kleid hingeworfen; Unterhosen, Schlüpfer bekamen wir nicht. Es war Oktober, es war schon kalt in Auschwitz. Mir gab man zwei linke Schuhe, die hatten Holzsohlen, ich konnte überhaupt nicht gehen darin. Aber das war nicht möglich, daß man etwas anderes wünschte. Ich hatte auch keinen Namen dort, wir bekamen nur eine Nummer.

Sofort danach, als man uns die Kleider zugeworfen hatte und wir hinausgingen, trafen wir verschiedene Gefangene, die schon länger dort waren. Sie sagten uns, daß, wer auf die andere Seite gegangen war, vergast wurde. Wir hatten überhaupt keine Zeit zum Weinen. Man trieb uns zum Appellplatz, und dort standen wir – vier oder fünf Stunden. Dann mußten wir die Hände zusammenhalten, und man gab uns Essen hinein, abgekochte Rüben oder irgend etwas. In unseren dünnen Kleidern standen wir so und zitterten. Und auf einmal hörte ich von weitem Musik und sah eine Gruppe von Musikanten vorbeiziehen. Sie war neben den Gaskammern, nicht weit von den Gaskammern. Das ganze hat ausgesehen … Ich hab geglaubt, ich bin verrückt, ich muß doch irgendwann wach werden von diesem ganzen Traum, das ist doch unmöglich. Aber da haben jüdische Gefangene gespielt, einer hat Violine gespielt, andere andere Instrumente. Da war das Orchester, dort roch es nach verbrannten Leuten, und hier waren wir.

Ich glaube, mein Glück war, daß ich mit meinen Schwestern zusammen war. Das hat mir enorm viel Halt gegeben. Wir waren die ganze Zeit zusammen und sind heute noch zusammen. Das gibt einem Menschen enorm viel, wenn man jemanden neben sich hat, wenn das Leid zusammen getragen wird. Es ist viel leichter, obwohl hier von leicht keine Rede sein kann.

Ich habe in Auschwitz selbst nicht gearbeitet. Wir hatten den ganzen Tag Appell. Am zweiten Tag bekam ich ein Stückchen Brot. Das sollte für drei Tage reichen. Ich hatte aber keine Erfahrung. Als ich hinaus mußte zum Appell, legte ich das Brot auf die Pritsche, und als ich zurückkam vom Appell, war es nicht mehr da. Die Leute, die schon länger dort waren, waren so ausgehungert, daß für sie die moralische Regel – nämlich niemandem Brot wegzunehmen – gar nicht existierte.

Einmal am Tag durften wir auf die Toilette gehen. Sie würden sich wundern, wie sich der Mechanismus einstellt auf so etwas; wenn die Todesgefahr über einem hängt, dann ist man fähig zu allem. In der größten Katastrophe ist der Wille zum Leben enorm. Es wäre doch eigentlich besser gewesen, man hätte sich gedacht: Na, jetzt ist es zu Ende. Ich wollte leben, und wie ich das wollte! Aber wir waren ja auch sehr jung. Meine jüngste Schwester war erst 15 Jahre alt. Sie war überhaupt so eine halbe Portion, und wir hatten ständig Angst um sie. Den ganzen Tag war Appell, und immer wieder wurden Leute ausgesucht und weggeschickt ins Gas. Alle, die nicht genug Kräfte hatten. Meine Schwester war ein so kleines ausgemergeltes Mädchen, und deshalb verabredeten meine Schwester Mirjam und ich, daß wir sie immer in die Mitte nehmen wollten. Eine von uns sollte immer bei ihr sein. Wie man, obwohl man so jung war, plötzlich praktisch wurde durch die Not! Und so war sie wirklich nie allein, und wir konnten tatsächlich die ganze Zeit zusammenbleiben. Die Deutschen wußten übrigens nicht, daß wir Geschwister waren, denn es gab dort keine Namen. Ich hatte nur eine Nummer auf so einem Metallplättchen und Sträflingskleidung an. Jeder war ein Nobody. Und daher wußte niemand etwas von unserer Verwandtschaft. Heute sehen wir uns sehr ähnlich, aber damals als junge Mädchen nicht so – und vor allem mit der Glatze, damit war man vollkommen entstellt.

Wir blieben nur eine Woche in Auschwitz, eine Woche, nicht mehr. Es war schon 1944, und die Deutschen brauchten viele Arbeitskräfte. Das war unser Glück.

Wir wurden nach Oederan, einem Ort nicht weit von Chemnitz, gebracht. Dort kamen wir in eine Fabrik, die einem jüdischen Mann mit Namen Salzmann gehört hatte. Es war eine Nähgarnfabrik, und wir mußten sie zusammen mit italienischen Kriegsgefangenen umbauen zu einer Munitionsfabrik. Mir wurde der großartige Job des autogenen Schweißens zugeteilt, und zwar deshalb, weil ich den Meister gut verstand. Die anderen Arbeiter und Arbeiterinnen waren meistens Tschechen, und sie verstanden ihn schlecht.

Wir hatten furchtbaren Hunger und bekamen kaum etwas zum Essen, mußten aber den ganzen Tag in der Fabrik arbeiten. Ich mußte oben in der Halle über den Röhren herumklettern und wundere mich bis heute, daß ich nicht herunterfiel vor Hunger.

Übrigens ist mir damals aufgefallen, daß in der Fabrik unter den Arbeitern, die keine Häftlinge waren, sehr viele ältere Menschen waren, denn die jungen Männer waren alle zum Militär eingezogen. Es arbeiteten dort also außer uns Gefangenen nur ältere Männer, alte Frauchen und viele Männer, die behindert waren. Alles Leute, die nicht fähig waren, in den Krieg zu gehen. Ich hätte so gerne mal einen freundlichen Blick oder eine Geste sehen wollen von diesen Leuten, die natürlich Todesangst hatten vor unseren Bewachern. Aber ich hab nie ein Zeichen gesehen von Mitleid mit uns. Ob die Angst so groß war oder die Feigheit, das kann ich nicht beurteilen. Aber das hat mich entsetzt, daß die Leute, mit denen wir dort arbeiteten, sich so verhielten. Das ist mir aufgefallen, daß niemand versucht hat, mit uns zu sprechen. Auch wenn er etwas riskiert hätte, er hätte nicht gleich sein Leben riskiert – vielleicht wäre er angeschnauzt worden. Aber nichts, nichts, als ob wir Aussätzige gewesen wären.

Wir wurden alle die ganze Zeit über schwer bewacht, damit wir keine Sabotage machten. Sabotage! Wir hatten nur einen Wunsch: ein bißchen zu schlafen und etwas zum Essen zu bekommen.

Wir waren in dieser Fabrik ungefähr 200 oder 250 Frauen, die von Auschwitz aus gekommen waren. Wir schliefen in einem Häuschen innerhalb der Fabrik; alles darinnen war verwanzt, aber es gab eine Zentralheizung. Das war ein großer Luxus. Es war auch heißes Wasser zum Duschen vorhanden, also noch ein großer Luxus. Die Aufseherinnen – das waren die größten Biester. Eine Frau ist viel schlimmer als ein Mann in solchen Sachen, das hab ich dort festgestellt.

Jeden Morgen war Appell. Ich arbeitete bald draußen in einer anderen Fabrik, die zur Herstellung von Munition umgerüstet worden war, und auch meine Schwestern mußten dort zur Arbeit. Wir gingen jeden Tag sehr weit, über eine Stunde zur Arbeitsstelle. Ich immer noch mit zwei linken Schuhen. Da hat sich auch nichts mehr daran geändert.

Wir wurden bei der Arbeit halbtot geschlagen. Ich wurde immer in die erste Reihe gestellt, wenn wir zur Arbeit gingen. Ich hatte komischerweise immer so eine gute Farbe und rote Bäckchen. Ich erinnere mich, wie die Aufseherin, Maria S. hieß sie, immer sagte: »Wie ist das menschenmöglich, daß die so aussieht?« Ich sah immer besser aus als die anderen, obwohl ich nachher nur noch 38 Kilo wog. Aber ich hatte irgendwie so eine Farbe. Und Sie werden mir das nicht glauben: Ich hatte auch dort gute Laune. Ich weiß nicht, der liebe Gott hat mich beschenkt mit so einer Natur. Dabei bekam ich die meisten Schläge, einfach weil ich so gut aussah.

Wir marschierten morgens zur Arbeit und abends wieder zurück, und dann gab es ein bißchen Wassersuppe mit ein bißchen Rüben. Wir hatten einige Todesfälle dort, junge Mädels, die verhungert waren. Sie mußten begraben werden, und man suchte immer mich mit aus, weil ich noch so gut aussah. Wir marschierten dann durchs Dorf, schoben den Karren mit der Leiche und mußten auch das Grab schaufeln. Die Aufseherin sagte dabei: »Nu los!« und gab mir einen Tritt in das Gesäß, »nun mach mal schnell, sonst gehst du gleich mit rein, mach schneller!« Die Erde war von der Kälte ein bißchen gefroren. Wenn wir dann zurückkamen, gab man uns, was so makaber war, noch eine Portion Suppe extra.

Wenn ich heute überlege: Es ist gar nicht zu glauben, es waren ganz junge Mädels, die gestorben sind. Ich nahm mir damals vor, mir zu merken, wo sie begraben sind, damit man sie irgendwann einmal nach jüdischem Ritus begraben könnte. Ich weiß, es ist in Oederan gewesen. Aber ich bin nie wieder hingefahren.

Die Aufseherinnen – alles junge deutsche Frauen – waren wirklich Biester. Die meisten kamen aus sehr primitiven Verhältnissen und hatten nun endlich einmal Gelegenheit, sich bei den Juden zu revanchieren. Bei den »reichen« Juden, die haben sich ja immer eingeredet, daß jeder Jude reich gewesen ist und ihnen das Blut ausgesaugt hat. Die Hauptaufseherin schlug uns nicht selbst, sie sagte nur den anderen, daß man uns treten soll. Sie machte sich selbst nicht schmutzig.

Es war die Hölle. Bei der Arbeit hatte ich oft einen Zollstock bei mir und verschiedene andere Arbeitsgeräte, die ich brauchte – ich war doch Schweißerin. Diese Geräte mußte ich in der Fabrik abgeben, damit hätte ich ja, Gott behüte, eine Aufseherin erschlagen können. Eines Tages durchsuchte mich die Aufseherin und fand dabei einen Zollstock, den ich vergessen hatte, in der Fabrik zu lassen. Die Aufseherin zerbrach den Stock auf meinem Kopf, trat und schlug mich. Ich wurde ohnmächtig, aber jedesmal zog sie mich wieder hoch und schlug mich wieder. Meine Schwestern standen oben am Fenster der Fabrik und sahen es mit an. Die Aufseherinnen waren Biester, ich hatte so etwas noch nicht gesehen.

Eines Tages, kurz vor dem Ende des Krieges, als Präsident Roosevelt[4] plötzlich gestorben war, mußten wir draußen antreten. Uns wurde mitgeteilt: »Wir haben eine gute Mitteilung für euch. Euer bester Freund ist gestorben, Präsident Roosevelt.« Wir waren alle sehr traurig darüber, und erst später, nachdem alles vorbei war, erfuhr ich, daß Roosevelt überhaupt nichts für uns getan hatte. Aber damals hielten wir ihn für unseren Retter. Wir wunderten uns immer, warum die Amerikaner nicht kamen. Und dann wurden wir noch am Ende schrecklich von ihnen bombardiert.

Wenn Alarm war, sperrte man uns Häftlinge mit der Munition in der Fabrik ein. Die Aufseherinnen gingen in den Luftschutzkeller.

Es gab Tage, an denen alle sagten: »Ach, am besten wäre, wenn jetzt eine Bombe auf uns fällt.« Aber ich weiß, daß ich das nie gespürt habe. Irgendwie habe ich immer einen Lebenswillen in mir gehabt, so schlimm es auch war.

Drei Wochen vor dem Ende wurden wir schließlich alle herausgeholt, zum Bahnhof gebracht und in offene Viehwaggons gesteckt, aus denen man hätte herausspringen können. In diesen Waggons wurden wir nun weitergeschleppt. Einmal am Tag durften wir hinaus aufs Klo. Die Bewacher hatten Hunde bei sich, und den Hunden gaben sie Riesenwürste zu essen – wir bekamen eine Woche lang überhaupt nichts mehr zu essen. Ich wollte damals rauslaufen, rausspringen, aber meine Schwester sagte: »Bist du verrückt? Wir mit unseren geschorenen Haaren und unserer Häftlingskleidung, wir werden doch sofort geschnappt.« Ich dachte aber, sie bringen uns unterwegs um. Ich traute dem Braten nicht. Meine Schwester war aber die Älteste, und so warteten wir ab.

Schließlich brachten sie uns zurück nach Theresienstadt. Man ließ uns im Gänsemarsch bis zum Tor von Theresienstadt marschieren, dann sagten die Deutschen – es war schon anderthalb Wochen vor Kriegsende – » Links, kehrt, marsch« und waren weg.

So waren wir also wieder im Ghetto Theresienstadt. Kurz darauf kamen die Russen und haben uns befreit.[5] Aber wir waren alle so schwach. Als man gerufen hat: »Wir sind befreit! Die Russen sind da«, da konnte ich vor lauter Schwäche noch nicht einmal den Kopf aufheben, um zu gucken, was los war. Das Schlimme war, daß fast alle dann noch an Typhus erkrankten. Ich wurde allerdings nicht krank. Von tausend Menschen aus verschiedenen Transporten blieben zum Schluß nur noch wenige übrig. Viele fingen zu plötzlich an zu essen, und die Eingeweide und der Magen konnten das nicht vertragen. Die Menschen starben wie die Fliegen, nachdem sie befreit worden waren.

Bald nach der Befreiung wurden wir von den Russen gefragt, wo wir hin wollten. Meine Schwestern und ich sagten, daß wir nach Holland zurück wollten, denn das hatten wir immer so verabredet. Man brachte uns auch zurück, aber das dauerte. Wir fuhren von Theresienstadt über Karlsbad und weiter nach Westen. Dabei werde ich einen Vorfall nie vergessen: Alles unterwegs war zerbombt, und der Zug, es war ein amerikanischer Lazarettzug, mußte in Königswinter halten, weil die

Eisenbahngleise ganz zersprengt waren. Der Zug stand auf dem Perron, und wir gingen hinaus. Da kommt eine Frau mit einem Mann vorbei, sie gucken uns an, und die Frau sagt: »Siehst du, der Hitler hat doch gesagt, er hat sie alle totgemacht, da sind ja noch ein paar.«

Das werde ich nie vergessen, das war anderthalb oder zwei Wochen nach dem Kriegsende.

Schließlich kamen wir nach Holland zurück. Die Holländer brachten uns in ein Übergangsheim, ein repatriation-house, und dort mußten wir noch wochenlang liegen. Wir konnten ja gar nicht mehr gehen, wir waren ja nur noch halbe Menschen.

Nach drei Monaten kam eines Tages ein Bekannter und sagte: »Margot, Euer Vater ist da!« Da sagte ich: »Siegfried, über solche Sachen macht man keine Witze.« Er sagte aber wieder: »Euer Vater ist da!« Und unser Vater war tatsächlich da. Er hatte Angst gehabt, ohne Ankündigung zu uns zu kommen und war bei Bekannten geblieben. Ich werde das nie vergessen, diese Angst und diese Aufregung, plötzlich meinem Vater gegenüberzutreten. Wir waren ja überzeugt gewesen, daß wir keinen Vater mehr hatten.

Mein Vater war nach der Trennung von uns erst in Auschwitz, später in Gleiwitz gewesen. Er hatte immer arbeiten können und überlebte so. Er erzählte uns, es sei ihm aufgefallen, daß die, die keine praktischen Berufe hatten, zur Seite, in den Tod geschickt wurden, deshalb habe er immer, wenn nach dem Beruf gefragt wurde, angegeben, er wäre Mechaniker oder Schlosser oder so etwas. Und dadurch wurde er immer in Arbeitskommandos eingesetzt. Eines Tages hatte er einen Unfall: Ihm riß bei der Arbeit fast ein Finger ab, der ihm so im Stehen ohne Narkose amputiert wurde. Er bekam Wundfieber und wäre fast gestorben. Aber er hat überlebt. Nachdem er befreit worden war, fuhr er in die verschiedenen Lager, um seine Familie zu suchen, und in Theresienstadt sah er in einer Liste des Roten Kreuzes, daß seine drei Töchter lebten. Er erfuhr dort auch, daß wir nach Holland zurückgekehrt waren.

So habe ich meinen Vater in Amsterdam wiedergetroffen und wiederbekommen.

*Anmerkungen*

1   Das Interview wurde am 14.8.1989 in Köln geführt.
2   Ernst Thälmann (1886-1944), seit 1925 Vorsitzender der KPD; kandidierte 1925 und 1932 für das Amt des Reichspräsidenten. Thälmann wurde 1933 verhaftet und am 16.4.1944 im KZ Buchenwald ermordet.
3   Dr. Josef Mengele (1911- ?), SS-Arzt im Vernichtungslager Auschwitz, der die Selektionen für die Gaskammern und medizinische Versuche an Häftlin-

gen vornahm. Mengele flüchtete nach dem Ende des NS-Regimes nach Südamerika.

4 Franklin Delano Roosevelt (1882-1945) war von 1933 bis 1945 Präsident der USA. Er starb am 12.4.1945.

5 Theresienstadt wurde am 8.5.1945 befreit.

# Anonyme Zeitzeugin[1]

*geb.: 1926*

Meine Mutter und mein Vater stammten beide aus Polen. Die Eltern meines Vaters waren in Polen, glaube ich, ganz einfache Leute, kleine Krämer gewesen. Es waren kleine Leute, und es ging ihnen sicher schlecht, sonst wären sie nicht nach Deutschland ausgewandert. So aber kam die ganze Familie, meine Großeltern, mein Vater und seine Geschwister, um die Jahrhundertwende nach Köln.

Zur Familie von der Mutterseite her gehörten, soviel ich weiß, vor allem Händler, Stoff-, Textilhändler. Sie waren nicht reich, aber wohlhabend. Anders als die väterliche Familie wanderten die Mitglieder der Familie meiner Mutter nicht gemeinsam, sondern nacheinander aus. Die Kinder, meine Mutter und ihre Geschwister, wurden in Polen groß und verließen Polen erst als Erwachsene, allmählich und einer nach dem anderen, jeweils nach der eigenen Façon. Meine Mutter kam als erwachsenes Fräulein im Jahr 1919, nach dem Weltkrieg, nach Köln. Ihre Eltern waren nach Essen gegangen und wohnten dort eine Zeitlang, aber nachdem die Großmutter 1928 gestorben war, kehrte der Großvater wieder nach Polen zurück. Dort ist er gestorben – noch auf natürliche Weise.

Mein Vater war, als er nach Deutschland kam, ungefähr 15 Jahre alt. Seine Geschwister besuchten die Schulen schon in Deutschland, er aber nicht, weil er schon zu alt war. Er hatte in Polen gelernt, was man in einem Cheder, einer Jeschiwa lernen konnte, und in Deutschland versuchte er, mit seinen Schwestern mitzulernen, um sich dadurch noch Bildung anzueignen. Gearbeitet hat er in Köln zunächst in einer großen Molkerei.

Sein Vater, mein Großvater, machte in Köln eine Sackhandlung auf, ein kleines Geschäft in der Agrippastraße, in der Straße, die parallel zur Sternengasse verläuft. Es war eine Großhandlung, die nachher die zwei Söhne, mein Onkel und mein Vater, übernahmen.

Meine Eltern heirateten 1921, ziemlich spät für die damaligen Begriffe, denn mein Vater war schon fast vierzig. Ich kam erst ein paar Jahre danach an und meine Schwester dann kurz nach mir. In diesen Jahren waren meine Eltern vor allem damit beschäftigt, in Köln Fuß zu fassen, den Lebensunterhalt zu verdienen und uns zwei Kinder zu erziehen. Soviel ich verstanden habe, hatte mein Vater sein bis dahin angespartes

Geld in der Inflation verloren, so daß er mittellos war und neu anfangen mußte.

Wir wohnten zu dieser Zeit in der Meister-Gerhard-Straße in einer relativ engen Mansardenwohnung, denn es herrschte damals eine große Wohnungsknappheit. Die Bewohner des Hauses waren alle katholisch; der Hausbesitzer, der mit seiner Schwester dort wohnte, war streng katholisch und nahm vor allem katholische Mieter. In der Mansarde, den Mansardenzimmern, waren eigentlich die Räume für die Dienstmädchen gewesen, daraus hatte man später eine Wohnung gemacht, und dort wohnten wir.

Zuerst ging ich in einen katholischen Kindergarten, der schräg gegenüber unserem Haus in der Meister-Gerhard-Straße lag. Ich war eine Zeit dort, bis meine Schwester alt genug war, um auch in einen Kindergarten aufgenommen werden zu können. Von da an besuchten wir zusammen den jüdischen Kindergarten in Sülz, einen großen Kindergarten mit vielen Gruppen. Ostern 1932 wurde ich in die jüdische Volksschule Lützowstraße eingeschult. Das war von unserer Wohnung nicht weit: Ich ging zum Rathenauplatz, von da in die Lützowstraße, und dort lag schon die Schule. Es war ganz nah.

*Abb.1* Klasse der Volksschule Lützowstraße mit der Erzählerin; Lehrerin Hedwig Schloss, 1932

Einige Zeit später, 1935, zogen wir in die Dasselstraße, in eine »geteilte« Wohnung. Ursprünglich befanden sich im diesem Haus große

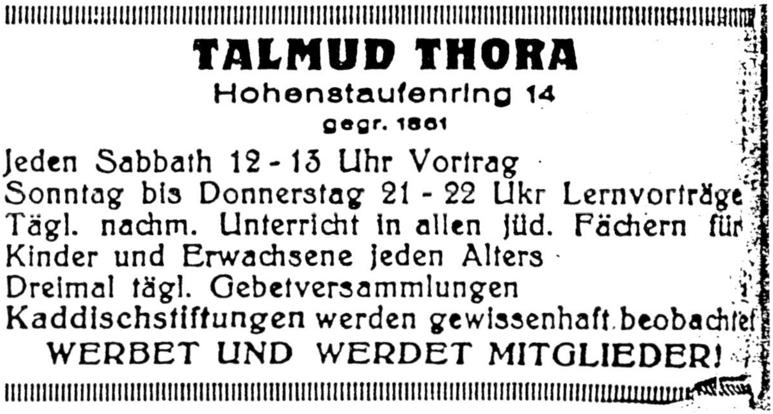

TALMUD THORA
Hohenstaufenring 14
gegr. 1881

Jeden Sabbath 12 - 13 Uhr Vortrag
Sonntag bis Donnerstag 21 - 22 Uhr Lernvorträge
Tägl. nachm. Unterricht in allen jüd. Fächern für
Kinder und Erwachsene jeden Alters
Dreimal tägl. Gebetversammlungen
Kaddischstiftungen werden gewissenhaft beobachtet
WERBET UND WERDET MITGLIEDER!

*Abb.*2 Kölner Jüdisches
Wochenblatt, 1932

Wohnungen mit fünf Zimmern und Küche, aber um mehr Mietparteien
unterbringen zu können, hatte man die Wohnungen jeweils in einen
vorderen und einen hinteren Teil unterteilt. Wir lebten in einer hinteren
Wohnung. Im vorderen Teil unserer Etage, in drei Zimmern, wohnten
Einzelpersonen: Da war ein Herr, der nicht ganz »judenrein« war.
Vielleicht hatte er eine »vierteljüdische« Großmutter oder irgend etwas,
lächerlich direkt; dann eine alleinstehende Dame, nicht mehr ganz jung.
Sie nahmen uns einmal im Auto zu einem Ausflug zum Drachenfels mit.
Es waren sehr nette Menschen, und heute weiß ich, daß sie viel mehr als
bloß nett waren. Im dritten Zimmer wohnte ein junges Fräulein, das sich
bald verlobte und auszog. Mit ihr hatten wir kaum Kontakt. Das anstän-
digste, was sie tun konnte und getan hat, war uns nicht zu verleumden.
Im Haus selbst wohnten außer uns keine Juden, aber nebenan, direkt
nebenan, haben viele Juden gewohnt, Juden, »Halbjuden«, »Mischehen«. Es war eine mittelständische Gegend, oder vielleicht nicht direkt
Mittelstand, eher kleinbürgerlich.

Wir lebten sehr religiös, denn die Eltern waren sehr religiös. Wir
gehörten der Adass-Gemeinde in der St.-Apern-Straße an, aber solange
Dr. Wolf seine kleine Synagoge am Hohenstaufenring hatte, gingen wir
dorthin. Einmal weil sie näher zu uns war – zur St.-Apern-Straße ging
man 20 Minuten, bis zum Hohenstaufenring waren es über die Zülpicher
Straße nur zehn bis zwölf Minuten –, aber vor allem deswegen, weil Dr.
Wolf ein selten netter Mensch war und weil wir eine enge Beziehung zu
ihm und seiner Gemeinde haben wollten. Dr. Wolf leitete am Hohenstaufenring auch eine Schule, die ich besuchte. Es war eine Religionsschule für Kinder und Jugendliche. Dr. Wolf war fortschrittlich, weil er
in seiner Einrichtung Mädchen und Jungen zusammen lernen ließ, eine
Regelung, die zum Beispiel eine meiner Lehrerinnen von der Schule
Lützowstraße sehr störte. Dort waren die Klassen nach Geschlechtern
getrennt. Dr. Wolf war ein fortschrittlicher Mensch, obwohl er selbstver-

*Abb.3* Synagoge St. Apernstraße

ständlich sehr traditionell eingestellt war. Aber das, was wir heute hier in Israel so als »religiös« sehen, das kannten wir damals nicht, das haben wir ganz einfach nicht gekannt. Es gab nicht das, was wir heute Fundamentalismus nennen. So waren in der Adass-Gemeinde viele Frauen, die an der Universität gelernt hatten: Rechtsanwältinnen, Ärztinnen, Frauen, die den Doktor gemacht hatten. Viele Frauen hatten die Akademie beendet, hatten zusammen mit Männern an der Universität gelernt. Überhaupt strebten viele danach, in die Universität zu kommen, und auch für meinen Vater war es sicher, daß ich einmal an die Universität gehen würde. Das war selbstverständlich.

Wir wurden auch sehr dazu erzogen, jede Religion zu respektieren. Uns wurde beigebracht, daß Weihnachten für die Christen das ist, was für uns Rosh Hashana und die hohen Feiertage sind. Genauso heilig, genauso feierlich. Es gab kein: eins ist richtig, oder eins ist weniger richtig. Es hieß: Wir sind Juden, und das ist unsere Religion, sie sind Christen, und das ist ihre Religion. Man lud uns ein, den Weihnachtsbaum zu sehen, und das war schön, wie man eben etwas Schönes sieht. Aber wir hatten den Chanukkaleuchter. Er war nicht weniger schön. Es war nicht weniger befriedigend. Pessach verteilte man Mazzen, und nach Pessach bedachte man uns mit Ostereiern.

Wir waren sehr religiös, aber wir wurden wirklich tolerant erzogen. Es hieß: Das ist ihre Religion, und das ist meine Religion. Man mischt sich nicht, aber eine Religion fällt nicht gegenüber der anderen ab. Und ich sehe es bis heute so. Darum bin ich auch so sehr jüdisch bewußt bis zum letzten.

Meine Eltern, die ja beide aus dem Osten gekommen waren, bemühten sich sehr intensiv um eine Anpassung an das Leben im Westen. Ihnen sagte die deutsche Kultur sehr zu, die Bildung, die Pädagogik, die Kultur. Sie gingen ins Theater und in Vorträge – und sie gingen zusammen. Meinem Vater wäre nicht eingefallen, in einen Vortrag ohne meine Mutter zu gehen. Er bestand darauf, daß sie mitging. Meine Mutter hatte

### Sabbat

Eine feine Decke, helle Kerzen, die schönen Teller, Messer, Gabeln, Löffel fein geputzt, die Sabbatbrote unter der Sammetdecke, Wein. Vater und Leo kommen aus dem Gottesdienst. Sie waschen die Hände. Vater macht Kiddusch, er verteilt Brot und spricht darüber den Segen. Nun essen wir, feine Suppe, gute Sachen,

*Abb.4* Sabbat. Ausschnitt aus einer Fibel für jüd. Schulen; verfaßt von Cilly Marx, Lehrerin an der Volksschule Lützowstraße, 1936

*Abb.5* Jüdischer Beobachter, 1921/22; Kölner Jüdisches Wochenblatt, 1928, 1932; Gemeindeblatt f.d.jüd. Gemeinden in Rheinland u. Westfalen, 1934

wenig Schulbildung, denn in Polen wurde noch nicht so darauf geachtet, daß Mädchen eine richtige Schulbildung bekamen. Ich glaube, es hat meinen Eltern in Deutschland vieles sehr imponiert. Wir sollten auch kein Jiddisch sprechen, sondern Hochdeutsch. Die Eltern achteten sehr darauf. Ich erinnere mich, daß wir eine Putzfrau hatten, die uns Kölsch beibringen wollte, und so kam der kölsche Dialekt in unsere Sprache – aber die Eltern sahen darauf, daß wir Hochdeutsch sprachen.

Auch in ostjüdische Vereine oder Versammlungen gingen wir nicht. Ich will nicht sagen: niemals. Es gab Anlässe, wo man dort hingehen konnte oder es erwünscht war, aber ich weiß, wir gingen sehr ungern. Allgemein distanzierte sich mein Vater mehr vom ostjüdischen Leben als meine Mutter. Meiner Mutter gefiel die warme und herzliche Atmosphäre in diesen Kreisen. Sie blieb mehr daran hängen. Vielleicht auch deshalb, weil sie länger in Polen gelebt hatte als mein Vater.

Ich persönlich muß sagen – soweit ich mich erinnern kann, denn ich bin ja ein Kind gewesen –, daß ich mich nie so richtig integriert gefühlt habe. Wir blieben doch Ostjuden. Aber ich war stolz auf mein Jüdischsein. Ich war überrascht und entsetzt, daß viele von den Kindern, die später plötzlich auf unsere Schule kamen, überhaupt nicht wußten, daß sie Juden waren. Wir, meine Schwester und ich, waren dagegen so sehr jüdisch bewußt, schon als kleine Kinder. Wie kann man nicht wissen, daß man Jude ist? Wie kann man nicht stolz darauf sein, daß man Jude ist? Ich bin von klein auf mit einem stolzen jüdischen Gefühl aufgewachsen. Ich war mir als kleines Kind schon bewußt, daß einer der größten Philosophen unserer war: Rambam[2]. Mein Vater erzählte uns häufig jüdische Sagen und sprach von unseren Weisen. Wir lebten die jüdische Philosophie, die jüdische Tradition. Ich war damit bekannt, wie man als Kind damit bekannt sein kann. Ich erinnere mich, daß ich einen großen Appetit hatte, und mein Vater immer sagte: »Rambam hat gesagt, man darf nicht so viel essen, man muß aufstehen, bevor man noch satt ist.« Er zitierte ihn immer wieder, und auch als kleines Kind konnte ich verstehen, daß ich die letzte Scheibe Brot weglegen sollte.

Persönlich spürte ich die Veränderung der Situation für uns Juden daran, daß ich Angst vor Kindern bekam, denn wir wurden jetzt manchmal auf dem Schulweg von Kindern verprügelt. Ich wurde sehr ängstlich. Und meine Eltern mahnten uns immer, wir sollten nicht »Risches« machen, das hieß: unauffällig sein und keinen Streit bekommen.

Gesellschaftlich war unsere Familie nicht auf die christliche Gesellschaft angewiesen, deswegen, weil wir bewußt jüdisch waren. Ich glaube, ich wäre so oder so in der jüdischen Gesellschaft aufgewachsen. Zwar wäre ich wahrscheinlich aus dieser Gesellschaft herausgegangen, um die Universität zu besuchen. Aber dann ist man schon ein fester Mensch und nicht mehr so beeindruckbar. Als Kind wäre ich bestimmt jüdisch aufgewachsen. Meinen Eltern wäre nie eingefallen, mich in eine nichtjüdische Schule gehen zu lassen, besonders in Köln, wo man sogar eine jüdische höhere Schule hatte, ein Gymnasium, und ein Lehrerseminar. Man brauchte doch gar nicht mehr. Für uns blieb also nach 1933 der gesellschaftliche Kreis gleich, weil er schon vorher jüdisch war. Aber alles andere änderte sich.

Ich meine, es muß 1934 gewesen sein, als man meinen Vater verhaftete und mitnahm. Warum man ihn festnahm, weiß ich nicht. Meine Eltern waren nicht politisch und hatten sich nie an einer Partei oder Bewegung beteiligt. Beide, Vater wie Mutter, waren vollkommen apolitisch eingestellt, da bin ich mir sicher. Wenn überhaupt politisch orientiert, dann waren sie es irgendwie in Richtung Zionismus, aber auch sehr gemäßigt und nicht aktiv. Die Festnahme lag also sicher nicht in einer politischen Tätigkeit meines Vaters begründet. Vielleicht war es einfach nur so eine Stichprobe. Er war nicht lange fort, vielleicht nur eine Nacht, aber er konnte sich nie mehr davon erholen. Er war danach ein gebrochener

Mensch. Er ist nie mehr wieder richtig zu sich gekommen. Er mußte ins Krankenhaus, erst ins jüdische Asyl, dann in ein Nervenkrankenhaus. 1935 ist er gestorben. Für mich war das ein großer Eindruck, mein Vater als gebrochener Mensch.

Bis dahin hatte er noch mit seinem Bruder die Sackhandlung des Großvaters geführt. Sie war auch da schon zurückgegangen und ging später weiter zurück. Wir bekamen nach dem Tod meines Vaters etwas Geld von meinem Onkel, der versuchte, das Geschäft weiter zu halten. Aber es war ja so, daß er auch kaum verdiente, und er hatte ja auch eine Familie zu ernähren. Es fiel ihm sehr schwer, uns zu unterstützen. Wie sollte er uns von nichts etwas geben? Wir bekamen trotzdem etwas Unterstützung von ihm, aber das war sehr wenig. Das war nicht genug. Meine Mutter mußte deshalb schnell Geld verdienen. Wenn sie nichts nach Hause gebracht hat, dann haben wir nichts gehabt. Wir hatten kein Vermögen. So fing sie an zu hausieren, obwohl sie keine Erlaubnis der Behörde dazu erhalten hatte. Das war einfach eine Schikane, es gab

*Abb.6* Türschild, das Anfang der 60er Jahre in den Trümmern eines Gebäudes am Rothgerberbach/Blaubach gefunden wurde

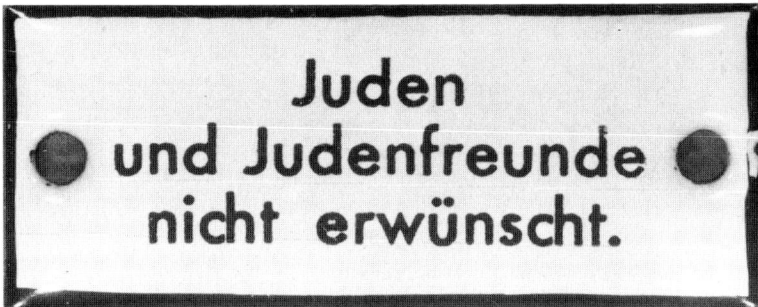

keinen Grund. Die Behörden haben sie einfach schikaniert. So arbeitete sie ohne Arbeitserlaubnis. Sie hausierte, aber nicht tatsächlich von Haus zu Haus, sondern sie hatte ihre Kundschaft – hauptsächlich die Menschen von der Gemeinde. Es war eine moralische Pflicht, bei meiner Mutter zu kaufen. Sie verkaufte verschiedene kleine Sachen, und es war eine moralische Pflicht, bei ihr zu kaufen, was man brauchte. Sie mußte mit einem Koffer auf die Straße und hatte immer Angst, daß Flegel sie verprügeln und ihr die Ware wegnehmen könnten. Ich glaube, vor dem Verprügeltwerden hatte sie mehr Angst als vor allem anderen. Sie nannte mir immer den Weg, den sie gehen wollte und sagte, bei welchen Menschen sie sein würde. Sie erklärte mir, daß ich mich, wenn sie bis zu einer gewissen Stunde abends nicht zu Hause sei, da oder da erkundigen sollte, wo sie wäre. Meine Schwester und ich – ich war damals zehn, elf Jahre alt –, wir waren deshalb viel allein. Ich wurde sehr ängstlich, wenn die Mutter eine Viertelstunde später als abgesprochen nach Hause kam. Ich lief oft nach draußen an die Haustür, wartete und ging dann schnell in die Wohnung zurück, damit meine Mutter nicht merken sollte, wie sehr ich aufpaßte. Und sie mußte sich doch auch einmal irgendwo hinsetzen und sich ein bißchen unterhalten, sie konnte ja nicht immer nur mit zwei Kindern zusammensein.

Um die Zeit, ungefähr 1936, trat ich in eine jüdische Jugendorganisation ein, in den Esra der Adass-Gemeinde. Meine Mutter fühlte sich verpflichtet, mich dort einzuschreiben, weil ihr die Gemeinde oft geholfen hatte. Die Richtung dieser Jugendorganisation war nicht ganz zionistisch, aber auch nicht mehr antizionistisch – sie war, wie soll ich sagen: lauwarm. Sie war nicht ausgesprochen zionistisch, aber 1936 oder 1937 konnte man schon nicht mehr antizionistisch sein.

Die Jugendgruppe traf sich, glaube ich, einmal die Woche im jüdischen Jugendhaus am Mauritiussteinweg. Es gab dort ein bißchen Schulung, also Vorbereitung für eine Auswanderung, und auch Hebräischunterricht. Da ich seit 1936 die Jawne besuchte, lernte ich jetzt auch schon in der Schule sehr viel Hebräisch. Gleichzeitig mit meinem Schulwechsel in die St.-Apern-Straße wurde meine Schwester von der Volksschule

*Abb.7* Zeitschrift des Jugendbundes Esra, Titelblatt

Lützowstraße in die Moriah umgeschult, denn meine Mutter wollte, daß wir beide in die gleiche Schule gehen, das heißt den gleichen Schulweg haben sollten, und Jawne und Moriah waren ja in einem Schulgebäude. In der Jawne studierten wir außer den üblichen allgemeinen Schulfächern vor allem auch die Bibel und die religiösen Schriften; wir lernten Iwrit, das moderne Hebräisch, das ein junger Lehrer, Herr Heinemann, unterrichtete. Herr Heinemann begleitete später, 1939, eine Klasse der Jawne nach England in die Emigration. Er war damals erst kurz mit einer Lehrerin, meiner Lieblingslehrerin für Literatur, verheiratet, die mit der Parallelklasse nachkommen sollte. Aber sie konnte nicht mehr aus Deutschland heraus. Herr Heinemann[3] war danach ein gebrochener

Mann. Hier im Land, in Israel, hat er sich später einen Namen in der Erforschung der Bibel und der Kommentare gemacht. Bei ihm habe ich damals viel Iwrit gelernt.

In unserem Alltagsleben waren wir nun schon in allem eingeschränkt. Man konnte keine koschere Milch, man konnte keine koschere Butter mehr bekommen. Von Käse war selbstverständlich keine Rede mehr. Wenn man uns im Geschäft nur sah, hieß es, es gibt keine frischen Eier. Der Tag war voll kleiner Schikanen. Das drückt es am besten aus: Es waren kleine Schikanen.

Dadurch, daß meine Mutter die ganze Woche nicht zu Hause war, brauchte sie doch manchmal eine Hilfe, die einmal die Woche kam, um die Wohnung ein bißchen gründlicher zu reinigen. Diese Hilfe war eine Nachbarin, deren Mann in der SS war. Es war eigentlich eine verfolgte Frau, denn ihr Mann schlug sie bei Tag und bei Nacht. Sie war glücklich, daß sie die paar Groschen bei meiner Mutter verdienen konnte, daß sie die paar Groschen für sich hatte. Schließlich und endlich, wer zur SS ging, das waren nicht gerade die feinen Menschen, da war viel Pöbel dabei. Sie sorgte sich immer nur, es sollte niemand erfahren, daß sie bei meiner Mutter saubermachte. Ja, ich habe auch solche Leute gekannt.

Im Oktober 1938 war unser Leben in Köln zu Ende. Da wir die polnische Staatsangehörigkeit hatten, waren wir von der sogenannten »Polenaktion« betroffen. Ohne Vorbereitung, ohne Warnung gab man uns am 28. Oktober ungefähr um zehn Uhr morgens die Anordnung, innerhalb einer Frist von drei oder vier Stunden – ich glaube, bis um zwei Uhr mittags – an eine Sammelstelle zu kommen. Vielleicht war das noch human in Köln, viele Menschen anderswo wurden in dieser Nacht, in der Nacht vom Donnerstag auf den Freitag, aus den Betten geholt. Und nachts, wenn man nachts aus den Betten geschleppt wird, ist alles noch schlimmer. Wir Kinder waren in der Schule, und man hat uns aus der Schule nach Hause geschickt. Ohne Begleitung. Heute wundert mich das, daß wir wirklich ohne Begleitung blieben. Auch in der Wohnung blieb kein Polizist, um sicher zu gehen, daß wir gehorchten. Anscheinend war man so sicher, daß wir kommen würden. Disziplin war dermaßen selbstverständlich, daß keiner daran dachte, man könnte nicht kommen. Sicher versuchten einige, sich irgendwo zu verstecken, aber die meisten kamen wirklich.

Wir hatten also ein paar Stunden um zu packen. Und, ich muß das sehr stark betonen, das war viel. Wir waren begünstigt, wie man das genannt hat. Man hat so dumm eingepackt. Man hat Schmuck eingepackt und Fotografien, solche Sachen, die einem nahelagen, hat man mitgenommen, aber einen Rock habe ich nicht mitgenommen, einen zweiten Rock, damit ich wechseln konnte. Man war ja ganz durcheinander. Vorher gewußt haben wir nichts. Es war alles mit deutscher Ordnung organisiert, und man wußte vorher nichts, keiner hatte überhaupt nur gerochen, daß so etwas kommen könnte. Es war gut organisiert, und man wurde dann eben so abgeschubst.

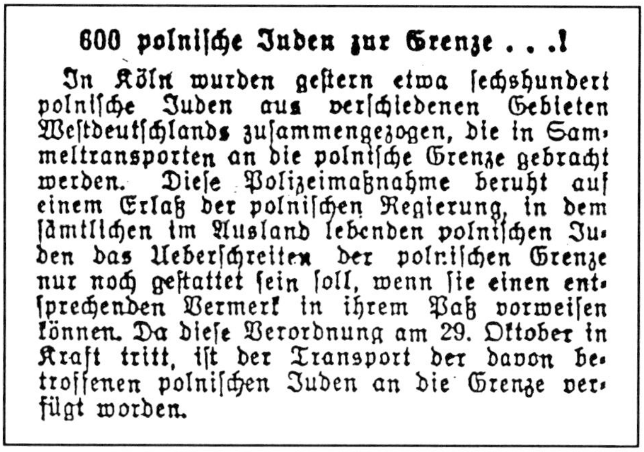

Die Ausweisung betraf eigentlich nur meine Mutter, meine Schwester und ich hätten in Deutschland bleiben können, aber wir wollten uns nicht trennen, wir wollten nicht ohne meine Mutter sein. Und heute im Rückblick weiß ich, daß es

| 600 polnische Juden zur Grenze . . .! |
| --- |
| In Köln wurden gestern etwa sechshundert polnische Juden aus verschiedenen Gebieten Westdeutschlands zusammengezogen, die in Sammeltransporten an die polnische Grenze gebracht werden. Diese Polizeimaßnahme beruht auf einem Erlaß der polnischen Regierung, in dem sämtlichen im Ausland lebenden polnischen Juden das Ueberschreiten der polnischen Grenze nur noch gestattet sein soll, wenn sie einen entsprechenden Vermerk in ihrem Paß vorweisen können. Da diese Verordnung am 29. Oktober in Kraft tritt, ist der Transport der davon betroffenen polnischen Juden an die Grenze verfügt worden. |

das Richtige war. Denn von Deutschland aus wäre ich – und auch meine Schwester – später nicht mehr weggekommen.

*Abb.8* Westdeutscher Beobachter, 29.10.1938

So gingen wir mittags in die Sammelstelle. Es war ein Schulgebäude, ich glaube, in der Lochnerstraße oder in der Görresstraße – eine von den Querstraßen der Dasselstraße. Es war dort alles voller Menschen, ein großes Durcheinander. Kinder und Frauen, die dann doch noch beschlossen zu bleiben, gingen wieder, andere stellten sich im nachhinein zu ihren Männern. Niemand wußte, was werden würde. Im Vergleich zu dem, was später geschah, war es das Leichteste, aber damals war es das Schlimmste, das bis dahin vorgekommen war. Es war absolut.

Und da warteten wir, bis man uns abführte nach Deutz. Dort waren viele Menschen, und die Polizei stand mit ihren Hunden ringsum. Es war dunkel, es war kalt. Viele warteten schon Stunden, und die Leute waren sehr nervös. Es gab schon nervöse Anfälle; es wurde hin- und hergelaufen. Vor allem erinnere ich mich an die Hunde, die ringsherum waren.

Im Deutzer Bahnhof wurden wir schließlich in einen Zug gebracht, in dem wir eingepfercht waren, wirklich eingepfercht. Wir waren einer der letzten Transporte, und es waren schon keine menschlichen Bedingungen mehr. Anscheinend hatte man schon die Mahnung bekommen, daß man sich mit den Transporten beeilen soll. Das Schlimmste für mich waren die sanitären Bedingungen, die es nicht gab. Ich bin in Deutschland aufgewachsen mit Sauberkeit und Ordentlichkeit, und jetzt war es so. Menschen bekamen Nervenzusammenbrüche und alte Menschen Herzanfälle. Meine Mutter versuchte, uns abzulenken, und sagte: »Das ist nichts für dich, das ist nichts für dich. Sieh nicht hin.« Wir sollten nicht alles sehen. Es waren hauptsächlich Männer in unserem Transport, verhältnismäßig wenige Frauen und Kinder. Männer, das hieß auch Jugendliche über 15 oder 16 Jahre, die einen Ausweis, einen Jugendausweis hatten. Wenige Frauen waren in der Situation meiner Mutter, wenige, die ihre Kinder mitnahmen.

Ja, dieser Abtransport war der erste und der stärkste Eindruck für mich.

Auf der Fahrt saß man und sprach, und man war ängstlich, bei viel Galgenhumor. Man fuhr, bis man an die Grenze kam. Es war dann schon nachts, es war schon der 30. Oktober. An der Grenze stubste man uns mit Bajonetten: »Schnell rüber, schnell rüber«. Es war schon spät, und man hatte Angst, daß die Polen uns auch nicht nehmen würden oder daß es einen Zwischenfall geben könnte. Heute nehme ich an, man hatte tatsächlich Angst vor einem ernsthaften Zwischenfall, und daran waren die Deutschen damals nicht interessiert. Dann sind wir schnell über die Grenze und kamen nach Neubentschen. Und dort war es furchtbar.

An dem Abend kamen noch andere Züge aus verschiedenen Richtungen an. Neubentschen war ein kleiner Ort mit vielleicht im ganzen 5000 Einwohnern, und es trafen damals in diesen Tagen ungefähr 11 000 Juden aus ganz Deutschland ein. Wir blieben erst auf dem kleinen Bahnhof des Ortes. Einige Züge fuhren noch am selben Abend nach Polen hinein, Züge mit Leuten, die Geld hatten, die Geld oder Schmuck mitgenommen hatten. Es gab schon viele Hilfskomitees am Ort; man mußte sich hier einschreiben, konnte sich dort einschreiben. Es war ein Durcheinander, Gott soll sie schützen! Es war furchtbar, und das Rote Kreuz wurde gerufen hierhin und dorthin. Es waren dort so viele Menschen, nicht nur Leute aus Köln, aus ganz Deutschland waren sie gekommen. Die Polen konzentrierten sich auf die Gegend um Bentschen und sperrten dort die Grenze, um niemand ins Land zu lassen. Aber manche kamen doch hinein. In den ersten Stunden an diesem Samstagabend konnte man noch durch.

Wir hatten kein Geld, und meine Mutter setzte uns in eine Ecke, in einen kleinen Vorraum, wo der Bahnwärter saß, und bat den Mann, auf uns aufzupassen. Sie ging sich einschreiben, anmelden und kam über vier Stunden nicht zurück. Ich wurde hysterisch und wollte fortlaufen. Ich erinnere mich, wie man mich festhielt und nicht wußte, was man mit mir machen sollte. Ich war nicht mehr ganz bei mir, vollkommen hysterisch. Ich hatte das Gefühl, ohne meine Mutter ganz allein mit meiner Schwester zu sein, und ich war nicht fähig, damit fertig zu werden. Endlich kam meine Mutter zurück. Ich hatte inzwischen wohl eine Pille bekommen, bis ich mich beruhigte. Meine Mutter regte sich sehr auf, als sie sah, wie außer mir ich war. Manche Leute wurden dort wirklich verrückt. Wenn man an die Konzentrationslager denkt, so war das dort im Vergleich eine fast leichte Episode, und trotzdem war es damals das Absolute und das Schlimmste, und von diesem Aspekt, unter dieser Perspektive muß man das sehen.

Im Wartesaal legte man sich dann zum Schlafen hin; man legte sich auf den Mantel oder setzte sich auf den Koffer, und man hielt sich warm. Es waren so viele Menschen, daß es warm war, ich erinnere mich nicht, daß es kalt gewesen wäre. Die Sanitäranlagen waren nicht gebaut für so viele Menschen; Menschen, denen es schlecht war, denen es übel wurde. Manche wurden verrückt. Man hat Menschen dort abgeführt, von denen ich weiß, daß sie nie wieder zu sich gekommen sind. Bei einigen ist es wieder vorbeigegangen, es war ein kurzer Nervenanfall, und sie waren dann wieder vollkommen in Ordnung. Aber bei anderen war es nicht so. Es war furchtbar.

Samstagnacht zu Sonntagabend hat man schließlich gewußt, daß man nicht nach Polen hineinkommt. Wir mußten uns also in Bentschen irgendwo einquartieren. Die Polen dort sind alle in einem Bett zusammengekrochen und haben die anderen Betten vermietet. Nicht nur Zimmer, sondern Betten wurden vermietet; und jeder quartierte sich irgendwo ein. Das kostete weniger als nach Polen hineinzufahren, denn dazu mußte man ein ganzes Vermögen haben. Meine Mutter versuchte auch, sich irgendwo einzuquartieren, und wir alle drei bekamen zusammen ein Bett. Ich erinnere mich, es war schon kalt, und meine Mutter ist plötzlich gewahr geworden, daß ich seit Freitag nicht auf dem Klo war, auch nicht, um ein kleines Geschäft zu machen. Sie gab mir zwei Ohrfeigen vor lauter Angst, daß ich an den Nieren krank würde. »Nur das fehlt mir noch«, sagte sie, »daß du krank wirst.« Es gab doch keine ärztliche Behandlung, außer irgendwo das Rote Kreuz.

Man macht sich keinen Begriff, wie primitiv alles in diesem Ort war. Für jemand, der aus Deutschland kam, der aus Köln, von einer Großstadt kam, war das, wie in ein Loch zu fallen. In der Wohnung gab es kein elektrisches Licht, sondern Petroleumlampen, was schon überhaupt bedrückend wirkte. Die sanitären Anlagen waren primitiv, Wasser konnte man mit der Handpumpe pumpen, aber auf dem dritten Stock hat man dann auch gepumpt!

Aber mit jüdischer Intuition fiel man wie eine Katze auf die Hände. Man organisierte sich. Es gab Komitees, und sogar eine Schule für die Kinder wurde aufgemacht. Es war natürlich kein richtiger Unterricht. Mein richtiger Schulunterricht hatte mit der Quarta beim Verlassen Kölns aufgehört, danach habe ich keine wirkliche Schule mehr besucht.

Wir waren am 30. Oktober 1938 in Neubentschen angekommen, und ich blieb bis Februar 1939. Wenige erhielten eine Ausreiseerlaubnis nach Palästina, und nach Polen, glaube ich, niemand. Aber nachher bekam man die Erlaubnis, seine Geschäfte in Deutschland zu liquidieren. Wer liquidierte und dann Geld hatte, durfte direkt nach Polen hinein. Man konnte also einen Antrag stellen, um nach Deutschland zum Liquidieren zu fahren, aber das war erst ab Januar, Februar möglich. Meine Mutter fuhr erst im Juli für drei Wochen nach Köln, um zu liquidieren.

Ich kam schon im Februar mit einem Waisentransport nach England. Es war eine Gruppe von ungefähr 30, 40 Kindern von 10 bis 15 Jahren, diese Altersgruppe ungefähr. Meine Schwester blieb bei meiner Mutter, aber ich konnte von England aus eine Bitte einreichen, um auch meine Schwester nach dort zu bringen. In der Zeit, als meine Mutter in Deutschland war, kam die Einreiseerlaubnis für meine Schwester. Und sie, sie war erst elf Jahre alt, machte sich dann ganz allein fertig, fuhr nach Polen, fuhr durch bis Warschau. Und dort hat sie meine Mutter in der letzten Nacht, bevor meine Schwester weiter nach Gedingen mußte, noch einmal erreicht. Meine Schwester kam dann am 10. August 1939 in England an.

Meine Mutter war schon zu alt, um noch ein Arbeitspermit für England zu bekommen, sie war schon über die festgelegte Altersgrenze. Sie ging nach Polen zu einer Schwester, und dort erwischte sie der Krieg. Die Schwester lebte in Oswiecim, dem Ort, der nachher Auschwitz wurde. Meine Mutter war dort gebürtig, es war ein Wohnort, ein kleiner Wohnort nicht weit von Kattowitz an der schlesischen Grenze. Nachher floh sie mit Verwandten nach Rußland, und dort ist sie an Krebs gestorben. Ich hatte mit ihr Kontakt bis 1944.

Als ich mit dem Kindertransport in England ankam, gab es dort schon verschiedene Komitees, die die jüdischen Kinder aus Deutschland an englische Familien, die bereit waren, Kinder aufzunehmen, oder hostels, Kinderheime, verteilten. Zuerst schickte man mich in eine Familie, danach in das Kinderheim in London, in dem die Kinder der Jawne, die Dr. Klibansky von Köln nach England gerettet hatte, untergebracht waren. So kam ich wieder zurück in die Klasse, in die gleiche Quarta, aus der man mich im Oktober herausgeholt hatte. Im Februar 1939 war ich also wieder in meinem alten Freundeskreis.

In den folgenden Wochen lernten wir im Heim ein bißchen Englisch, und nach Ostern wurden wir eingeschult. Dann brachen Windpocken aus, und wir wurden sechs Wochen unter Quarantäne gestellt. Es kamen die großen Ferien, der Krieg begann, und man evakuierte alle Londoner Schulen. Am 1. September, das war wieder ein Freitag, evakuierte man auch das Kinderheim. Wir alle, auch meine Schwester, die inzwischen eingetroffen war, wurden nach Northampton geschickt. Es war zwar keine kleine Stadt, aber man dachte, es wäre sicherer dort. Dort richteten wir uns wie alle anderen irgendwie in der neuen Situation ein. Die Engländer waren zu der Zeit noch nicht sehr auf Krieg eingestellt, und die ganzen Maßnahmen waren noch sehr »wacklig« und improvisiert.

Das galt natürlich besonders für die Maßnahmen, die uns Flüchtlings-kinder betrafen.

Wir, das ganze Kinderheim zusammen, wurden in Northampton ein-geschult, und zwar faßte man uns zunächst gemeinsam in einer Klasse zusammen, weil wir alle ja im selben Alter waren, alle 13, 13einhalb Jahre alt. Ich war eine der Jüngsten. Man quartierte uns bei christlichen Familien ein – und das war ein ganz anderes Niveau, als ich es in Deutschland gekannt hatte. Es waren richtige Proletarier, die wenig davon verstanden, daß wir Juden waren, daß wir kein Fleisch essen und uns an bestimmte Regeln halten wollten. Es war in dieser Hinsicht eine schwere Zeit für uns.

Überhaupt war eigentlich alles noch nicht so richtig organisiert, man hatte keinen richtigen Schulunterricht, und wer 14 Jahre alt war, mußte die Schule schon verlassen, um zu verdienen, mußte in die Fabrik arbeiten gehen, nähen lernen oder ähnliches. Man hatte also nur acht Schuljahre, und dann war man nicht mehr schulpflichtig. Aber die Engländer hatten andere Sorgen als unseren Schulunterricht. Jeder hatte auf einmal ganz andere Sorgen, seine eigenen Sorgen.

Als ich 14 wurde, konnte ich mich nicht dazu entschließen, in eine Fabrik zu gehen, wo man am Samstag arbeiten mußte und wo man sich nicht an die jüdischen Vorschriften halten konnte. Ich wußte, ich wäre aus dem ganzen Judentum herausgezogen worden. Es gab auch keine jüdische Gemeinde in Northampton, jedenfalls keine, die sich gezeigt hätte. Es wohnten dort wahrscheinlich auch einige Juden, aber sicherlich ganz assimilierte, denn es gab kein kulturelles jüdisches Leben. Deshalb beschloß ich, auf eine Hachschara zu gehen, die unter der Leitung des Habonim stand. Die religiösere Bewegung der Misrachi nahm so junge Kinder nicht auf, aber der Habonim hatte in England eine Hachschara-gruppe aufgebaut, die auch Kinder akzeptierte. Auf dieser Hachschara waren wir dann sieben Kinder von 14 bis 15 Jahren, ich war die Allerjüngste – ich bin an meinem Geburtstag, meinem 14ten Geburtstag, auf Hachschara gegangen.

Wir lebten einige Zeit auf einer Farm in Ostengland, bis man sich etwa ab dem Mai/Juni 1940 in England stärker bewußt wurde, daß es eine Fünfte Kolonne unter den deutschen Emigranten geben könnte. Die Deutschen – auch die jüdischen Deutschen – wurden also interniert. Viele hat man nach Australien geschickt, viele nach Kanada, einige waren für ein paar Monate auf der Isle of Man, viele meldeten sich freiwillig zum britischen Militär. Wir in unserer Gruppe waren im Grunde für all das zu jung; man konnte uns auch nirgends zur Arbeit einteilen und wußte nicht, was man mit uns machen sollte. Wir wurden schließlich wieder nach London in ein anderes, auch jüdisches Kinderheim geschickt, danach in ein Kinderheim im Südwesten von England. Dort hatte der Habonim mehrere Kinderheime, in die Kinder evakuiert wurden, um sie in jüdischer Umgebung zu erziehen. Wir gingen in die örtliche nichtjüdische Volksschule, lebten aber im jüdischen Kinderheim, in einer jüdischen Umgebung: Das Essen war koscher, Schabbat war Schabbat. Dort blieben wir, bis wir alle 15 Jahre alt waren. Danach arbeitete ich bis 1945 auf einer Reihe von Hachscharaplätzen, wo ich jeweils entweder in der Landwirtschaft beschäftigt war oder half, die Gruppe zu versorgen; ich war zum Beispiel eine Zeit verantwortlich für die Küche.

Während dieser Jahre lebte ich immer mit dem Ziel, nach Palästina auszuwandern. In England zu bleiben, wäre für mich nie in Frage gekommen.

1946 schließlich konnte ich England zwar verlassen, Palästina erreichte ich allerdings erst auf Umwegen. Da die Engländer die jüdische Einwanderung nach Palästina beschränkten und nur begrenzt Zertifikate ausgaben, hatte sich auch von England aus eine illegale Einwanderung organisiert. Auf diesem illegalen Weg wurde man von England erst auf den Kontinent geschickt und zusammen mit den dortigen displaced persons nach Palästina gebracht. Ich kam 1946 nach Frankreich, wo es alle möglichen legalen und illegalen Organisationen gab, die in Frankreich oder in Italien für die Einwanderung nach Palästina arbeiteten.

1947 erreichte ich Zypern, und nach einigen Wochen Zwangsaufenthalt dort konnte ich nach Palästina einreisen. Einen Monat mußte ich noch in einem Lager für Einwanderer in Atlit in der Nähe von Haifa bleiben, dann, im November 1947, war ich endlich frei.

Seit 1952 lebe ich im Kibbuz A. Zuerst war ich in Galiläa, dann habe ich hierher geheiratet. Es war ein neuer Kibbuz. Ich bin mit einer Arbeitsgruppe hergekommen und dann bis heute geblieben. Mein Mann und ich haben sieben Kinder bekommen. Einer unserer Söhne ist im Jom-Kippur-Krieg gefallen.

*Anmerkungen*

1   Das Interview wurde am 7.12.1989 in Israel geführt. Die Zeitzeugin bleibt auf eigenen Wunsch anonym.
2   Maimonides (1135-1204), bedeutendster jüdischer Philosoph des Mittelalters; nach Titel und Initialen seines eigentlichen Namens – Rabbi Moses ben Maimon – Rambam genannt.
3   Rabbiner Hans Joseph Heinemann (geb. 15.4.1915 in München; gest. 5.1.1976 in Jerusalem) war seit April 1937 an der Jawne tätig. Er heiratete im September 1938 seine Kollegin Hilde Katz. Heinemann begleitete im Juli 1939 eine Gruppe von Schulkindern der Jawne nach England. Seine Frau

konnte nicht mehr emigrieren. Sie wurde 1942 deportiert und ist verschollen. 1949 wanderte Heinemann nach Israel aus und war dort Professor an der Hebräischen Universität Jerusalem (vgl. Corbach, Jawne, S. 250 f.).

# Sara Ballin

*geb. Sophie Goldberg[1]*
*geb.: 18.11.1926*
*Eltern:*
*Benjamin Goldberg (1896-1956)*
*Taube geb. Rozansky (1906-1988)*
*Schwester: Erna (Esther) (\* 1925)*

Mein Vater Benjamin Goldberg wurde 1896 in Lublin geboren, war also gebürtiger Pole. Während des Ersten Weltkrieges verschlug es ihn, ich glaube mit einer Arbeitskolonne, nach Elsaß-Lothringen, von wo er dann später nach Köln kam. Hier ging er bei zwei Schneidermeistern in die Lehre, machte nach drei Jahren seine Gesellenprüfung und anschließend auch die Meisterprüfung.

Meine Mutter wurde 1906 in Minsk-Masowjetzki, einer Garnisonsstadt in der Nähe von Warschau, geboren. 1922 zog sie nach Köln. Sie war damals schon Waise, hatte aber eine Schwester, die in Köln verhei-

*Abb.1* Familie Goldberg mit Verwandten: links Taube Goldberg u. Ehemann Benjamin mit Tochter Erna; daneben Max u. Maria Ickow geb. Rozansky, Max u. Ida Rozansky geb. Stadtländer, 1925/26

ratet war. Die Schwester, eine gewisse Frau Ickow, meinte: »Was sollst du alleine in Polen, komm rüber und versuch hier zu leben.« Man hat zu der Zeit eben ein junges Mädchen nicht alleine gelassen. So kam sie nach Köln und lebte bei den Verwandten, bis sie meinen Vater kennenlernte und ihn 1925 heiratete. Mein Vater war Maßschneider. Bis er 1933 wegen der Boykotte aufgeben mußte, hatte er ein Ladengeschäft auf dem Mauritiuswall, im selben Haus, in dem wir auch wohnten. 1933 zogen wir in die Sternengasse 66 um, und dort blieben wir bis zu unserer Flucht 1939.

Ich bin 1926 geboren und habe daher die Zeit vor 1933 kaum bewußt erlebt, aber an einiges kann ich mich doch noch gut erinnern.

Meine Mutter hatte ein erstklassiges Verhältnis zu ihren christlichen Nachbarn. Bei uns im Haus wohnten nur Christen, sowohl im Haus am Mauritiuswall wie in der Sternengasse. Und ich muß sagen, die Nachbarn waren uns bis zum letzten Moment behilflich; sie fragten immer wieder: »Frau Goldberg, brauchen Sie irgend etwas?« Ich glaube, das lag auch am Wesen meiner Mutter. Ich habe längst nicht das Verhältnis mit meinen Nachbarn, das meine Mutter mit den ihren hatte. Wie oft frage ich mich: Wieso hat meine Mutter mit ihren Nachbarn so vieles gemeinsam unternommen? Wissen Sie, ich erinnere mich, als ich ein kleines Kind war und wir noch am Mauritiuswall wohnten – es war also vor 1933 –, wurde eine der Nachbarsfrauen krank und mußte nach Bonn in eine Nervenheilanstalt gebracht werden. Obwohl man eigentlich Kinder in ein solches Hospital nicht mitnimmt, ließ meine Mutter uns Mädchen mitgehen, als sie die Nachbarin dort besuchte. Meine Mutter dachte, es könnte der Kranken helfen, Kontakt mit dem normalen Leben zu halten und fand, sie müsse ihr auch auf diese Weise ihre Anteilnahme zeigen. Die Nach-

*Abb.*2 Erna Goldberg, 1925

barin empfand das auch und sagte wiederholt: »Frau Goldberg, daß Sie die beiden Mädchen mitgenommen haben!« So war meine Mutter.

Trotz der guten Beziehungen zu unserer christlichen Umgebung war der engere Freundeskreis meiner Eltern jüdisch, und zwar west- wie ostjüdisch. Meine Eltern hatten also durchaus nicht nur Kontakt zu Juden, die wie sie selbst aus Polen eingewandert waren. Im Gegenteil, zu den ostjüdischen Leuten wurde oft eine gewisse Distanz eingehalten, wie ja auch ganz allgemein die ostjüdische Bevölkerung bei den westjüdischen, eingesessenen Leuten auf Distanz traf – vielleicht weil sich die Zugewanderten aus dem Osten nicht so integriert haben, wie es hätte sein sollen. Ich selbst allerdings habe diese Unterschiede als Kind kaum gespürt.

Mein Vater liebte Deutschland. Er war ja ganz jung nach Deutschland gekommen und hatte sich bei seinen Meistern sehr glücklich gefühlt. Er hing sehr an ihnen und nahm uns immer mit, wenn er sie besuchte, so daß wir alle, die ganze Familie, zu ihnen eine freundschaftliche Beziehung hatten.

Soweit ich mich besinne, gehörte mein Vater außer der Schneiderinnung keiner Organisation an; ich wüßte auch nicht, daß er einem der jüdischen Vereine beigetreten wäre. Immerhin war er, wahrscheinlich nur während seiner Junggesellenjahre, einige Zeit Mitglied des Kölner

*Abb.3* Benjamin Goldberg (ganz links) mit seinen Schwägern: 1.u.2.v.r. Max Ickow u. Max Rozansky, 1926/27

Männergesangvereins gewesen. Er hatte eine schöne Stimme und sang gern.

Mein Vater war ein großer Naturfreund und liebte die Umgebung Kölns sehr. Am Lenkrad seines Fahrrads hatte er einen Kindersattel angebracht, in den aber nur jeweils ein Kind hineinpaßte, und so fuhr er abwechselnd sonntags mal mit der einen, mal mit der anderen Tochter los. Meine Mutter kam mit dem zweiten Kind in der Straßenbahn nach. Auch auf den Fahrten zu seinen Kunden in die Kölner Vororte nahm uns mein Vater häufig mit. Die schöne und grüne Umgebung Kölns gehört deshalb zu meinen frühesten Erinnerungen.

Unsere Familie lebte traditionell religiös. Der Haushalt wurde streng koscher geführt, es wurde mit getrenntem Geschirr gekocht. Zum Gottesdienst gingen wir in die Roonstraße, aber nicht in die große Synagoge, sondern in eine kleinere, die im Hof neben der großen lag. Die Leute, die sich hier zum Beten trafen, waren meist polnischen Ursprungs und vertraten eine strengere religiöse Richtung als die Besucher der großen Synagoge. Die Gottesdienste in der kleinen Synagoge entsprachen besonderen traditionellen Vorstellungen und waren nicht so »kirchenhaft«.

*Abb.4* Sara Ballin und ihre Schwester Erna, um 1935

Meine Schwester und ich sangen aber trotzdem im Chor der großen Synagoge. In der kleinen gab es natürlich keinen Chor. Es war an sich schon ungewöhnlich, daß Mädchen in einem Synagogenchor sangen – in einer orthodoxen Synagoge wäre das gar nicht möglich. Mädchen haben da nichts zu suchen, höchstens zu beten, aber bestimmt nicht zu singen. Außerdem gab es in der großen Synagoge eine Orgel, was bei den Orthodoxen verpönt war. Übrigens war der Organist in der Synagoge Roonstraße – ein Herr Kreuz – kein Jude.

Ich kam 1933 in die Volksschule Lützowstraße, nicht in die Moriah, denn dafür waren wir wiederum nicht fromm genug. In die Moriah gingen Kinder aus ganz religiösen Familien. Sie wurden dort vor allen Dingen in Religion unterrichtet. Wir hatten in der Lützowstraße natürlich auch Religionsunterricht: Wir wurden in biblischer Geschichte unterrichtet und lernten sogar Hebräisch. Aber das alles nur so am Rande. Diese

306

Pflichtstunden waren vielleicht auf acht in der Woche beschränkt, wenn nicht noch weniger.

Meine Schwester und ich gingen bald in einen jüdischen Verein, und zwar in den Hakoah, den zionistischen Sportverein. Wir mußten ja irgendeinem Verein angehören, sonst hätten wir allein auf den Straßen rumlaufen müssen. Denn in dem Moment, wo wir sagten, daß wir jüdische Kinder sind, konnten wir zu anderen Kindern keinen Kontakt mehr bekommen. So hängten wir uns an die jüdischen, zionistischen Jugendvereine, ganz einfach, um in einem gewissen Rahmen zu sein und uns in unserer Freizeit beschäftigen zu können. Wir müssen ziemlich früh beigetreten sein, denn ich weiß noch gut, daß unsere Mutter uns schon als ganz kleine Kinder vom Kindergarten in der Bachemer Straße abgeholt und uns in die Brüsseler Straße zum Turnverein gebracht hat. Ich erinnere mich an die Sportveranstaltungen der jüdischen Vereine in Deckstein und an eine Art Feriencamps, die dort stattfanden. Wir wurden in den Ferien morgens am Neumarkt abgeholt und nach Deckstein ins Grüne gebracht. Dort wurden Spiele mit uns organisiert und Sport getrieben: Sackhüpfen und Löffellauf und all diese Sachen. Wir nannten dieses Camp auch Milchstation, weil es für uns Kinder immer Milch gab, die wahrscheinlich von der jüdischen Gemeinde gestiftet war.

An einen Sporttag, es muß 1935 oder 1936 gewesen sein, erinnere ich mich genau. Weil so schönes Wetter war, gingen wir nach dem Aufmarsch der Sportler und den Spielen noch auf die Decksteiner Wiese. Meine Schwester und ich tobten in unseren Vereinsanzügen, die wie die jüdische Fahne blau-weiß waren, herum, als ein Parkwächter meine Mutter plötzlich ansprach und verlangte: »Bitte verlassen Sie diese Wiese.« Meine Mutter fragte: »Warum? Machen wir irgend etwas schmutzig oder sind die Kinder zu laut?« »Nein«, gab er zur Antwort, »aber Sie sind jüdisch.« Meine Mutter ist wie ein begossener Pudel sitzen geblieben. Das war das erste Mal, daß ich die Ausschließung aus dem normalen Leben der anderen so deutlich erlebte; es war das erste Mal, daß wir darauf, daß wir Juden waren, persönlich in dieser Weise angesprochen wurden. Wir mußten also die Wiese verlassen, weil wir Juden waren.

Wissen Sie, man hatte inzwischen sowieso gelernt, sich zu ducken, um nicht aufzufallen. Was hätten wir auch anders tun sollen? Man konnte ja doch nichts gegen das Regime machen.

Später wurden meine Schwester und ich auch zeitweise Mitglieder des Habonim und des Hashomer Hazair. Aber dabei ging es uns nicht um die politische Richtung der Vereine. Wir blieben auch nirgends lange, denn eigentlich gingen wir immer mehr aus Neugierde mit, wenn uns jemand aufforderte. Gewöhnlich, wenn man nicht gerade sehr politisch dachte, trat man in einen Verein wegen einer Freundin ein. Wenn die Freundin plötzlich auswanderte und nicht mehr da war, was sollte man dann in diesem Verein noch? Man wurde eben Mitglied in einem anderen, in dem noch eine Freundin war – und Freundinnen wurden es insgesamt immer weniger, denn viele wanderten im Laufe der Zeit mit ihren Familien aus.

Meine Schwester und ich dachten nicht politisch, dazu waren wir auch noch zu jung, aber vielleicht zog uns doch die zionistische Richtung mehr an, weil wir meinten: »Es muß doch irgendwo einen Ort geben, wo Juden nicht unerwünscht sind, wo wir bleiben können.«

*Abb.5* Postkarte ausgewanderter Verwandten aus Palästina; unten Maria Ickow geb. Rozansky und Ehemann Max, Mitte 30er Jahre

Meine Mutter dachte schon seit etwa 1936 an Auswanderung. Ihre Geschwister waren schon in Palästina: Ihr Bruder Max Rozansky, der am Krummen Büchel gewohnt hatte, war im Winter 1934/35, ihre Schwester kurz danach ausgewandert. Meine Mutter wäre gerne mit ihren Geschwistern zusammengewesen, aber mein Vater wollte Deutschland nicht verlassen, er wollte bleiben.

*Abb.6* Gemeindeblatt der Synagogengemeinde, 1937

# Gebt unserem Handwerk Arbeit!
## Verein selbst. jüd. Handwerker. Geschäftsstelle Ruf: 5 6315

*Abb.7* Angebote für Auswanderer (Jahrbuch d. Synagogengemeinde, 1934; Jüdisches Gemeindeblatt f. Rheinland u. Westfalen, 1937, 1938)

Mein Vater hatte merkwürdigerweise noch bis Ende 1938 fast nur christliche Kundschaft und konnte trotz eines deutlichen Rückganges in der Beschäftigung bis dahin noch ein kleines Geschäft in der Sternengasse führen, schneidern und Stoffe verkaufen. Aber es war schon kein Ladengeschäft mehr, sondern er arbeitete innerhalb unserer Wohnung. Die Kundschaft kam meistens aus der näheren Umgebung, aber auch aus Klettenberg oder sogar aus Frechen. Mein Vater nahm uns häufig zu den Kunden mit. Er besuchte die Kunden persönlich, denn ein Schneidermeister fuhr damals noch selbst zu den Anproben. Ein Maßanzug mußte zwei, dreimal anprobiert werden – es war eine ganze Zeremonie.

Wir hatten in der Sternengasse eine ziemlich große Wohnung, eine ganze Etage, und da das Geschäft so zurückging, vermietete meine Mutter schließlich zwei Zimmer, die vom Flur abseits lagen, möbliert. Nachdem sie eine Annonce in die Zeitung gegeben hatte, meldete sich ein Herr. Er schaute sich die Wohnung an und wollte sie mieten. Meine Mutter sagte zu ihm: »Ich muß Sie aber darauf aufmerksam machen, daß wir Juden sind.« Er antwortete: »Sie werden lachen, aber das stört mich nicht.« Er holte eine Fotografie aus seiner Tasche, auf der er in SS-Uniform zu sehen war, und zeigte sie meiner Mutter. »Das ist ja eine SS-Uniform«, sagte meine Mutter, »ich will keine Schwierigkeiten.« Er gab zur Antwort: »Was können sie mir tun? Ich will diese Wohnung haben.« Und was soll ich Ihnen sagen? Dieser Herr wurde ein guter Freund der Familie. Er ging abends mit meinen Eltern zum Kartenspielen

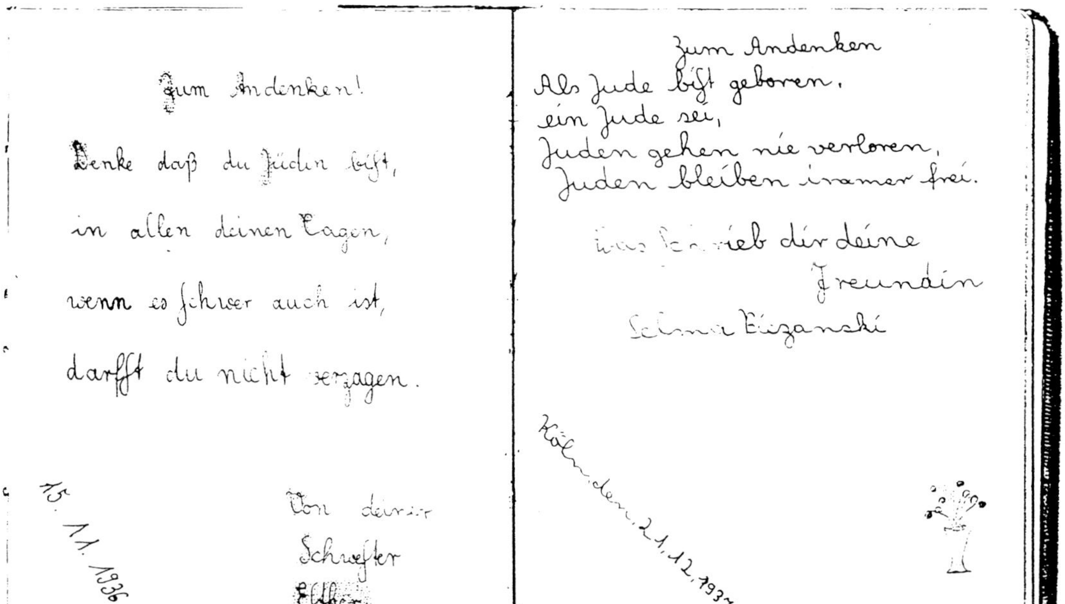

*Abb.8* Aus dem Poesiealbum Sara Ballins

310

zu unseren Verwandten, er war unser Weihnachtsmann. Als er einmal krank war und etwas von seiner Dienststelle abgeholt werden mußte, bat er wie selbstverständlich meine Mutter: »Frau Goldberg, sind Sie so gut und holen Sie es für mich.« Meine Mutter ging dorthin und mußte etwas unterschreiben – noch dazu mit diesem jüdischen Namen! Am anderen Tag sagte er: »Da haben doch die dreckigen Säue dort gesagt: Schicken Sie nicht mehr das Jüddeweib. Ich habe geantwortet: Ich schicke, wen ich will. Dieses ›Jüddeweib‹ ist mir lieber als manch einer von uns.« Ja, es hat auch solche gegeben. Am Schluß haben sie ihm doch die Uniform weggenommen. Er hatte gedacht: Partei ist eine Seite, aber ich bin ein freier Mensch, ich kann tun und lassen, was ich will. Aber das war nicht der Fall. Er mußte schließlich die Uniform ausziehen, und ich bin mir sicher: wegen uns.

Dann kam der 28. Oktober 1938. Ich erinnere mich noch sehr gut an diesen Tag, an dem verschiedene Verwandte und vor allem viele Bekannte ausgewiesen wurden. Ich habe mir deshalb das Datum gut gemerkt. Irgendwie aber waren meine Eltern von dieser allgemeinen Aktion gegen polnische Juden nicht betroffen. Mein Vater stammte zwar aus Polen, aber er war staatenlos, er war kein polnischer Bürger, hatte wohl darauf auch keinen Wert mehr gelegt. Meine Mutter war polnische Staatsbürgerin. Übrigens waren meine Eltern, wie das bei Juden aus dem Osten sehr oft vorkam, nur durch einen Rabbiner getraut, nicht vor dem Standesamt. Rabbiner Dr. Rosenthal[2] hatte meine Eltern am 10. Januar 1925 getraut, und in den Papieren meines Vaters stand dementsprechend auch »nach jüdischem Ritus mit Taube geb. Rozansky verheiratet«. Um die Zeit der Ausweiseaktion hatte meine Mutter ihren Paß gerade an das polnische Konsulat zum Verlängern geschickt. Soviel ich weiß, blieb der Paß aus irgendeinem Grund dort. Jedenfalls wurde dadurch übersehen, daß meine Mutter nicht staatenlos war wie mein Vater. Eigentlich hätte meine Mutter mit uns Kindern damals ausgewiesen werden müssen. Tatsächlich aber hatten wir das Glück, zusammenbleiben zu können, und wir wurden auch bis zum Ende des Krieges, bis zur Befreiung nicht getrennt.

Einige Tage nach der Polenausweisung folgte die »Kristallnacht«, die ich als den wichtigsten Einschnitt in meinem damaligen Leben empfand.

Am Morgen nach dieser Nacht, der Nacht vom 9. zum 10. November 1938 gingen meine Schwester und ich wie sonst zur Schule. Meine Mutter machte uns für den Schultag fertig, und dann machten wir uns auf den Weg. Da sich die jüdische Volksschule nicht mehr wie früher in der Lützowstraße befand, sondern einige Zeit vorher in ein Gebäude in der Löwengasse in der Nähe des Rheins verlegt worden war, führte unser Schulweg in eine Gegend, die uns noch fast unbekannt war und in der

*Abb.9* Volksschule Löwengasse

wir uns noch fremd fühlten. Unterwegs sahen wir Geschäfte, die zertrümmert waren, Geschäfte, deren Fenster man wie nach einem Einbruch
mit Brettern zugenagelt hatte. Den ganzen Schulweg über folgten in
Abständen solche zerstörten Geschäfte oder Häuser, und wir wunderten
uns noch, daß es so viele Einbrüche gegeben haben soll. Uns fiel gar
nicht auf, daß das alles jüdische Geschäfte waren, wir wußten gar nicht,
daß es »jüdische« Geschäfte gab, denn bis dahin hatten wir nie darüber
nachgedacht. Als wir in der Schule eintrafen, sahen wir viele der anderen
Kinder weinend kommen. Manche von ihnen hatten auf dem Weg zur
Schule die Synagogen brennen gesehen und erzählten erschreckt davon.
Meine Eltern, die ja aus Polen stammten, hatten uns manchmal erzählt,
daß es in den Städten dort Pogrome gegeben hat. Aber für uns waren
diese Berichte so etwas wie Legenden, nichts, was wir uns als Wirklichkeit vorstellen konnten. Daß die Synagogen in Köln brennen sollten, war
für uns einfach unglaublich. Meine Mutter erfuhr erst einige Zeit, nachdem wir von zu Hause weggegangen waren, von den Vorgängen in der
Stadt. Bekannte hatten sie besorgt gefragt: »Haben Sie die Kinder

*Abb.10* Synagoge Glockengasse nach der Zerstörung im Novemberpogrom

wirklich in die Schule geschickt, nach dem, was diese Nacht passiert ist?« Sie fragte zurück: »Wieso, was war denn diese Nacht?« Natürlich bekam sie Angst um uns und lief in die Schule, um uns nach Hause zu holen. Der Rektor ließ uns aber nicht gehen. Er sagte: »Nein, Frau Goldberg, die Kinder bleiben in der Schule. Solange sie in der Schule sind, passiert ihnen nichts. Dafür hafte ich.« Erst nachmittags, als auch die anderen Mütter ihre Kinder holen wollten, gingen wir mit unserer Mutter nach Hause.

Mein Vater wurde an diesen Tagen nicht verhaftet.

Nach der »Kristallnacht« verließen immer mehr Bekannte Köln; die jüdische Bevölkerung wurde immer kleiner. Wir wußten nun auch, daß wir nicht mehr länger in Deutschland bleiben konnten. Auch die Nachbarn wurden zunehmend ängstlicher. Das Einkaufen zum Beispiel war nun schon sehr schwierig und belastend – aber schließlich brauchten wir ja etwas zum Essen. Wir mußten einkaufen gehen. Eine Nachbarin, die einen Kramladen besaß, riet damals meiner Mutter: »Frau Goldberg, schicken Sie bitte zum Einkaufen abends die Sophie zu mir. Ich kann mir erlauben, ein Kind gegen jeden zu verteidigen, aber Ihren Mann oder Sie könnte ich nicht verteidigen.« Weil es also sicherer schien, mußte ich immer die Einkäufe für uns alle machen.

Insgesamt würde ich sagen, waren die Nachbarn mehr oder weniger freundlich. Wir hatten zwar eine Nachbarin, die sich nach außen hin zu uns am freundlichsten zeigte, aber sich in Wirklichkeit hinterlistig verhielt. Wir wußten, daß sie eine Nazi war. Es war eine kinderlose Dame, die nichts anderes zu tun hatte, als den ganzen Tag am Fenster zu stehen und zu gucken, was jeder machte. Sie hatte in der »Kristallnacht« versucht, die SA-Truppen auf uns zu hetzen, damit sie unsere Wohnung demolieren sollten. Aber ein anderer Nachbar, ein SA-Mann, hatte zu ihr gesagt: »Das mach ich nicht. Dazu hab ich keinen Befehl bekommen.«

Es wurde alles immer schwieriger. Man wurde beobachtet und fühlte sich auch immer mehr beobachtet. Wir Kinder wurden zu dieser Zeit oft auf der Straße verprügelt, nur deshalb, weil wir Juden waren. Für uns galt in dieser Zeit nur eins: Sich ducken, damit man uns nicht bemerkte. Wir wollten nicht auffallen und durften auch nicht auffallen. Wir wünschten uns nichts mehr, als aus dieser Hölle herauszukommen, und überlegten: Wie kommt man hier bloß weg? Schließlich faßte meine Mutter einen Entschluß und übergab die Organisation unserer Flucht einem Schmuggler.

Anfang 1939 flüchteten zuerst mein Vater und meine Schwester über die Grenze nach Belgien. Als sie uns von Brüssel aus eine Karte schickten mit der Mitteilung, sie seien gut angekommen, bestellte meine Mutter wieder einen Schmuggler, der sie und mich hinüberbringen sollte. Das

Wetter hatte sich aber inzwischen sehr verschlechtert, und der Schmuggler lehnte es deshalb ab, uns sofort zu führen. Er sagte zu meiner Mutter: »Es tut mir sehr leid, wir können jetzt nicht über die Grenze; es ist Schneegestöber in der Eifel, es geht nicht. Unter diesen Bedingungen nehme ich keine Männer mit, schon gar nicht Sie und ein Kind.« Meine Mutter hörte aber nicht auf, ihn zu drängen und erklärte immer wieder: »Wir müssen jetzt raus.« Es war um die Zeit der Sudetenkrise, und sie glaubte, der Krieg würde ausbrechen. Und er hätte ja ebensogut schon damals ausbrechen können, auch wenn er dann tatsächlich erst einige Monate später begann.

Schließlich gelang es meiner Mutter, sich durchzusetzen, und es wurde uns ein Zeitpunkt genannt, an dem wir gemeinsam mit einer anderen Dame und ihrer Tochter – Charlotte und Röschen Jakobowitz – über die Grenze gebracht werden sollten. Auch der Preis für den Schmuggler wurde festgesetzt. Er nahm eine ganze Menge Geld, ja, eine ganze Menge Geld. Wieviel es war, weiß ich aber nicht.

An den letzten Tag in Köln kann ich mich noch gut erinnern. Es war so ein richtig regnerischer Tag, und ich dachte – ich war sowieso ein bißchen sentimental: »Ob ich die Stadt wohl jemals wiedersehe?« Ich habe mir das alles genau eingeprägt, die Rheinbrücken, diesen grauen Tag.

Der Grenzübergang von der Eifel nach Belgien war nicht einfach. Wir sind den ersten Teil zu Fuß hinüber. Es war alles vereist, und wir mußten bis zu den Knien im Schnee waten. Meine Beine wurden so gefühllos, daß ich zu meiner Mutter sagte: »Mama, geh du alleine weiter, ich schaff das nicht.« Sie antwortete: » Ich werde dich doch nicht alleine lassen!« Ich jammerte: »Ich habe meine Schuhe verloren, ich kann nicht mehr weiter.« Da guckt sie auf meine Füße und sagt: »Du hast doch deine Schuhe noch an!« Aber meine Beine waren so gefühllos, ich konnte sie einfach nicht mehr fühlen. Jeder, der Eis und Schnee kennt, der weiß, wie dieses Gefühl der Kälte und Abgestorbenheit ist. Ich jedenfalls habe von den Erfrierungen noch heute Narben. Das letzte Stück des Fluchtwegs konnten wir in einem Lastwagen fahren, der hinter einer doppelten Wand ein Versteck für Flüchtlinge hatte. Hinter dieser Wand saßen wir ganz eingepfercht zusammen: meine Mutter mit mir und Frau Jakobowitz mit ihrem Mädelchen auf dem Schoß.

Schließlich kamen wir nach Brüssel und trafen mit meinem Vater und meiner Schwester zusammen, die sich bei Verwandten aufhielten. In Brüssel blieben wir dann bis zu unserer Auswanderung 1946. Charlotte und Röschen Jakobowitz wurden später geschnappt und ins Konzentrationslager verschleppt.

*Abb.11* Familie Goldberg in
Belgien vor dem Unter-
tauchen, 1941

Zunächst war unser Aufenthalt in Belgien ganz ungesichert, weil wir einen bestimmten Ausweis, das heißt eine ordnungsgemäße Aufenthaltsgenehmigung, brauchten. Solange man diesen Ausweis nicht hatte, konnte man jederzeit wieder nach Deutschland zurückgeschickt werden. Nach einiger Zeit der Unsicherheit erhielten wir unsere Papiere dann doch noch, so daß zumindestens das in Ordnung war und wir versuchen konnten, uns in unserem neuen Leben einzurichten. Meine Schwester und ich gingen bald darauf wieder zur Schule, lernten Französisch und übersprangen sogar zwei Klassen, weil wir im Unterrichtsstoff viel weiter waren als die Kinder gleichen Alters in Brüssel.

1940 überrannten die Deutschen Belgien, und damit fing für uns alles wieder von vorne an. Am Anfang sagten uns die Belgier – Juden wie Christen: »Was erzählt ihr für Greuelmärchen über die Deutschen, die sind doch gar nicht schlimm. Die deutschen Soldaten sind doch eigentlich nette Leute, höflich, ordentlich. Gar nicht so wie im Ersten Weltkrieg.« Im Ersten Weltkrieg hatten die Deutschen in Belgien ja fürchterlich gehaust, aber 1940 traten sie zuerst sehr zivilisiert auf, so daß man dachte, wir Flüchtlinge aus Deutschland übertrieben mit unseren Berichten.

Bald, ich glaube ab 1941, mußten wir den gelben Stern tragen; ich erinnere mich noch genau, wie wir mit dem Stern auf der Kleidung zur Schule gegangen sind. Ab 18 Uhr durften wir auch nicht mehr auf die Straße, aber wenn etwas Dringendes war, zog ich einfach meine Jacke mit dem Stern aus, legte sie über den Arm und ging so los. Inzwischen hatte ich gut Französisch gelernt und sprach wie die Bevölkerung, so daß ich überhaupt nicht auffiel. Schließlich durften wir auch nicht mehr zur Schule, denn Schulen wurden für jüdische Kinder verboten. Meine Eltern bekamen in dieser Zeit keine Arbeit mehr, und wir mußten zum Teil von einer Unterstützung der jüdischen Hilfsorganisation leben.

1942 oder 1943 erhielten wir den Befehl, uns innerhalb von 48 Stunden in einem Sammellager in Mecheln zu melden und dazu eine Reiseausrüstung und verschiedene andere Dinge mitzubringen. Wir kauften uns Rucksäcke und überlegten, was wir mitnehmen sollten. Die Möglichkeiten waren vom Gewicht her ja so beschränkt, und dabei hatte man Angst vor dem Winter. Wir wollten den Befehl wirklich befolgen und uns im Lager melden, denn wir wußten nicht, was wir sonst tun oder wohin wir sonst gehen sollten. Außerdem – für uns galt damals: Befehl ist Befehl.

Alle unsere Bekannten rieten uns, uns nicht zu melden. Die Aufforderung an uns war gerade zu der Zeit gekommen, als es hieß, daß die alliierten Truppen in Nordfrankreich gelandet seien, und man für kurze Zeit dachte, die Befreiung wäre nicht weit. Unsere Freunde sagten deshalb: »Seid ihr verrückt? Wieso wollt ihr euch jetzt melden, wo es vielleicht nur noch ein paar Stunden dauert, bis wir frei sind?«

Natürlich war uns allen schon längst klar, daß von den Lagern und den von dort abgehenden Transporten niemand zurückkam. Wir wußten zwar nichts Genaues, niemand hatte ein Radio, und man durfte ja auch keinen ausländischen Sender hören. Man wußte nur, daß von denen, die gefahren waren, niemand zurückgekommen war und niemand von dort auch nur ein Kärtchen geschrieben hatte. Das konnte nicht mit rechten Dingen zugehen. Denn es sind Menschen von den Eltern weggekommen, von den Kindern oder von den Geschwistern und hätten sicher etwas geschrieben – es hätte immer einen Weg dazu geben müssen; sogar aus der

Gefangenschaft kann man ein Briefchen herausschmuggeln. Es war uns klar, daß diese »Arbeitslager« wahrscheinlich keine Arbeitslager waren. Und mit dem Vernichten des jüdischen Volks hat man ja auch oft genug gedroht, nicht wahr? Wir waren also schon sehr skeptisch, aber meine Mutter sagte: »Wo sollen wir hingehen? Wir haben kein Geld, wir haben keinen Ort, wohin wir gehen könnten. Was bleibt uns anderes, als uns zu melden?« In dieser verzweifelten Situation bot uns ein Mann, dem meine Mutter einmal geholfen hatte, Geld an, und gleichzeitig schlug eine Bekannte, deren Mutter mein Vater einmal in irgendeiner Weise behilflich gewesen war, vor: »Sie können sich bei mir verstecken, bis die Engländer kommen.« Die Bekannte, eine Jüdin aus Wien, war mit einem nichtjüdischen Belgier verheiratet und hatte dadurch eine andere Identitätskarte als wir – sie hatte sozusagen den richtigen Ausweis. Das ist im ganzen Leben wichtig: Sie müssen immer den richtigen Ausweis haben. Das öffnet Ihnen Fenster und Türen. Wir hatten bloß einen weißen Ausweis, eine Ausländerkarte, die seit dem deutschen Einmarsch zusätzlich mit dem riesigen roten Stempel JUDE gekennzeichnet war. Unsere Bekannte besaß dagegen eine grüne Karte, den belgischen Ausweis, und war von diesem Stempel befreit. Später wurde diese Frau allerdings geschnappt, und auch ihr grüner Ausweis nützte ihr dann nichts mehr. Sie wurde geschnappt, ins Konzentrationslager verschleppt und starb dort an Typhus. Das weiß ich von Augenzeugen.

Statt uns im Lager Mecheln zu melden, zogen wir also in die Wohnung dieser Frau, konnten aber dort nicht lange bleiben. Wir waren nur ein paar Monate bei ihr, weil ihr christlicher Mann mit dem allem nicht einverstanden war. Und er hatte auch recht. Das Angebot, das sie uns machte, machte sie nämlich auch anderen, so daß wir eine Zeitlang zu 17 Leuten in ihrem Haus versteckt lebten. Unter den Versteckten waren auch zwei kleine Kinder, die ich mein Lebtag nicht vergessen werde. Sie sind umgekommen. Fast alle Freunde und Bekannten, die wir damals hatten, verschwanden schließlich auf Nimmerwiedersehen. Wir haben nur noch Fotos von ihnen, und mit diesen Bildern leben wir. Wir gedenken sehr viel der Opfer.

Ja, wir konnten bald nicht mehr in diesem Haus bleiben, da der Mann uns eines Tages sagte: »Morgen will ich Sie hier nicht mehr sehen, sonst rufe ich wirklich die Gestapo.« Aber wo sollten wir hingehen? Geld hatten wir nicht. Mein Vater hatte die französische Sprache überhaupt nicht erlernt, meine Mutter konnte sie nur verstehen. Schließlich gingen meine Mutter und ich einfach los und wanderten durch die Straßen, um eine Unterkunft für uns alle zu suchen. Als wir an einem Haus lasen: »Wohnung zu vermieten«, wollte ich dort fragen und einfach ausprobieren, ob es klappen könnte. Ich sagte zur Mutter: »Weißt du denn einen anderen Ausweg?« Wir klingelten also, eine Frau öffnete und zeigte uns die Wohnung. Sie war viel zu schön für uns, viel zu groß und wahrscheinlich auch viel zu teuer. Aber das wäre uns für eine kurze Zeit egal gewesen. Ich sagte also: »Wir möchten gern hierbleiben, aber ich muß Ihnen sagen, daß wir Juden sind.« Sie antwortete: »Ich kann Ihnen überhaupt nicht sagen, wie leid mir das tut, was mit den Juden geschieht, aber ich kann Sie trotzdem nicht nehmen.« Im Haus war nämlich eine Apotheke mit viel Kundschaft, und da wären wir wohl eine Gefahr gewesen. Außerdem war der Ehemann dieser Frau Professor an der Universität von Brüssel, und sie meinte deshalb: »Er darf sich das nicht erlauben, das könnte ihn seinen Posten kosten. Aber versuchen Sie Ihr Glück gegenüber, da ist noch eine Wohnung frei.« Meine Mutter sagte nachher: »Wie konntest Du das nur sagen?« Wir machten noch einmal einen Anlauf und fragten im Haus gegenüber nach einer Wohnung. Es war tatsächlich eine Wohnung frei, und der Vermieter war auch bereit, sie uns zu überlassen. Er sagte nur, er müsse erst noch streichen, meinte aber, daß wir trotzdem schon am nächsten Tag kommen könnten. Ich sagte: »Wir würden gerne noch heute kommen.« Und das ging auch. Schließlich sagte ich dasselbe Liedchen noch einmal auf: »Wir sind aber Juden.« »Na ja«, meinte er, »da muß ich erst meinen Cousin fragen. Warten Sie solange.« Meine Mutter wurde sehr ängstlich, aber ich sagte zu ihr: »Vielleicht ist dieser Cousin einverstanden, vielleicht weiß er noch nicht einmal, was Juden sind. Was kann uns schon passieren? Die Leute kennen unseren Namen nicht, wissen nicht, wo wir herkommen; sie wissen gar nichts. Weglaufen können wir immer noch.« Nach ein paar Minuten kam der Mann mit seinem Cousin zurück, der ein bißchen gewandter, wendiger war. Der Cousin sagte: »Haben Sie keine Angst, ich bin Kommunist. Ich kenne Ihre Lage, Sie brauchen nichts zu befürchten.« Aber er meinte, daß der Vermieter doch ein ziemliches Risiko einginge und wir ihm deshalb 50 Francs Miete pro Monat mehr zahlen sollten. Wir hatten bis dahin noch gar keinen Preis ausgemacht; der Preis war auch nicht so wichtig, wir dachten, uns das Geld irgendwie bei Freunden und Bekannten zu besorgen.

So sind wir dorthin gezogen. Der Vermieter lieh uns sogar ein Öfchen und brachte uns Betten, obwohl es uns in unserer Situation auch gleichgültig gewesen wäre, wenn wir auf dem Boden hätten schlafen müssen. Was hat der Mann nicht alles getan, damit wir es gemütlich haben sollten! Wir selbst besaßen ja nichts mehr. Meine Mutter hatte schon alles verkauft, um uns über Wasser zu halten. Sie hat unsere Kleidung verkauft: Mäntel, Anzüge, das waren ja erstklassige Sachen, weil unser Vater Maßschneider war. Irgendwie grenzte die Gutmütigkeit, die Menschlichkeit des Vermieters der Wohnung an ein Wunder. Es haben nicht alle die Juden angezeigt, aber es gab sicher viele, die sagten: Ich gehe mal schnell meinen Cousin holen, und dann war die Gestapo da.

In dieser Wohnung haben wir vier – meine Eltern, meine Schwester und ich – bis zum Ende des Krieges gelebt. Wir waren bis zum Schluß zusammen. Wir haben gehungert, aber wir waren zusammen. Wir gingen kaum aus, konnten weder zur Schule gehen noch irgendeine Arbeit annehmen. Mein Vater, der kein Wort Französisch sprach, blieb tagsüber immer in der Wohnung und ging nur abends in der Dunkelheit kurz

*Abb.12* Die Schwestern Sara und Erna bei ihrer Ankunft in Palästina, 1946

spazieren. Wenn die Luftsirenen losheulten, die Stadt bombardiert wurde und jeder in den Keller lief, blieben wir in unserer Wohnung. Wir konnten nicht in den Luftschutzkeller, denn dort wären wir aufgefallen. Die Leute hätten ja gefragt: »Wer sind Sie? Wo wohnen Sie? Was machen Sie?« Das hätten wir ja nicht sagen können.

Ich glaube nicht, daß wir während dieser Zeit jemandem in der Nachbarschaft auffielen; es merkte niemand, daß wir Juden waren. Vielleicht haben es sich manche gedacht. Die Frau von gegenüber hat uns vielleicht manchmal gesehen, aber ich bin nie wieder in das Haus dort gegangen. Vielleicht hat sie gemerkt, daß die Wohnung an uns vermietet war, und vielleicht hat sie mich auch manchmal da herausgehen sehen, aber sie hat es nicht verraten.

In dieser Wohnung blieben wir bis zur Befreiung.

1946 wanderten wir alle vier nach Palästina aus. Wir hatten entschieden, daß wir dorthin gehören. Auch in Belgien wurden wir von den Christen nicht so ganz akzeptiert. Wir hörten auch hie und da mal: »Guck mal, wieviel Juden da noch übriggeblieben sind! Guck mal, wer da alles noch da ist! Es sind doch nicht alle umgekommen.« So, als ob sie es bedauert hätten. Und das konnten wir nicht mehr verkraften.

Ich muß Ihnen auch ehrlich sagen: Jeder ist hier bei unserem Besuch in Köln sehr freundlich zu uns. Aber würde ich irgend etwas anderes heraushören, ich würde niemals mehr deutschen Boden betreten. Können Sie das verstehen?

*Anmerkungen*

1   Das Interview wurde am 14.8.1989 in Köln geführt.
2   Dr. Ludwig Rosenthal (geb. 19.4.1870 in Wittelshoven; gest. 28.6.1938 in Köln) erhielt seine Rabbinerausbildung in Berlin. Seit 1897 amtierte er in Köln, seit den gottesdienstlichen Reformen von 1906 speziell an der Synagoge Glockengasse. Neben seinem Amt war er publizistisch tätig und vertrat die Interessen der Kölner Gemeinde in verschiedenen Organisationen und Gremien. Unter anderem war er Vorstandsmitglied des Allgemeinen Rabbinerverbandes und Vorsitzender des Provinzialverbandes rheinischer Synagogengemeinden (vgl. Asaria, Juden S. 203; Jüdisches Schicksal, S. 29).

# Zur Geschichte der Juden in Köln

Als im Oktober 1941 die Deportation der Kölner jüdischen Bevölkerung in die Konzentrationslager des Ostens begann, waren seit der Wiederzulassung der Juden in Köln Ende des 18. Jahrhunderts 143 Jahre vergangen: Nach der Vertreibung der Juden aus der Stadt im Jahr 1424 und ihrer jahrhundertelangen Ausschließung hatte der erste jüdische Zuwanderer erst 1798, unter französischer Herrschaft, seinen Wohnsitz in Köln nehmen können. Mit diesem Zeitpunkt begann für die jüdische Bevölkerung ein allmählicher Prozeß der Emanzipation, der in der zweiten Hälfte des 19. Jahrhunderts in eine auf Zukunft gesicherte politische und rechtliche Gleichstellung und eine tragfähige gesellschaftliche Anerkennung einzumünden schien.

Die jüdische Gemeinde in Köln hatte sich seit ihrer Gründung 1801 rasch entwickelt. Juden zogen vor allem aus der ländlichen Umgebung, auch aus den jahrhundertealten jüdischen Gemeinden von Deutz und

*Abb.1* Synagoge Glockengasse, um 1861

323

Mülheim zu und schufen so die Voraussetzungen für Wachstum und
Aufschwung der Kölner Gemeinde. 1863 konnte in der Glockengasse
die erste Kölner Synagoge der Neuzeit eingeweiht werden, ein von
Dombaumeister Ernst Zwirner in neoislamischem Stil errichteter Bau,
der mit Kuppel und repräsentativer Ausstattung augenfällig die sich
vollziehende Eingliederung der Juden in die Gesellschaft der Stadt
widerspiegelte.

Die folgenden Jahrzehnte brachten einen weiteren zahlenmäßigen
Zuwachs der jüdischen Bevölkerung, so daß um 1885 schließlich ca.
5300 Juden in Köln lebten und damit 3,3 Prozent der Bevölkerung
ausmachten. Gleichzeitig mit diesem Wachstum der Gemeinde entstand
eine breite jüdische Mittelschicht, die sich mit ihren speziellen, aus der
Tradition der vorausgehenden Jahrhunderte stammenden beruflichen
Schwerpunkten in das Wirtschaftsleben der Stadt einfügte.

Neben proletarischen und kleinbürgerlichen Gruppen der jüdischen
Bevölkerung gab es somit schon in der zweiten Hälfte des 19. Jahrhunderts einen starken jüdischen Mittelstand sowie einen deutlich hervor-
tretenden Kreis von Familien, die zum Wirtschafts- und Bildungsbürgertum zu zählen waren.

Nach der Jahrhundertwende, bis in die letzten Jahre der Weimarer
Republik, schienen die Möglichkeiten des sozialen Aufstiegs und der
freien Betätigung für Juden in allen politischen, sozialen, wirtschaftlichen und kulturellen Bereichen der Gesellschaft – trotz des seit den
1870er Jahren auftretenden Antisemitismus – zuzunehmen und weitgehend akzeptiert zu sein. Die Weimarer Zeit war so ein Höhepunkt – und
schließlich Endpunkt – der Integration der Juden in die sie umgebende
Gesellschaft.

In Köln lebten um 1925 ca. 16 000 Einwohner jüdischen Bekenntnis-
ses, die allerdings nur noch 2,3 Prozent der Bevölkerung ausmachten.
Viele Juden hatten nun einflußreiche Positionen in den verschiedensten
Bereichen des städtischen Lebens erreicht. Der Großteil der jüdischen
Bevölkerung Kölns war »assimiliert«, denn die jüdischen Familien
hatten sich schon seit der zweiten Hälfte des 19. Jahrhunderts im Alltagsleben, in den Gebräuchen und Lebensweisen an die Formen der christlichen Umgebung angepaßt. Das Bewußtsein, jüdisch zu sein, war bei
vielen in den Hintergrund gerückt, wurde häufig nur an den hohen
Feiertagen zu einer aktiven Haltung oder trat ins Bewußtsein, wenn im
persönlichen Umkreis antisemitische Bemerkungen fielen oder antisemitische Vorfälle bekannt wurden. Distanzierung von der Religion und
eine wachsende Zahl konfessioneller Mischehen waren der Ausdruck
einer allgemeinen gesellschaftlichen Tendenz hin zur Säkularisierung

des Lebens und fanden sich in ähnlicher Weise bei Katholiken und Protestanten.

Im Alltag waren die Verbindungen zur nichtjüdischen Umwelt, die Wechselbeziehungen zwischen jüdischem und nichtjüdischem Leben vielfältig. Die meisten jüdischen Kinder besuchten die allgemeinen Schulen, Juden und Nichtjuden waren häufig Mitglied derselben gesellschaftlichen oder kulturellen Vereine, derselben politischen Parteien und sozialen Organisationen.

Diese Verbindungen und Verknüpfungen zwischen Juden und Nichtjuden können allerdings nicht verdecken, daß es durchaus massive unterschwellige wie offene antisemitische Abgrenzungen und Angriffe gab. Eine traditionelle Distanz zu Juden und eine »volkstümliche« Judenfeindlichkeit wurden zunehmend durch den modernen Antisemitismus abgelöst, der auch in Köln in den 20er Jahren durch Friedhofsschändungen, öffentliche Hetze und Verleumdungen zu Tage trat. Die meisten Zeitzeugen erinnern sich an das »Jüd, Jüd, Jüd, hepp, hepp, hepp« aus ihrer Kindheit – lange vor 1933. Nicht von ungefähr wurde in Köln deshalb auf jüdischer Seite bereits 1888 die Rheinlandloge gegründet, eine Organisation, die auf die Abwehr des Antisemitismus und auf die Stärkung jüdischen Selbstbewußtseins gerichtet war und in den folgenden Jahrzehnten in vielen Bereichen soziale und karitative Initiativen ergriff oder unterstützte.

Judentum in Köln war kein einheitliches Phänomen, sondern in sich differenziert und auch häufig nach Interessen und Zielsetzungen gespalten. Wie differenziert, zeigt sich vor allem an der seit Ende des 19. Jahrhunderts, verstärkt seit der Jahrhundertwende, wachsenden Zahl eigener jüdischer Organisatio-

Abb.2 Kölner Jüdisches Wochenblatt, 1932

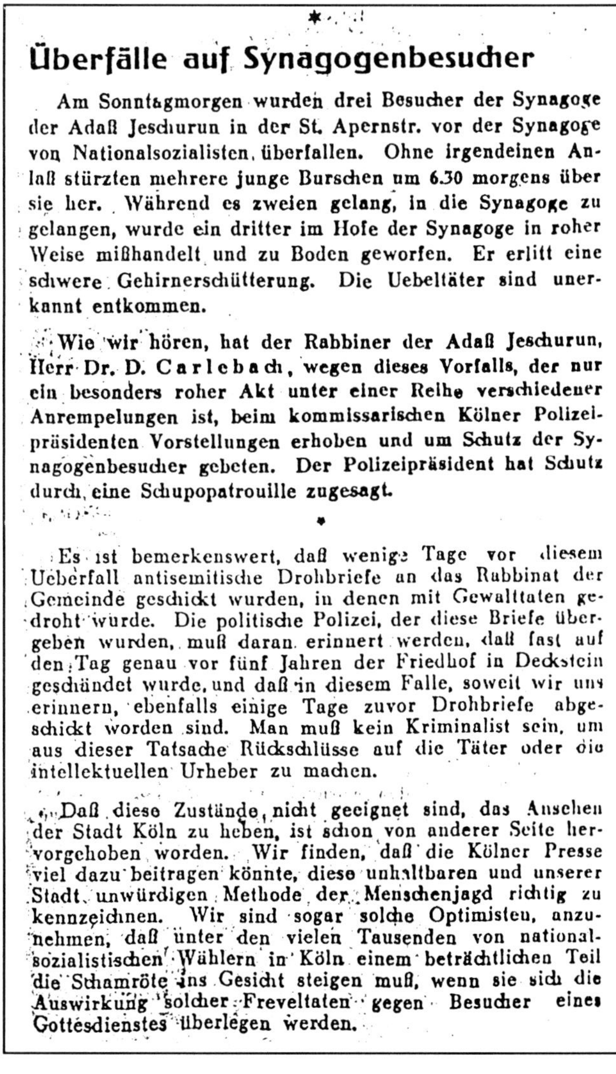

## Überfälle auf Synagogenbesucher

Am Sonntagmorgen wurden drei Besucher der Synagoge der Adaß Jeschurun in der St. Apernstr. vor der Synagoge von Nationalsozialisten, überfallen. Ohne irgendeinen Anlaß stürzten mehrere junge Burschen um 6.30 morgens über sie her. Während es zweien gelang, in die Synagoge zu gelangen, wurde ein dritter im Hofe der Synagoge in roher Weise mißhandelt und zu Boden geworfen. Er erlitt eine schwere Gehirnerschütterung. Die Uebeltäter sind unerkannt entkommen.

Wie wir hören, hat der Rabbiner der Adaß Jeschurun, Herr Dr. D. Carlebach, wegen dieses Vorfalls, der nur ein besonders roher Akt unter einer Reihe verschiedener Anrempelungen ist, beim kommissarischen Kölner Polizeipräsidenten Vorstellungen erhoben und um Schutz der Synagogenbesucher gebeten. Der Polizeipräsident hat Schutz durch eine Schupopatrouille zugesagt.

Es ist bemerkenswert, daß wenige Tage vor diesem Ueberfall antisemitische Drohbriefe an das Rabbinat der Gemeinde geschickt wurden, in denen mit Gewalttaten gedroht wurde. Die politische Polizei, der diese Briefe übergeben wurden, muß daran erinnert werden, daß fast auf den Tag genau vor fünf Jahren der Friedhof in Deckstein geschändet wurde, und daß in diesem Falle, soweit wir uns erinnern, ebenfalls einige Tage zuvor Drohbriefe abgeschickt worden sind. Man muß kein Kriminalist sein, um aus dieser Tatsache Rückschlüsse auf die Täter oder die intellektuellen Urheber zu machen.

Daß diese Zustände, nicht geeignet sind, das Ansehen der Stadt Köln zu heben, ist schon von anderer Seite hervorgehoben worden. Wir finden, daß die Kölner Presse viel dazu beitragen könnte, diese unhaltbaren und unserer Stadt unwürdigen Methode der Menschenjagd richtig zu kennzeichnen. Wir sind sogar solche Optimisten, anzunehmen, daß unter den vielen Tausenden von nationalsozialistischen Wählern in Köln einem beträchtlichen Teil die Schamröte ins Gesicht steigen muß, wenn sie sich die Auswirkung solcher Freveltaten gegen Besucher eines Gottesdienstes überlegen werden.

nen und Einrichtungen. Damit nahm auch die jüdische Bevölkerung am allgemeinen, auf dem Wachstum der bürgerlichen Schichten beruhenden Aufschwung des Vereinswesens teil. Auch die Kölner Juden versuchten Selbstdarstellung und Interessenvertretung durch eigene Organisationen zu erreichen – wie es in ebenfalls zunehmendem Maße katholische und protestantische Einrichtungen taten. So entstanden neben schon länger existierenden karitativen Vereinen und Stiftungen innerhalb der jüdischen Gemeinde nun auch große eigene jüdische Einrichtungen mit karitativen Zielsetzungen wie das jüdische Krankenhaus 1869, das jüdische Waisenhaus (Abraham-Frank-Haus) in den 1870er Jahren, das jüdische Kinderheim 1890, das jüdische Lehrlingsheim 1899, Institutionen, die sich in den folgenden Jahrzehnten entwickelten und bis in die Zeit des Nationalsozialismus wichtige Beiträge zur sozialen Arbeit leisteten.

In der Gründung neuer jüdischer Einrichtungen zeigt sich im übrigen auch eine wachsende Differenzierung nach der religiösen Orientierung innerhalb der jüdischen Bevölkerung selbst.

Schon in den 60er Jahren des 19. Jahrhunderts hatten sich in der jüdischen Gemeinde unterschiedliche Richtungen herausgebildet: Eine religiös-liberal orientierte Gruppe, die willens war, sich etwa durch Reformen des Gottesdienstes christlichen Formen anzunähern, stand einer orthodoxen, der Tradition stark verpflichteten Gruppierung gegenüber. Assimilationsbereitschaft nicht nur im privaten Alltagsleben, sondern auch im eigentlich religiös-kultischen Bereich, die bis zur Änderung oder Aufgabe wichtiger Formen der Tradition ging, war daher mit einem strengen Festhalten an jüdischer Überlieferung konfrontiert. Aufgrund dieser Situation kam es 1884 zur Einweihung einer eigenen Synagoge in der St.-Apern-Straße für die orthodoxen Mitglieder und somit zur Bildung eines eigenen orthodoxen Mittelpunktes in Köln. Nicht lange danach, im Jahr 1899, entstand mit der dritten großen Kölner Synagoge, der Synagoge in der Roonstraße, ein religiöses Zentrum für das liberale Kölner Judentum, während die Synagoge in der Glockengasse nun vor allem von den zwischen beiden Richtungen stehenden, gemäßigt konservativen Kölner Juden besucht wurde. 1908 schließlich, nachdem in der Synagoge Roonstraße gegen alle Vorstellungen der Orthodoxen eine Orgel eingebaut worden war, löste sich ein Teil der orthodoxen Gemeindemitglieder von der Hauptgemeinde ab und gründete mit der Trennungsgemeinde Adass Jeschurun eine eigene Gemeinschaft.

Verstärkt wurde die Kölner Orthodoxie seit der Jahrhundertwende in hohem Maße durch die Zuwanderung von Juden aus Osteuropa. Seit Ende des 19. Jahrhunderts, zunehmend nach dem Ersten Weltkrieg, kamen Hunderte von jüdischen Familien nach Köln, die die drückenden Zustände der osteuropäischen Länder verlassen hatten, um in Deutschland Sicherheit und wirtschaftliches Auskommen zu finden. Etwa ein Drittel der jüdischen Bevölkerung Kölns gehörte um 1925 zu diesen ostjüdischen Zuwanderern. Viele Kölner Juden, Zuwanderer wie auch ihre bereits in Deutschland geborenen Kinder, waren daher nicht deutsche Staatsbürger, sondern hatten die polnische Staatsangehörigkeit oder waren staatenlos. Die jüdische Bevölkerung Kölns setzte sich somit aus einer Mehrheit von »deutschen Juden« – »Westjuden« – und einem nicht unbeträchtlichen Anteil von »Ostjuden« zusammen.

Während sich die Westjuden bereits seit langem einem intensiven Assimilationsprozeß unterzogen und sich im wesentlichen an die Lebensformen ihrer christlichen, deutschen Umgebung angeglichen hatten,

# Aufruf!

Wie alljährlich wollen wir auch in diesem Jahre unseren aus dem Osten, und zwar jetzt fast ausschließlich aus der Ukraine wandernden unglücklichen Brüdern und Schwestern, die sich während der Pessachtage in Köln aufhalten, Gelegenheit geben, das Pessachfest zu begehen. Nur wer Zeuge war des Glückes, das jene Heimatlosen empfinden, wenn sie auf ihrem Zuge ins Unbekannte auf fremder Erde für ihre kurze Rast als Juden leben dürfen, kann ermessen, wie schön und wichtig diese Gemilus Chessed ist.

Die großen Geldmittel, die aber infolge der Teuerung zur Veranstaltung der Sederabende und der Beköstigung am Pessach nötig sind, können nur aufgebracht werden, wenn unsere Glaubensgenossen wetteifern, uns möglichst reichlich mit Geldmitteln zu unterstützen. Darum wenden wir uns alle mit dem dringenden Hilferuf: Helft uns, die Worte unserer Hagadah auch an diesen Unglücklichen zu erfüllen. »Kol Dichfin Jeisaei w'jeichaul.« (Jeder Hungrige komme zu uns und esse.)

## Spendet reichlich!     Spendet rasch!     Spendet Alle!

Geldsendungen erbeten auf Postscheckkonto 66275 Köln »Hilfsausschuß für jüdische Durchwanderer« oder auf A. Schaaffhausen'scher Bankverein A.-G. Köln, Konto: »Hilfsausschuß für jüdische Durchwanderer«.

### Hilfsausschuss für jüdische Durchwanderer, Köln.

brachten die jüdischen Einwanderer aus dem Osten traditionsgebundene Verhaltensweisen in Religion und Alltag mit und waren dadurch in Religiosität, Sprache und Gebräuchen nicht nur der christlichen Umwelt, sondern auch den deutschen Juden fremd. Diese Fremdheit rief bei der westjüdischen Bevölkerung Reaktionen hervor, die von einer gewissen Distanzierung bis hin zur Ablehnung gegenüber den zugewanderten Juden reichten. Die Zugewanderten strebten ihrerseits teils eine rasche Angleichung an und bemühten sich, »so ganz deutsch zu sein«, wie es Margot Buck (S. 263) ausdrückte, teils wollten sie aber auch bewußt an ihrer Lebensweise, vor allem an ihren Formen der Religiosität, festhalten.

Infolgedessen entstanden zusätzlich zu den bereits vorhandenen jüdischen Organisationen neue Vereine und Einrichtungen, die den unterschiedlichen Interessen und Orientierungen von westjüdischer und ostjüdischer Bevölkerung Rechnung trugen. Auch manche der älteren Einrichtungen erhielten eine andere, neue Akzentuierung – je nachdem,

*Abb.3* Jüdischer Beobachter, 1921/22

ob sie sich der ostjüdischen Bevölkerung öffneten oder weiterhin mehr den deutschen Juden vorbehalten blieben. So wurde etwa die Synagoge Roonstraße mit ihrer liberalen Ausrichtung vorwiegend von den assimilierten deutschen Juden besucht, während die Gemeinde Adass Jeschurun in wachsendem Maße eine ostjüdische Prägung erhielt.

In ähnlicher Weise differenzierte sich das jüdische Schulwesen. Eine spezielle jüdische Elementarschule hatte es in Köln bereits seit 1830 als private Institution gegeben. Seit 1870 unterstand sie städtischer Verwaltung und hatte 1881 den Status einer Einrichtung öffentlichen Rechts erhalten. Generell besuchten die meisten der jüdischen Kinder in Köln katholische oder evangelische Volksschulen, nur wer großen Wert auf eine jüdische Basis der schulischen Erziehung legte, schickte seine Kinder auf die jüdische Volksschule. Immerhin jedoch wurden in der jüdischen Schule um 1900 300 Kinder von acht Lehrerinnen und Lehrern unterrichtet. Für orthodox ausgerichtete Familien aber war die liberale Volksschule Lützowstraße nicht religiös genug. Für diesen Kreis wurde daher 1907 die Moriah gegründet, die Übungsschule des Jüdischen Lehrerseminars, die mit ihrer Anbindung an die Gemeinde Adass Jeschurun eine stark orthodoxe Orientierung aufwies. Auch war die Moriah stärker durch ostjüdische Schülerinnen und Schüler geprägt als die liberale Volksschule in der Lützowstraße. Ebenso erhielt das 1919 gegründete Reformrealgymnasium Jawne bis in die nationalsozialistische Zeit hinein seine Schüler vor allem aus ostjüdischen Kreisen.

Neben den großen Synagogen in der Glockengasse, der St.-Apern-Straße und der Roonstraße besaß Köln noch eine Reihe anderer jüdischer Gotteshäuser: Die Synagogen in Mülheim und Deutz waren die religiösen Zentren alter Gemeinden, die Synagoge Körnerstraße in Ehrenfeld dagegen wurde 1927 gebaut, um den 2000 Juden, die sich inzwischen in diesem Industrie- und Arbeitervorort niedergelassen hatten, einen religiösen Mittelpunkt zu geben. Verschiedentlich befanden sich auch Betsäle oder kleine Synagogen innerhalb der Gebäude jüdischer Institutionen. So gab es einen Betsaal im jüdischen Krankenhaus in der Ottostraße sowie im Gemeindehaus in der Cäcilienstraße, außerdem eine kleine Synagoge im Hof des jüdischen Kinderheims Lützowstraße. Weitere Einrichtungen zum jüdischen Gottesdienst kamen mit der Zuwanderung aus Osteuropa seit der Jahrhundertwende hinzu. Sie wurden von den orthodoxen Zuwanderern geschaffen, die aus der Tradition der »Stibl« kamen und denen die westlichen Synagogen zu »kirchenhaft« schienen, und gründeten sich jeweils auf eine bestimmte religiöse Richtung des östlichen, teils chassidischen Judentums oder auch auf eine bestimmte regionale Herkunft ihrer Besucher. So entstand eine Vielzahl von kleineren und größeren Betstuben, in denen sich spezielle Betgemeinschaften zusammenschlossen und hier in einer recht überschaubaren, häufig durch Verwandtschaft besonders eng miteinander verknüpften Gruppe die gemeinsame Tradition weiterführten. Wie Margot Buck (S. 264 ff.) eindrucksvoll beschreibt, beruhte die Abgrenzung dieser Gebetsgemeinschaften voneinander auf Nuancen, die den Außenstehenden nur schwer verständlich waren, den Mitgliedern aber Identität, menschliche Nähe und Solidarität vermittelten. Entsprechend der bevorzugten Wohnlage der osteuropäischen Zuwanderer in den Straßen südlich des Neumarkts fanden sich diese Betstuben auch gerade in diesem Viertel: in der Agrippastraße 41, der Quirinstraße 9, Bayardsgasse 26, Bachemstraße 3, Poststraße 15, um nur einige zu nennen. Aber auch die liberale Synagoge Roonstraße hatte im Hinterhof eine kleine Synagoge für orthodox orientierte Zuwanderer aus dem Osten.

Neben diesen Einrichtungen zum Gottesdienst und Gebet hatte das orthodoxe Judentum in Köln auch spezielle Bildungsstätten geschaffen, die Kindern, Jugendlichen und Erwachsenen Unterricht von der ersten Einführung in die jüdische Überlieferung bis hin zu umfassender religiöser Schulung in Bibel und Talmud boten. Auch diese Lehrstätten – die Talmud-Thora Dr. Benedikt Wolfs auf dem Hohenstaufenring und die Ostjüdische Talmud-Thora in der Quirinstraße – wiesen unterschiedliche religiöse Akzentuierungen auf, die unter anderem auch auf ihrem unterschiedlichen west- bzw. ostjüdischem Besucherkreis beruhte.

Nicht nur die primär religiös ausgerichteten Organisationen des Kölner Judentums waren vielfältig und differenziert. Auch die jüdischen Vereine und Einrichtungen mit kultureller, gesellschaftlicher und sozialer Zielsetzung zeigten eine große Bandbreite und spiegelten damit die Komplexität der jüdischen Bevölkerung in Interessen und Einstellungen wider. Dabei muß allerdings festgehalten werden, daß ein großer Teil der jüdischen Bevölkerung Kölns in keiner Weise an speziellen jüdischen Organisationen und Institutionen interessiert war, selbst an den hohen Feiertagen keinen Gottesdienst besuchte und somit dem Judentum gänzlich entfremdet war.

Die mittelständischen, bürgerlich-liberalen, deutschen Juden – sofern sie überhaupt an jüdischem Leben teilnahmen – standen auch in Köln noch in den 20er Jahren fast ausschließlich dem 1893 gegründeten, deutsch-patriotisch ausgerichteten Central-Verein deutscher Staatsbürger jüdischen Glaubens (CV) nahe, der auch eine Ortsgruppe in Köln gebildet hatte. In zunehmender Auseinandersetzung mit dem wachsenden Antisemitismus vertrat der CV hartnäckig die Überzeugung, daß Integration und Assimilation der Juden in Deutschland das Ziel der gesellschaftlichen Entwicklung sein müßten und die Synthese von Judentum und Deutschtum möglich und wünschenswert sei.

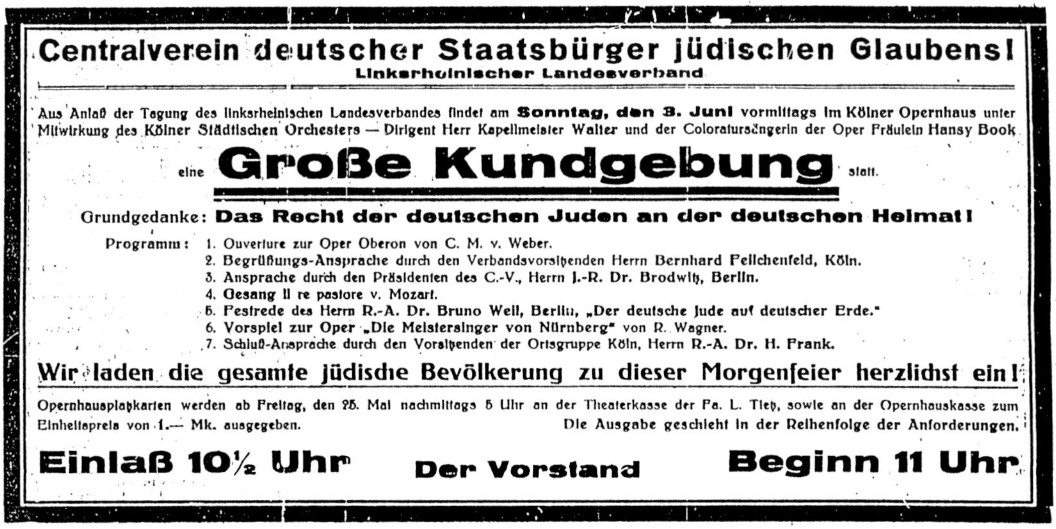

**Centralverein deutscher Staatsbürger jüdischen Glaubens!**

**Linksrheinischer Landesverband**

Aus Anlaß der Tagung des linksrheinischen Landesverbandes findet am **Sonntag, den 3. Juni** vormittags im Kölner Opernhaus unter Mitwirkung des Kölner Städtischen Orchesters – Dirigent Herr Kapellmeister Walter und der Coloratursängerin der Oper Fräulein Hansy Book

eine **Große Kundgebung** statt.

Grundgedanke: **Das Recht der deutschen Juden an der deutschen Heimat!**

Programm:
1. Ouverture zur Oper Oberon von C. M. v. Weber.
2. Begrüßungs-Ansprache durch den Verbandsvorsitzenden Herrn Bernhard Feilchenfeld, Köln.
3. Ansprache durch den Präsidenten des C.-V., Herrn J.-R. Dr. Brodwitz, Berlin.
4. Gesang Il re pastore v. Mozart.
5. Festrede des Herrn R.-A. Dr. Bruno Weil, Berlin, „Der deutsche Jude auf deutscher Erde."
6. Vorspiel zur Oper „Die Meistersinger von Nürnberg" von R. Wagner.
7. Schluß-Ansprache durch den Vorsitzenden der Ortsgruppe Köln, Herrn R.-A. Dr. H. Frank.

**Wir laden die gesamte jüdische Bevölkerung zu dieser Morgenfeier herzlichst ein!**

Opernhausplatzkarten werden ab Freitag, den 25. Mai nachmittags 5 Uhr an der Theaterkasse der Fa. L. Tietz, sowie an der Opernhauskasse zum Einheitspreis von 1.— Mk. ausgegeben. Die Ausgabe geschieht in der Reihenfolge der Anforderungen.

**Einlaß 10½ Uhr** **Der Vorstand** **Beginn 11 Uhr**

*Abb.4* Kölner Jüdisches Wochenblatt, 1928

Ähnlich, wenn auch mit stärkerer patriotischer bis chauvinistischer Akzentuierung, war der 1919 gegründete Reichsbund jüdischer Frontsoldaten ausgerichtet. Auch dem RjF ging es um das Festhalten an einem deutsch-jüdischen Bewußtsein, um die Stärkung deutsch-jüdischer Identität und die Abwehr der völkischen, antisemitischen Propaganda. Die 1920 in Köln eingerichtete Ortsgruppe des RjF wuchs schnell auf mehrere hundert Mitglieder an und schuf sich in der Einflußnahme auf Jugend- und Sportgruppen eine größere Interessengemeinschaft.

Zionistische Strömungen fanden auch in Köln zunächst wenig Anklang, obwohl hier um die Jahrhundertwende mit Dr. Max Bodenheimer und David Wolffsohn die führenden Persönlichkeiten des Zionismus lebten, und Köln sogar bis 1911, bis zum Tode Wolffsohns, des Präsidenten der Zionistischen Weltorganisation, Zentrum der internationalen zionistischen Bewegung war. Das bürgerliche, assimilierte Judentum stand der Vorstellung eines eigenen jüdischen Nationalstaates, der Auswanderung und des Neubeginns in Palästina fremd gegenüber. Bis in die 30er Jahre hinein empfanden sich die meisten Juden als Deutsche und sahen ihre Zukunft ausschließlich in Deutschland – so wie es Herbert Bluhm von seiner Familie berichtet: »Wir haben uns deutscher gefühlt, als man sich deutsch denken kann. Uns ist niemals die Idee gekommen, daß wir nicht vollwertige Deutsche seien.« (S. 30)

Für viele im etablierten Judentum galt der Zionismus geradezu als eine Gefahr, da er, wie man befürchtete, die Juden dem Patriotismus und der Bindung an Deutschland entfremdete und der Hetze der Antisemiten Argumente lieferte. Allerdings stieg die Zahl der Interessenten für den politischen Zionismus bereits in den 20er Jahren, wobei sich Anhänger der zionistischen Vorstellungen eher unter den Zugewanderten aus Ost-

*Abb.5* Standarte des Reichsbundes jüdischer Frontsoldaten, Ortsgruppe Köln

europa fanden als unter der westjüdischen Bevölkerung. Das starke jüdische Bewußtsein der Ostjuden und ihre geringere Assimilationserfahrung und -bereitschaft ließen ihnen den zionistischen Gedanken vor allem in seiner traditionell-religiösen Ausprägung überzeugend erscheinen.

Der sich vom Judentum entfernenden, in hohem Maße assimilationswilligen Bevölkerungsgruppe standen vor allem nach der Jahrhundertwende somit Strömungen gegenüber, die auf eine Stärkung des jüdischen Bewußtseins hinarbeiteten. Stärkung des jüdischen Bewußtseins konnte dabei dreierlei bedeuten: In einem vorwiegend innerjüdischen, religiösen Sinn war es der Versuch, die Beachtung der jüdischen Tradition im Rahmen der Orthodoxie gegen das liberale assimilierte Judentum durchzusetzen – eine Richtung, die sich durch die Zuwanderung von Juden aus Osteuropa verstärkte. Zum anderen vollzog sich eine Stärkung des jüdischen Bewußtseins im Sinne des Zionismus mit einer Orientierung auf ein außerhalb Deutschlands gerichtetes Ziel – ebenfalls intensiviert durch osteuropäische Zuwanderer. Schließlich zielte auch die jüdisch-deutsche oder deutsch-jüdische Richtung auf eine Stärkung des jüdischen Selbstverständnisses, indem sie forderte, gleicherweise jüdisch wie deutsch sein zu können, jüdische Identität mit patriotischer deutscher Gesinnung zu verbinden und sich deutsche Kultur und Tradition nicht durch die Antisemiten nehmen zu lassen.

Dem deutsch-jüdischen Selbstverständnis des Großteils der jüdischen Bevölkerung bis zum Anfang der 30er Jahre entsprach auch die Ausrichtung der jüdischen Sport- und Jugendvereine wie der allgemeinen Gesellschaftsvereine. Fast alle waren trotz unterschiedlicher Akzentuierungen bis zur Verfolgungszeit, einige bis weit in die 30er Jahre hinein, nicht zionistisch orientiert. Sie waren aus einem genuinen Interesse an jüdischem Zusammenhalt und jüdischem Selbstverständnis und/oder als Reaktion auf antisemitische Abgrenzungen und Abschließungen im allgemeinen Vereinswesen entstanden. Sie wollten innerhalb der deutschen, christlichen Gesellschaft ein deutsch-jüdisches oder jüdisch-deutsches Selbstverständnis stärken, gleichzeitig sich auch gegen antisemitische Propaganda und Angriffe zur Wehr setzen.

So war auch die nationaljüdische Turnbewegung, die sich um 1900 in Deutschland entwickelte, trotz starker zionistischer Einflüsse von ihrem Grundsatz her nicht zionistisch ausgerichtet, sondern sollte allgemein der Stärkung der jüdischen Identität dienen, dabei das deutsch-patriotische Gefühl einschließen. Ähnliches galt für einen großen Teil der jüdischen Jugendbünde, die meist bewußt in der Tradition der deutschen Wandervogelbewegung tätig waren.

Daneben entstanden allerdings auch bereits jüdische Jugendvereini-gungen, die sich betont religiös und traditionell ausrichteten oder zioni-stischen Gedanken folgten.

In Köln bildete sich offenbar erst um 1920 eine vielfältige Palette jüdischer Sport- und Jugendvereine. Erst in diesen Jahren war die jüdi-sche Bevölkerung in ihren Interessen und Ausrichtungen so differenziert, daß sich diese Komplexität in den Organisationen der Jugend nieder-schlug.

Die Zukunft der jüdischen Jugend war bereits vor 1933 Gegenstand der Diskussion unter den Juden, da ihr Verhältnis zu Deutschland schon vor diesem Zeitpunkt nicht mehr völlig selbstverständlich war – die Zersplitterung in unterschiedlich orientierte Organisationen, die auch untereinander heftige Auseinandersetzungen ausfochten, macht dies deutlich.

Wie stark diese Irritation des Selbstverständnisses als Juden und Deutsche schon seit der Jahrhundertwende war, läßt sich – exemplarisch für andere Kölner Jugend-, Sport- und Geselligkeitsvereine – an der Geschichte der Turnvereine ITV 02 und Bar Kochba/Hakoah nachvoll-ziehen. Die Entwicklung dieser Sportvereine gibt auch einen Einblick in die grundsätzlichen Auseinandersetzungen zwischen liberalen und zio-nistischen Gruppierungen in der jüdischen Bevölkerung Kölns nach der Jahrhundertwende.

1902 wurde in Köln mit 52 Mitgliedern der Jüdische Turnverein ITV 02 gegründet, der sich als auf »nationaljüdischem Boden« stehend begriff und 1903 der gerade geschaffenen Jüdischen Turnerschaft, dem überregionalen Verband der nationaljüdischen Turnvereine, beitrat. Die-se Gründung eines nationaljüdischen Vereins weckte in der Kölner jüdischen Gemeinde durchaus Mißtrauen, denn von deutsch-jüdischer Seite aus gesehen hatte der ITV gar keine Existenzberechtigung. Juden, die turnen wollten, so forderten die Gegner des Jüdischen Turnvereins, sollten einem der bestehenden »deutschen« Turnvereine beitreten, die in Köln keine antisemitischen Tendenzen zeigten. Nachdem der ITV einige Zeit in der Öffentlichkeit und Presse heftig diskutiert worden war, konnte er sich schließlich etablieren und nahm um 1910 gegenüber den inzwi-schen entstandenen Turnabteilungen anderer jüdischer Vereine die Rolle eines Schrittmachers ein. 1913 kam der ITV allerdings erneut in die Diskussion, als die von liberalen Juden geprägte Repräsentanz der Syn-agogengemeinde die weitere finanzielle Unterstützung des Vereins ab-lehnte, da er ihrer Meinung nach durch die Betonung des Nationaljuden-tums und durch zionistische Einflüsse eine Gefahr für das deutsche Judentum bedeutete. Während des Ersten Weltkrieges traten jedoch die nationaljüdischen Äußerungen des Vereins völlig hinter einer eindeutig

*Abb.6* ITV 02 Köln, 1903/04

patriotischen Haltung zurück. Erst nach dem Ende des Krieges, unter dem Eindruck der Balfour-Erklärung, wuchs die Attraktivität des Zionismus ganz allgemein, und auch im ITV, der 1920 ca. 250 Mitglieder hatte, versuchte eine größer werdende Gruppierung nun, zionistische Vorstellungen durchzusetzen. Nach der Umwandlung der Jüdischen Turnerschaft 1921 in den klar zionistisch orientierten Makkabi-Weltverband folgte auch in Köln ein Wandel. Aufgrund innerer Richtungskonflikte spaltete sich der ITV schließlich 1922/23. Die liberalen Juden, die der Tradition der alten nationaljüdischen Turnerschaft der Vorkriegszeit folgten, sich als deutsche Patrioten sahen und vorwiegend aus den Kölner westjüdischen Familien stammten, stellten sich gegen die neue, vor allem von den neuzugewanderten Ostjuden gestützte zionistische Bewegung. Als zionistisch orientierter Sportverband wurde nun mit 150 Mitgliedern der Bar Kochba Köln gegründet, der sich dem sozialdemokratischen Arbeiter-, Turn- und Sportbund anschloß und damit auch ein sozialdemokratisches Selbstverständnis zeigte. Der ITV orientierte sich dagegen eindeutig liberal deutsch-jüdisch und trat dem überregionalen antizionistischen Schild, dem Sportbund des Reichsbundes jüdischer

Frontsoldaten bei. Der ITV gehörte übrigens auch als einziger jüdischer Sportverein dem Stadtsportbund Köln an.

Anders als der ITV war der Bar Kochba nicht nur an der Organisierung von Sport und Spiel interessiert, sondern proklamierte ein umfassenderes Erziehungsideal. Er wollte für die jüdische Jugend geistige und ideologische Schulung bieten, um die junge Nachkriegsgeneration im Sinne zionistischer Zielsetzung auf die »neuen jüdischen Fragen, die nach Entscheidung drängen«, vorzubereiten. Im Rahmen des zunehmenden Verständnisses für zionistische und betont jüdische Organisationen etablierte sich der Bar Kochba in Köln schnell und erzielte in sportlichen Wettkämpfen vor allem mit seiner Athletikabteilung bemerkenswerte Erfolge. Seit Beginn der 30er Jahre schließlich nahmen die zunächst stark auf Distanz stehenden beiden großen jüdischen Sportvereine Kölns Kontakte auf und veranstalteten 1932 ein gemeinsames Sportfest im Kölner Stadion. Die gesellschaftlich-politische Entwicklung hatte die Abwehr des Zionismus durch das bürgerliche, deutsch-liberale Judentum eingeholt.

Spätestens ein Jahr danach, nach der Machtübernahme der Nationalsozialisten, drang die Idee des Zionismus auch in fast alle bis dahin streng antizionistisch denkenden Kreise ein. Auswanderung im allgemeinen und Emigration nach Palästina im besonderen wurde in den folgenden Jahren zu einem Gedanken, mit dem sich alle Kölner Juden befassen mußten.

Die Weichen für eine neue Entwicklung waren am 30. Januar 1933 mit der Ernennung Hitlers zum Reichskanzler gestellt. Nun wurde der Antisemitismus – wesentlicher Teil der NS-Ideologie – zu einem Grundzug staatlicher Politik. Schon am 1. April 1933 vollzog sich mit dem durch den Staat geplanten reichsweiten Boykott der jüdischen Geschäfte, Betriebe, Praxen der erste entscheidende Schritt auf dem Weg in die Diskriminierung der jüdischen Bevölkerung.

Vorbereitet durch eine gezielte Kampagne, durch Aufrufe und Hetzparolen in den Zeitungen wurde der Boykott am 1. April und den folgenden Tagen auch in Köln systematisch durchgeführt. Fensterscheiben und Wände jüdischer Häuser wurden mit antisemitischen Diffamierungen beschmiert, vor den jüdischen Geschäften standen SA- und SS-Posten, um die Ein- und Ausgehenden zu kontrollieren und unter Druck zu setzen. Juden wurden mißhandelt, die jüdischen Juristen des Kölner Gerichtes am Reichensperger Platz nahm man im Gericht fest und fuhr sie auf einem Wagen der Müllabfuhr zusammengepfercht durch die Stadt.

Bereits einige Tage nach dem Boykott trat das »Gesetz zur Wiederherstellung des Berufsbeamtentums« in Kraft, das die Grundlage dazu bot,

**Denk Deutsch ✶ Kauf Deutsch ✶ Nie beim Juden**

## Lindenthaler, kauft am Platze

## Die Christlichen Geschäfte der Severinstraße

Männer u. Frauen der Severinstraße

Tätigt Eure Einkäufe in den deutschen und christlichen Geschäften am Platze; besucht die deutschen Gaststätten

Männer u. Frauen der Severinstraße

Helft alle mit am Aufbau des Vaterlandes. Meidet das jüdische Warenhaus, kauft und bestellt nie etwas beim Juden

Männer u. Frauen der Severinstraße

Merkt Euch genau die Adressen der hier verzeichneten Firmen. Sie sind deutsch bis auf die Knochen und liefern beste einwandfreie Waren zu Tagespreisen

### Keinen Pfennig den jüd. Warenhäusern!

Kauft beim Einzelhandel!

Kauft beim Fachmann, der allein Gewähr bietet für deutsche Qualitätsware!

## Männer und Frauen von Mülheim

Tätigt Eure Einkäufe in den deutschen und christlichen Geschäften am Platze,

## Männer und Frauen von Mülheim

Helft alle mit am Aufbau des Vaterlandes. Meidet das jüd. Warenhaus, kauft und bestellt nie etwas beim Juden.

## Männer und Frauen von Mülheim

Merkt Euch genau die Adressen der hier verzeichneten Firmen. Sie sind deutsch bis auf die Knochen und liefern beste einwandfreie Waren zu Tagespreisen.

*Abb.7* Westdeutscher Beobachter, 3.,5.u.6.1933

»nichtarische« Beschäftigte aus dem öffentlichen Dienst zu entlassen. Kurz darauf entzog man jüdischen Ärzten und Ärztinnen die Zulassung zu den Kassen. Es folgten unter anderem Berufsverbote für jüdische Hebammen, Krankenpfleger und -innen, Heilpraktiker, Apotheker, Juristen. Assistenten und Privatdozenten der Universitäten wurden entlassen, die Tätigkeit von Juden in allen künstlerischen Bereichen eingeschränkt. Bereits in den ersten Wochen und Monaten nationalsozialistischer Herrschaft begann somit die berufliche Diskriminierung und wirtschaftliche Bedrängnis der jüdischen Bevölkerung.

Die erste Einschränkung der jüdischen Religion ergab sich aus dem im Mai 1933 in Kraft tretenden Verbot des Schächtens. Es war nun Juden schwer, wenn nicht unmöglich gemacht, einem ihrer wichtigsten Gebote nachzukommen, dem Gebot, ausschließlich das Fleisch rituell geschlachteter Tiere zu essen.

Gleichzeitig setzte die allgemeine gesellschaftliche Isolierung der jüdischen Bevölkerung ein: Juden und Personen jüdischer Abstammung wurden gezwungen, ihre Mitgliedschaft in geselligen, kulturellen, karitativen Verbänden, in Sport- und Jugendvereinen aufzugeben. So sah sich in Köln die jüdische Vorsitzende des Stadtverbandes Kölner Frauenvereine, Else Falk, schon im März 1933 gezwungen, von ihrem Amt zurückzutreten. Bruno Kisch, Professor für Medizin an der Kölner Universität, trat im Oktober aus dem Vorstand des Vereins für Natur- und Heimatkunde aus – zwei Vorgänge, wie sie sich zu Hunderten in diesen Monaten in Köln abspielten.

Innerhalb kurzer Zeit vollzog sich eine immer stärkere Ausgrenzung der Juden aus allen Bereichen des öffentlichen und wirtschaftlichen Lebens, so daß schon 1933 und 1934 große Teile der jüdischen Bevölkerung in ihrer Erwerbstätigkeit und ihrem Alltagsleben massiv betroffen waren.

1935 folgte eine weitere einschneidende Maßnahme, als der Parteitag der NSDAP in Nürnberg am 15. September die sogenannten Nürnberger Gesetze erließ, durch die eine allgemeine gesetzliche Regelung der »Judenfrage« erfolgte. Diese Nürnberger Rassegesetze, das »Reichsbürgergesetz« und das »Gesetz zum Schutze des deutschen Blutes und der deutschen Ehre«,

*Abb.8* Westdeutscher Beobachter, 14.3.1933

337

*Abb.9* Else Falk geb.Wahl (1872-1955); 1920-1933 Vorsitzende des Stadtverbandes Kölner Frauenvereine, um 1930

bildeten die Grundlagen für die sich anschließende umfassende Verfolgung der Juden, da nun Juden vom Wahlrecht und allgemein von allen politischen Rechten eines Bürgers ausgeschlossen waren. Darüber hinaus griff das »Blutschutzgesetz« in extremem Umfang in die privaten Rechte der jüdischen – und auch der nichtjüdischen – Bevölkerung ein, indem es Eheschließungen und außereheliche Beziehungen zwischen Juden und »Staatsangehörigen deutschen oder artverwandten Blutes« als »Rassenschande« unter Androhung von Gefängnis- und Zuchthausstrafen verbot. Die Ausführungsbestimmungen des Gesetzes definierten im November 1935 präzise, wer als Jude, wer als »Mischling 1. Grades« oder als »Mischling 2. Grades« anzusehen war. Damit waren die Grundlage zu einer für den Staat handhabbaren Klassifizierung der Bevölkerung gegeben. Die Bevölkerung war nun nach gesetzlich festgelegten Kategorien in verschiedene Gruppen unterteilt, die mit unterschiedlichen Rechten ausgestattet waren und vom Staat und seinen Organen unterschiedlich behandelt wurden.

Von den Nürnberger Gesetzen waren auch viele Menschen betroffen, die sich bis dahin nicht oder kaum als »jüdisch« empfunden hatten – Hunderte von Kölnerinnen und Kölnern hatten unter ihren Vorfahren Juden, ohne daraus für sich selbst jemals eine Zugehörigkeit zum Judentum abgeleitet zu haben. Sie hatten sich als Katholiken oder Protestanten gesehen oder waren ohne religiöse Zugehörigkeit, hatten sich nie für den jüdischen Teil ihrer Familiengeschichte interessiert oder ihn vergessen. Sie alle sollten nun plötzlich laut Beschluß des Staates »Juden« sein oder zumindest »Mischlinge«, »Halbjuden«, »Vierteljuden«. So berichtet etwa Heinrich Becker: »Mir ist erst durch die Propaganda der Nazis ›klar geworden‹, daß meine Mutter Jüdin war, beziehungsweise plötzlich sein sollte – dadurch, daß sie von den Nazis als Jüdin behandelt wurde.« (S. 213.) Auch für »jüdisch Versippte« – das heißt, für Männer und Frauen, die mit einem jüdischen Partner verheiratet waren – wurde im folgenden eine Vielzahl diskriminierender Sonderbestimmungen erlassen. Darüber hinaus unterlag diese Gruppe einem besonderen Druck, da versucht wurde, die nichtjüdischen Ehepartner zur Trennung von der jüdischen Ehefrau oder dem jüdischen Ehemann zu drängen. Die gemischten Ehen und Familien waren so harten Zerreißproben ausgesetzt.

Die Nürnberger Gesetze und ihre Ausführungsbestimmungen hatten den Druck auf die jüdische Bevölkerung in hohem Maße verstärkt, ihre Rechte im öffentlichen wie privaten Bereich entscheidend eingeschränkt und ihre menschliche Würde in bisher nicht gekanntem Umfang getroffen. Die späteren Diskriminierungen und Rechtsbeschränkungen bis hin zu Deportation und »Endlösung« gründeten sich in vieler Hinsicht auf die gesetzlichen Maßnahmen von 1935.

# Gemeindeblatt

Das Gemeindeblatt wird den Mitgliedern der Synagogengemeinde kostenlos zugestellt. Es erscheint alle 14 Tage Freitags. Sprechstunden d. Redaktion Freitags von 11–13 Uhr oder nach Anruf unter 51869

**der Synagogen-Gemeinde zu Köln ᵃ/Rh.**
**Amtliches Organ des Gemeindevorstandes**

Postscheckkonto der Anzeigenverwaltung Köln Nr. 7810. Anzeigenannahme durch Herrn Walter Woog Köln, Roonstraße 58 hochparterre und durch alle Annoncenexpeditionen.

**3. JAHRGANG          26. MAI 1933          NUMMER 11**

## AUFRUF!

Die Mitglieder unserer Gemeinde rufen wir in ernsten, schicksalhaften Tagen auf

zur Würde und Festigkeit im eigenen Los —

zum Opfer- und Hilfsdienst für die Schicksalsgenossen —

zur Treue gegen Gemeinde und Judentum.

Wir haben angesichts der hereingebrochenen Not neue Maßnahmen getroffen, die in dieser Nummer des Gemeindeblattes bekanntgegeben sind. Jüdische Männer und Frauen, jüdisches Alter und Jugend:

Zeigt, daß ihr die Forderung der Stunde versteht!

Laßt die schwere Zeit kein schwaches Geschlecht finden!

Bleibt stark und fest!

Vorstand          Rabbinat          Wohlfahrtsamt
der Synagogengemeinde Köln.

## PRAKTISCHE HILFE IN JÜDISCHER NOT

Die Gemeinde ist sich des Gebotes der Stunde bewußt: ihren Mitgliedern in der gegenwärtigen Notlage Hilfe und Rat, Halt und Zuversicht zu gewähren, alle Kräfte einzusetzen, um in den Grenzen, die ihrer Arbeit gezogen sind, ein Höchstmaß von Leistungen zu entwickeln. Es wird daher auf den folgenden Blättern dargestellt, welche Hilfsmaßnahmen im Einzelnen getroffen werden, wo sich die Hilfsstellen befinden und zu welcher Zeit sie aufgesucht werden können.

Die Gemeinde erwartet auf der anderen Seite von ihren Mitgliedern, daß sie ihr Hilfswerk fördern, sie in den Stand setzen, die gegenwärtige Notlage zu überwinden, daß ein Jeder sich in den freiwilligen Dienst der Gemeinde und ihrer Institutionen, sei es durch freiwillige Spenden, sei es durch persönliche Mitarbeit stellt.

Die Gemeinde erwartet noch mehr, daß wir alle uns auf unsere jüdischen Werte besinnen und in zäher und rastloser Arbeit, in Selbstaufopferung mitwirken an der zukünftigen Gestaltung der wirtschaftlichen Verhältnisse in unserem Vaterlande.

Jedes Gemeindemitglied wird in diesen Zeiten der Not zu zeigen haben, daß es den Sinn und die Bedeutung der Gemeindeaufgaben begriffen hat, damit auch in Zukunft die jüdische Gemeinde die Quelle bleibt, die alles jüdische Leben speist.

### PROGRAMMENTWURF FÜR EINE KÖLNER ZENTRALSTELLE FÜR JÜDISCHE WIRTSCHAFTSHIFE (KZW)

Von Dipl.-Kfm. Dr. rer. pol. Gerhard David

Die „Kölner Zentralstelle für jüdische Wirtschaftshilfe" in Köln, Rubensstraße 33, hat folgende Beratungsstellen geschaffen:

1. **Allgemeine Wirtschaftsberatung.** Sprechstunden: Mo., Di., Do., Freit. 17—19 Uhr.

2. **Auswanderungsberatung.** Sprechstunden: Mo., Di., Mi., Do. 17—19 Uhr.

3. **Arbeitsberatung.** Sprechstunden zusammen mit allgemeiner Wirtschaftsberatung.

4. **Wohnungs- und Haushaltsberatung.** Sprechstunden zusammen mit allgemeiner Wirtschaftsberatung.

Zuschriften für alle Stellen sind zu richten an: Kölner Zentralstelle für jüdische Wirtschaftshilfe, Köln, Rubensstraße 33.

#### I. POLITISCHE VORAUSSETZUNGEN UND PROBLEMSTELLUNG

In der Stabilisierung der politischen Verhältnisse, in die wir nunmehr eingetreten sind, ist die Verarmung der deutschen Juden unschwer vorauszusehen. Der folgende Organisationsplan soll sich mit den Maßnahmen beschäftigen, die zu ergreifen sind, um aus einer bisher individualistisch eingestellten und entsprechend lebenden Schicht von Menschen eine Gemeinschaft zu formen, die durch Zusammenschluß in die Lage versetzt wird, die materielle Seite des Daseins zu regeln und die psychische Belastung durch diese neuen Verhältnisse zu ertragen.

Zwei große Problemkreise sind es, die zu einer Bewältigung dieses weit gesteckten Zieles in Angriff genommen und gelöst werden müssen: Umschichtung und Auswanderung.

Unter Umschichtung soll verstanden werden: 1. das Zurückziehen auf einen den gegebenen wirtschaftlichen Verhältnissen angepaßten, reduzierten Lebensstandard und 2. Berufsumschichtung im Sinne einer Anpassung an den normalen Berufsaufbau der deutschen Bevölkerung.

Unter Auswanderung wird die Überführung der aus dem deutschen Lebensraum verdrängten Juden in andere Länder verstanden zum Zwecke der Gründung einer neuen Existenz.

**119**

*Abb.10* Gemeindeblatt der Synagogengemeinde zu Köln a.Rh., 26.5.1933

Als Reaktion auf die Ausgrenzung durch die nichtjüdische Gesellschaft und die wirtschaftliche Bedrängnis begannen sich die jüdischen
Organisationen überall in Deutschland zusammenzuschließen, Selbsthilfekonzepte und Wohlfahrtsprogramme zu entwickeln. In umfangreicher
lokaler, regionaler und reichsweiter Zusammenarbeit wurden Hilfsmaßnahmen zur Vorbereitung und Durchführung der Auswanderung, Programme zur Berufsumschichtung und Wirtschaftshilfe sowie zum Schul-
und Bildungswesen geplant und durchgeführt. Wie überall, so intensivierte sich auch in Köln das Gemeinschaftsbewußtsein der verschiedenen politischen und religiösen Gruppierungen. Für die Wahlen zur Repräsentanz in der jüdischen Gemeinde gelang es, parteienübergreifende
Einheitslisten aufzustellen; zionistische Vorstellungen fanden nun auch
in den bislang den Zionismus ablehnenden Kreisen Verbreitung; konkurrierende Jugendbünde und Sportvereine entschlossen sich zumindest zu
begrenzter Zusammenarbeit. Wie schwer sich die Organisationen der
verschiedenen Richtungen damit taten, trotz der Bedrohung von außen
ihre gegenseitigen Abgrenzungen und Rivalitäten beiseite zu schieben,
zeigt sich bei einem Blick auf die weitere Entwicklung der Kölner
Sportvereine:

Bereits im März 1933 hatte sich der Bar Kochba – Mitglied des
sozialdemokratischen Sportbundes – zur Selbstauflösung gezwungen
gesehen. Allerdings wurde schon unmittelbar darauf, im April, als Nachfolgeorganisation der Sportklub Hakoah Köln gegründet, der sich dem

Abb.11 Fußball- und Boxmannschaft des ITV Köln
in Hamburg, 1934

Deutschen Makkabikreis anschloß. 1934 hatte er bereits 300 Mitglieder. Der ITV war nicht zu einer Auflösung genötigt, bestand also weiter – allerdings in engerer Verbindung zum RjF und seinem Sportbund Schild – und zählte 1934 450 Mitglieder. Durch den Ausschluß der Juden aus den allgemeinen Vereinen erhielten beide jüdischen Organisationen starken Zuwachs – der ITV weiterhin von assimilierter bürgerlicher Seite, der Hakoah, wie sein Vorgänger Bar Kochba, von ostjüdisch-zionistischer Seite. Die alte Teilung der jüdischen Bevölkerung in deutsch-westjüdische und zionistisch-ostjüdische Gruppen war damit immer noch an Mitgliederschaft und Haltung der beiden Sportvereine erkennbar, und auch allgemein blieben die Distanzierungen und Trennungen zwischen den Kölner Vereinen, trotz der unter dem Druck sich entwickelnden Zusammenarbeit, bis zur Auflösung der Vereine nach dem Novemberpogrom 1938 bestehen.

Abb.12 Abzeichen des Schild, der Sportgruppe des RjF, 1938

Auch die Jugendbünde boten dieses Bild. Außer den stark deutsch-patriotisch orientierten, sehr kleinen Gruppen des Schwarzen Fähnleins und des Bundes Deutsch-Jüdischer Jugend hatten Mitte der 30er Jahre alle Jugendbünde entweder eine klar zionistische Ideologie oder folgten zumindest aus pragmatischen Gründen zionistischen Vorstellungen. Sie alle versuchten, ihre Mitglieder auf eine Auswanderung nach Palästina vorzubereiten, boten außer den üblichen Ausflügen und Treffen vor allem Schulungen und Hebräischunterricht an, organisierten Hachscharaaufenthalte und schließlich die tatsächliche Auswanderung. Zahlenmäßig stärkste Gruppe der jüdischen Jugendbünde war um 1935 wohl der Hechaluz; die übrigen Vereine Habonim, Haschomer Hazair, Werkleute, Bachad waren offenbar etwas kleiner. Alle nutzten das jüdische Jugendheim am Mauritiussteinweg, hielten dort aber durchaus Distanz zueinander. Insbesondere der sehr religiöse Bachad war recht isoliert.

Auswanderung war seit Mitte der 30er Jahre die einzige positive Zukunftsperspektive der jüdischen Jugendlichen. Schon seit 1933 war ihre Lage in den öffentlichen Schulen immer schwieriger geworden, da die Schulpolitik der Nationalsozialisten grundsätzlich auf einen Ausschluß aller Juden aus dem öffentlichen Schulwesen zielte. Druck von Seiten der Lehrer, Anpöbelungen durch Mitschüler gehörten für jüdische Kinder bald zum Schulalltag. Innerhalb einiger Jahre hatten die Kölner

# Der westdeutsche Makkabi ermittelt seine Meister!

## Sonntag, 11. August 1935 auf dem Hakoah-Sportplatz

Köln-Deckstein, Militärring- Ecke Gleueler Straße

# Wir laden Sie ein!

Zu erreichen durch: Straßenbahn-Linien 1, 2, 15, Omnibus-
Linie 7 Endhaltestelle, Vorortbahn F bis Militärringstraße

Beginn der Vorkämpfe 14 Uhr, Entscheidungskämpfe 15 Uhr

Eintrittspreise: RM 0.50, Jugendliche RM 0.25

*Abb.13* Einladung des Hakoah, 1935

Schulen die Zahl ihrer jüdischen Schüler so stark verringert, daß das offizielle Verbot vom November 1938, jüdische Schüler an »deutschen« Schulen zu unterrichten, fast überflüssig erschien. Infolge dieser Entwicklung drängten jüdische Kinder und Jugendliche – auch aus der gesamten Kölner Region – in die jüdischen Schulen, die alle Anstrengung machen mußten, um den Zuwachs zu bewältigen. Dies war um so schwieriger, als nun neben dem bisherigen Schülerkreis aus jüdisch-bewußten Familien eine große Anzahl von jüdischen Schülerinnen und Schüler trat, die wenig oder keine jüdische Erziehung erhalten hatte. Auch die Schulen bereiteten vor allem durch vermehrten Sprachunterricht auf einen Auswanderung vor und überstiegen damit ihr traditionelles Unterrichtsangebot bei weitem.

Zur Vorbereitung der Auswanderung der Jugend nach Palästina entstanden in Köln in diesen Jahren vor allem zwei Einrichtungen. 1936 wurde in der Lützowstraße 39, in den Gebäuden des jüdischen Kinderheims, die Vorlehre eingerichtet, eine Institution, in der 14 bis 18 Jahre alte Jugendliche die Grundlagen eines Handwerks erlernen konnten. 1937 folgte die Einrichtung der Jüdischen Handwerkerschule in der Utrechter Straße 6, dem Haus des ehemaligen jüdischen Lehrlingsheims, das als solches bereits 1933/34 aufgelöst und vom Hechaluz übernom-

*Abb.14* Jüdisches Lehrlings-heim Agrippastr. 10, 1938/39

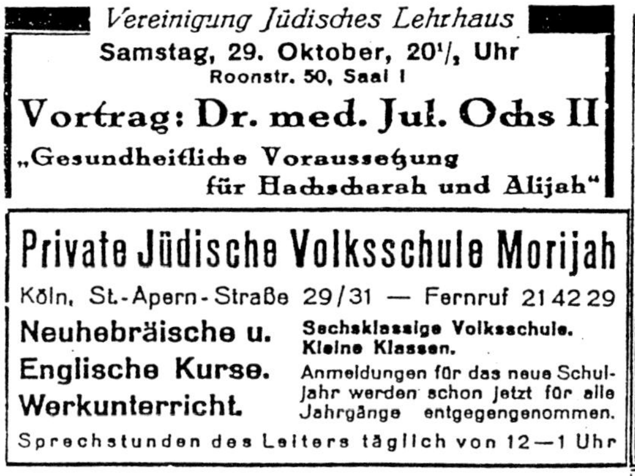

Vereinigung Jüdisches Lehrhaus
Samstag, 29. Oktober, 20½ Uhr
Roonstr. 50, Saal I
Vortrag: Dr. med. Jul. Ochs II
„Gesundheitliche Voraussetzung
für Hachscharah und Alijah"

Private Jüdische Volksschule Morijah
Köln, St.-Apern-Straße 29/31 — Fernruf 21 42 29
Neuhebräische u. Englische Kurse. Werkunterricht.
Sechsklassige Volksschule. Kleine Klassen.
Anmeldungen für das neue Schuljahr werden schon jetzt für alle Jahrgänge entgegengenommen.
Sprechstunden des Leiters täglich von 12—1 Uhr

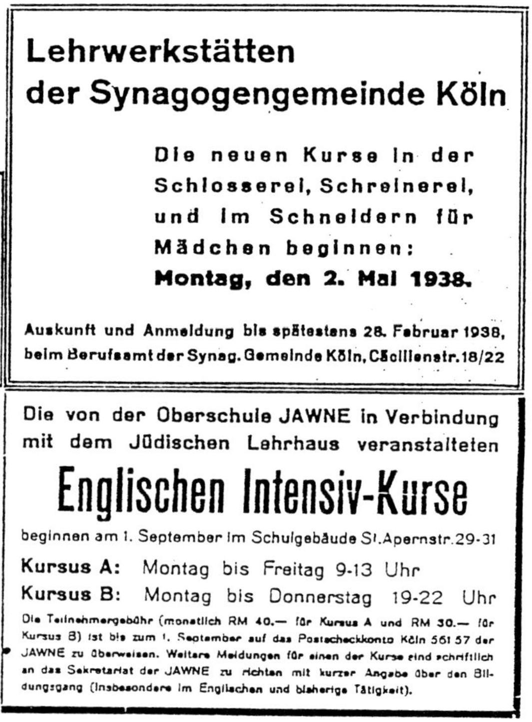

Lehrwerkstätten
der Synagogengemeinde Köln
Die neuen Kurse in der Schlosserei, Schreinerei, und im Schneidern für Mädchen beginnen:
Montag, den 2. Mai 1938.
Auskunft und Anmeldung bis spätestens 28. Februar 1938, beim Berufsamt der Synag. Gemeinde Köln, Cäcilienstr. 18/22

Die von der Oberschule JAWNE in Verbindung mit dem Jüdischen Lehrhaus veranstalteten
Englischen Intensiv-Kurse
beginnen am 1. September im Schulgebäude St. Apernstr. 29-31
Kursus A: Montag bis Freitag 9-13 Uhr
Kursus B: Montag bis Donnerstag 19-22 Uhr
Die Teilnehmergebühr (monatlich RM 40.— für Kursus A und RM 30.— für Kursus B) ist bis zum 1. September auf das Postscheckkonto Köln 561 57 der JAWNE zu überweisen. Weitere Meldungen für einen der Kurse sind schriftlich an das Sekretariat der JAWNE zu richten mit kurzer Angabe über den Bildungsgang (insbesondere im Englischen und bisherige Tätigkeit).

*Abb.15* Jüdisches Gemeindeblatt f. Rheinland u. Westfalen, 1937, 1938

men worden war. Daneben wurden Wohnmöglichkeiten für Jugendliche geschaffen, die sich in Ausbildung und Umschulung befanden, wie etwa das Lehrlingsheim Agrippastraße 10 und das Wohnheim im Jugendhaus Mauritiussteinweg.

Zusätzlich vermittelten die jüdische Gemeinde und die einzelnen Jugendverbände Jugendliche zur Umschulung auf Hachscharaplätze innerhalb und außerhalb Deutschlands, um ihnen in einem der vielen entstehenden Ausbildungszentren eine landwirtschaftliche oder handwerkliche Grundausbildung und damit bessere Chancen für eine Auswanderung zu geben.

Auch die Kölner jüdische Institution der Erwachsenenbildung, die 1929 gegründete Vereinigung Jüdisches Lehrhaus, stellte sich auf die Notlage der jüdischen Bevölkerung ein und bot vermehrt Sprachkurse, Palästinakunde und Auswanderungsberatung an. Die spezielle Auswanderungsberatungsstelle am Ubierring 25 und die Vertretung des Palästinaamtes in der Rubensstraße 33 bemühten sich um Vermittlung von Informationen und um konkrete Hilfe bei der Auswanderung.

Seit Beginn des Jahres 1938 zeigte sich eine weitere Verschlechterung in der Situation der deutschen Juden, da der Staat nun seine »Judenpolitik« mit dem Ziel, endlich die völlige wirtschaftliche und gesellschaftliche Entrechtung zu erreichen, wesentlich verschärfte. Eine neue Phase der antijüdischen Maßnahmen wurde schließlich durch die sogenannte »Polenaktion« und das kurz darauf folgende Pogrom vom 9./10. November 1938 eingeleitet.

Zunächst wurde Ende Oktober völlig überraschend und in äußerst brutaler Weise ein Teil der in Deutschland lebenden Juden polnischer Staatsangehörigkeit über die Grenze nach Polen abgeschoben. In Köln fand diese erste Deportation von Juden am 28. Oktober statt und betraf einige hundert Menschen. Nur ein paar Stunden vorher über die Abschiebung benachrichtigt, mußten sich die Kölner Juden mit polnischer Staatsangehörigkeit in einigen Sammelstellen einfinden und wurden kurz darauf mit Zügen nach Neubentschen an der polnischen Grenze gebracht. Polen wollte die Abgeschobenen nicht aufnehmen, so daß Tausende von Menschen, die man innerhalb nur weniger Tage an der Grenze abgesetzt hatte, versuchen mußten, im nahen Grenzbereich ein Unterkommen zu finden und auf irgendeine Weise eine Einreise nach Polen oder eine Auswanderung ins weitere Ausland zu organisieren. Da man vor allem Männer ausgewiesen hatte, Ehefrauen und Kinder meist in Deutschland geblieben waren, waren nun viele Familien getrennt und lebten im Ungewissen über die nächsten Angehörigen. Vielfach war diese Trennung endgültig.

Am 9. und 10. November 1938, in der sogenannten »Reichskristallnacht«, wurden auch in Köln jüdische Menschen mißhandelt und gedemütigt, ungezählte Wohnungen und Geschäfte verwüstet. Ein Mann wurde erschlagen, Hunderte von jüdischen Männern verhaftete man und inhaftierte sie im Konzentrationslager Dachau. Die Synagogen in der Roonstraße, der Glockengasse und der Körnerstraße brannten nieder, die Synagoge in der St.-Apern-Straße wurde verwüstet. Ebenso wurden die Synagogen in Mülheim und Deutz zerstört.

In den folgenden Wochen und Monaten setzten Maßnahmen ein, die auf die endgültige wirtschaftliche Ausplünderung, soziale Isolierung und Vertreibung der Juden gerichtet waren. Die jüdische Bevölkerung Deutschlands mußte zunächst eine Vermögensabgabe von insgesamt einer Milliarde Reichsmark zahlen. Bis zum 1. Januar 1939 hatten alle Juden aus dem Wirtschaftsleben auszuscheiden; die »Judenkennkarte«, ein Ausweis, der mit einem »J« gekennzeichnet war, wurde eingeführt und die »Arisierung« jüdischen Besitzes und Grundeigentums forciert. In Köln wurden in den Jahren zwischen 1938 und 1944 mindestens 735 Häuser und Grundstücke von jüdischen Eigentümern an nichtjüdische Käufer verkauft. 1941 schließlich beschlagnahmte der Staat den Besitz aller im Ausland lebenden Juden. Auch die Stadt Köln zeigte Interesse am Eigentum jüdischer ehemaliger Bürger. So wurde etwa das Gesundheitsamt der Stadt Anfang 1940 im Gebäude des 1939 »arisierten« Kaufhauses Gebr. Bing am Neumarkt eingerichtet.

1941 war der Prozeß der Ausplünderung der jüdischen Bevölkerung weitgehend abgeschlossen. Die letzten persönlichen Wertgegenstände hatten die Juden schließlich unmittelbar vor den Deportationen abzugeben.

**Wir werden uns große Mühe geben!**

Das ist unser Versprechen, das wir aus Anlaß der Uebernahme des Geschäftes von Bamberger & Hertz abgegeben haben. Das ist unser Versprechen, das unser Handeln dauernd bestimmen soll. Die langjährigen früheren Mitarbeiter werden gemeinsam mit den neuen Inhabern alles daransetzen, um die alten und die neuen Kunden z u f r i e d e n z u s t e l l e n !

**Wir bitten Sie um Ihr Vertrauen!**

# HANSEN
Hansen & Co. GmbH., Breite Straße · Ecke Berlich

## In Köln hat sich vieles geändert!
In den Geschäftsräumen der früheren Fa. Möbel-Stein, Krebsgasse, befindet sich nach erfolgter Erneuerung ein deutsches Geschäft

# Möbel Aldenhoven
Das große Möbelhaus im Zentrum.     Krebsgasse 5 (Industriehof)

jetzt **arisch!**     Morgen Mittwoch, 4 Uhr nachmittags

Gebr. **WOLFF** Köln, Weyerstraße 23-25

**Eröffnung**

*Maas*

Ihre Zufriedenheit unser oberstes Gebot     Köln, Weyerstr. 23-25

*Marx*

**DIE BEKANNTE LEDERECKE**

Schildergasse Ecke Gürzenichstr.

~ jetzt ~

**RUDI *Sander***

EIN LEDERFACHMANN VON RUF

**Meine Damen**
nehmen Sie bitte zur Kenntnis:

**Finesse**
MODEWAREN G. M. B. H.
am Hohenzollernring
der interessante Laden für schicke Damenbekleidung und modische Kleinigkeiten

**'ist**
seit dem heutigen Tage

**Deutsches Geschäft**
Geschäftsführer:
Jos. Wassermeyer · Lilli Plume

Besichtigen Sie bitte unsere neuen Übergangsmoden

# HEUTE
## ist unser Geschäft
## von 14-19 Uhr
## geöffnet

HAUSHALT **Münzer**
ARISCHES GESCHÄFT     BREITE-STR·59-63

*Abb.17* Ruinen der Synagoge
St. Apernstraße, um 1958

Nachdem Juden bereits im April 1939 der Mieterschutz entzogen worden war und sie gezwungen werden konnten, in »jüdische Häuser«, Häuser jüdischer Eigentümer, zu ziehen, wurden seit Mai 1941 systematisch Zwangseinweisungen durchgeführt. In Köln legte man nun die jüdische Bevölkerung vorwiegend in »Judenhäusern« der Innenstadt zusammen, während das rechtsrheinische Gebiet und die mehr bürgerlichen Vororte von Juden verlassen werden mußten. Vor allem auch Häuser, die jüdischen Institutionen gehörten, wie das Haus der Rheinlandloge, Cäcilienstraße 18-22 und die Gebäude der Adass Jeschurun, St.-Apern-Straße 29-31 waren bald mit Menschen überfüllt. Die jüdische Bevölkerung mußte nun auf engstem Raum in völlig überfüllten Wohnungen leben – ghettoisiert und für die bald anlaufenden Deportationen bereits gesammelt untergebracht.

Hatten die Nationalsozialisten bis zum Ausbruch des Krieges eine Politik der Vertreibung verfolgt und die Auswanderung der Juden gefördert, so waren mit Kriegsbeginn die Auswanderungsmöglichkeiten so gut wie beendet. Nur noch wenigen gelang es danach, Genehmigungen für eine Auswanderung zu erhalten, auch wenn das Auswanderungsverbot für Juden offiziell erst im Oktober 1941 ausgesprochen wurde.

Das Leben der Juden in Deutschland wurde weiter durch Wellen von Verfügungen und Verboten eingeschränkt. Bereits seit 1939 wurden

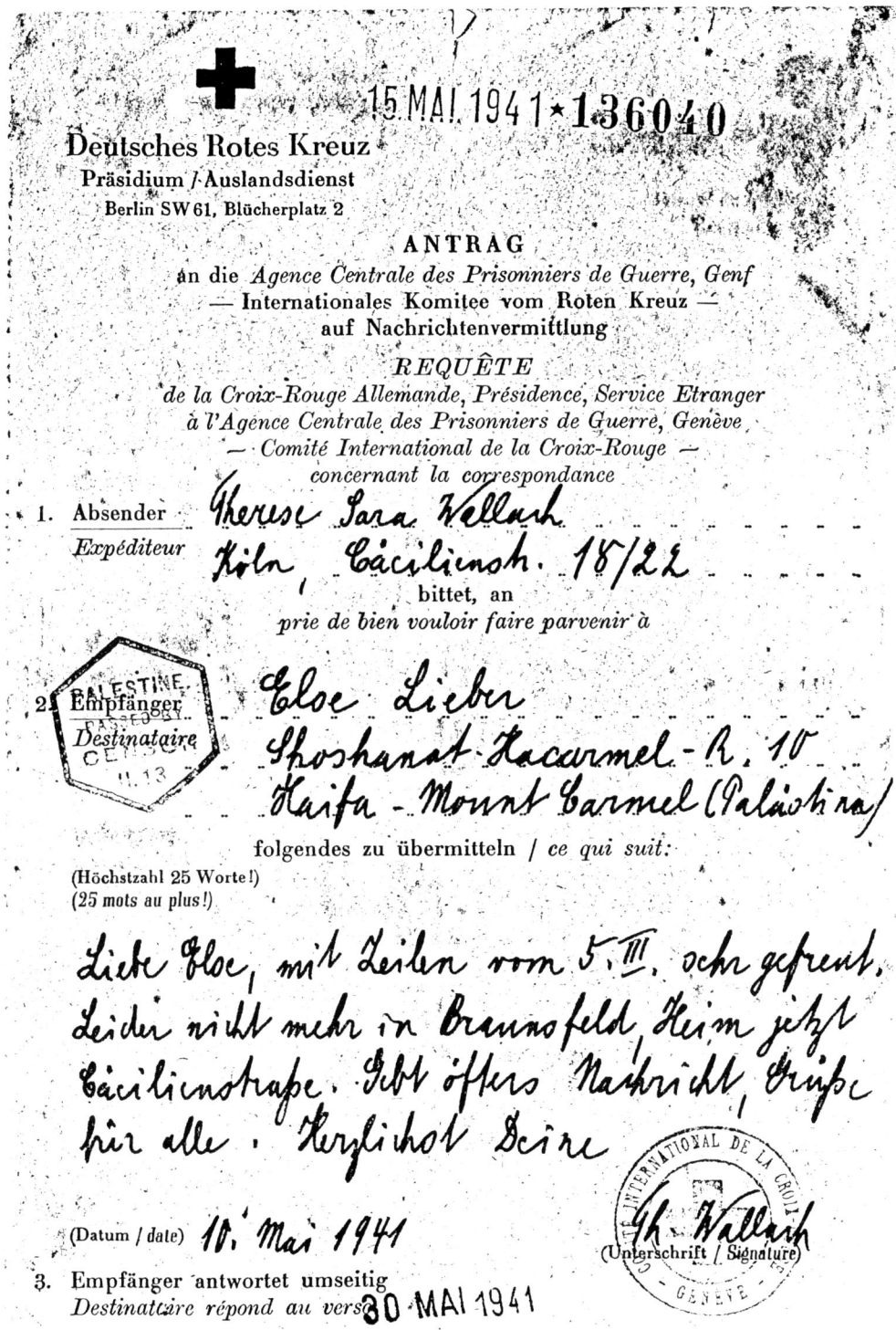

*Abb.18* Letzter Brief von Therese Wallach an Else Lieber, ehemalige Erzieherin im Abraham-Frank-Haus, 10.5.1941

Jüdische Kultusvereinigung                    Köln, den 7. April 1942
"Synagogengemeinde Köln e.V."                 Roonstrasse 50

                    An alle Juden in Köln !

I. Betrifft: Kennzeichnung der Wohnungen.

   1. Jüdische Wohnungsinhaber, die zum Tragen des Kennzeichens
      verpflichtet sind, haben ihre Wohnungen zu kennzeichnen.

   2. Die Kennzeichnung der Wohnungen ist durch einen Juden-
      stern in schwarzem Druck auf weissem Papier vorzunehmen,
      der gegen Vorlage der polizeilichen Anmeldung bei
      unserer Verwaltung Roonstrasse 50, 1. Stock, Zimmer 3
      ab heute zwischen 9 - 13 Uhr erhältlich ist. Eine eigene
      Herstellung der Wohnungskennzeichen hat zu unterbleiben.
      Die Kennzeichnung der Gemeinschaftswohnungen in
      Müngersdorf und in den Heimen wird durch uns veranlaßt.
      Das Wohnungskennzeichen ist neben dem Namensschild oder
      in Ermangelung dessen im Türrahmen des Wohnungseingangs
      von aussen sichtbar durch Aufkleben zu befestigen.

   3. Die Wohnung ist nur mit einem Judenstern zu kennzeichnen,
      unbeschadet der Anzahl der darin wohnhaften Juden, die
      zum Tragen des Kennzeichens verpflichtet sind.

   4. Wohnen in einer Wohnung, deren Inhaber nicht zum Tragen
      des Kennzeichens verpflichtet sind, Juden, so haben
      diese ein besonderes Namensschild mit vollem Namen am
      Wohnungseingang und unmittelbar daneben das Kenn-
      zeichen anzubringen.

   5. Wohnen in einer Wohnung, deren Inhaber zur Kennzeichnung
      der Wohnung verpflichtet ist, Personen, die nicht zum
      Tragen des Kennzeichens verpflichtet sind, so sind diese
      berechtigt, am Wohnungseingang ein besonderes Namens-
      schild ohne Kennzeichen anzubringen.

   6. In den Fällen zu 2, 4 und 5 hat die Anbringung der
      Namensschilder und Kennzeichen derart zu erfolgen, dass
      unter Ausschaltung jeden Zweifels klar ersichtlich ist,
      auf wen sich die Kennzeichnung der Wohnung bezieht.

   7. Die Wohnungskennzeichnung hat sofort zu erfolgen und
      muss bis spätestens 15.4.1942 durchgeführt sein.

II. Betrifft: Benutzung der öffentlichen Verkehrsmittel inner-
              halb der Wohngemeinde.

   1. Juden, die zum Tragen des Kennzeichens verpflichtet sind,
      ist die Benutzung sämtlicher öffentlicher Verkehrsmittel
      innerhalb des Bereichs ihrer Wohngemeinde ohne schrift-
      liche Erlaubnis der Ortspolizeibehörde mit Wirkung
      vom 1.5.1942 verboten.

                                                        2.

*Abb.19* Bekanntmachung der Synagogengemeinde Köln, 7.4.1942

Juden zu Zwangsarbeiten in Betrieben oder etwa auch im Straßenbau eingesetzt. Seit dem September 1941 mußten sich alle Juden durch das Tragen eines Judensterns kenntlich machen. Es folgten Anordnungen, die das Halten von Haustieren, die Benutzung von öffentlichen Verkehrsmitteln, den Besitz von Fahrrädern oder Schreibmaschinen verboten – um nur einige der Verfügungen aufzuzählen. Der Alltag konnte kaum mehr bewältigt werden, und Hoffnungen für die Zukunft waren immer schwerer aufrecht zu erhalten.

Als der nationalsozialistische Staat 1941 beschloß, die »Endlösung der Judenfrage« einzuleiten, lebten in Köln offiziell noch etwa 6200, im Kölner Regierungsbezirk 1400 Juden. Fast alle jüdischen Einrichtungen und Organisationen existierten nicht mehr, da die Tätigkeit jüdischer Institutionen unmöglich geworden war.

Auch die nun nur noch als Kultus-Vereinigung »Synagogen-Gemeinde Köln e.V.« und lokale Nebenstelle der Reichsvereinigung der Juden in Deutschland existierende jüdische Gemeinde hatte kaum mehr Handlungsmöglichkeiten und war nicht in der Lage, die Situation ihrer Mitglieder zu verbessern. Im Gegenteil, das Regime zwang die Gemeinde, den Mitgliedern durch vom Vorstand unterzeichnete Merkblätter die jeweiligen neuen diskriminierenden Verordnungen bekanntzumachen, und schließlich auch dazu, die Namenslisten der zu Deportierenden zusammenzustellen. Als im November 1942 die Synagogen-Gemeinde e.V. aus dem Vereinsregister gestrichen wurde, war der Großteil der jüdischen Bevölkerung bereits deportiert.

In den von Köln ausgehenden Deportationszügen verschleppte man nicht nur die in Köln ansässigen Juden, sondern auch die jüdische Bevölkerung der Kölner Umgebung. Als Sammellager vor Zusammenstellung der Transporte diente das in Müngersdorf gelegene, kasemattenähnliche Fort V mit den anliegenden Baracken. Hier wurden viele Juden, gerade auch Bewohner der Kölner Umgegend, eingewiesen und so lange inhaftiert, bis sie einem der Transporte zugeteilt waren. Auch die letzten offiziellen Vertreter der jüdischen Gemeinde waren im Lager Müngersdorf inhaftiert, ebenso wie die letzten Patienten des jüdischen Krankenhauses und die Bewohner des jüdischen Altersheims.

Unmittelbar vor Abfahrt der Deportationszüge mußten sich die für den Transport vorgesehenen Menschen auf dem Gelände der Kölner Messe sammeln. Sie wurden dann zum Bahnhof Deutz-Tief gebracht und von dort in die Lager des Ostens verschleppt.

Der erste Deportationszug jüdischer Kölner, der tausend Menschen umfaßte, verließ Köln am 21./22. Oktober 1941. Ziel war das Ghetto in Lodz. Ein zweiter Zug mit gleichem Ziel, ebenfalls mit tausend Menschen, folgte bereits am 28./29. Oktober.

Weitere Deportationszüge aus Köln erreichten in der Folgezeit außer Lodz auch Riga, Theresienstadt, Lublin-Izbica und Minsk. Der letzte Transport fand am 1. Oktober 1944 statt.

Hatte man die sogenannten »Mischlinge« und Personen, die mit einem nichtjüdischen Partner verheiratet waren, zunächst von einer Deportation weitgehend ausgenommen, so wurden auch sie schließlich 1944 systematisch in speziellen Aktionen verschleppt.

Nur wenige der Juden entgingen den Deportationen. Ein Untertauchen in Deutschland war nur einer geringen Zahl möglich, und auch eine Flucht ins Ausland gelang nach Ausbruch des Krieges kaum noch. Unter denjenigen, die sich verstecken konnten, waren vor allem Menschen, die einen nichtjüdischen Elternteil oder einen nichtjüdischen Ehepartner hatten. Sie waren erst relativ spät von den Deportationen bedroht und hatten durch die familiäre Verbindung zu Nichtjuden größere Chancen, Hilfe und Unterstützung zu erhalten.

Auch diejenigen Juden, die nach 1933 ins umliegende Ausland emigriert waren und dort auf Sicherheit gehofft hatten, fanden sich nach Ausbruch des Krieges wiederum bedroht. Erneut sahen sie sich gezwungen zu flüchten. Meist war diese Flucht ohne Erfolg, denn die deutschen Besatzer verwirklichten ihre Vernichtungspläne auch in den eroberten Gebieten. Verfolgung, Inhaftierung, Deportation traf somit auch die

*Abb.20* Bewohner des Altersheims im Jüdischen Asyl, Ottostraße, kurz vor der Auflösung, 1941

352

Kölner Juden, die vor allem in die westlichen Nachbarländer Belgien, Holland, Frankreich geflüchtet waren. Manche konnten mit Hilfe der einheimischen Bevölkerung dauerhaft untertauchen und überlebten so. Für die meisten aber gab es auch hier keine Hoffnung.

Die Deportierten starben unter den unmenschlichen Bedingungen der Lager an Hunger, Krankheit und Zwangsarbeit oder wurden in organisierten Mordaktionen getötet. Viele wurden von Lager zu Lager geschleppt, für viele endete der Weg in Auschwitz.

Nur einzelne überlebten, und nur einzelne kamen nach Köln zurück.

*Abb.21* Eingang zum Jüdischen Gemeindehaus in den Ruinen des Jüdischen Asyls, Ottostraße, 1946

353

# Glossar

**Abraham-Frank-Haus:**
Das jüdische Waisenhaus wurde um 1878 von Rabbiner Abraham Frank gestiftet. Seit 1910 befand sich die Einrichtung in der Aachener Straße 443. 1941 mußte das Haus auf Anweisung der Behörden geräumt werden. Kinder und Betreuer wurden in das jüdische Gemeindehaus in der Cäcilienstraße 18-22 zwangseingewiesen. Am 20. Juli 1942 deportierte man die Kinder und Erzieher nach Minsk. Therese Wallach, seit den 20er Jahren Leiterin des Heims, nahm sich vor der Deportation das Leben.

**Adass Jeschurun (»Gemeinde Israels«):**
Bereits in den 60er Jahren des 19. Jahrhunderts hatte es im Kölner Judentum verschiedene religiöse Richtungen gegeben, die sich in den folgenden Jahrzehnten zunehmend voneinander abgrenzten. 1884 konnte die orthodoxe Gruppierung in der St.-Apern-Straße eine eigene Synagoge einrichten, der ein Lehrerseminar, später auch eine eigene Volksschule (Moriah) und ein Reformrealgymnasium (Jawne) angeschlossen waren. Die Auseinandersetzungen zwischen liberalem und orthodoxem Judentum in Köln erreichten um 1906 einen Höhepunkt, als in der liberalen Synagoge Roonstraße weitere Reformen des Gottesdienstes – unter anderem der Einbau einer Orgel – durchgesetzt wurden. Infolge dieser Konflikte kam es 1908 zur Gründung der orthodoxen Trennungsgemeinde Adass Jeschurun. Ein großer Teil der orthodoxen Juden Kölns blieb allerdings auch weiterhin bei der Hauptgemeinde. Die Trennungsgemeinde unterhielt auch einen eigenen Friedhof in Deckstein.

**Affidavit of support (Unterhaltsbürgschaft):**
Vor allem die USA verlangten als Voraussetzung der Einreiseerlaubnis die Bürgschaft eines ihrer Bürger, für den Unterhalt des Einwanderers aufzukommen.

**Agudas Jisroel (»Bund Israels«):**
Weltorganisation aller orthodoxen Juden; gegründet 1912

**Aliya (»Aufstieg«):**
Bezeichnung für die Einwanderung nach Palästina bzw. Israel

**Almemor (»Erhöhung«):**
Podest in der Synagoge, von dem aus die Thora vorgelesen wird.

**Arbeitsfront:**
Siehe Deutsche Arbeitsfront

**Assimilation:**
Prozeß der Angleichung der jüdischen Bevölkerung an die Sprache und Kultur ihrer jeweiligen Umgebung, der sich vor allem im mittel- und westeuropäischen Judentum, besonders in den städtischen Zentren vollzog.

## Auschwitz:

Größtes Konzentrationslager und Vernichtungslager, in der Nähe der polnischen Stadt Oswiecim gelegen; eingerichtet Anfang 1940. Im September 1941 begannen die ersten Tötungen von Häftlingen mit dem Gas Zyklon B. Das Lager wurde am 27.1.1945 befreit.

## Bachad:

Abkürzung der Bezeichnung Brith Chaluzim Datiim (»Bund religiöser Pioniere«). Der Bachad war eine zionistische Jugendorganisation der Gemeinde Adass Jeschurun. Er entstand Anfang der 30er Jahre aus dem Zusammenschluß der früheren orthodoxen Bünde Esra und Zeire Misrachi.

## Balfour-Declaration:

Erklärung, die der britische Außenminister Arthur J. Balfour 1917 über die Errichtung eines »nationalen Heims« der Juden in Palästina gab.

## Bar Kochba:

Zionistischer Sportklub, benannt nach dem Führer des letzten großen Aufstandes der Juden gegen die Römer. Der Bar Kochba Köln spaltete sich 1922/23 vom deutsch-jüdisch orientierten Jüdischen Turnverein 02 ab und trat dem zionistischen Makkabi-Weltverband sowie dem sozialdemokratischen Arbeiter-, Turn- und Sportbund bei. Der Bar Kochba löste sich im März 1933 selbst auf.

## Bar Mizwa (»Gebotspflichtiger«):

Mit dem 13. Geburtstag wird der jüdische Junge religiös mündig und ist nun verpflichtet, die religiösen Gesetze einzuhalten. Die Aufnahme in die Gemeinschaft der Erwachsenen wird festlich begangen.

## BDM:

Siehe HJ

## Buchenwald:

Konzentrationslager bei Weimar; errichtet um 1937. Funktion des Lagers war vor allem, Zwangsarbeiter für die Rüstungsindustrie zu stellen. Eines der vielen Außenkommandos des KZ Buchenwald war das Kölner Messelager. Buchenwald wurde am 11.4.1945 befreit.

## Central-Verein deutscher Staatsbürger jüdischen Glaubens (CV):

Der Central-Verein wurde 1893 zur Abwehr aller Angriffe auf die staatsbürgerliche und gesellschaftliche Gleichstellung der Juden gegründet. Seine Anhänger waren die assimilierten, bürgerlich-liberalen Kreise des deutschen Judentums, die ihr jüdisches Bewußtsein mit einem starken Bekenntnis zu Deutschland verbanden.

**Chanukka (»Einweihung«):**
Achttägiges Lichterfest im Dezember, das an die Wiedereinweihung des Tempels in Jerusalem (165 v. Chr.) erinnert.

**Chanukka-Leuchter:**
Zur Erinnerung an die Wiedereinweihung des Tempels in Jerusalem und das dabei aufgetretene Wunder wird während des acht Tage dauernden Chanukkafestes jeden Tag ein Licht mehr im achtarmigen Chanukka-Leuchter angezündet.

**Chassidisches Judentum (Chassidim = die Frommen):**
Eine religiöse Bewegung, die Mitte des 18. Jahrhunderts in der Ukraine und Polen entstand und in Osteuropa weite Resonanz fand. Das chassidische Judentum trägt mystische Züge und betont die Stellung religiöser Führungsgestalten.

**Cheder (»Stube«):**
Traditionelle ostjüdische Elementarschule für Jungen ab vier, fünf Jahren bis zur Bar Mizwa. Im Cheder wurde vor allem das Lesen von Bibel und Talmud gelehrt.

**Chewrat Machsike Thora (»Vereinigung derjenigen, die an der Thora festhalten«):**
Orthodoxe Gemeinschaft; ihr Zentrum war in Köln in der Bayardsgasse 26.

**Dachau:**
Gefängnis und Konzentrationslager bei Dachau in Bayern; eingerichtet 1933 als eines der ersten Konzentrationslager des NS-Regimes. Während des Novemberpogroms wurden auch Hunderte jüdischer Männer aus Köln nach Dachau verschleppt. Im Krieg hatte das Lager vor allem die Aufgabe, Zwangsarbeiter für die Rüstungsindustrie zur Verfügung zu stellen.

**Deutsche Arbeitsfront (DAF):**
Gegründet 1933; nationalsozialistischer Einheitsverband der Arbeitgeber und Arbeitnehmer, der vor allem an die Stelle der zerschlagenen Gewerkschaften treten sollte.

**Deutsche Ausrüstungswerke (DAW):**
SS-eigener Rüstungsbetrieb im KZ Buchenwald; zeitweise waren dort 1000 Häftlinge beschäftigt.

**Deutsche Demokratische Partei (DDP):**
Gegründet im November 1918 von Fr. Naumann; 1930 umgewandelt in die Deutsche Staatspartei. Sie bildete während der Weimarer Republik die Sammelpartei des liberalen Bürgertums. Bei den Reichstagswahlen im November 1932 erzielte sie in Köln 0,4 Prozent der Stimmen. Im Juli 1933 löste die Partei sich auf.

**Deutsche Staatspartei:**
Siehe Deutsche Demokratische Partei

**Deutsche Volkspartei (DVP):**

Wurde unter Führung G. Stresemanns im Dezember 1918 vom rechten Flügel der bisherigen Nationalliberalen gegründet. Träger der DVP waren vor allem die Industrie und das Bildungsbürgertum. In den Reichstagswahlen vom November 1932 erhielt sie in Köln 2,8 Prozent der Stimmen. Im Juni 1933 löste sie sich auf.

**Deutschnationale Volkspartei (DNVP):**

Gegründet im November 1918; stärkste Rechtspartei der Weimarer Republik. 1931 schloß sie ein Bündnis mit den Nationalsozialisten. Bei den Reichstagswahlen im November 1932 erhielt die DNVP in Köln 5,5 Prozent der Stimmen. Im Juni 1933 löste sie sich auf.

**displaced persons (DPs):**

Bezeichnung für die von den Deutschen oder den mit ihnen Verbündeten aus ihrer Heimat verschleppten Menschen sowie für Flüchtlinge.

**Deutschvölkische Bewegung:**

Der Begriff faßt die verschiedenen politischen Gruppen und Parteien in Deutschland zusammen, die eine extrem chauvinistische und antisemitische Tendenz aufwiesen. Die deutschvölkische Bewegung organisierte sich 1914 in der Deutschvölkischen Partei, 1920 im Deutschvölkischen Schutz- und Trutzbund. Später ging sie weitgehend in der nationalsozialistischen Bewegung auf.

**El-DE-Haus:**

Sitz der Kölner Gestapo am Appellhofplatz von Ende 1935 bis 1945

**Esra:**

Jugendorganisation der Agudas Jisroel, nach dem Schriftgelehrten und Erneuerer des Judentums im 6. Jahrhundert v. Chr. benannt. Der Esra in Köln stand der Gemeinde Adass Jeschurun nahe.

**Freie Schule:**

Volksschule, die im Gegensatz zu den konfessionellen Volksschulen keinen Religionsunterricht erteilte und sich außerdem als »soziale Einheitsschule« verstand, in der nicht Herkunft, sondern Fähigkeiten des Schülers entscheiden sollten. 1932 waren von den 144 Kölner Schulen 13 Freie Schulen. Die Schüler kamen vorwiegend aus sozialdemokratischen und kommunistischen Familien, die Lehrer gehörten meist der SPD oder KPD an. 1933 wurden die Freien Schulen aufgelöst.

**Gabriel Riesser (Verein):**

Siehe Gesellschafts- und Jugendverein Gabriel Riesser

**Gebetsriemen (Tefillin):**

Die Gebetsriemen werden zum Morgengebet am linken Arm und an der Stirn angelegt. Sie binden zwei Kästchen fest, in denen sich Abschnitte aus der Thora befinden.

**Gemeindehaus:**
Siehe Rheinlandloge

**Gesellschafts- und Jugendverein Gabriel Riesser:**
Der nach dem deutschen Publizisten und Politiker Gabriel Riesser (1806-1863) benannte Verein wurde 1906 gegründet. Zunächst stark deutsch-jüdisch ausgerichtet, entwickelte er später eine zionistische Orientierung.

**Gestapo (Geheime Staatspolizei):**
Politische Polizei des NS-Regimes, die sich aus dem 1933 in Preußen gegründeten Geheimen Staatspolizeiamt entwickelte. Seit 1936 wurde die Gestapo zusammen mit der Polizei von Heinrich Himmler geleitet und arbeitete mit dessen Sicherheitsdienst (SD) zusammen. Der Zentrale in Berlin unterstanden die Staatspolizeileitstellen bzw. Staatspolizeistellen in den Ländern.

**Gurs:**
Internierungslager in Südfrankreich, das während des Spanischen Bürgerkrieges errichtet wurde und seit Ende 1940 als Internierungslager vor allem für Juden diente. Im Oktober 1940 wurden unter anderen die badischen Juden in das Lager Gurs deportiert.

**Gustloff-Werke:**
Rüstungsbetrieb im KZ Buchenwald. Hier arbeiteten Anfang 1945 1500 Häftlinge.

**Habonim (Brith Habonim, Habonim Noar Chaluz; »Bauleute«):**
Zionistischer Jugendverein mit sozialistischer Orientierung, der Anfang 1933 aus dem Zusammenschluß der früheren Bünde Brith Haolim und Kadimah entstanden war. Der Bund hatte in Köln etwa 100 Mitglieder.

**Hachschara (»Vorbereitung«):**
Landwirtschaftliche oder handwerkliche Ausbildung für Auswanderer nach Palästina

**Hakoah (»Kraft«):**
Der Verein war eine Neugründung des seit 1923 bestehenden Sportvereins Bar Kochba. Da der Bar Kochba Köln Mitglied des sozialdemokratischen Arbeiter-, Turn- und Sportbundes war, vollzog er im März 1933 eine präventive Selbstauflösung. Anschließend wurde im April 1933 unter gleicher Leitung der Hakoah gegründet. Der Hakoah nutzte als Sportstätten eine umgebaute Fabrikhalle in der Brüsseler Straße 89 und einen Sportplatz in Deckstein. Er arbeitete eng mit dem 1934 gegründeten Jüdischen Boxklub Makkabi zusammen. Die Orientierung des Hakoah, der 1934 ca. 300 Mitglieder hatte, war zionistisch.

**Hapoel Hamisrachi (»Die Arbeiter des Misrachi«):**
Eine Gruppierung des Misrachi, der orthodox-zionistischen Bewegung

### Hashomer Hazair (»Der Junge Wächter«):

Gegründet 1931; linkssozialistisch, aber antikommunistisch orientiert. Der zionistische Bund, der 1934 in Köln etwa 140 Mitglieder zählte, bildete die äußerste Linke der Kölner jüdischen Jugendorganisationen.

### Hechaluz (»Der Pionier«):

Zionistische Weltorganisation zur Vorbereitung und beruflichen Ausbildung Jugendlicher für die Einwanderung nach Palästina. Die Kölner Ortsgruppe des Hechaluz hatte 1934 300 Mitglieder.

### HJ (Hitlerjugend):

Jugendorganisation der NSDAP, gegründet 1926. Sie war untergliedert in:
Deutsches Jungvolk und Deutsche Jungmädel für die 10-14jährigen; eigentliche Hitlerjugend und Bund Deutscher Mädel (BDM) für die 15-18jährigen.

### Hohe Feiertage:

Als hohe Feiertage gelten im Judentum die Feste Rosch Haschana (Neujahr) und Jom Kippur (Versöhnungstag) im September/Oktober, die als Anfangstag und Endtag eine zehntägige Zeitspanne, die Zehn Bußtage, umschließen.

### ICEM:

Gegründet 1927; jüdische Organisation zur Auswandererhilfe

### Internationale Arbeiterhilfe (IAH):

1921 als kommunistische Hilfsorganisation gegründet, die zunächst Lebensmittel für die sowjetrussischen Hungergebiete beschaffte. Später organisierte sie Unterstützung der Arbeiter bei Streiks. Presseorgan der IAH war der »Rote Aufbau«.

### Israelitisches Asyl für Kranke und Altersschwache (Jüdisches Krankenhaus):

Das 1869 gegründete Israelitische Asyl befand sich seit 1908 in einem umfangreichen Gebäudekomplex in der Ottostraße 85 in Köln-Ehrenfeld. Im Mai 1942 mußte das Krankenhaus geräumt werden und wurde danach als städtisches Krankenhaus genutzt. Nach dem Ende des NS Regimes wurde in den unzerstörten Teilen des ehemaligen Asyls eine erste Anlaufstelle für jüdische Flüchtlinge und eine erste Synagoge eingerichtet.

### Israelitisches Lehrlingsheim:

Das Lehrlingsheim in der Utrechter Straße 6 wurde 1899 speziell zur Unterbringung jüdischer Lehrlinge eingerichtet. Träger des Heims war ein Verein. Nach Auflösung des Heims um 1934 wurden im Haus Möglichkeiten geschaffen, um jüdische Jugendliche handwerklich auszubilden und so für eine Auswanderung nach Palästina vorzubereiten. Seit 1942 war im Haus Utrechter Straße 6 die Rheinische Bezirksstelle der Reichsvertretung der Juden in Deutschland untergebracht. Auch einige der in Köln verbliebenen jüdischen Ärzte hielten zuletzt ihre Sprechstunden in diesem Haus ab.

**Jawne:**
Siehe Reformrealgymnasium Jawne

**Jeschiwa:**
Talmudhochschule für fortgeschrittene Schüler

**Jewish Agency (Jewish Agency for Palestine):**
Organisation der zionistischen Bewegung, die während der Mandatszeit Palästinas die jüdischen Interessen gegenüber der britischen Mandatsregierung wahrnahm.

**Jiddisch:**
Sprache der Juden, die sich in Osteuropa aus dem Mittelhochdeutschen sowie aus hebräischen und slawischen Einflüssen entwickelte.

**Jom Kippur (Versöhnungstag):**
Jom Kippur gehört zu den hohen Feiertagen des jüdischen Jahreszyklus. Er liegt jeweils im September/Oktober und wird mit strengem Fasten, feierlichem Sündenbekenntnis und ununterbrochenem Gebet in der Synagoge begangen.

**Jom-Kippur-Krieg:**
Israelisch-arabischer Krieg vom 6. bis 25. Oktober 1973, der am jüdischen Feiertag Jom Kippur mit einem Angriff Syriens und Ägyptens auf Israel begann.

**Jüdisch-arabischer Krieg:**
Siehe Palästina

**Jüdischer Kulturbund Rhein-Ruhr:**
Wie der Gesamtverband des Jüdischen Kulturbundes, so organisierte auch seine regionale Gruppierung im Rhein-Ruhr-Gebiet seit der Gründung im Herbst 1933 eine Vielfalt von Veranstaltungen im Bereich Theater und Musik, in denen die aus dem allgemeinen Kulturleben ausgeschlossenen jüdischen Künstler vor jüdischem Publikum auftraten. Mit seiner Arbeit trug der Kulturbund in hohem Maße zu jüdischer Selbsthilfe und Identitätsstärkung während des NS-Regimes bei. Die Kölner Aufführungen fanden vor allem in der Bürgergesellschaft am Appellhofplatz und in der Rheinlandloge statt. Im September 1941 wurde der Kulturbund verboten.

**Jüdischer Turnverein 02 (ITV):**
Gegründet 1902; Sportverein mit deutsch-jüdischer Orientierung, der seit Ende der 20er Jahre eng an den Schild, die Sportorganisation des Reichsbundes jüdischer Frontsoldaten, angeschlossen war. Aufgrund der unterschiedlichen Ausrichtung kam es zwischen dem zionistischen Hakoah und dem deutsch-jüdischen ITV nach 1933 zu heftigen Auseinandersetzungen. Der ITV, der 1934 450 Mitglieder hatte, nutzte einen Sportplatz in Köln-Mülheim.

**Jüdischer Unabhängigkeitskrieg:**

Siehe Palästina

**Jüdisches Kinderheim:**

Das jüdische Kinderheim, gegründet 1890, befand sich seit 1900 in einem großzügigen Haus in der Lützowstraße 35-37. Hier waren Säuglingsheim, Kindergarten, Kinderhort und eine Haushaltungs- und Kochschule miteinander verbunden. Das Heim, das jüdische Kinder jeden Alters aufnahm, versorgte um 1931 120 Kinder.

**Jüdisches Lehrerseminar:**

1876 wurde das 1867 gegründete Jüdische Lehrerseminar von Düsseldorf nach Köln verlegt. Das Seminargebäude in der St.-Apern-Straße 29-31, das 1884 neben der orthodoxen Synagoge errichtet wurde, umfaßte später auch die Übungsschule Moriah und das Reformrealgymnasium Jawne.

**Jugendaliya:**

Siehe Aliya

**Jugendheim:**

Das jüdische Jugendheim am Mauritiussteinweg 11 wurde 1929 eröffnet. In den Räumen des Heims fanden vor allem die Veranstaltungen und Heimabende der jüdischen Jugendorganisationen statt, sie wurden aber auch von anderen jüdischen Vereinen genutzt. In den 30er Jahren entwickelte sich das Jugendheim zum wichtigsten Treffpunkt der jüdischen Jugend Kölns.

**Kaiserwald:**

Konzentrationslager bei Riga, eingerichtet 1942. Es lebten hier zeitweise 15 000 Häftlinge. Das Lager wurde im September 1944 aufgelöst.

**Kameraden:**

Jugendbund mit deutsch-jüdischer Orientierung, der sich 1932 spaltete. Siehe Werkleute

**Kapitalistenzertifikat:**

Siehe Zertifikat

**Kibbuz:**

Siedlung in Palästina, die auf einer kollektivistischen Grundlage beruht

**Kiddusch (»Heiligung«):**

Einweihung des Schabbats am Freitagabend durch ein Gebet des Hausherrn und den Segen über einen Becher Wein

**Klingelpütz:**

Kölner Staatsgefängnis, erbaut 1838. Im Klingelpütz wurden während des NS-Regimes Tausende von Menschen gefangengehalten. Das Gefängnis war außerdem Hinrichtungsstätte der Sonderge-richte sowie des Volksgerichtshofes und des Reichsgerichtes.

**Kommunistische Partei Deutschlands (KPD):**

Gegründet im Dezember 1918; wurde durch die Vereinigung mit dem linken Flügel der Unabhängi-gen Sozialdemokratischen Partei Deutschlands Ende 1920 zur Massenpartei. 1925 übernahm Ernst Thälmann ihre Führung. In den Wahlen zum Reichstag erhielt die KPD im November 1932 in Köln 24,5 Prozent der Stimmen. Ab 1933 wurde die KPD verboten und verfolgt. Nachdem die KPD sich 1945 wiederkonstituiert hatte, wurde sie 1956 als verfassungswidrig erneut verboten.

**koscher:**

Im Sinne der Religionsgesetze erlaubt, rituell rein. Der Begriff wird vor allem in bezug auf Speisevorschriften gebraucht. Koscheres Essen schließt nicht nur bestimmte Nahrungsmittel wie Schweinefleisch aus, sondern fordert auch eine bestimmte, rituell reine Zubereitung. Vor allem muß grundsätzlich streng zwischen »milchigen« und »fleischigen« Nahrungsmitteln getrennt werden, die nicht miteinander in Kontakt kommen dürfen und deshalb auch in gesondertem Geschirr gekocht und gegessen werden.

**liberales Judentum:**

Im Gegensatz zur Orthodoxie beruht das liberale Judentum auf der Ansicht, daß Religion sich formal wie inhaltlich entwickelt. Veränderungen der religiösen Ausdrucksform, etwa eine Angleichung an die liturgischen Formen der christlichen Umgebung, werden daher von liberalen Juden bejaht, während das orthodoxe Judentum an der Befolgung der tradierten biblischen und rabbinischen Vorschriften festhält. In Köln führten die Auseinandersetzungen zwischen liberalen und orthodoxen Juden 1908 schließlich zur Gründung der Trennungsgemeinde Adass Jeschurun. Siehe Adass Jeschurun

**lift (hier):**

Umzugsgut, Frachtgut der Auswanderer

**Lindenburg:**

städtisches Krankenhaus in Köln-Sülz

**Lodz (Litzmannstadt):**

Gefängnis, Durchgangslager, Ghetto in Polen; eingerichtet im Frühjahr 1940, geschlossen im Sommer 1944. Die bis dahin überlebenden Häftlinge wurden nach Auschwitz verschleppt.

**Makkabi:**

Der Deutsche Makkabikreis, 1898 gegründet, war ein Mitglied des Makkabi-Weltverbandes, eines zionistisch orientierten Sportbundes. In Köln trat der zionistische Bar Kochba kurz nach seiner Gründung dem Makkabi bei. Ebenso war der Hakoah Mitglied des Makkabi.

**Makkabi Hazair (»Der junge Makkabi«):**

Jugendsportbund, der Teil des Makkabiverbandes war.

**Mazzen:**

Brot für die Pessachfeier, das ohne Sauerteig gebacken ist.

**Messehallen:**

Die Hallen der Kölner Messe dienten als Sammelpunkt für die Deportationen der jüdischen Bevölkerung aus Köln und Umgebung. Die Züge in die Konzentrationslager fuhren vom Bahnhof Deutz-Tief ab.

**Messelager:**

Das seit 1941 existierende Lager auf dem Kölner Messegelände war das größte Außenlager des KZ Buchenwald. Es war ein Lager für Zwangsarbeiter und Kriegsgefangene sowie Arbeitserziehungslager für politische Gefangene. Auf dem Gelände der Messe befand sich auch ein Durchgangslager für die Deportationen von Juden, Sinti und Roma.

**Minjan (»Zählung«):**

Für den gemeindlichen Gottesdienst ist die Anwesenheit von zehn Männern, der Minjan, vorgeschrieben.

**Misrachi (»östlich«; gleichzeitig Abkürzung von Merkas ruchani = geistiges Zentrum):**

Orthodoxe zionistische Organisation, gegründet 1902 in Wilna; seit 1922 Sitz in Jerusalem. Deutschland hatte eine eigene, unabhängige Landesorganisation. Der Sitz des Misrachi in Köln befand sich in der Bayardsgasse 21.

**Mohel:**

Beschneider

**Moriah:**

Die private Volksschule wurde 1907 im Gebäude des Jüdischen Lehrerseminars in der St.-Apern-Straße als Übungsschule für die Seminaristen eröffnet. Die Schule, deren Direktor Dr. Josef Harth war, hatte eine orthodoxe Orientierung und wurde meist von Kindern orthodoxer, ostjüdischer Familien besucht. Die Bezeichnung Moriah leitete sich vom Namen des Jerusalemer Tempelberges her.

**Müngersdorf, Lager:**
In die Kasematten und das anschließende Gelände des ehemaligen Festungsgefängnisses Fort V wurden viele Kölner Juden, vor allem aber Juden aus der Umgebung Kölns zwangseingewiesen, bevor man sie in den Osten deportierte. Das Müngersdorfer Festungsgelände diente so als Sammellager.

**Nationalsozialistische Deutsche Arbeiterpartei (NSDAP):**
1919/1920 gegründete Staatspartei des NS-Regimes. Ihr Vorsitzender war seit 1921 Adolf Hitler. Ende der Weimarer Republik konnte die NSDAP erhebliche Stimmenanteile für sich gewinnen und erreichte im Juli 1932 37,4 Prozent der Stimmen im Reich. In Köln erhielt sie bei den Reichstagswahlen im November 1932 20,4 Prozent der Wählerstimmen. Mit der Ernennung Hitlers zum Reichskanzler am 30.1.1933 wurde die NSDAP Regierungspartei, im Juli 1933 Staatspartei, das heißt einzig zugelassene Partei.

**Nürnberger Gesetze:**
Als Nürnberger Gesetze werden das »Reichsbürgergesetz« und das »Gesetz zum Schutze des deutschen Blutes und der deutschen Ehre« bezeichnet, die vom Nürnberger Parteitag im September 1935 beschlossen wurden. Durch das »Reichsbürgergesetz« entzog man der jüdischen Bevölkerung die politischen Rechte, während das »Blutschutzgesetz« Eheschließungen sowie außereheliche Beziehungen zwischen Juden und Nichtjuden verbot und definierte, wer als Jude, als »Mischling 1. Grades« oder »Mischling 2. Grades« zu klassifizieren war. Sexuelle Beziehungen zwischen Juden und Nichtjuden galten nun als »Rassenschande«.

**orthodoxes Judentum:**
Siehe liberales Judentum

**Ost- und Westjuden:**
Bezeichnung für die Juden in oder aus Ost- und Südosteuropa bzw. die Juden in Westeuropa. Der Begriff beinhaltet dabei nicht allein eine geographische Unterscheidung, sondern er bezieht sich auf eine Unterscheidung der Gruppen nach ihrer religiös-kulturellen Ausrichtung. Das westjüdische Judentum war stärker von den Gedanken der Aufklärung beeinflußt und hatte sich während des 19. Jahrhunderts einem Prozeß der Assimilation unterzogen. Das ostjüdische Judentum fühlte sich dagegen in hohem Maße der Tradition verpflichtet. Sprach die westjüdische Bevölkerung die Sprache ihrer jeweiligen Umwelt, so hatte sich in Osteuropa das Jiddische als Sprache der Juden herausgebildet.

**Palästina:**
Nachdem Palästina seit Jahrhunderten zum türkischen Reich gehört hatte, wurde es 1923 unter die Mandatsverwaltung Großbritanniens gestellt. 1939 beschloß eine Konferenz in London die Errichtung eines unabhängigen binationalen – jüdischen und arabischen – Staates, der innerhalb von zehn Jahren realisiert werden sollte. Im Zweiten Weltkrieg war Palästina ein wichtiger Stützpunkt der britischen Nahostpolitik. Am 30.11.1947 empfahlen die Vereinten Nationen die Zweiteilung des

Landes, ein Beschluß, der von der jüdischen Bevölkerung begrüßt, von der arabischen Bevölkerung abgelehnt wurde. In der Folge kam es zu heftigen Auseinandersetzungen zwischen den Bevölkerungsgruppen. Die britische Regierung beendete ihr Mandat am 14.5.1948. Am 15.5. wurde der unabhängige Staat Israel ausgerufen. Der sich anschließende Krieg endete am 20.7.1949 mit einem Waffenstillstand.

**permit (hier):**
Einreiseerlaubnis, Arbeitserlaubnis

**Pessach:**
Frühlingsfest zur Erinnerung an den Auszug der Juden aus Ägypten

**Rassenschande:**
Siehe Nürnberger Gesetze

**Reformrealgymnasium Jawne:**
Die Jawne in der St.-Apern-Straße 29-31 wurde 1919 auf Initiative der Rabbiner Dr. Emanuel Carlebach und Dr. Benedikt Wolf gegründet. Sie verstand sich als höhere Schule mit jüdisch-orthodoxer Orientierung. Träger der Schule war der Verein der Jawne e.V., in dem die Kölner Großgemeinde und die Trennungsgemeinde Adass Jeschurun eng zusammenarbeiteten. Seit 1929 wurde die Jawne von Dr. Erich Klibansky geleitet, der 1939 die Auswanderung mehrerer Klassen der Schule nach England organisieren konnte. Klibansky selbst blieb in Köln und wurde mit seiner Familie deportiert und ermordet. Der Name Jawne stellt eine Verbindung her zum Lehrhaus der Stadt Jawne in Palästina, durch das die rabbinische Tradition des Judentums nach der zweiten Zerstörung Jerusalems 70 n. Chr. bewahrt und weitergegeben wurde.

**Reichsbund jüdischer Frontsoldaten (RjF):**
Der Bund war 1919 als Abwehr gegen die verstärkten antisemitischen Angriffe nach dem Ersten Weltkrieg gegründet worden. Dem Bund selbst, dessen Orientierung betont patriotisch war, konnten nur ehemalige Frontkämpfer angehören, doch erhielt er starke Verbreitung und Unterstützung seiner Zielsetzungen durch eine Reihe mit ihm verbundener Jugend- und Sportvereine. Die Kölner Ortsgruppe des RjF entstand 1920. Von den Kölner Sportbünden stand dem RjF der Jüdische Turnverein 02 nahe.

**Rheinlandloge:**
Die Kölner Rheinlandloge wurde 1888 zur Abwehr des Antisemitismus und zur Stärkung jüdischen Zusammenhalts und jüdischer Identität geschaffen. In den folgenden Jahrzehnten war sie vor allem im sozialen und kulturellen Bereich tätig. 1902 konnte die Loge ein eigenes Haus in der Cäcilienstraße 18-22 beziehen, in dem viele gesellige Veranstaltungen der jüdischen Organisationen Kölns stattfanden und das auch als Gemeindehaus der jüdischen Gemeinde diente. Im April 1937 wurde die Loge von der Gestapo aufgelöst. Seit 1941 wurden viele jüdische Kölner, die man aus ihren Wohnungen ausgewiesen hatte, zwangsweise im Gemeindehaus untergebracht.

**Riga:**

Das Rigaer Ghetto wurde im Herbst 1941 errichtet. Seit Ende 1941 wurden hier Tausende von Juden aus Deutschland, Österreich und der Tschechoslowakei inhaftiert. Im November 1943 löste man das Ghetto auf und verschleppte die Überlebenden in das KZ Kaiserwald bei Riga. Das KZ Kaiserwald wurde im Sommer 1944 liquidiert, die Gefangenen in andere Lager deportiert.

**Rosch Haschana (»Anfang des Jahres«):**

Neujahrsfest im September/Oktober. Siehe hohe Feiertage

**Rote Hilfe Deutschlands (RHD):**

Gegründet 1924; Organisation der KPD zur Unterstützung politischer Gefangener

**SA (Sturmabteilung):**

1920 gegründet; uniformierte und bewaffnete Kampf- und Propagandatruppe der NSDAP. Nach dem »Röhmputsch« 1934 verlor sie weitgehend ihre politische Bedeutung und wurde zu einem der vormilitärischen Ausbildung dienenden Verband.

**Sabbat, Schabbat:**

Wöchentlicher Ruhetag, an dem jede Arbeit verboten ist. Er beginnt bei Sonnenuntergang am Freitagabend und endet bei Sonnenuntergang am Samstagabend.

**Schadchan:**

Heiratsvermittler

**Scheitel:**

Perücke, die die verheiratete jüdische Frau nach traditioneller jüdischer Vorschrift trägt.

**Schwarzes Fähnlein:**

Jüdische Jugendorganisation mit nationaldeutscher Orientierung

**Seder (»Ordnung«):**

Der erste Abend von Pessach (Sederabend) wird in den jüdischen Familien mit Lesung der überlieferten Erzählung vom Auszug aus Ägypten und einem Essen nach tradiertem Ritus festlich begangen.

**Simchat Thora (»Gesetzesfreude«):**

Festtag zum Abschluß der jährlichen Thoralesung und Beginn eines neuen Lesezyklus

**Sozialdemokratische Partei Deutschlands (SPD):**

Wurde bereits Ende des 19. Jahrhunderts Massenpartei. Nach der Weltwirtschaftskrise von 1929 mußte die SPD Einbußen in der Wählerschaft hinnehmen. In Köln erreichten die Sozialdemokraten bei den Reichstagswahlen vom November 1932 einen Stimmenanteil von 17,4 Prozent. 1933 wurde die SPD verboten, ihre Anhänger wurden verfolgt.

## SS (Schutzstaffel):

1925 gegründeter halbmilitärischer Kampfverband der NSDAP. Seit 1929 unter Führung von Heinrich Himmler stehend, entwickelte sie sich zu einer elitären Sonderformation mit zunehmend eigenem Machtanspruch. Mitte der 30er Jahre gelang der SS die Übernahme der politischen Polizei (Geheimen Staatspolizei). Auch die Verwaltung der Konzentrationslager unterstand der SS.

## Städtische Israelitische Volksschule Lützowstraße:

1830 war in Köln eine erste jüdische Elementarschule in privater Trägerschaft gegründet worden. Die Schule erhielt 1881 den Status einer öffentlich-rechtlichen Einrichtung. Das Schulgebäude in der Lützowstraße 8-10 wurde von der Stadt Köln 1914 errichtet, in das die Schule allerdings wegen kriegsbedingter Umstände erst um 1922 einziehen konnte. 1934 besuchten hier fast 900 Kinder den Unterricht. Im Mai/Juni 1938 mußte die jüdische Volksschule das Gebäude aufgeben, in das die Städtische Handels- und Höhere Handelsschule für Mädchen einzog. Bis 1939 überließ die Stadt der jüdischen Volksschule ein Gebäude in der Löwengasse, dann wurden alle jüdischen Schülerinnen und Schüler zwangsweise im Schulgebäude St.-Apern-Straße 29-31 zusammengefaßt. Der reguläre Unterricht dürfte schon vor dem Beginn der Deportationen im Oktober 1941 beendet worden sein.

## Synagoge Glockengasse:

Die Synagoge wurde 1861 als erste Kölner Synagoge der Neuzeit eingeweiht. Finanziert wurde der Bau durch eine Stiftung des Bankiers Abraham Oppenheim. Die Pläne der Synagoge stammten von Dombaumeister Ernst Zwirner, der den Bau mit horizontal gegliedertem Kubus, Kuppel und Minaretten im neoislamischen Stil prägte. Gegen Ende des 19. Jahrhunderts, nach dem Bau weiterer Synagogen in Köln, wurde die Synagoge in der Glockengasse religiöser Mittelpunkt des gemäßigt konservativen Judentums der Stadt. Die Synagoge wurde im Novemberpogrom 1938 zerstört.

## Synagoge Körnerstraße:

Nachdem der Industrie- und Arbeitervorort Ehrenfeld bis Mitte der 20er Jahre bereits ca. 2000 jüdische Einwohner zählte, wurde 1927 hier eine eigene Synagoge errichtet. Architekt der kleinen Synagoge in der Körnerstraße war Robert Stern, nach dessen Entwürfen 1930 auch die Friedhofshalle auf dem jüdischen Friedhof in Köln-Bocklemünd gebaut wurde. Die Synagoge wurde im November 1938 zerstört.

## Synagoge Roonstraße:

Für die wachsende und sich nach religiösen Richtungen ausdifferenzierende jüdische Bevölkerung Kölns wurde Ende des 19. Jahrhunderts eine weitere Synagoge gebaut. Sie entstand im Bereich der Neustadt am neuangelegten Königsplatz nach Plänen der Architekten Schreiterer und Below im neoromanischen Stil. Diese 1899 eingeweihte Synagoge wurde in der Folgezeit zum Gotteshaus des liberalen Judentums. Anders als in den Synagogen Glockengasse und St.-Apern-Straße gab es hier eine Orgel und einen gemischten Chor. Im Hof der Synagoge befand sich – zumindest seit den 20er Jahren – außerdem eine kleine Synagoge, die von ostjüdischen Familien besucht wurde. Die im Novemberpogrom und durch Beschädigungen im Krieg weitgehend zerstörte Synagoge Roonstraße wurde 1957-59 wieder aufgebaut und ist heute Zentrum der Synagogengemeinde Köln.

**Synagoge St.-Apern-Straße:**

Bereits Mitte des 19. Jahrhunderts bildete sich in Köln – zunächst innerhalb der jüdischen Gemeinde – eine stark orthodox orientierte Strömung heraus, die sich schließlich 1908 in der Trennungsgemeinde Adass Jeschurun einen institutionellen Rahmen gab. Schon 1884 hatte diese Gruppierung des Kölner Judentums eine eigene Synagoge in der St.-Apern-Straße errichtet, die in den folgenden Jahrzehnten vor allem von der orthodoxen, vielfach ostjüdischen Bevölkerung besucht wurde. Seit 1884 befand sich das Jüdische Lehrerseminar in einem Gebäude neben der Synagoge. 1907 wurde hier die Moriah als Übungsschule des Lehrerseminars eingerichtet, 1919 kam die Jawne als Reformrealgymnasium mit orthodoxer Orientierung hinzu. Das Innere der Synagoge wurde im November 1938 verwüstet, das Gebäude durch einen Bombenangriff während des Zweiten Weltkrieges zerstört.

**Theresienstadt:**

Ghetto und Konzentrationslager nicht weit von Prag entfernt gelegen; eingerichtet im November 1941, um Transporte von Juden aus Deutschland und den besetzten Gebieten aufzunehmen. Bis April 1945 wurden mindestens 140 000 Menschen hierher deportiert. Theresienstadt wurde am 8.5.1945 befreit.

**Talmud-Thora-Schule:**

1861 wurde in Köln die Talmud-Thora, eine orthodoxe Institution für das Thorastudium, gegründet. Leiter der Schule war zunächst Rabbiner Joseph Wolf, seit 1900 sein Sohn Dr. Benedikt Wolf. Die Schule, die sowohl Kinder wie Erwachsene im religiösen Studium anleitete, befand sich auf dem Hohenstaufenring 14.

**Thora (»Lehre«, »Gesetz«):**

Bezeichnung vor allem der ersten fünf Bücher der hebräischen Bibel, des Pentateuch, aber auch der ganzen Bibel. Von der schriftlichen Thora der Bibel unterscheidet man die mündliche Thora des überlieferten jüdischen Gesetzes.

**Thorarolle:**

Schriftrolle mit der Aufzeichnung der Thora, der fünf Bücher Mose.

**Unabhängigkeitskrieg:**

Siehe Palästina

**Volksschule Lützowstraße:**

Siehe Städtische Israelitische Volksschule Lützowstraße

**Vorsänger, Vorbeter (Chasan):**

Vorsänger und Vorbeter in der Synagoge

**Werkleute:**
Sozialistisch-zionistische Jugendorganisation, die 1932 aus der Abspaltung vom deutsch-jüdischen Wanderbund Kameraden entstand. Der Bund zählte ca. 100 Mitglieder in Köln.

**Westerbork:**
Ursprünglich niederländisches Internierungslager für jüdische Flüchtlinge aus Deutschland, seit 1940 Durchgangslager für Juden vor der Verschleppung in den Osten. Zwischen Juli 1942 und September 1944 wurden von hier aus 105 000 Menschen deportiert.

**Westjuden:**
Siehe Ost- und Westjuden

**Zeire Misrachi (»Die Jungen des Misrachi«):**
Orthodoxe, zionistische Jugendorganisation, die sich mit dem Esra zum Bachad zusammenschloß.

**Zentrum (Deutsche Zentrumspartei):**
Partei des politischen Katholizismus; stellte während der Weimarer Republik die maßgebende Regierungspartei dar. Im Rheinland und in Köln war das Zentrum während dieser Zeit die einflußreichste politische Kraft. Bei den Reichstagswahlen im November 1932 erhielt das Zentrum in Köln 27,3 Prozent der Stimmen. Im Juli 1933 löste sich die Partei auf.

**Zertifikat:**
Britisches Dokument, das während der Mandatszeit für die Einwanderung nach Palästina notwendig war. Es gab fünf Hauptkategorien von Zertifikaten:
1. Arbeiter-Z., 2. Jugend-Z., 3. Handwerker-Z., 4. Verwandten-Z., 5. Zertifikate für sonstige Gruppe wie a) Kapitalisten (d.h. Personen mit Vermögen), b) Personen mit gesichertem Lebensunterhalt, c) Angehörige religiöser Berufe, d) Spezialarbeiter auf Anforderung palästinensischer Unternehmer.

**Zionismus:**
Eine Richtung des modernen Judentums, die darauf hinzielt, die Zerstreuung der Juden durch die Schaffung einer jüdischen Heimstatt bzw. des Staates in Palästina zu beenden.

# Auswahlbibliographie

Adam, Uwe Dietrich, Judenpolitik im Dritten Reich, Düsseldorf 1972

Adler-Rudel, Scholem, Jüdische Selbsthilfe unter dem Naziregime 193–1939, Tübingen 1974

Ameln, Elsbeth von, Köln – Appellhofplatz. Rückblick auf ein bewegtes Leben. Köln 1985

Arntz, H.-Dieter, Judenverfolgung und Fluchthilfe im deutsch-belgischen Grenzgebiet (Kreisgebiet Schleiden, Euskirchen, Monschau, Aachen und Eupen/Malmedy), Euskirchen 1990

Asaria, Zvi (Hg.), Die Juden in Köln. Von den ältesten Zeiten bis zur Gegenwart, Köln 1959

Barkai, Avraham, Vom Boykott zur »Entjudung«. Der wirtschaftliche Existenzkampf der Juden im Dritten Reich 1933–1943, Frankfurt/M. 1988

Behnig, Eva, Die gesellschaftliche Eingliederung der deutschen Einwanderer in Israel. Eine soziologische Untersuchung der Einwanderer aus Deutschland zwischen 1933 und 1945, Frankfurt/M. 1967

Bein, Alex, The Return to the Soil. A History of Jewish Settlement in Israel, Jerusalem 1952

Ben Gurion, David, Israel. Die Geschichte eines Staates, Frankfurt/M. 1973

Benz, Wolfgang (Hg.), Die Juden in Deutschland 1933–1945. Leben unter nationalsozialistischer Herrschaft, München 1989

Betrifft:«Aktion 3«. Deutsche verwerten jüdische Nachbarn. Dokumente zur Arisierung, ausgewählt und kommentiert von Wolfgang Dreßen, Berlin 1998

Bohnke-Kollwitz, Jutta u.a. (Hg.), Köln und das rheinische Judentum. Festschrift der Germania Judaica 1959–1984, Köln 1984

Braun, Siegfried (Hg.), Jahrbuch der Synagogengemeinde Köln 1934, Köln 1934

Brenner, Norbert, Jüdische Turn- und Sportvereine in Köln 1900-1939, Diplomarbeit Köln 1983

Breuer, Mordechai, Jüdische Orthodoxie im Deutschen Reich 1871-1918. Die Sozialgeschichte einer religiösen Minderheit, Frankfurt/M. 1986

Brocke, Michael (Hg.), Feuer an Dein Heiligtum gelegt. Zerstörte Synagogen 1938 Nordrhein-Westfalen, Bochum 1999

Buchenwald: Ein Konzentrationslager. Bericht der ehemaligen KZ-Häftlinge Emil Carlebach, Paul Grünewald u.a., Berlin 1988

Carlebach, Alexander, Adass Yeshurun of Cologne. The Life and Death of a Kehilla, Belfast 1964

Corbach, Dieter, Die Jawne zu Köln. Zur Geschichte des ersten jüdischen Gymnasiums im Rheinland und zum Gedächtnis an Erich Klibansky 1900–1942. Gedenkbuch zur Ausstellung im Historischen Rathaus der Stadt Köln vom 12.–26. November 1990, Köln 1990

Corbach, Dieter, Köln und Warschau sind zwei Welten. Amalie Banner – Leiden unter dem NS-Terror, Köln 1993

Corbach, Dieter, 6.00 Uhr ab Messe Köln-Deutz. Deportationen 1938–1945, Köln 1999

Czech, Danuta, Kalendarium der Ereignisse im Konzentrationslager Auschwitz-Birkenau 1939–1945, Reinbek bei Hamburg 1989

De Vries, Simon Ph., Jüdische Riten und Symbole, Wiesbaden 1990

Dobroszycki, Lucjan (Hg.), The Chronicle of the Lodz Ghetto 1941–1944, New Haven, London 1984

Düwell, Kurt, Die Rheingebiete in der Judenpolitik des Nationalsozialismus vor 1942, Bonn 1968

Elon, Amos, Die Israelis. Gründer und Söhne, Wien, Zürich, München 1972

Faust, Anselm, Die »Kristallnacht« im Rheinland. Dokumente zum Judenpogrom im November 1938, Düsseldorf 1987

Feilchenfeld, Werner, Dolf Michaelis u. Ludwig Pinner, Haavera-Transfer nach Palästina und Einwanderung deutscher Juden 1933–1939. Mit einer Einleitung von Siegfried Moses, Tübingen 1972

Friedländer, Saul, Das Dritte Reich und die Juden. Die Jahre der Verfolgung 1933–1939, München 1999

Friedlander, Henry, Der Weg zum NS-Genozid. Von der Euthanasie zur Endlösung, Darmstadt 1997

Gedenkbuch. Die jüdischen Opfer des Nationalsozialismus aus Köln, hrsg. vom Historischen Archiv der Stadt Köln, bearb. vom NS-Dokumentationszentrum der Stadt Köln, Köln, Weimar, Wien, 1995

Gegen den braunen Strom. Kölner WiderstandskämpferInnen heute in Portraits der Arbeiterfotografie Köln. Katalog zur Ausstellung von NS-Dokumentationszentrum und Arbeiterfotografie Köln 14. März–12. Mai 1991, hrsg. vom NS-Dokumentationszentrum Köln, Köln 1991

Geudtner, Otto, Hans Hengsbach, Sibille Westerkamp, Ich bin katholisch getauft und Arier. Aus der Geschichte eines Kölner Gymnasiums, Köln 1985

Gilbert, Martin, Endlösung. Die Vertreibung und Vernichtung der Juden. Ein Atlas, Reinbek bei Hamburg 1982

Ginzel, Günther B., Jüdischer Alltag in Deutschland 1933-1945, Düsseldorf 1984

Graml, Hermann, Reichskristallnacht. Antisemitismus und Judenverfolgung im Dritten Reich, München 1988

Hilberg, Raul, Die Vernichtung der europäischen Juden. Die Gesamtgeschichte des Holocaust, Berlin 1982

Hoberg, Inge, Der Dom so nah und doch so fern. Das Leben eines Mädchens im Versteck und auf der Flucht, Köln 1998

Hoffmann, Bruno, Die Ausnahmegesetzgebung gegen die Juden von 1933–1945 unter besonderer Berücksichtigung der Synagogengemeinde Köln, Diss. Köln 1962

Holocaust. Der nationalsozialistische Völkermord und die Motive seiner Erinnerung, hrsg. von Burkhard Asmuss im Auftrag des Deutschen Historischen Museums, Wolfratshausen 2002

Judaica, Kölnisches Stadtmuseum, bearb. v. Liesel Franzheim, Köln 1980

Judaica II. Hrsg. v. Kölnischen Stadtmuseum, bearb. v. Liesel Franzheim, Köln 1990

Juden in Köln. Von der Römerzeit bis ins 20. Jahrhundert. Foto-Dokumentation.
Hrsg. v. Kölnischen Stadtmuseum, bearb. v. Liesel Franzheim, Köln 1984

Jüdisches Schicksal in Köln 1918–1945, Ausstellung des Historischen Archivs der Stadt Köln /
NS-Dokumentationszentrums 8. Nov. 1988 bis 22. Jan. 1989, Köln 1988

Klarsfeld, Serge, Le Mémorial de la Déportation des Juifs de France, Paris 1978

Klarsfeld, Serge, Vichy-Auschwitz. Die Zusammenarbeit der deutschen und französischen Behörden
bei der »Endlösung der Judenfrage« in Frankreich (Schriften der Hamburger Stiftung für Sozialgeschichte
des 20. Jahrhunderts Bd. 9), Nördlingen 1989

Klein, Adolf, Köln im Dritten Reich. Stadtgeschichte der Jahre 1933–1945, Köln 1983

Köln, Synagoge Glockengasse, in: Synagogen in Deutschland. Eine virtuelle Rekonstruktion,
hrsg. von der Kunst- und Ausstellungshalle der Bundesrepublik Deutschland 2000, Köln 2000, S. 36–39

Lacinia, Evelyn, Emigration 1933–1945. Sozialhistorische Darstellung der deutschsprachigen Emigration
und einiger ihrer Asylländer aufgrund ausgewählter zeitgenössischer Selbstzeugnisse, Stuttgart 1982

Lauber, Heinz, Judenpogrom: »Reichskristallnacht«. November 1938 in Großdeutschland.
Daten - Fakten - Dokumente - Quellentexte - Thesen und Bewertungen, Gerlingen 1981

Lehmann, Tatjana, Beiträge zu einer Geschichte des Jüdischen Lehrerseminars in Köln, Staatsexamens-
arbeit, Köln 1985

Lekebusch, Sigrid, Not und Verfolgung der Christen jüdischer Herkunft im Rheinland 1933–1945.
Darstellung und Dokumentation, Köln 1995

Longerich, Peter, Politik der Vernichtung. Eine Gesamtdarstellung der nationalsozialistischen
Judenverfolgung, München, Zürich 1998

Luft, Gerda, Heimkehr ins Unbekannte. Eine Darstellung der Einwanderung von Juden aus Deutschland
und Palästina vom Aufstieg Hitlers zur Macht bis zum Ausbruch des Zweiten Weltkrieges 1933–1939,
Wuppertal 1972

Matzerath, Horst, Der Weg der Kölner Juden in den Holocaust: Versuch einer Rekonstruktion, in: Gedenkbuch. Die jüdischen Opfer des Nationalsozialismus aus Köln, hrsg. vom Historischen Archiv der Stadt
Köln, bearb. vom NS-Dokumentationszentrum der Stadt Köln, Köln, Weimar, Wien, 1995, S. 530–553

Matzerath, Horst, Brigitte Holzhauser (Hg.), »...vergessen kann man die Zeit nicht, das ist nicht möglich...«
Kölner erinnern sich an die Jahre 1929-1945. Zum 40. Jahrestag des Kriegsendes hrsg. von der Stadt Köln,
bearb. im Historischen Archiv, Köln 1985

Mejcher, Helmut, Alexander Schölch (Hg.), Die Palästina-Frage 1917–1948. Historische Ursprünge und internationale Dimensionen eines Nationenkonflikts, Paderborn 1981

Müller, Alwin, Die Geschichte der Juden in Köln von der Wiederzulassung 1798 bis um 1850. Ein Beitrag zur Geschichte einer Minderheit, Diss. Köln 1984

NS-Dokumentationszentrum/Historisches Archiv der Stadt Köln (Hg.), Jüdisches Schicksal in Köln 1918–1945. Unterrichtsmaterialien, o.O., o.J. (Köln 1989)

NS-Dokumentationszentrum der Stadt Köln (Hg.), Köln im Nationalsozialismus. Ein Kurzführer durch das EL-DE-Haus, Köln 2001

NS-Dokumentationszentrum/Historisches Archiv der Stadt Köln (Hg.), Machtergreifung und Gleichschaltung: Kölner Schulen 1933–1935. Unterrichtsmaterialien, o.O., o.J. (Köln 1991)

Paucker, Arnold u.a. (Hg.), Die Juden im nationalsozialistischen Deutschland 1933–1943, Tübingen 1986

Pracht, Elfi, Jüdische Kulturarbeit in Köln 1933–1941, in: Geschichte in Köln, Heft 29, 1991, S. 119–155

Pracht, Elfi, Jüdisches Kulturerbe in Nordrhein-Westfalen. Bd. 1, Regierungsbezirk Köln, Köln 1997

Prolingheuer, Hans, Die judenreine deutsche evangelische Kirchenmusik: dargest. am Schicksal des Kölner Musikdirektors Julio Goslar im Dritten Reich, Bremen 1981 (Junge Kirche, 11. Beiheft)

Reuter, Ursula, Jüdische Zeitungen in Köln, 1919-1938, in: Geschichte in Köln, Heft 29, 1991, S. 83-117

Richarz, Monika (Hg.), Jüdisches Leben in Deutschland. Selbstzeugnisse zur Sozialgeschichte. Bd. I 1780–1871, Stuttgart 1976; Bd. II Kaiserreich, Stuttgart 1979; Bd. III 1918-1945, Stuttgart 1982

Schilling, Konrad (Hg.), Monumenta Judaica. 2000 Jahre Geschichte und Kultur der Juden am Rhein, Köln 1963

Serup-Bilfeldt, Kirsten, Zwischen Dom und Davidstern. Jüdisches Leben in Köln von den Anfängen bis heute, Köln 2001

Sontheimer, Kurt, Israel. Politik, Gesellschaft, Wirtschaft, München 1968

Theresienstadt, Wien 1968

Walk, Joseph, Das Sonderrecht für die Juden im NS-Staat. Eine Sammlung der gesetzlichen Maßnahmen und Richtlinien - Inhalt und Bedeutung, Heidelberg 1981

Weinmann, Martin (Hg.), Das nationalsozialistische Lagersystem, Frankfurt 1990

Widerstand und Verfolgung in Köln 1933-1945. Ausstellung des Historischen Archivs der Stadt Köln v. 8. Februar bis 28. April 1974, Köln 1974

Wyman, David S. Das unerwünschte Volk. Amerika und die Vernichtung der europäischen Juden, Frankfurt/M. 1989

# Bildnachweis

Z. Asaria, Juden in Köln, Köln 1959: *206, 258, 353*

A. Carlebach, Adass Yeshurun of Cologne. The Life and Death of a Kehilla, Belfast 1964: *288*

Germania Judaica: *350*

G. B. Ginzel: *331*

Historisches Archiv der Stadt Köln: *140, 334*

Kölnisches Stadtmuseum: *34*

NS-Dokumentationszentrum Köln: *16, 20, 21, 27, 28, 29, 30, 31, 32, 33, 36, 37, 39, 40, 41, 44, 48, 49, 50, 51, 53, 54, 57, 61, 63, 69, 76, 79, 80, 81, 85, 89, 91, 92, 93, 97, 98, 99, 100, 101, 102, 103, 104, 106, 110, 112, 121, 122, 125, 126, 131, 132, 135, 143, 144, 145, 151, 153, 156, 158, 159, 161, 165, 166, 168, 171, 177, 180, 181, 182, 183, 197, 198, 201, 208, 209, 210, 212, 215, 217, 219, 222, 225, 226, 232, 233, 234, 235, 236, 237, 239, 240, 241, 249, 250, 252, 255, 256, 259, 260, 261, 270, 272, 274, 286, 289, 292, 303, 304, 305, 306, 308, 310, 312, 338, 341, 342, 343, 344, 348, 349, 352*

E. Reitmann, Horst Wessel. Leben und Sterben, Berlin 1936: *59*

Rheinisches Bildarchiv: *19, 107, 160, 268, 313, 316, 320, 323*

Totenbuch Theresienstadt, hrsg. von Mary Steinhauser und Dokumentationsarchiv des österr. Widerstandes, Wien 1987: *275*

Zentralblatt der Bauverwaltung, 53. Jg., Heft 12, Berlin, März 1933: *17*

# Personenregister

**Versteckte Vergangenheit**
Über den Umgang mit der
NS-Zeit in Köln
Aufsätze und Essays,
herausgegeben von Horst Matzerath,
Harald Buhlan und
Barbara Becker-Jákli,
Schriften des
NS-Dokumentationszentrums
der Stadt Köln. Bd. 1

*Gebunden, Fadenheftung,*
*53 Abbildungen, 340 Seiten*
ISBN 3-924491-51-8

Karola Fings
**Messelager Köln**
Ein KZ-Außenlager im Zentrum
der Stadt
Schriften des NS-Dokumentations-
zentrums der Stadt Köln. Bd. 3

*Gebunden, Fadenheftung,*
*Zahlreiche Abbildungen*
*und Tabellen, 283 Seiten*
ISBN 3-924491-78-X

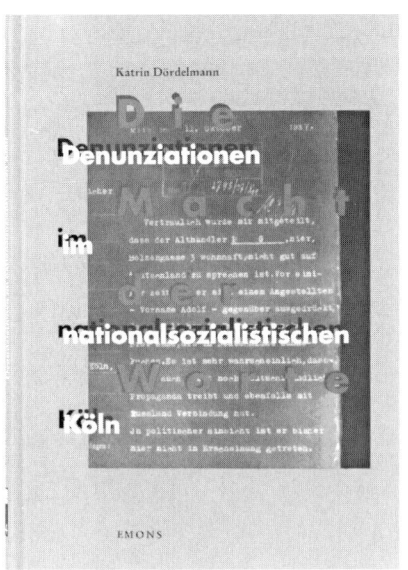

Katrin Dördelmann
**Die Macht der Worte**
Denunziationen im
nationalsozialistischen Köln
Schriften des NS-Dokumentations-
zentrums der Stadt Köln. Bd. 4

*Gebunden, Fadenheftung,*
*209 Seiten*
ISBN 3-924491-15-1

**Architektur der 30er und**
**40er Jahre in Köln**
Materialien zur Baugeschichte
im Nationalsozialismus
Herausgegeben von Hiltrud Kier,
Karen Liesenfeld und Horst Matzerath
Mit Beiträgen von Kristin Ruschepaul
und Regine Schlungbaum-Stehr,
Schriften des NS-Dokumentationszen-
trums der Stadt Köln, Band 5

*Gebunden, Fadenheftung,*
*272 Abbildungen, 544 Seiten*
ISBN 3-89705-103-6

**Das braune Köln**

Ein Stadtführer.

Die Innenstadt in der NS-Zeit

Von Severin Roeseling

*Broschur, Fadenheftung,*

*152 Abbildungen*

*152 Seiten*

ISBN 3-89705-141-9

**Köln im Nationalsozialismus**

Ein Kurzführer durch das

EL-DE-Haus,

Herausgegeben vom

NS-Dokumentationszentrum

der Stadt Köln

*Broschur, Fadenheftung,*

*236 Seiten*

ISBN 3-89705-209-1

**»Zu Hause könnten sie es
nicht schöner haben!«**
Kinderlandverschickung aus Köln
und Umgebung 1941–1945
Herausgegeben von Martin Rüther,
Schriften des NS-Dokumentationszentrums der Stadt Köln, Bd. 6

*Gebunden, Fadenheftung,*
*zahlreiche Abbildungen,*
*272 Seiten*
ISBN 3-89705-174-5

**Wessen Freund und wessen Helfer?**
Die Kölner Polizei
im Nationalsozialismus
Herausgegeben von Harald Buhlan
und Werner Jung, Schriften des
NS-Dokumentationszentrums der
Stadt Köln, Bd. 7

*Gebunden, Fadenheftung,*
*zahlreiche Abbildungen,*
*680 Seiten*
ISBN 3-89705-200-8

Barbara Kirschbaum

**»Der neue Citroën – ganz deutsch!«**
Kölner Anzeigen im
»Westdeutschen Beobachter«
von 1925–1945

*Broschur, 152 Seiten,*
*zahlreiche Abbildungen*
ISBN 3-89705-241-5